中国金融四十人论坛

致力于夯实中国金融学术基础，探究金融领域前沿课题，引领金融理念突破与创新，推动中国金融改革与发展。

中国金融四十人论坛书系
CHINA FINANCE 40 FORUM BOOKS

Atypicality and Unequilibrium
of the New Economic Paradigm

新经济范式的非典型与非均衡

刘珺 ◎ 著

中国金融出版社

责任编辑：孙　柏　王　强
责任校对：李俊英
责任印制：程　颖

图书在版编目（CIP）数据

新经济范式的非典型与非均衡/刘珺著 .—北京：中国金融出版社，2020.10
ISBN 978 – 7 – 5220 – 0817 – 2

Ⅰ.①新…　Ⅱ.①刘…　Ⅲ.①经济学—研究　Ⅳ.①F06

中国版本图书馆 CIP 数据核字（2020）第 175625 号

新经济范式的非典型与非均衡
XINJINGJI FANSHI DE FEIDIANXING YU FEIJUNHENG
出版
发行　中国金融出版社
社址　北京市丰台区益泽路 2 号
市场开发部　（010）66024766，63805472，63439533（传真）
网 上 书 店　http://www.chinafph.com
　　　　　　　（010）66024766，63372837（传真）
读者服务部　（010）66070833，62568380
邮编　100071
经销　新华书店
印刷　保利达印务有限公司
尺寸　169 毫米×239 毫米
印张　22.75
字数　366 千
版次　2020 年 10 月第 1 版
印次　2020 年 10 月第 1 次印刷
定价　60.00 元
ISBN 978 – 7 – 5220 – 0817 – 2
如出现印装错误本社负责调换　联系电话（010）63263947

中国金融四十人论坛书系
CHINA FINANCE 40 FORUM BOOKS

"中国金融四十人论坛书系"专注于宏观经济和金融领域，着力金融政策研究，力图引领金融理念突破与创新，打造高端、权威、兼具学术品质与政策价值的智库书系品牌。

中国金融四十人论坛是中国最具影响力的非官方、非营利性金融专业智库平台，专注于经济金融领域的政策研究与交流。论坛正式成员由 40 位 40 岁上下的金融精锐组成。论坛致力于以前瞻视野和探索精神，夯实中国金融学术基础，研究金融领域前沿课题，推动中国金融业改革与发展。

自 2009 年以来，"中国金融四十人论坛书系"及旗下"新金融书系""浦山书系"已出版 100 余本专著。凭借深入、严谨、前沿的研究成果，该书系在金融业内积累了良好口碑，并形成了广泛的影响力。

序言一

金立群

亚洲基础设施投资银行行长

刘珺博士新作出版，请我作序。翻阅一遍，颇多感想，就把一些想法写下来，供读者参考。我和作者结识多年，也常讨论一些经济和金融方面的问题。刘珺博士是一位优秀的中青年经济学家，其特点是他和那种钻在象牙塔里不着地气的学者迥然不同。他以实际工作中的经验和感受，来思考经济问题。他从光大银行、光大集团到中投公司，再到交通银行担任行长，在金融机构丰富的经历给予他教科书上无法包含的知识和经验。这就是为什么读他的著作，读者会有不同的感受，有新的启发。

经济学作为一门社会科学，近年来因为接连不断的经济危机或金融危机而遇到很大的挑战，直接威胁到其作为一种学科的价值。2008 年获得诺贝尔经济学奖的保罗·克鲁格曼在伦敦经济学院演讲时，发表了一番惊世骇俗的言论："过去三十年来，宏观经济学最多也是明摆着毫无用处，最糟糕的则绝对是有害。"①当时正值美国次贷危机爆发不久，引起的全球经济和金融危机连锁反应使得世界经济一片灰暗。每发生一次危机，社会都遭受一次劫难，很多经济学家——特别是那些严肃的、有良知的——似乎都增加一阵负罪感。经济学家们都在扪心自问，究竟问题发生在什么地方？

其实，问题不在于经济学本身。问题在于我们如何看待一门社会科学。要求一门社会科学来解决所有的社会问题，显然是有求全之毁。社会科学和自然科学最大的不同之处，就是其研究的对象只是一个范畴，一个类别，其

---

① Paul Krugman, winner of the Nobel prize in economics in 2008, argued that much of the past 30 years of macroeconomics was "spectacularly useless at best, and positively harmful at worst." *The Economist*, July 18th – 24th 2009.

1

个体具有千差万别的特性。当一种经济理论用于指导或解释一个国家、一个社会在某一个阶段的经济活动时，其结果有很大的差异。我感到经济学和医学最为接近。前者是治疗社会经济中发生的疾病，后者是治疗人所罹患的各种疾病。其共同点是这两门学科所研究的对象都是非常复杂的个体。对于同一种疾病，医生用同一种治疗办法，病人恢复和生存的机会是不一样的，即使根据病人的身体状况调节用药的剂量和其他疗法的强度和频率，还是很难达到手到病除的理想境界。就经济学而言，进入20世纪以来的一百多年里，现代经济学试图通过各种数学模型来分析和解决经济问题，其立足点是数学是最精准的，任何一门学科一旦能用数学来分析和论证，其结论就准确无误。事实远非如此。

经济学本来就是"人学"，即便方法再复杂，其结论的正确与否也极大程度地取决于主客观因素的变化，特别是人的因素，心理的，社会的，理性的，非理性的。经济学的各种理论，都是不同的工具，各具实用性，正确的经济学理论只有运用得当，才能避免出现毫无用处的结果。所以，经济学研究不能脱离实际而成为象牙塔中的"玄学"，也不能过于强调细节而成为程序化的操作手册，应该因时、因地、因人、因势，基于自身，充分融合其他学科的有益成果，寓指南作用于分析之中，涵借鉴意义于模型以里，并且不拘泥于经典，也不囿于为创新而创新的无效循环。新的视角、基于实践的问题导向和规律性认识的总结都是经济学研究的应有立场，而系统论的研究视角、市场化的取向和激励相容的体制机制创新，应是新经济问题分析、思考和解决的基本框架。

现在回到本文主题，我们来读一读刘珺博士的新著《新经济范式的非典型与非均衡》。本书的特点，就是要克服经济学研究和实践中的一些问题。立意独特，在非典型现象中扑捉典型规律，在非均衡关系中求索均衡之道，既有深刻的学术探讨，又有具体的实践问答，是对变化中的经济范式的实证性思辨。该书以经典理论体系的"另类"思考开篇，阐述了经典经济学理论与经济金融运行新矛盾、新问题间的不断迭代发展，涉及国际经贸、宏观政策与市场逆周期调节、制度经济学等诸多领域，其中针对国际贸易比较优势理论与当前全球化困局的分析有理论研究的实时性和辩证性。在理论分析的基础上，后续篇章涉猎全球化的新变局、金融科技与科技经济崛起、货币政策与人民币国际化、金融市场的结构变迁与投资新趋势、实体经济与制造业升级、危机与危机管理的变迁等。其中，"系统金融安全观"充分体现了系统论的研究思路，"传统金融新时代的变与合"给出了银行业面对互联网金融挑战应有的战略定力与战略方向；"流动性冲击的短缺经济学解释"深度阐释了微观市场结构在货币政策传导中的关键作用；"全面认识货币国际化"系统论述了货币国际化的综合国力之锚；"中小微及农村金融的困境与银行体系的结构性缺陷"从激励不相容的体制弊端揭示了民营企业、小微企业融资难、融资贵的症结所在，阐明唯有优化金融结构、强化银企关系，激励银行提高对私有信息的收集和处理，增强风险识别能力和主动性，才能更好地满足民营企业、小微企业的金融需求，更好地服务于实体经济发展；"危机形态变异和危机管理重塑"结合网络化、数字化时代危机衍进轨迹的变迁，提出了新形势下危机迭代管理与数字化能力建设的作用和意义等。诸如这些问题，此处不再一一赘述，越俎代庖，还是让读者自行细细品味。

全书贯穿始终的是变化，变化的问题，变化的理论，变化的实践，就一个个经济、金融和市场运行中的热点、疑点、难点，巧妙选择切入点，积极寻找令人满意的实用解答。可以说是本书超越了书生"窗间老一经"式的纯粹理论推演，体现了源于实践又运用于实践的学术价值，阅读此书定会收获一二。是为序。

序言二（英文）

Howard Marks

橡树资本管理公司联合创始人兼董事长

I am pleased to have been given the opportunity to write a forward for Dr. Liu Jun's new book, *Atypicality and Unequilibrium of the New Economic Paradigm.* Anyone who is interested in expanding their general understanding of the world we live in will get a great deal out of reading this book, and for those of us who specifically desire to deepen our insight regarding China, it is an invaluable aid.

Dr. Liu's coining of the word "unequilibrium" in his title says a lot. His country is evolving, not static, and through this series of brief essays written over the last four years, Dr. Liu touches on a number of key topics that will shape China's future.

In this book, China and its relations with the U. S. are seen from the point of view of an insider-a top financial executive-in a very clear-eyed way. Dr. Liu writes candidly about China's advantages as well as its shortcomings, its opportunities as well as its challenges:

- He grants that the functioning of China's equity market is impeded by excessive focus on the ups and downs of the indices; neglect of fundamental issues such as the quality of listed companies; and overreaction to negative events, etc. Of course, in these regards China's equity market is no different from many others.

- He even goes so far as to touch on subjects like "grey rhinos" of the Chinese economy and technology's disruptive role in the financial industry, and he also discusses the de-risking mechanisms in the risk management system.

The topics of the essays include the importance of technology to the economies of the future; the terms of China's integration into the global trading community; China's need to reduce its reliance on commercial banking by broadening its capital markets; and the importance of higher global economic growth rates in solving all nations' problems.

It was particularly interesting to read Dr. Liu's book in the midst of the COVID-19 pandemic and the deterioration of relations between the U. S. and China, and to consider the relevance-even the prescience-of his essays relative to current events.

- On a topic very close to my own interests, the title of a 2017 essay asks, "How Do You Manage Risk When You Can't Be Certain About Uncertainties", Dr. Liu points to the "unknown unknown black swan type of uncertainties," of which the coronavirus is certainly one.

When and how these events play out is quite beyond the grasp. If they happen, how to react is also quite maze-like. As talking about the "new normal"... the normal part is known to us, but the reality is that the new part matters more.

- In discussing the U. S. -China trade dispute, Dr. Liu states that the global community is now at a crossroads:

... to the right is waging a trade war to benefit only the most powerful nation, for the time being the U. S. , if not also a loser in the long run; to the left is reforming the entire system to better accommodate the legitimate needs of all participants and further boost openness and fair trade.

Dr. Liu reviews China's compliance with the criteria for fair trade and indicates that, from his point of view, alleged violations such as market intervention on the part of the Chinese government and forced technology transfer either have benign explanations or are developments that reflect market processes, not misconducts. In his view, "China is going to make great efforts to serve as a crucial and responsible stakeholder. " I join him in hoping that is so.

- Finally, with tension between the U. S. and China worsening as of this writing, it was informative to read Dr. Liu's 2019 essay on the possibility of our two nations decoupling. He writes:

... the burgeoning new economy and the nature of technological cooperation render technological decoupling even less possible. The effects of technological innovation can only be strengthened and improved through cooperation, not only for the sake of economic benefits, but also for the greater good.

And he concludes, "In spite of the many disputes between major economies, the decoupling card may not help anyone to win. The trump card is somewhere else."

Those of us who desire a more harmonious, interconnected world hope the search for cooperation and connectedness will continue as Dr. Liu predicts. His book provides a much needed roadmap, as well as some refreshing views from inside China's financial machinery.

序言二（中文）

我很荣幸能够为刘珺博士的新书《新经济范式的非典型与非均衡》作序。所有有兴趣加深对当前世界格局了解的人，都可以从本书中获益良多。尤其对于我们这些希望加深对中国了解的人，本书可以提供重要帮助。

刘博士在他的书名中提到了"非均衡"一词，寓意深刻。中国正处于日新月异的发展时期，通过过去四年来所撰写的一系列文章，刘博士讨论了影响中国未来的许多关键话题。

在本书中，刘博士以国家金融企业高管的角度谈到了他对中国自身和中美关系的洞察，并相当坦率地讨论了中国当前具备的优势和短板以及面临的机遇和挑战：

● 他认为对指数涨跌的过度关注，对上市公司质量等基本面问题的重视不足以及对负面事件的过度反应等阻碍了中国股票市场的发展。当然，在这些方面，中国的股票市场与许多其他市场的情况并无区别。

● 他甚至直率地谈到了中国经济的"灰犀牛"风险、科技对金融的重塑，并对风险减震机制提出了独到见解。

本书中文章的主题包括科技对未来经济的重要性；中国融入全球贸易的方式方法；中国需要通过进一步建设资本市场来减少对商业银行的依赖；以及提高全球经济增长率对解决所有国家所面对的问题的重要性等。

刘博士的书内容与时俱进，甚至充满前瞻性。在新冠肺炎疫情肆虐、中美关系趋紧的当下，阅读起来尤为有趣。

● 2017 年的一篇文章的议题与我自己感兴趣的话题非常相近，文章题为：《当不确定不确定性时如何管理风险》，刘博士在文中提出了"关于未知的未知黑天鹅事件类型的不确定性"，而新冠病毒肯定是其中之一。

这些事件的发生时间和方式非常难以掌握。如果发生这种情况，应该如何反应也是个谜。在谈论"新常态"时……"常态"的部分对我们来说是众所周知的，但现实是，"新"的部分更为重要。

• 刘博士在讨论中美贸易争端时指出，国际社会现在正处于一个十字路口：

……向右是一场贸易战，作为现阶段最强大的国家，美国是唯一的受益者，甚至长远看同样受损。向左是对整个系统进行改革，以更好地适应所有参与者的合法诉求，并进一步促进开放性和公平贸易。

刘博士回顾了中国遵守公平贸易标准的情况并指出，从他的角度来看，所谓的中国政府对市场进行干预或强制性技术转让等行为，其背后的动因是良性的、许多时候是顺应市场发展进程的结果，这些行为背后并无恶意。他认为："中国将作出巨大努力，以成为关键的、有担当的利益相关者。"我与他一样对此充满期待。

• 最后，在我为本书作序的此时此刻，中美关系日渐趋紧。在此情况下，阅读刘博士于2019年讨论中美关系背道而驰可能性的文章很有帮助。他在其中提到：

……新兴的新经济和技术合作的性质使得双方技术层面完全背道而驰的可能性越发的低。只有通过合作，技术创新的效果才能扩大，这不单纯是经济利益，更包括了广泛的社会等多方面益处。

他总结说："尽管主要经济体之间存在许多争议，但背道而驰无法帮助任何一方获胜。制胜的王牌在别的地方。"

我们许多人都渴望建立更加和谐、更加互通的世界，并希望能够如刘博士所预言的那样，继续追寻合作共赢的模式。他的书提供了实现上述愿望所急需的路线图，同时也包含了一些来自中国金融系统内部的令人耳目一新的观点。

目　　录

导　　语

这一次不一样（This time is different）[①]，真的不一样。仅从对经济的代际冠名就可见一斑，如新经济、数字经济、网络经济、智能经济等，林林总总，不一而足。"第一次工业革命""第二次工业革命"和"第三次工业革命"经验的掌握和实践的熟稔，对"第四次工业革命"的参考性大幅度降低，历史不再重复自己，经济也在变轨。其实，"工业革命"一词在学术上并不准确，"产业革命"更严谨，而"第四次产业革命"的工业痕迹无疑更为疏淡，是一次产业体系的跃迁和质变，至少是范式变迁（paradigm shift），而非原范式量的提升或结构优化。以下几方面可以佐证：

其一，经济的主驱动力已实现转换，科技"第一生产力"的地位愈发显著。第四次产业革命本质上是科技革命，方向性科技包括混合现实、大数据、人工智能、量子计算等，科技不只是催化剂，或赋能者，而是使能几乎一切产业，并非科技万能或科技至上，而是科技对人类一切活动的全面形塑。"第四次产业革命"有四个特点：一是基于系统，不仅是单一科技发挥作用，而是科技组合复合集成为系统发挥作用；二是科技赋能解决现实问题；三是主观能动的缜密设计降低随机性和自发性；四是科技的价值锚定于社会责任，即科技使人类的福祉得到极大提升[②]。

其二，实体经济与虚拟经济的"两分法"不再成立，相互之间的渗透和作用远超后者对前者的叠加和助力，已然衍进为"你中有我，我中有你"的一体化状态。无形资产的占比愈来愈大，成为价值创造的主体，传统的实体

---

① Carmen Reinhart, Kenneth Rogoff. 这次不一样：800 年金融荒唐史（This time is different：Eight Centuries of Financial Folly）[M]. 北京：机械工业出版社，2009；作者运用 66 个经济体的相关数据证明不同的金融危机重复着类似的错误，证明"这次不一样"其实是一样。

② Klaus Schwab, Nicholas Davis. 塑造第四次工业革命的未来（Shaping the Future of the Fourth Industrial Revolution）[M]. 北京：中信出版社，2018.

1

经济部门虚拟化程度不断提高，经济虚拟化在金融和科技两大主战场有层次、大力度地展开，并且没有丝毫放慢速度的态势。

其三，经济与政治、社会、军事、外交、生态等的交叉和相容程度不断加深，不同范畴的边界日益模糊，跨领域、跨学科、跨区域、跨维度研究成为新常态。没有纯粹的、独立的经济问题，也没有纯粹的、独立的政治事件，依此类推，多元化、多维化、交互化的"问题群"是必须面对的现实存在，与之相对应，办法和措施也是矩阵式甚至多维的组群或系统。

其四，不同的经济模式进入过度竞争后的反思阶段，且尚未形成共识性的结论。自由主义与保守主义，全球化与本土化，市场经济与指令性经济，美国模式、东亚模式与莱茵模式，互相对峙又交叉博弈，兼有林林总总的非主流思潮争相参与其中，从思想上到实践上全球经济已经站在道路纵横交错的十字路口，而选择与放弃的决定却仍在犹疑之中。

其五，经济系统内的结构性变化剧烈，组成部分之间既相互冲突又相互覆盖，特别是财政政策与货币政策的作用力场交织互融，经济政策的统筹性和一体化成为最基本的要求，并且需要兼顾非经济政策的影响与互动，因此，统一政策设计和实施并有效处理之间的相关性和冲突以形成利益相容变得尤其重要。

其六，自媒体和后真相（post‑truth）时代的信息传递方式和获取方式根本性改变，人作为经济活动的主体参与者，"经济人"似乎让位于"社会人"，小众、分享、多元等特征在迭代加速中，感受、情绪或信仰而非基于事实和数据的理性判断驱动舆论走向，意识形态表达更为极化，经济受到的扰动从方式、内容和程度上均鲜有可供借鉴的参照系。

其七，人口结构的变化方向趋近新旧范式的转折节点，作用于城市化进程和工业化轨迹，进而驱动经济模式的全球重塑。经济退居第二性，更为人文和人本的人类社会基本属性上升为第一性，而与之相关的问题跨时且跨代，如老龄化、性别失衡等，最优解几无可能，满意解亦难达到，并长期羁绊人类的发展和社会的进步。

以上仅是用列举法呈现的主要特征，横向点线面体复合纵向时序的变化无处不在。新经济范式唯一不变的是变化，甚至是颠覆性和革命性的变化，始终存在的不确定性是唯一确定的事实，任何的均衡都是暂时的，都是下一个非均衡的中间状态。本书以新经济范式的大问题为圆心，撷取或来自于理论、或来自于实践的非典型视角，置于特定的历史场景中，客观分析，动态辩证，以非常规的、更现实的研究，实证性、试验性地进行范式对接，辨析新经济范式重点域的非均衡，具体研究方法服从问题，旨在实现研究成果的可操作性和可实践性。鉴于大问题和子问题本身以及所对应的结论和典型观点与常规研究方法有差异，且有一定的前瞻性，因此，拓展研究的水平向度和垂直向度均有相当空间，进一步努力的理论和实践意义仍然存在。

第一篇

传统理论的再思考

作为全球第二大经济体和人口最多的新兴市场国家，中国经济发展没有现成的参照系，简单的"拿来主义"已被证明无效。中学、西学孰为体、孰为用之问，历史上的变法者和改良者没有给出答案。新中国成立以来的改革者继续求索，以实践趋近正确解。

在新经济范式下，传统理论的继承与发展仍然重要，因为新理论产生于旧理论丰饶的土壤中，不过前提是有效养分的吸收和因地制宜的运用。对传统理论的反思不是埋首故纸，而是仰望星空。

本篇主要内容包括相关传统理论的回顾与解读、经济周期与逆周期调节、凯恩斯主义的历史映射、中等收入陷阱和比较优势理论的另类观察以及生产要素作用的根本性变化等。

经济学理论假设"失效"与发展模式变轨①

经济学是否是独立学科一直在争论中，尚未形成共识，而经济不是完全独立的范畴却已然是定论，经济与政治（特别是外交和军事）、社会、文化、自然的交互无时不在，且无须臾停止。是故，经济的变化是与生俱来的，无论出于内因还是外因，与之相对应，经济学的相关理论和假设必须与时俱进，以精确解释和反映新经济的新变化。观察现时二者的互动关系，经济变化之剧烈远超经济学的传统理论和假设，既说明理论和假设的表面意义在实践中相对失效，也一定程度上佐证经济发展模式由渐变、嬗变到变轨的结论。对位理论和假设的"岿然不动"和实际经济的"波诡云谲"，二者之间的差异张力极其显著，主要线索摘要列示如下。

贸易的福利增进与比较优势的共赢性。自重商主义始，贸易对经济的贡献已不存在认识盲区，在具体行动上，主要贸易国出于国家利益考量却奉行狭隘"利己主义"的"以邻为壑"政策，货币差额论与贸易差额论皆如此。之后，大卫·李嘉图的比较优势理论领风气之先，在传承亚当·斯密学说的基础上，国际贸易之共赢假说在坚船利炮和金银的合力作用下逐渐成为"有限共识"，不断给初生的全球化赋能和背书，使之形成趋势，并以其强大动能重塑世界经济秩序。而全球化至今，贸易对参与国人民福利的普遍增进受到前所未有的质疑，阶级对立、贫富分化的社会难题与民粹主义、恐怖主义的政治重疾纷至沓来，贸易普惠的经济学假设已经松动。与此同时，基于比较优势的价值链位置固化之弊也被广泛诟病。伟大的实践者和真正的理论家亚历山大·汉密尔顿曾对斯密批评美国限制进口予以驳斥，尽管杰弗逊总统笃信比较优势理论，认为美国应该用优势产业农业与英国等交换工业品，但汉密尔顿坚持限制工业品进口而积极扶持本土制造业发展，为美国工业体系的

---

① 本文写作于 2017 年 12 月。

全球领先做了扎实的准备。发达经济体如美国的实践既然证明了该理论的巨大局限，发展中经济体又何必"皓首穷经"地一味被钉在全球价值链的中低端呢？因此，与贸易理论相关的假设直面挑战，而从目前来看，被挑战的结果不容乐观，新的贸易与福利的关系必须在理论上进一步完善甚至重新定义。

全球化的正外部性和经济增长与社会福利的正相关性。全球化的设计初衷是以人流、物流、资金流乃至信息流的广域流动，实现经济的更充分发展和人类福祉的更充分改善，全球化理应最终惠及利益攸关方（Stakeholders）并与贫富的严重分化相互排斥。但现在，全球化的正外部性（Positive Externality）偏离度（Skewness）越来越大且边际效应递减，收入的非正态分布日益加剧，全球财富的分配和再分配愈发显现"马太效应"的"赢家通吃"，是故，全球化理论应厘清其所以然，特别是分配效应，相关经济学的理性推演与社会学的逻辑判断须进一步相容，从而使全球化的正外部性应该被大多数人享有的社会价值假设得以重启。同理，理论上社会福利的改善与经济增长率也显著相关，在就业方面，奥肯定律［Okun's Law，准确地讲应该是奥肯经验法则（Okun's Rule of Thumb）］给出 2% 的产出（Output）增长降低周期性失业率 1% 的经验数据。就业状况向好是劳动者收入增长的前提条件和动力源，但是现阶段该关系的传导机制出现了越来越多的梗阻，经济增长未必引致社会福利增进反倒有常态化的倾向，至少二者的经典正相关关系受到严重扰动而根基动摇。所以，新关系的基础研究框架应尽快提上议事日程，经济学的社会学考量应被赋予极大的紧迫性。是故，经济学一定要有人文关怀，这也正是亚当·斯密把其《道德情操论》放在《国富论》上位的深层次原因。

通胀与失业率的负相关性。经典的菲利普斯曲线（图 1）证明了通胀与失业率的负相关性，但在全球经济"新常态"下，菲利普斯曲线所揭示的关系已然变化，低失业率不再与通胀共存，特别在 2008 年全球金融危机之后发达经济体的复苏过程中，通胀始终蛰伏，通缩却挥之不去，而失业率至少在数字上出现大幅度改善。美国 2017 年 11 月失业率 4.1%，为 17 年以来最低，11 月季调核心 CPI 年率 1.7%，继续徘徊于美联储 2% 的通胀目标值之下。菲利普斯曲线的平坦化或许源于超常规的货币政策，比如量化宽松（Quantitative Easing）及相应的超低利率和央行扩表；或许源于新经济特别是共享经济、互联网经济驱动供需关系变化、生产消费关系变化和人的行为变异，比如传统工作或上班观念的被颠覆及传统劳动参与率的失准；或许源于科技创新的广泛覆盖与深度渗透，如生产能力的"无上限"导致"供求决定价格"的均衡发生倾斜，等等。无论如何归因，毋庸置疑的是这种经典关系式已不再具备严谨的理论解释力和实践预测力，经济发展的结构性要素出现了超标准差的变化，新模式对理论提出了新要求。

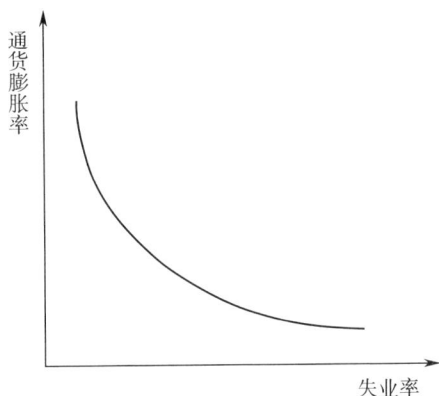

图1　菲利普斯曲线

政治经济学的制度"时症"与"药方"。政治经济学是对古典经济学的一种检讨，虽被贴上"非主流"的标签，但其逻辑之严密和解释力之强大是不争的事实，《二十一世纪的资本论》"居庙堂之高"就是政治经济学"显学"地位的明证。同样是检讨，与古典经济学同源而衍生出的制度经济学受到"礼遇"，但其理论的实际效果未必真正能问诊制度"时症"，对症开好"药方"。与市场经济对位的制度选项是民主政治，市场的有效性和政治的民主性似乎是"一体两面"。那么，在新经济和"后真相"时代，经济学的政治内核和制度内核作用孰大孰小呢？民主的本意是通过一定的制度设计使集体决策能更大程度地体现最大比例的所代表者利益，实质上是求最大公约数的机制和制度。民主的程序正义须保证结果尽量反映民众的诉求，而不是保证过程符合制度规则、结果却代表少数人利益，毫厘不爽的过程管理并不是程序正义的本质要求，程序的严格设定和过程控制的真正目的是以程序规范性保证实体正义性，而非削足适履的"唯程序论"。但西方民主的具体方式在设计上可行，实践中却未必达到预期，比如选举。从理论而言，越大比例准确反映选民诉求的候选人越应该赢得选举。可在实际生活中，人的愿望并不是差异巨大到极端的非正态分布或者极化分布，政治家也不会无知到体会不到民众的愿望。于是，合乎逻辑的选项有两种，一种是以不变应万变，走中间路线，那么选举的结果并不取决于候选人政策的主体部分和核心主张，而取决于政策的细枝末节，结果往往是反映民众情绪的政策细节左右胜负；另一种是临时抱佛脚，实时判断民意走向，并有针对性地设计政策迎合之，而这种应景式的政策组合在选战前后会出现极大落差，可操作性不强。如此，西方的民主选举制度合成的结果是候选人或党派政策大部分重合，少部分依据选情来"赌"民意，不同党派的政策主干基本一样，识别度低，而区别在于情绪化的口号和非理性的、不计成本的承诺。无论谁上台执政，原本价值观大体一致的民众因极其细微的差异而分道扬镳，阶层对立和社会割裂成为不可避免的事实和真相。如此制度设计并未真正引致政策的适宜性和决策的科学性，而是引致了族群互斥和社会对立。因此，政治经济学的主张似乎更"接地气"，而制度经济学的分析却过于"经院气"。直观地讲，制度经济学对古典经济学的校正和改良仍有"路径依赖"，而政治经济学的"分庭抗礼"却不落窠臼。当然，市场经济的"市场"是经济的子午，其他即便发挥作用，也非决定性作用，这一结论是经典的，也是被实践证明的，必须不折不扣地坚持。

政治稳定与经济稳定的同向性。既然经济与政治密不可分，二者的作用力与反作用力又相对较强，常规的理论模型自然是线性地关联稳定的政治与稳定的经济，反之亦然，政治的动荡与混乱和经济的平稳与增长同框出现的概率在理论上不大。因此，英国脱欧、特朗普胜选、加泰罗尼亚独立公投、委内瑞拉修宪、民粹主义回潮等政治事件对应的经济表现应是负向的，是波动的，是不稳定的，至少逻辑上如此。而现实上演的却是"大反转"剧情，政治的不确定性与经济的低波动性共存，特别是发达经济体，研究机构的全球政治不确定指数和芝加哥期权交易所的波动率指数反映的恰是这种状况（图2）。政治的喧嚣与经济的平稳出现在同一时期，说明市场的力量已经超越政府的"力所能及"，市场力量之大印证经济范式在进步，经济的科技含量在提升，对于民生的作用在更好地发挥。即便政府与经济可以存在相对独立的发展轨迹，也并不代表政府可以摒弃市场经济的根本原则，政府与市场的关系定位不能"走回头路"，特别是对于新兴市场经济国家，政府"先定位、要到位、不越位、莫失位、忌错位"的"边界理性"必须建立并秉持。

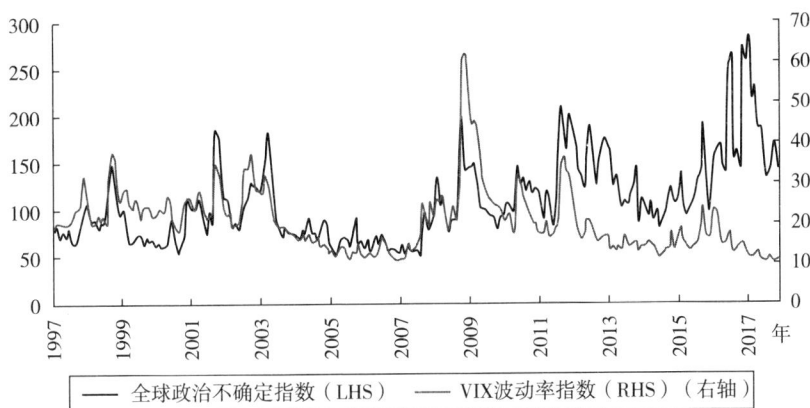

图2　政治不确定指数与市场波动率指数

（资料来源：Haver，芝加哥期权交易所）

GDP 和 CPI 统计的核算与数字呈现。GDP 是国民经济核算的主要指标，但统计意义上的 GDP 与国民经济产出不完全是同一概念，GDP 只是产出的一部分，并非全部。CPI 也如此，CPI 的构成与真实消费之间的关系对位尚未适时调校，所呈现的 CPI 数字公信力趋于弱化，普遍的感受是通胀在日常生活中真实存在并一定程度上有所上行，而 CPI 指标却未能准确反映，趋势性的指向也未做到，与现实违和与脱节。目前的统计体系对相对水平的衡量较充分，对绝对水平的衡量能力不足，而新经济的识别与量化的难度之大不容小觑。因此，可以负责任地判断，GDP 和 CPI 的构成变量需予以更新，核算方法和呈现方式也应予以升级。新经济的共享性和关联性（Interconnectedness）压缩原有经济活动的重叠部分，特别是"小众多元共享"使得经济的重复劳动大幅度降低，而无形资产的崛起更增加了指标变量的虚拟化程度，经济核算的指标体系须体现新经济特点，传统核算体系的改造必须提速。

实体经济与虚拟经济的对立与主辅关系。随着产业革命的演进，虚拟经济从小到大，成为经济体系不可或缺的组成部分，传统理论对虚拟经济的定位是服务于实体经济，这样的关系描述基本符合经济发展规律，但若得出二者的对立以及关系的主辅则明显是过度解读。虚拟经济之"虚拟"（Virtual）的词根是美德与价值（Virtue），并非字面上的与"实"对立的虚幻之"虚"，实体经济之"实"（Real）亦指向价值创造，所以，双方有共同的基础和相同的目标：价值。更须重视的是，实体经济和虚拟经济的边界越来越模糊，二者之间在科技的作用下不断融合，实体经济的虚拟成分在提高，虚拟经济的实体基础也在提高。真正定义新经济的，是在生产力要素融合的背景下无形资产比例上升并成为标志和驱动力（图3）。既然科技的作用无所不在，无形资产的作用日益显著，传统的以有形资产抵质押为主体的筹融资模式必须根本性地改变，对新科技和无形资产的风险评估与定价必须重新量化，重建体系。

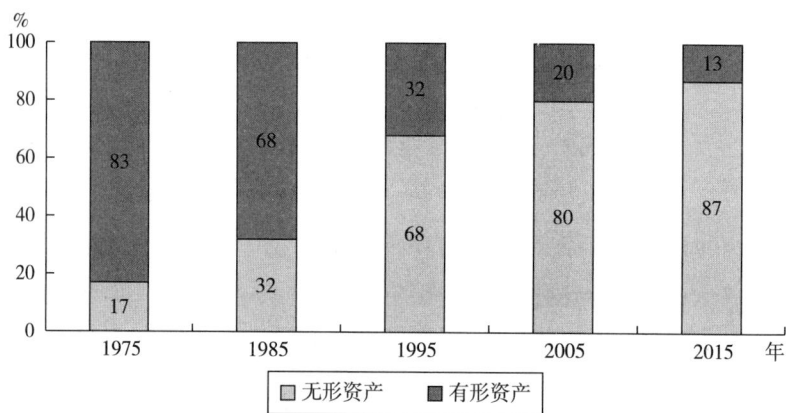

图3 标普 500 市场估值的无形资产占比

（资料来源：OCEAN TOMO. LLC）

投资便利化与收益的直观归因。被动投资（Passive Investment）的登堂入室，使得投资便利化程度极大提升，再将人工智能 AI（Artificial Intelligence）和智能投顾（Robot Adviser）的深远影响纳入理论框架，积极投资理念是否过时？简单作答：不会。首先，被动投资的负面效应显现有一个过程，羊群效应、价格扭曲、公司治理弱化等均可能导致系统性风险；其次，积极投资的意义不能被低估，主动管理和趋势预测仍有不菲的价值，其更符合产融一体化的新经济特点；最后，传统的收益归因是线性的，直观的，或阿尔法、贝塔等，或价值、规模、动能、波动性等，仿佛是对应关系，而新经济的收益归因是非线性的，同一收益可能源于多因子，可能源于共同作用的混合因子，甚至可能源于无法准确度量的非因子元素，需要研究价值创造与收益归因的新方法论。

责任投资与经济回报的不一致性。根据经济学的经济人假设、资源稀缺性假设和人的非厌足性假设，经济主体承担社会责任的潜台词是成本支出的相对增加和财务收益的相对稀释，责任投资（Impact Investment）和经济回报仿佛天然是负相关的。以 ESG（Environmental, Social and Governance，环境、社会责任和公司治理）为代表的责任投资虽然在社会效益和人文因素的作用下日益受到重视，并不断主流化，但普遍看法是，责任投资赚得更多是社会效益的"面子"，却无法赢得经济价值的"里子"，甚至会一定程度上损害经济价值。的确如此吗？实证数据证伪了该观点。研究机构跨区域、多机构对比 ESG 和 CFP（Corporate Financial Performance，企业财务绩效）的量化指标，结论是考虑财务指标的同时，把 ESG 嵌入投资决策过程，长期收益较高。责任投资与经济回报并非对立关系，也非零和关系，实证数据显示的是相对稳定的正和效应。

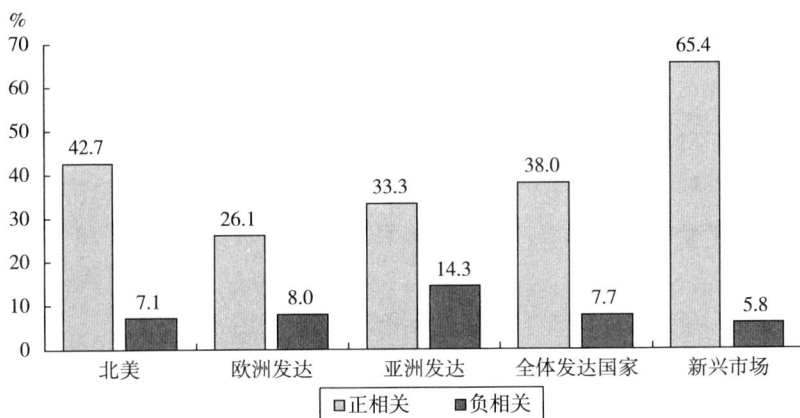

图 4　ESG 和 CFP 的相关性

（资料来源：Journal of Sustainable Finance & Investment）

理论之经典和假设之成立不在于结论的文字本身，在于其逻辑性和方法论，在于其应用性，以及在应用中再定义、再建模甚至与时俱进地解构与重构，如是认知，经济学理论与假设的"失效"是好事，经济发展模式的变轨亦是必然。

从股票市场指数高波动性观察虚拟经济
对新经济周期理论的悖离[①]

The Deviation of the Virtual Economy From the Theory of New Economic
Cycle Observed From High Volatility of the Stock Indices

（第二作者丁棵，第三作者马岩）

摘要：2007 年下半年开始，美国次贷危机转化为全球性的金融危机，全球金融市场尤其是股票市场剧烈波动，与学术界定义的新经济时代经济周期的特征出现悖离。本文结合新经济的定义及新经济条件下经济周期的相关特征，以股票指数作为宏观经济的量化指标反映经济波动幅度，并从经济结构化的角度探索股票指数高波动与新经济悖离的原因，提出了虚拟经济和实体经济之间应该建立阈限机制，避免高杠杆倍数导致衍生品交易失控所积累的系统性风险。

关键词：新经济；经济周期；股票指数；波动性；虚拟经济

Abstract：Since the third quarter of 2007, the subprime crisis has developed into a worldwide financial crisis. The global financial markets, especially the stock markets, demonstrate high fluctuations, which are contrary to the descriptions of the new economy's cycle defined by academia. This article compares the features of the new economy and the characteristics of the real financial markets, applies the stock indices as a quantitative measure of the macro – economy to reflect the economic fluctuations, and explores why the stock indices deviate from the path that the new e-

---

① 本文写作于 2009 年 10 月。

conomy is supposed to proceed. The article suggests that a mechanism should be established to firewall the negative interactions between the virtual economy and the real economy in order to mitigate the damages when the systemic risk occurs. Practically, the leverages of financial derivatives should be controlled to manage the risks as financial innovation deepens.

Key words：new economy；economic cycle；stock indices；volatility；virtual economy

一、引言

20 世纪 90 年代以来，美国等西方国家出现了一系列新的经济现象，如信息技术产业的崛起、现代金融市场的高度发达、宏观调控体系的完善和经济全球化，许多学者认为以美国为代表的发达经济体进入了"新经济（new economy）"时代。1997 年 11 月，美国商业周刊主编斯蒂芬·谢波德（Stephen B. Shepard）指出了新经济的六个特征：实际 GDP 的大幅增长，公司运营利润上升，失业率低，通货膨胀率低，进出口之和占 GDP 的比例上升，GDP 增长中高科技的贡献率比重上升①。在这一系列特征得到经济发展和市场数据验证时，"新经济"的增长性和稳定性亦被想当然地接受，成为现代化的重要标志。但是，历史的观察是否能在数据上支持这一结论呢？是否能够在模式上确定这一发展轨迹呢？

二、定义及参考文献

"新经济"是美国经济学家迈克尔·曼德尔（Michael J. Mandel）于 1996 年 12 月 30 日在《商业周刊》上发表的题为《新经济的胜利：全球化和信息革命》中首先提到，后来又进一步提出了相关定义："新经济是经济全球化和信息技术革命构筑的经济"②"新经济不仅是技术革命，也是金融革命，技术是新经济的发动机，而金融是新经济的燃料"③。目前关于"新经济"的含义

---

① 刘崇仪. 经济周期论［M］. 北京：人民出版社，2006.

② 王春法. 新经济：虚幻与现实——经济大国的复兴之路［M］. 北京：中共中央党校出版社，2003.

③ 刘崇仪. 经济周期论［M］. 北京：人民出版社，2006.

有很多争论，有学者认为"新经济就是信息技术在经济中发挥根本性作用"（Pam Woodall, 2000）①"新经济是在知识经济的基础上，由科技和制度的重大创新和全球化推动的经济结构调整所导致的生产率的提高，以及以微观经济和宏观经济良性互动为条件的经济增长方式"（陈宝森，2001）②，也有学者提出"新经济是一种在社会化大生产条件下，以高新技术和现代金融为支撑，有日臻完善的宏观调控体系和健全的市场体系，在全球化的国际环境中生长的经济形态"（刘崇仪，2001）③，更有学者归纳"新经济是20世纪90年代开始兴起，并将在21世纪正式展开的新经济现象，包括网络经济、知识经济以及经济全球化等在内的内容及其丰富的新经济现象，是在美国、欧洲、日本以及一些发展中国家出现的各种重大现象的总称"（马召奎，2001）④。既然"新经济"之"新"是相对于"旧"，那么必定有其优越性。无论是技术因素还是金融助推，总之发达国家的经济愈来愈显示出既好又快的趋势，即便速度上的"快"与发展中国家无法进行直接比较。那么，是否新元素、新手段在经济领域的注入熨平了波动性和周期率呢？是否至少在周期波动性的幅度上趋于平缓呢？

经济周期的存在及其相关特征基本上是学术界的共识。那么，现代的经济发展是否对传统的周期理论有了实质的突破呢？以美国为例，美国国家经济研究局指出，从1991年3月开始，美国经济处于历史最长的连续增长期，历时117个月，经济运行态势呈现"高增长＋低通货膨胀＋低失业率"的理想组合，足见其新经济和新型周期之间的关联已向"传统"周期理论提出挑战。那么，新经济对经济周期的挑战如何理论化呢？目前，国内外学者对新经济条件下的经济周期主要持有两种观点，一种是"周期消失论"，最先是由美国麻省理工学院教授多恩·布什（Rudi Donbusch）于1998年提出，他认为只要宏观经济政策得当，经济就可以摆脱商业周期；另一种是"周期减幅论"，最早具有代表性的学者是加州大学伯克利分校政治学副教授斯蒂芬·韦伯，他认为经济周期波动将变得轻微，更像是一种

---

① Woodall, Pam. Survey: The New Economy: Untangling Economics, 2000.
② 陈宝森. 对美国新经济的再认识 [J]. 世界经济与政治, 2001 (6).
③ 刘崇仪. 试论美国新经济发展模式 [J]. 财经科学, 2001 (2).
④ 马召奎. 从技术进步看新经济 [J]. 世界经济与政治, 2001 (5).

"涟漪"（ripples）[①]。

从"周期消失论"角度看，自 2000 年美国网络泡沫的破灭以及 2007 年爆发了遍及全球的次贷危机，进一步证实了经济波动是不可避免的，经济周期并未消失，只是在新经济条件下发生了一系列的变化，而变化本身并没有质的不同；从"周期减幅论"角度看，新经济条件下经济周期性特点仍然存在，其标志是经济本身的波动性越来越平缓，周期峰谷之间的距离和落差以及峰谷转换的频率呈现相对温和的形态，即经济周期的波长变大，扩张期延长，收缩期减小，同时衰退幅度变小，经济增长率（GDP 增长率）的波动更为平稳（图 1），但经济增长率趋缓可能更多地源于经济体的基数作用。

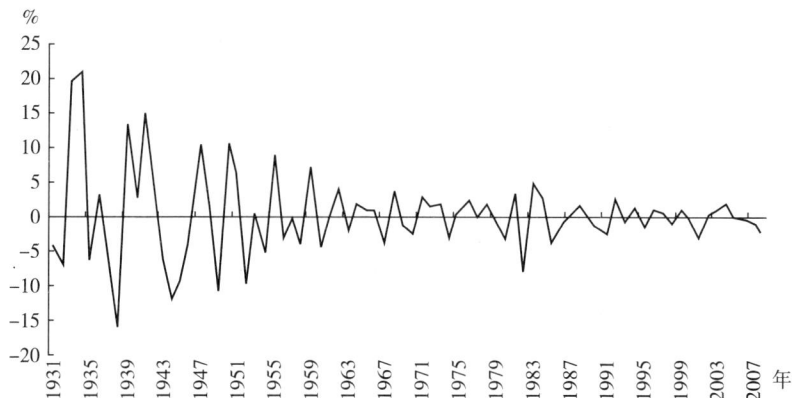

图 1　1931—2008 年美国 GDP 增长率的变动值走势

（资料来源：Wind）

三、研究方法

（一）选取宏观经济量化指标

在验证新经济条件下经济波动趋势的过程中，面临的最大理论难题是如何把宏观概念的"经济"用相关指标予以量化，以量化指标的变化反映

---

① 刘崇仪. 经济周期论［M］. 北京：人民出版社，2006.

或体现经济的变化，使得对经济的波动性研究用相关指标予以直观表示。那么，如何设立既符合要求又便于分析的指标体系呢？美国道琼斯公司（Dow – Jones Corp.）的创始人查尔斯·H. 道创立的道氏理论认为"股市是国民经济的晴雨表"，后来继承道氏理论的 Hamilton，W. P. 和 Robert Rhea 分别在其著作《The Stock Market Barometer》（股市晴雨表）和《Dow Theory》（道氏理论）中也证实了股票指数的晴雨表作用。他们认为，自由竞争市场所决定的股票价格代表了所有对该公司关注的人收集的综合信息及评价，因此由这些极具代表性的公司股票构成的综合指数能够代表一个国家宏观经济的形态。虽然结构性要素的信息含量不是很充足，但资本市场特别是股票市场对宏观经济走势起到一定程度的指标作用，市场指数能够反映经济的基本状况。

（二）选取目标经济体

明确了以股票指数为经济量化指标之后，目标经济体的选择指向了发达经济体（美国、欧盟和日本），拟选择美国，原因如下：

第一，代表性。世界经济的周期运动越来越受到美国经济波动的影响，或者说，在一定程度上美国经济周期波动的特点代表或反映了世界经济特别是发达经济体周期的变化。美国、欧盟和日本三大经济集团中，美国作为最重要一极的地位十分突出，2008 年美国 GDP 达 144,414 亿美元，约占全球 GDP 的 23.44%，而 2008 年以前美国 GDP 全球占比均超 25%。此外，美国是新经济的发源地，其资本市场在广度和深度上都处于领先地位，几乎每一次大规模的经济热潮或技术进步都是依托其资本市场充分发挥效能的。

第二，一体化。相比欧盟，美国经济的整体性特征明显，欧盟是一个经济联合体，27 个欧盟国家中 15 个又组成了欧元区，而欧元 1999 年出现、2002 年才正式进入流通领域，作为新生事物，历史分析的方法很难运用。

第三，方向性。日本经济自 1985 年签订"广场协议"后进入了长期低迷状态，日经指数从 1989 年 12 月 29 日最高点 38,915.87 曾跌至 2008 年 10 月 24 日的最低点 7,649.08，跌幅达 80%（图 2）；而 1985—2008 年日本 GDP 增长率年平均仅 2.18%，其中 GDP 增长率最高为 1990 年的 7.50%，最低为 1998 年的 -2.10%。1991 年日本资产市场的价格泡沫破裂后，日本经济进入了长达 10 年的通货紧缩和经济萧条时期，其下降轨道基本呈现凝固化（图

3），可以说日本经济的长期低迷是经济自身原因和特定的政治、社会原因共同作用所致，其经济量化指标呈现相对单向的运动轨迹，从趋势上无法描述世界经济走势的方向特点。

最新价	10,257.56
最高于 12/29/68	38,915.87
平均	17,668.44
最低于 02/27/09	7,568.42

图2　1985.1—2009.9 日经指数走势

（资料来源：Bloomberg）

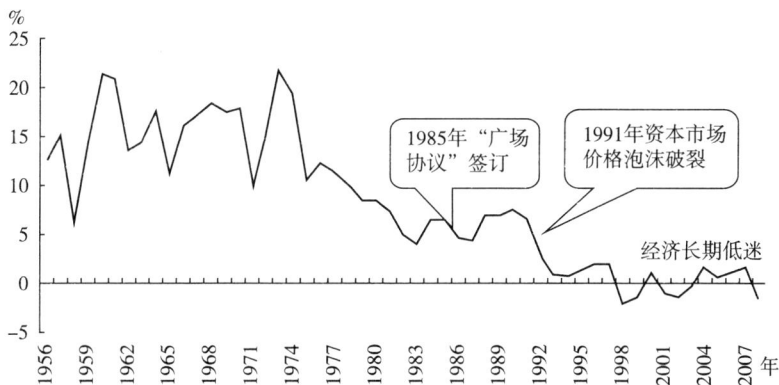

图3　1956—2008 年日本 GDP 增长率走势

（资料来源：Wind）

第四，市场化。新兴经济体的市场化程度还不高，价格管制和股票市场的涨停板机制也使得价格体系存在失真，非市场因素的扰动性高，市场指数未必能够真正反映经济的基本态势。

四、数据分析和结果

（一）相关性分析

选取美国 GDP 增长率作为主要经济指标，选取道琼斯工业指数（DJI）和纳斯达克指数（NASDAQ 指数）作为主要市场指标，对其进行相关性分析。考虑到新经济大致从 20 世纪 90 年代开始，故选择分析样本的时间段为 1991—2008 年度数值，结果如表 1 所示，GDP 增长率与道琼斯工业指数收益率的相关系数约 0.36，GDP 增长率与纳斯达克指数收益率的相关系数约 0.20。股票指数收益率与 GDP 增长率之间存在一定的正相关性，但相关程度较资本市场发展早期有所降低。

表 1　1991—2008 年股指收益率与 GDP 增长率的相关系数

相关性	GDP 增长率	DJI 收益率	NASDAQ 收益率
GDP 增长率	1		
DJI 收益率	0.364068796	1	
NASDAQ 收益率	0.201852163	0.857320705	1

资料来源：根据 Bloomberg 数据计算，基础数据为年度数值。

（二）波动性分析

在分析波动性时，对道琼斯工业指数和纳斯达克指数总样本进行分析外，按时间段进一步切分，引入周期的概念，按学术界认可的标准在六个时间区间内观察分样本的波动性，并对分样本和总样本的均值和标准差（波动率① yield volatility）进行计算及比较分析。为了选取完整的波动周期，分样本时间段相对于经济危机期稍有延展。

1. 总样本：1900 年至 2009 年 9 月

1900 年至 2009 年 9 月：在长达 109 年的时间里，美国股票市场总体震荡上行，道琼斯工业指数、纳斯达克指数最高涨幅分别超过 300 倍和 78 倍，年化波动率分别为 18.66% 和 21.95%（图 4、表 2）。

---

① 波动率（yield volatility）为总样本或分样本时间段内股票指数收益率的标准差。

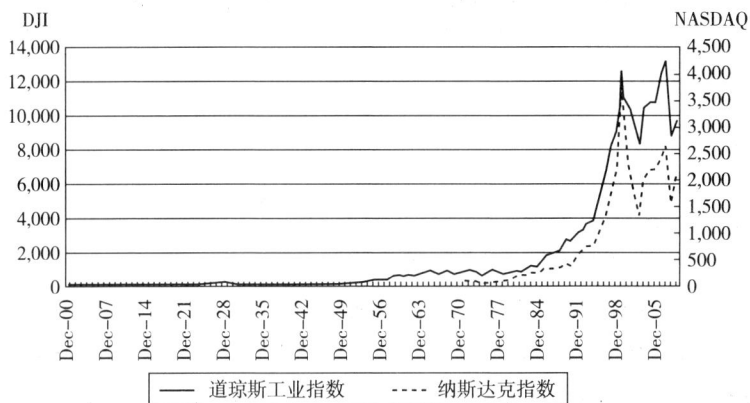

图4　1900 年至 2009 年 9 月道琼斯工业指数、纳斯达克指数走势

表2　总样本（1900 年至 2009 年 9 月）变量的描述性统计

变量	均值	最高值	最低值	年化波动率
道琼斯工业指数	1,797.49	13,930.01	44.33	18.66%
纳斯达克指数	941.31	4,696.69	59.82	21.95%
样本数	1,313			

资料来源：根据 Bloomberg 数据计算，基础数据为月度数值。

2. 分样本：美国历史上主要经济危机期

（1）1929—1933 年："大萧条"是美国历史上第一次全面经济危机，长达 4 年，美国国民生产总值从 2,036 亿美元降为 1,415 亿美元（按 1958 年价格计算），降幅高达 30%，失业率（不含半失业者）高达 25%，道琼斯工业指数跌幅高达 88.7%，该经济周期年化波动率超过 40%（图 5、表 3）。

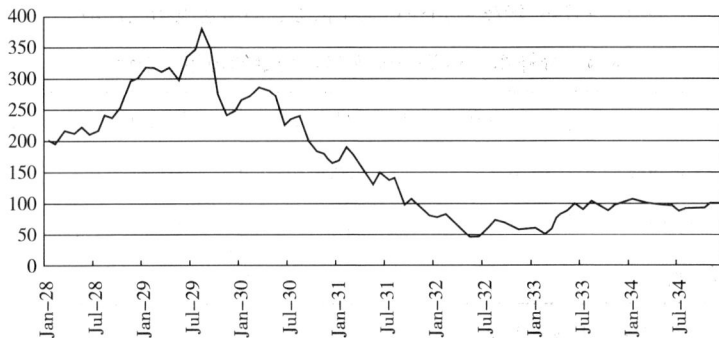

图5　1928—1934 年道琼斯工业指数走势

表3　分样本（1928—1934 年）变量的描述性统计

变量	均值	最高值	最低值	年化波动率
道琼斯工业指数	165.13	380.33	42.84	40.39%
纳斯达克指数	N/A	N/A	N/A	N/A
样本数	84			

资料来源：根据 Bloomberg 数据计算，基础数据为月度数值。

（2）1973—1975 年：第一次石油危机，国际石油价格持续上涨导致供给不足，给美国乃至全球范围带来了长期"滞涨"，高失业率与通货膨胀并存。美国 GDP 增长率从 1973 年的 11.66% 跌至 1974 年的 8.48%，1975 年失业率高达 9.2%。在该经济周期中，道琼斯工业指数、纳斯达克指数最高跌幅分别达 40.4%、58.4%，年化波动率分别为 17.79%、21.39%（图6、表4）。

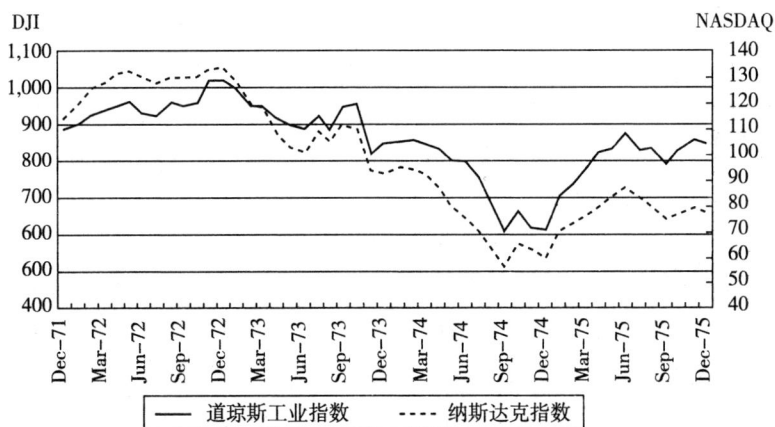

图6　1972—1975 年道琼斯工业指数、纳斯达克指数走势

表4　分样本（1972—1975 年）变量的描述性统计

变量	均值	最高值	最低值	年化波动率
道琼斯工业指数	857.55	1,020.01	607.87	17.79%
纳斯达克指数	97.64	133.73	55.67	21.39%
样本数	49			

资料来源：根据 Bloomberg 数据计算，基础数据为月度数值。

（3）1987年前后：1987年10月19日（"黑色星期一"），道琼斯工业指数一天之内急跌508.32点，跌幅达22.6%，引发了历史上第一次全球性股灾。美国股票市值损失8,000亿美元，世界主要股市合计损失达17,920亿美元，相当于第一次世界大战直接和间接经济损失的5.3倍。本轮经济周期道琼斯工业指数、纳斯达克指数年化波动率分别为23.51%、25.57%（图7、表5）。

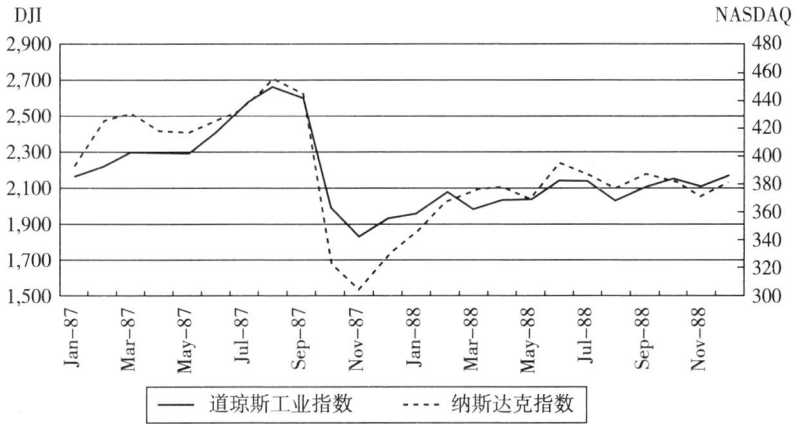

图7 1987—1988年道琼斯工业指数、纳斯达克指数走势

表5 分样本（1987—1988年）变量的描述性统计

变量	均值	最高值	最低值	年化波动率
道琼斯工业指数	2,175.35	2,663	1,833.6	23.51%
纳斯达克指数	388.19	454.97	305.16	25.57%
样本数	25			

资料来源：根据Bloomberg数据计算，基础数据为月度数值。

（4）1990年7月至1991年3月：此次生产过剩型经济危机持续时间较短、程度较轻。GDP增长率由1990年的5.8%跌至1991年的3.3%，道琼斯工业指数和纳斯达克指数周期内最大跌幅为15.9%、28.6%。本轮经济周期两股指年化波动率分别为16.84%、27.06%（图8、表6）。

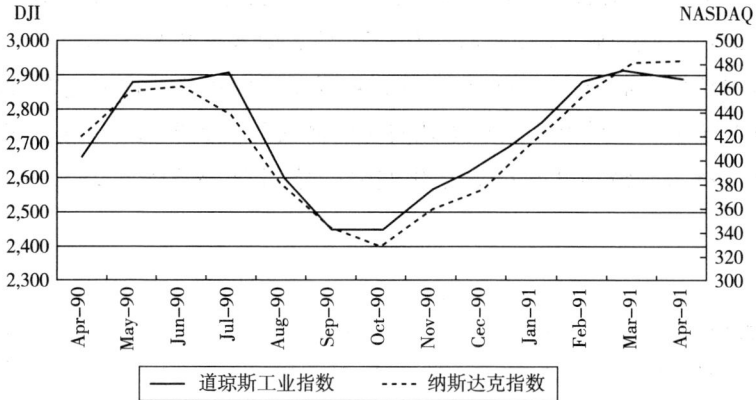

图 8　1990 年 4 月至 1991 年 4 月道琼斯工业指数、纳斯达克指数走势

表 6　分样本（1990 年 4 月至 1991 年 4 月）变量的描述性统计

变量	均值	最高值	最低值	年化波动率
道琼斯工业指数	2,726.31	2,905.2	2,442.33	16.84%
纳斯达克指数	415.56	462.29	329.84	27.06%
样本数	13			

资料来源：根据 Bloomberg 数据计算，基础数据为月度数值。

（5）2000 年后，美国网络泡沫破灭，科技股占比权重较大的纳斯达克指数跌幅较大；2001 年"9·11 事件"，导致美国直接经济损失至少 900 亿美元，股市重开第一周道琼斯工业指数、纳斯达克指数分别下跌 14.3%、16.1%。本轮美国经济周期两股指年化波动率分别为 17.40%、35.75%（图 9、表 7）；GDP

图 9　1999—2003 年道琼斯工业指数、纳斯达克指数走势

增长率从 1999 年的 5.96% 跌至 2001 年的 3.16%。

表 7　分样本（1999—2003 年）变量的描述性统计

变量	均值	最高值	最低值	年化波动率
道琼斯工业指数	9,900.31	11,497.12	7,591.93	17.40%
纳斯达克指数	2,336.27	4,696.69	1,172.06	35.75%
样本数	61			

资料来源：根据 Bloomberg 数据计算，基础数据为月度数值。

（6）2007 年下半年开始：次贷危机爆发，房产市场和金融市场的"去泡沫化"触发了股市巨幅下挫，通过衍生品市场又蔓延到全球整个金融体系。仅仅历时 1 年多，道琼斯工业指数、纳斯达克指数分别急跌 46%、53%，至2009 年 2 月，两股指均跌破 2004 年前的水平。自 2009 年 3 月，两股指在各项经济刺激政策中缓慢回升，但次贷危机对全球经济尤其对实体经济的影响并未结束，经济仍面临一个长期的复苏过程。此轮经济周期道琼斯工业指数、纳斯达克指数年化波动率分别达 18.85%、23.38%（图 10、表 8）。

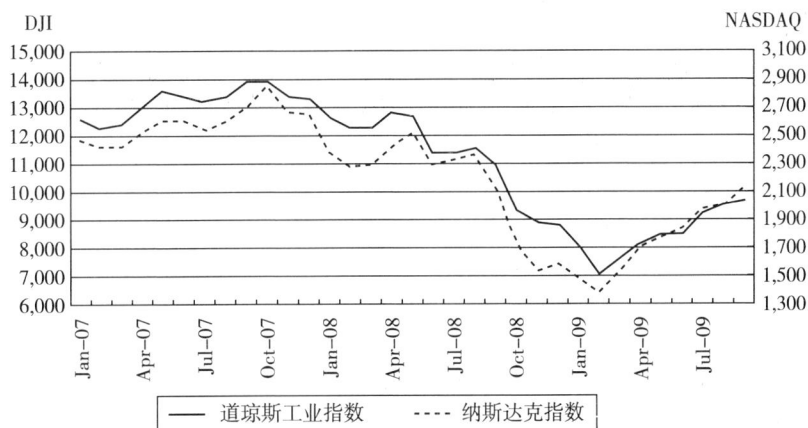

图 10　2007 年至 2009 年 9 月道琼斯工业指数、纳斯达克指数走势

表 8　分样本（2007 年至 2009 年 9 月）变量的描述性统计

变量	均值	最高值	最低值	年化波动率
道琼斯工业指数	11,226.41	13,930.01	7,062.93	18.85%
纳斯达克指数	2,208.02	2,859.12	1,377.84	23.38%
样本数	33			

资料来源：根据 Bloomberg 数据计算，基础数据为月度数值。

3. 总样本与分样本比较

表9 总样本与分样本的主要股指波动率

样本	美国主要经济危机期分段样本						总体样本
时间段	1928—1934	1972—1975	1987—1988	1990.4—1991.4	1999—2003	2007—2009.9	1900—2009.9
道琼斯工业指数波动率	40.39%	17.79%	23.51%	17.44%	17.40%	18.85%	18.66%
纳斯达克指数波动率	N/A	21.39%	25.57%	26.46%	35.75%	23.38%	21.95%

资料来源：根据 Bloomberg 数据计算，基础数据为月度数值。

注：波动率指年化波动率，基于样本周期内的全部月度数值计算得出。

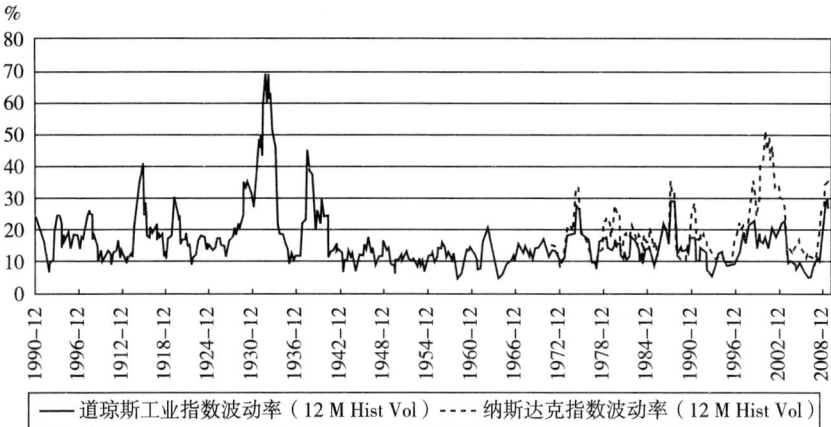

注：波动率指年化波动率，基于前 12 个月的月度数值计算得出。

图11 1900 年至 2009 年 9 月道琼斯工业指数、纳斯达克指数波动率

（资料来源：根据 Bloomberg 数据计算，基础数据为月度数值）

根据对美国两大股指（道琼斯工业指数、纳斯达克指数）分样本和总样本的数据比较分析，从股票指数波动率来看（表9、图11），经济危机期分样本的波动率大于一般时期；并且在新经济条件下，即 20 世纪 90 年代以来，股票市场的波动率并没有显著的"熨平性"特征（图11），资本市场指数的高波动性与新经济条件下经济周期减幅论出现悖离。

五、结论及相关启示

经数据分析得出的结论与现实普遍的认识形成了强烈对比，一般意义上，随着新经济进程深入并且进入信息时代，经济波动性应该趋缓，经济周期波幅应该收窄，而以股票市场指数的波动率反映出的经济波动性与新经济的周期特征存在不一致，倒愈发表现出回归到"丛林规则"下的高竞争和高波动的状态。那么，是什么因素导致经济波动性不降反升而使新经济的含量没有质的提升呢？可能的解释是经济的结构化特征，即产业分类由实体经济占绝对主导向实体经济和虚拟经济并行转化，而虚拟经济占比逐步增大。

在宏观经济方面，经济虚拟化明显。随着世界各地的投资者将更多的资金投入股市、购买债券、存进银行以及购买其他金融资产，虚拟资本持续增长并深化。虚拟经济是市场经济高度发达的产物，越来越得到投资者的青睐。尽管虚拟经济以服务于实体经济为最终目的，但相比实体经济的确具有不可替代的特性，虚拟资本的持有与交易活动，表现为价值符号的转移，扩大了经济体系的流动性，提高了社会资源配置和再配置的效率，加快了现代市场经济的发展步伐。金融产品和金融技术的多样性提供了进入新市场的途径和规避风险的方法，从总体上降低了融资成本，也为社会游资提供了新的投资渠道。据美国 GDP 的产业贡献率数据分析，美国第三产业在国民经济中占主导地位并有继续加强的趋势（图 12），2007 年美国 GDP 产业贡献率统计显

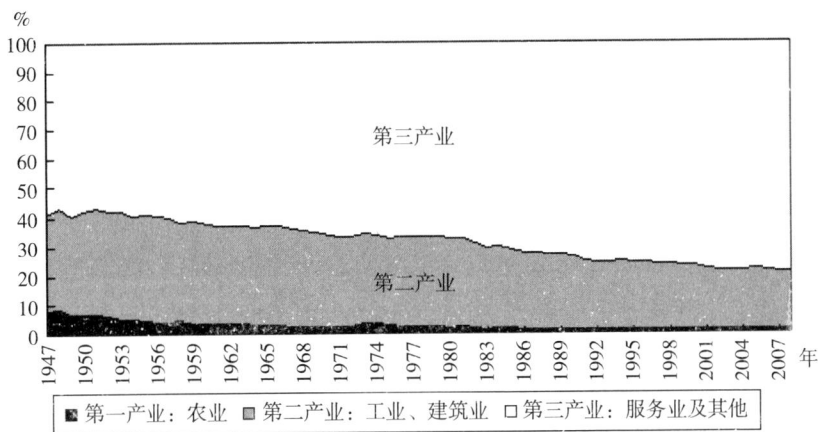

图 12　1947—2008 年美国三大产业对 GDP 的贡献率

（资料来源：CEIC）

示：第一产业占 1.17%，第二产业占 19.86%，第三产业占 78.97%。而近几年第三产业中比重上升最快的是金融、保险等部门，是以非生产性劳动为主，并且与实体经济相比有一定的虚拟特征。

在中观市场方面，金融市场服务实体经济的同时，越来越表现出独立运行的特征。虚拟经济的规模已远远超过实体经济，成为与实体经济相对独立的经济范畴。据麦肯锡全球研究院最近全球资本市场年度研究报告统计，2007 年次贷危机爆发的前一年，即 2006 年年底，全球金融资产（仅包括股票、债券和银行存款）的总量已达 167 万亿美元（图 13、表 10），而 2006 年年底全球国民生产总值 GDP 总和只有约 48.3 万亿美元，即金融资产的规模已达实体经济产出 GDP 的 3.46 倍（表 10）。随着货币市场、资本市场、外汇市场等规模持续扩大，金融期货、期权等在内的金融衍生工具层出不穷，金融市场的重心逐步转向衍生品市场，尤其是在杠杆式的交易模式助推下（图 14），衍生品市场规模迅速扩大。以美国金融市场为例，2007 年年底美国金融衍生工具存量高达 454.47 万亿美元，而 2007 年年底 GDP 总额仅 14.08 万亿美元，虚拟资本之一的金融衍生工具的规模已超过实体经济产出规模的 32 倍（图 15）。金融市场的衍生化使得衍生工具与原生工具的天然联系被割裂，衍生工具的规模严重偏离原生需求，而衍生工具的波动也放大且影响到整个金融市场。

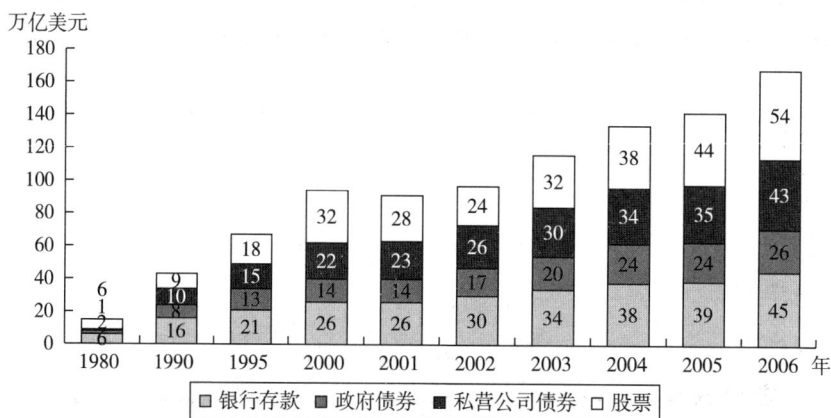

注：图中全球金融资产包括银行存款、政府债券、私营公司债券及股票。

图 13　1980—2006 年全球金融资产总量

（资料来源：麦肯锡）

表10 1980—2006年全球金融资产总量与GDP比值 单位：万亿美元

年份	1980	1990	1995	2000	2001	2002	2003	2004	2005	2006
全球金融资产总量	12	43	66	94	92	96	117	134	142	167
全球名义GDP	10.1	21.5	29.4	31.7	31.6	32.8	36.9	41.6	44.8	48.3
金融资产/GDP	1.20	2.01	2.23	2.94	2.90	2.92	3.15	3.18	3.17	3.46

注：由于四舍五入，各数据之和可能不等于总额。

资料来源：麦肯锡。

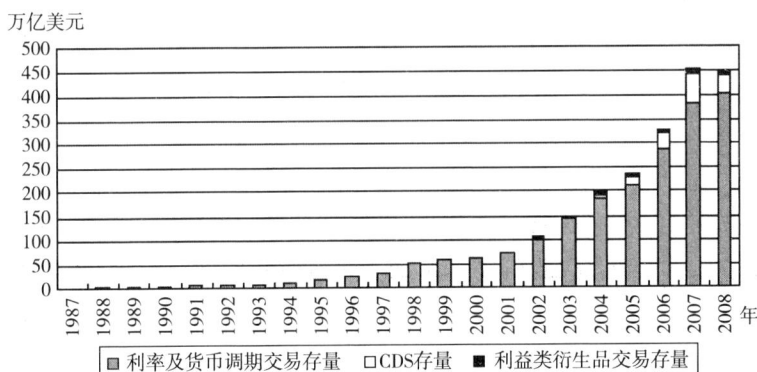

注：CDS指credit default swap信用违约互换。

图14 1987—2008年美国金融衍生工具存量

（资料来源：http：//www.isda.org/数据进行统计）

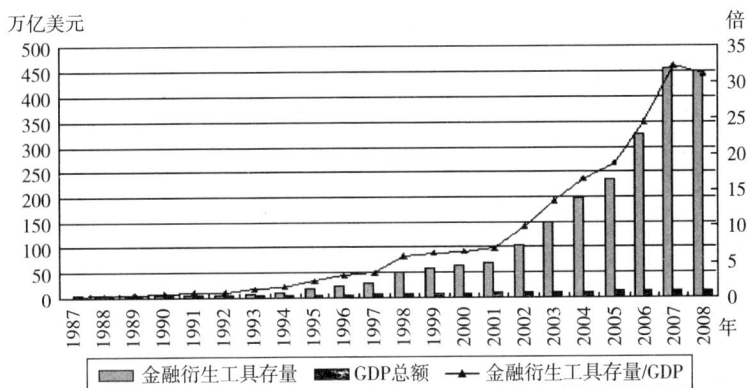

注：金融衍生工具包括interest rate swaps and options，currency swaps，credit default swap，equity derivative。

图15 1987—2008年美国金融衍生工具存量与GDP比例

（资料来源：Wind、http：//www.isda.org/数据进行统计）

在微观主体方面，虚拟化具体而微的体现是金融衍生工具。衍生工具由于其虚拟性，决定了其定价机制一定程度上偏离了基础产品价格决定过程中遵循的价值规律，而取决于衍生产品持有者和交易者的主观预期、宏观经济环境以及政治等众多非经济因素，并且这些因素自身变化频繁，不遵循一定的规律，增加了金融市场的不稳定性。

综上所述，本文得出以下几点启示：

一是虚拟经济与实体经济、非生产性劳动与生产劳动的比例应该有一个阈限值。因为实体经济是价值创造，而虚拟经济侧重于增值，如果增值性的活动及资源配置脱离了价值的合理要求，则增值活动就会演变成"自我创造""自我实现"，使得需求与供给、产出需求与真实需求成为两条平行线，交集较少。

二是虚拟经济的阈限机制应向金融体系延伸，即金融创新特别是金融衍生工具绝不能脱离实际需求。金融创新是有激发机制的，"为创新而创新"对经济发展没有实际意义。更为微观地讲，衍生工具与原生工具理论上应该存在倍数关系，倍数关系必然有一个极值。如果衍生工具是原生产品的10倍甚至更高，则明显超过了基础金融服务的需求，变成了纯交易产品，甚至成了赌博工具。

三是对我国的启示是：衍生工具是金融创新的优秀成果，必须下大力气发展，在发展的过程中先进行规范，在量上须与基础产品进行挂钩，保证衍生工具的风险转移特征大大强于投机特征，在有利于市场价格发现和增强流动性的前提下，严格监管金融衍生工具的倍数，避免高杠杆倍数导致衍生品交易失控而累积成为系统性风险。我国金融市场衍生品发展的根本立足点应该是也一定是人民币，宜从数据积累、模型建立、监管配套、法律框架等基础工作上为人民币金融工具全球定价中心和交易中心进行准备。

参考文献

［1］刘崇仪．试论美国新经济发展模式［J］．财经科学，2001（2）．

［2］刘崇仪．经济周期论［M］．北京：人民出版社，2006.

［3］王春法．新经济：虚幻与现实——经济大国的复兴之路［M］．北京：中共中央党校出版社，2003.

［4］马召奎．从技术进步看新经济［J］．世界经济与政治，2001（5）．

［5］陈宝森．对美国新经济的再认识［J］．世界经济与政治，2001（6）．

［6］拉斯·特维德．逃不开的经济周期［M］．董裕平，译．北京：中信出版社，2008.

［7］葛奇．次贷危机的成因、影响及对金融监管的启示［J］．国际金融研究，2008（11）．

［8］萧琛．美国总统经济报告：2001年［M］．北京：中国财政经济出版社，2003.

［9］威廉·彼得·汉密尔顿（Hamilton，W. P.）．股市晴雨表［M］．普海东，朱玉译．北京：机械工业出版社，2008.

［10］罗伯特·雷亚（Robert Rhea）．道氏理论［M］．北京：地震出版社，2008.

［11］麦肯锡全球研究院．Mapping Global Capital Markets：Fourth Annual Report［R］．

［12］Stephen B. Shepard. The New Economy：What It Really Means［J］．Business Week，1997（11）：38.

［13］Pam Woodall. Survey：The New Economy：Untangling Economics［R］．2000.

［14］Rudi，Dombusch. Growth Forever［J］．The Wall Street Journal，1998（7）．

［15］Robert J. Gordon. Does the 'New Economy' Measure up to the Great Inventions of the Past？［J］．National Bureau of Economic Research，2000（8）．

［16］ISDA网站，http：//www. isda. org/.

［17］世界银行网站，http：//www. worldbank. org/.

［18］美国劳工统计局网站，http：//www. bls. gov/.

［19］美国国家经济研究局网站，http：//www. nber. org/.

［20］麦肯锡公司在线刊物网站，http：//china. mckinseyquarterly. com/home. aspx.

［21］Bloomberg.

［22］Wind咨讯.

［23］CEIC查询数据库.

金融、产业、科技周期研判①

不管是自然界，还是人类社会，都存在着规律性的变化，呈现一定程度的循环往复，即周期性。周期是客观存在的，改变甚至左右周期即便可能，成功也是小概率事件。特别是在经济领域，任何逆周期措施的运用，只能在一定程度上减少周期的波幅、缓解负面冲击的烈度，而无法从根本上消灭周期，经济危机的发生印证了这一客观规律。经济周期的两大维度是产业周期和金融周期，而科技创新作为推进人类社会进步的"第一生产力"，亦存在周期，并与经济周期"你中有我，我中有你"。那么，三大周期之间的关系如何？是否同步？抑或交叉步？

一、科技创新周期

迄今为止，人类社会发生了三次由重大技术创新活动引领的工业革命，生产力得以质的飞跃，生活方式得以质的提升。第一次工业革命发生于18世纪60年代至19世纪40年代，以纺纱机和蒸汽机的发明和使用为标志，机器和化石能源（如煤炭等）取代了人力、畜力等，"蒸汽时代"开始；第二次工业革命发生于19世纪70年代至20世纪40年代，以电力与内燃机的发明与应用为先导，人类由"蒸汽时代"进入"电气时代"；第三次工业革命发生于20世纪50年代至今，以原子能、电子计算机、空间技术和生物工程技术为标志，尤其是信息技术的发展催生了诸多新兴产业。现在，物联网、人工智能以及internet of things（万物互联）等渐成大势，或许工业革命4.0帷幕已经拉开，当然这里所指的"工业"是人类社会经济生活的泛称，而非狭义的制造业。

分析三次工业革命，推算出科技创新的周期大约为80~100年，并呈现加速度特征，而且科技创新的勃兴往往发生在经济衰退与萧条期。如第二次

---

① 本文写作于2016年4月。

工业革命的代表性技术电力与内燃机，其研发与应用始于 19 世纪 30 年代，当时正处于英、美等西方国家因生产过剩而爆发经济危机时期；第三次工业革命的代表性技术如信息技术，其研发与应用始于 20 世纪 70 年代，当时世界正处于石油危机时期。这印证了中国传统智慧的"穷则变、变则通、通则久"；印证了突破性创新很难在原有的土壤上自发生成，必须"先破后立"，原有经济范式强势时，新的事物很难"化茧为蝶"破土而出；印证了非原创性的创新对科技创新的周期影响较小，而只有突破性的创新才是周期轨迹和形态发生改变的决定性力量。科技创新周期是全景巨制，大开大合，展现出的是大模样。

二、产业与科技的周期交叉步

产业结构作为经济发展的"仪表盘"，其趋势性变化具有导向意义，产业周期波动相当程度上形塑了经济周期波动。基于到现阶段为止的经济发展的研究，与第一、第三产业相比，工业在国民经济中仍然占据主导地位，其重要性不是指绝对比例，而是指代表性。工业 GDP 的增长曲线与国内生产总值（GDP）大致相似，因此，产业周期分析可以以工业单位为主样本。图 1 至图 4 分别展示了美、欧、日以及中国过去 50 年工业 GDP 与通胀率（CPI）同比增幅的关系变化。

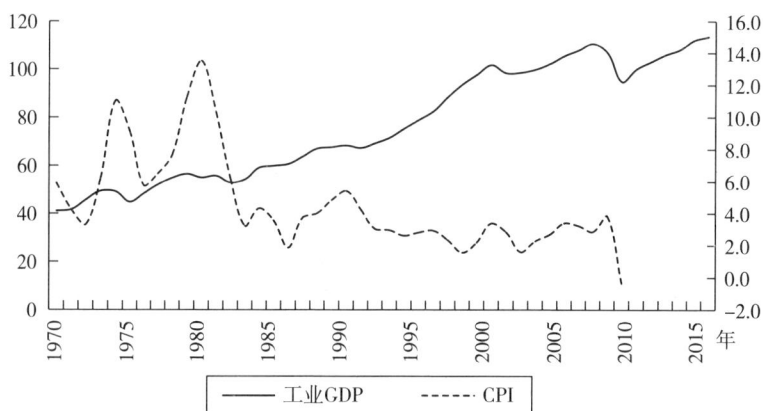

注：工业 GDP 指工业生产增加值，并以 2010 年作为参照；CPI（居民消费价格指数）以同比增长率表达。

图 1　1970—2015 年美国工业 GDP 与 CPI

（资料来源：OECD 官网，http：//www.oecd.org/）

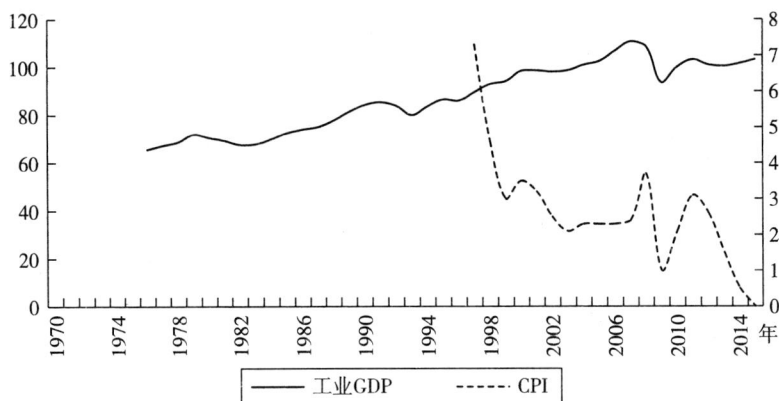

注：工业 GDP 指工业生产增加值，并以 2010 年作为参照；CPI（居民消费价格指数）以同比增长率表达。

图2 1970—2015 年欧洲工业 GDP 与 CPI

（资料来源：OECD 官网，http：//www. oecd. org/）

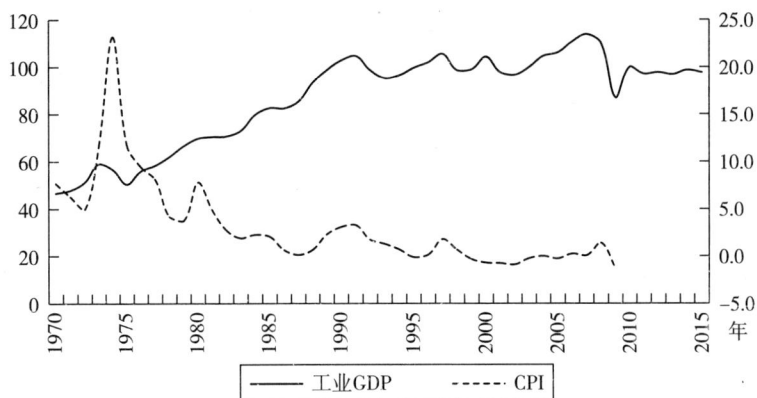

注：工业 GDP 指工业生产增加值，并以 2010 年作为参照；CPI（居民消费价格指数）以同比增长率表达。

图3 1970—2015 年日本工业 GDP 与 CPI

（资料来源：OECD 官网，http：//www. oecd. org/）

通过分析工业 GDP 增加值的变化趋势，不仅能管窥产业周期的波动特点，而且能大致反向推导出产业周期与科技创新周期的关系。从图 1 至图 3 可以分析出 1990 年前后是产业发展的重要拐点，工业 GDP 的增长速度显著提高。

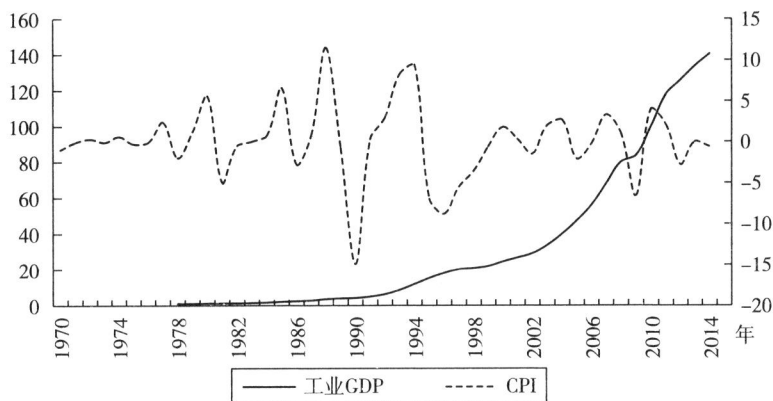

注：工业 GDP 指工业生产增加值，并以 2010 年作为参照；CPI（居民消费价格指数）以同比
增长率表达。

图 4　1970—2015 年中国工业 GDP 与 CPI

（资料来源：OECD 官网，http：//www.oecd.org/）

这一变化的原因之一是 1988 年 Internet 开始对外开放，1991 年连通 Internet 的
商业用户首次超过了学术界用户，即信息技术已从基础研究阶段向产业化、
商业化阶段跃升，从而促使产业技术变革。

图 4 表明了中国大约是在 2000 年之后，增长速度显著提高，除人口红利
等传统生产力要素推动的制造业竞争力提升之外，信息技术从欧美等发达国
家逐渐渗透到中国的工业体系中亦是动因之一。

大致比对科技创新周期和产业周期的时间序列，简单化后的结论是产业
周期通常滞后于科技创新周期，产业周期的演进轨迹与科技创新异步。新技
术产业化后，新兴产业启动、换挡、提速。由于盈利逐步兑现，企业开始增
加投资，资本边际产出递增。但随着投资过度，新兴产业进入平台期，随后
落入产能过剩区域，产业开始衰退。产业周期基本遵循"复苏—繁荣—衰
退—萧条"的经济周期规律，只不过时长较短，并依产业不同而呈现不同的
周期性特质。典型的例子是石油产业的发展，20 世纪初"石油时代"来临，
到 20 世纪 70 年代爆发石油危机，到世纪之交的二次创新和产业整合，再到
其后以页岩气开采为代表的技术革命，而现阶段进入了化石能源需求不足、
油价低位徘徊、新能源绿色能源替代战略推进加速等内力外力的"叠加期"，

或许石油产业换轨，或许新产业降生。

另外，从图1至图4可以分析出，工业GDP增加值的变化与CPI同比增幅的变化关联程度越来越弱，基本不存在显著的正负相关或比例数量关系，部分归因于人类生产活动与消费活动相互作用过程中生产活动规律的相对强健，部分归因于货币扰动导致价格体系失真，因此，金融周期须进入分析框架。

三、金融、产业与科技的周期关系

突破性的科技创新是产业革新与发展的内生动力，而产业发展构成了实体经济的发展。而在实体经济之外，还有虚拟经济的存在，即金融体系。那么，金融体系是否存在周期？其与产业周期以及科技创新周期的关系又是怎样呢？本文选取股市作为研究对象，来分析金融周期的波动规律。图5至图8分别展示了美国、欧洲、日本以及中国的股市波动情况，以及与产业周期的关系。

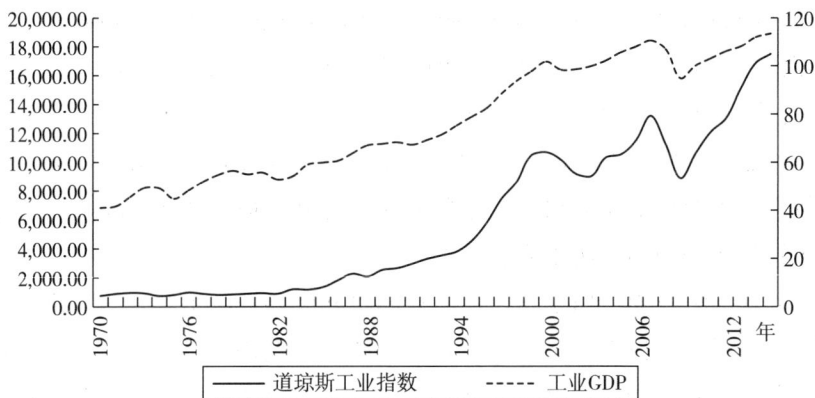

图5　1970—2015年美国工业GDP与股票指数

从图5至图8可以看出，金融市场存在循环交替的周期性特点，可以分为短波，也可以分为长波，一般认识是随着经济现代化程度的提高，作为经济晴雨表的金融市场波动的次数和程度应该是"双降"，但现实却是周期波动的次数和烈度均未降低，周期性波幅更未能被有效熨平。

以时间为轴将三个周期进行比对发现，工业GDP的变化与金融市场的变化趋势并非重合，而是异步，即产业周期与金融周期并非重合，而产业周期

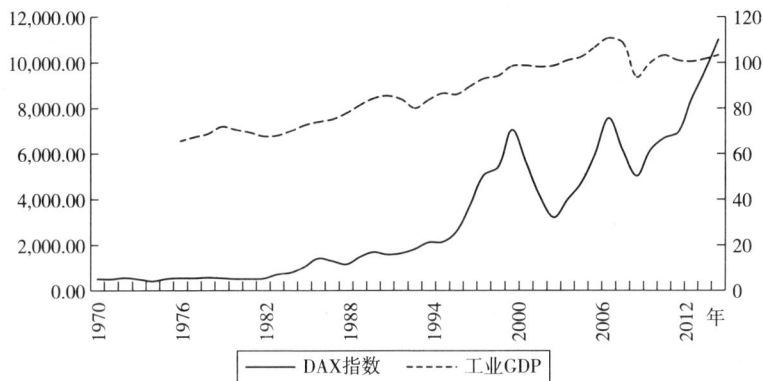

注：德国作为欧洲主要国家之一，以德国 DAX 指数来代表欧洲国家的股票指数。

图6　1970—2015 年欧洲工业 GDP 与股票指数

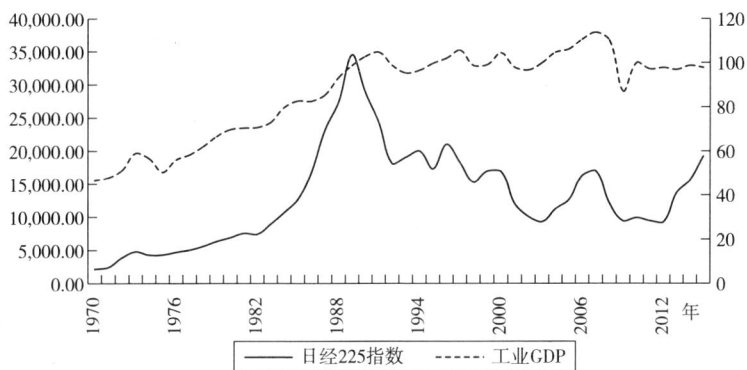

图7　1970—2015 年日本工业 GDP 与股票指数

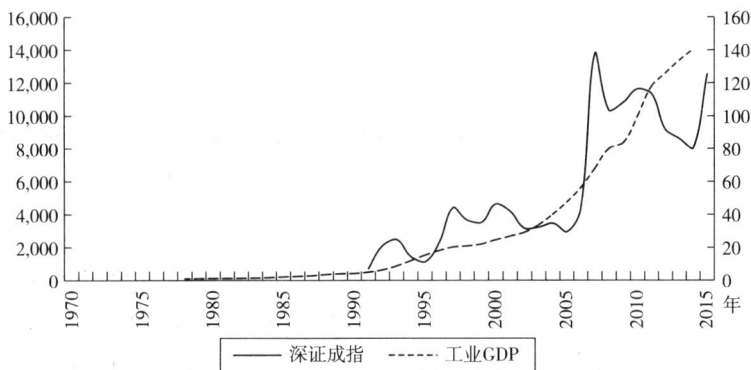

图8　1970—2015 年中国工业 GDP 与股票指数

又滞后于科技创新周期。因此，这三种周期并非同步关系，而是交叉步。一方面是由于三者的行为模式本不相同，生产行为、金融活动和科技创新均有自己的运行轨迹；另一方面与自然界规律和人类活动的规律相契合，即共振性冲击的有效规避，若三个周期重合，形成共振，那么，则正向或负向的冲击力会十分巨大，超出预期。

显然，科技周期、产业周期、金融周期存在不一致性。当经济处于复苏期时，产业部门边际产出上升，回报上升，经济呈现良好态势；产业部门边际产出进一步上升，实体经济增速稳定，经济进入繁荣期；见顶之后的唯一方向是下行，由于产出边际回报递减，产业部门边际产出下降，导致产业部门回报低于金融部门，实体经济进入衰退期；当资本追求高回报由产业部门流入金融部门，将进一步加剧产业部门回报下降，加速实体经济陷入衰退。大规模资本流入金融部门，极易助长金融投机、加高杠杆、复杂衍生品的过度使用、道德风险等一系列行为，增加金融危机爆发的可能性。特别是以超量增加货币供给甚至负利率等非传统方式来刺激经济发展时，金融不仅没能使缺血的实体经济获得资源补给，反而是自身养分不断增加，营养过剩尚是小事，反身性催生的泡沫继而破裂才是大灾。

QE（量化宽松）这一货币政策创举，初衷是以货币为载体托起经济之舟，但问题是实体经济处于衰退甚至萧条期，回报率不高，新增的货币必然黏在金融部门或者商品领域，无形中吹起了金融泡沫，推高了资产价格（特别是股票和房地产），导致金融体系流动性泛滥而实体经济流动性枯竭，而货币的持有者没有意愿投向实体经济，除非实体经济已经显露出复苏的迹象。金融活动无形中成了经济活动的"放大器"，使得实体经济"好时愈好，坏时愈坏"，经济的周期性特征并没有因为林林总总的金融"逆周期"政策措施而消失，反而依然故我。

既然三个周期是交叉步，周期与周期的交互作用又不同步，那么宏观经济政策工具的运用必须"因之""导之"，而非"管之""争之"（《史记》），货币政策也不例外。那么在具体实践中又是如何呢？以货币政策为例，2014年以来中国货币政策的结构性和逆周期特点凸显，包括定向降准加定向工具，定向降准从涉农到小微，定向工具包括 SLO、SLF、PSL、MLF 等，或针对短期，或针对中期。结构性货币政策定向之"向"是逆的，假设前提是货币如水一样能"按图索骥"流到该流的地方。那么，如果货币集中在收益高的领域，岂不是与政策目标相悖？

于是，引申出一个元问题：货币是一般等价物，是连接物与物的中介，货币政策是否能起到恢复经济动能的作用？由于金融部门与科技创新、实体经济的运行节奏不在同一个步点上，该问题的答案即便不是直接否定，也应该打上一个大大的问号。货币政策捕捉科技创新和产业发展的趋势和突破点既不是应然，也不是必然，以货币政策作为产业复苏的发力点更是"蜀道之难"，因此，货币政策中性至关重要，货币政策理应针对金融中介职能发力，构建有深度、有宽度、有厚度并适应国民经济发展质与量要求的流通环境和基础设施，以稳定、可预期、适度的货币流通环境作为货币政策目标，并且应该是核心目标。唯此，货币政策才能押上科技创新周期和经济周期的"韵脚"，实现波动中的和谐。

辨析"逆周期"[①]

任何事物都有起落，自然界如此，人也概莫能外，这就是周期。在经济学理论体系中，"周期"是核心概念之一，随着经济社会生活复杂程度的日益深入，经济学意义上的"周期"逐步日常生活化，其学术与实践纹理也渐次丰富，不仅有垂直层面的挖掘，而且有水平层面的拓展，特别是方向的顺逆甄别与取舍，更使其饱满度和政策参考性立体起来。承认周期的存在是研究周期的前提，经济学的周期是多维度的，以时间为主线，有康德拉季耶夫的长周期，如18世纪末期之后资本主义经济国家经历的第一个长周期，从1789年到1849年，以工业革命为特征，上升部分为25年，下降部分35年，共60年；有朱格拉中周期，如资本主义经济中一种为期约10年的周期性波动；有基钦周期，又称"短波理论"，认为经济周期有大小两种，资本主义经济大周期只有3~5年，大周期约包括2个或3个小周期，小周期平均长度约40个月。此外，奥地利经济学家熊彼特以创新为主线，根据创新浪潮的起伏，把资本主义经济的发展分为三个长波：（1）1787—1842年是产业革命发生和发展时代；（2）1842—1897年为蒸汽和钢铁时代；（3）1898年以后为电气、化学和汽车工业时代。马克思以生产关系为主线，指出经济周期由"复苏—高涨—危机—萧条"四个阶段组成。以上皆是周期。

在经历20世纪末及始于2008年的两次全球金融危机后，从周期的传统理论框架中衍生出来一个相对应的新概念："逆周期"，并且迅速上升到新思维的高度，仿佛没有"逆周期"思维的货币政策和宏观调控就是老古董，上不了台面。于是，大家齐刷刷逆向思维起来，"逆周期"成了与"互联网思维"等量齐观的新事物、好事物。众口一词的既新又好的概念更需要既严肃又深入地辨析。

---

① 本文写作于2014年11月。

一、货币政策正与反

先聚焦货币政策，国际范畴先纵后横，纵向以美联储为例，横向则平行比较美、欧、日，国内范畴则回顾 2000 年以来的货币政策演变。

美联储货币政策的变化轨迹就是一张周期图。1979—1987 年沃克尔（Paul Volcker）任美联储主席，正值布雷顿森林体系解体、美元危机和恶性通货膨胀并存，沃克尔反其道而行之，将美联储长期奉行的以控制利率为目标的行为方式变为以控制货币供应量为目标，其间联邦基金利率从 12% 攀升到 19%，商业银行优惠利率升至 21.5%，而美国通胀率在 1981 年降为 6.5%，再过 2 年降到 4% 以下。1987—2006 年格林斯潘（Alan Greenspan）任美联储主席，他充分发挥联邦基金利率的作用。自 2001 年 1 月开始为了防止美国经济"硬着陆"，避免陷入长期衰退，美联储连续 12 次降息，以渐进主义的方法把联邦基金利率从 6.0%一直降到 1.25%，成为 41 年来的最低点，美国经济出现了创纪录的长达 10 年的持续增长期，格林斯潘被誉为"过去二十年里美国经济活力之父"。伯南克（Ben Bernanke）自 2006 年接任美联储主席，主张设定一个明确的通胀目标，以引导市场对通货膨胀的预期，提高其价格稳定目标的可信度，具体政策工具包括 2007 年 8 月之前的数次加息和其后的 10 次降息，特别是全球金融危机后标新立异的量化宽松（QE）。2013 年末耶伦（Janet Yellen）接棒伯南克，"萧规曹随"，但潜移默化地把量化宽松政策退出提上日程，并按计划于 2014 年 10 月全部退出。四位联储掌门一紧二松三更松四趋紧，紧的超紧，松的超松，从政策制定的出发点来看，联储政策都是逆向切入的，沃克尔是反通胀，格林斯潘是反通缩，伯南克是先反通胀后反通缩，耶伦是先反通缩后反通胀（目前只是通胀预期而已）。美联储的货币政策时而宽松，时而紧缩，若干松紧结合共同构成完整的周期。

欧洲央行的货币政策主基调是量化宽松，不仅利率接近零甚至出现负利率，而且出台庞大的债券购买计划，对于经济接近通缩的状态而言，其货币政策明显是反向的强刺激。日本较欧洲有过之而无不及，常规货币政策目标是通胀上限 2%，而日本央行则是不达目标决不罢休，政策方向是向上，且是大强度的宽松，并"青出于蓝胜于蓝"，实行质化量化宽松（QQE），向市场注入大量的流动性，量化的一面充分展示，甚至将资产购买规模扩大到 80 万亿日元，但质化的一面却"只闻其声，不见其人"，经济增长率预期不断下调。在经济下行期，欧洲和日本都采取逆周期的货币政策，问题是措施力度大而政策效果均不理想。

中国的货币政策在2008年危机前后出现分野，危机前的2007年居民消费价格指数加速上涨，一年之内央行10次上调存款准备金率，5次调高存贷款利率，危机后的2008年第四季度转而实行适度宽松的货币政策，确保银行体系流动性充分供应，保持货币信贷合理增长，以诸多举措加大金融对经济增长的支持力度，2010年后期稳健的货币政策登场并延续至今。货币政策虽然名曰稳健，但即使在同一年度里，政策效果也不尽相同，如2013年7月"钱荒"之前体现稳健的"宽松"面，而之后体现稳健"紧缩"面。在一轮大经济周期中，货币政策发生了由"从紧"到"灵活审慎"、再到"适度宽松"、再到"稳健"的转变。进入2014年，货币政策转向结构性，具体为定向降准加定向工具，定向降准从涉农到小微，定向工具更是包含SLO、SLF和PSL、MLF，前两者针对短期，后两者针对中期。结构性货币政策定向之"向"是逆的，问题是货币政策能否真正调结构，以及定向货币能否"按图索骥"流到该流的地方。

在经济周期中，货币政策遵循过热时紧缩、低迷时宽松的规则，机理是通过反作用力影响经济要素，使热的冷一点，冷的热一点，而反作用力就是逆周期措施。

二、宏观调控顺与逆

准确地讲，货币政策是宏观调控的组成部分，为使政策案例对周期律的解释力更强，不妨从相对更阔的角度再观察宏观调控政策的趋势性变化以及相应的政策效果。

先看日欧。在"失去的二十年"之后，日本的经济政策来了个大转向，"安倍经济学"射出了"三支箭"：宽松的货币政策、大规模的财政刺激政策和一揽子增长战略。从周期的角度看，之前日本是通缩周期，现在是逆之使其产生一定程度的通胀，甚至有CPI不达2%不罢休的架势，冠名以"刺激通胀"。不过逆周期措施作用机制的根本是生产率和科技创新，即经济的内生活力，也就是说第三支箭才是真箭，其余都是虚晃，缺少根本的任何宏观经济政策组合很难发挥效用。德国的经济政策卓尔不群。在欧债危机爆发前，欧洲国家特别是南欧国家沉浸在亢奋中，希腊慷慨的福利政策，西班牙虚胖的房地产市场,虽然都嗅到了危险的空气,但谁也不愿意让"派对"戛然而止;德国却反其道而行之,在经济平稳发展时主动强化财政纪律,缩减福利支出,限制工资增长,于是在欧债危机大小巨人轰然倒下时,德国岿然不动,鹤立鸡群。欧债危机后,求援于欧洲救助机制的国家被动减支,严肃财政纪律,即使激起民怨也硬着头皮勒紧裤腰带;德国呢,依然固我,虽有宽松财政的底气,却行紧缩财政的老路。危机前后,日本是一紧一松,方向迥异;德国是量入为出,始终如一。日德两国经济政策的正反例证恰说明周期顺逆交错,孰顺孰逆应时而变,没有定式。

中国的宏观调控政策变化周期特点显著。2005 年至 2007 年,政策组合是稳健的财政政策和稳健的货币政策,2007 年末货币政策转向从紧,2008 年经济政策一年多变,从年初的"双防"(防通胀和经济过热),年中的"一保一控"(保增长和控通胀),到 9 月的"保增长",到 11 月的"保增长、扩内需",再到中央经济工作会议定调的"保增长、扩内需、调结构"。2008 年美国次贷危机波及全球,使得发展中国家的出口与外国直接投资急剧下降,中国经济也面临下滑的风险。2008 年 11 月,国务院常务会议明确提出实行积极的财政政策,会议提出到 2010 年底投资 4 万亿元,而且 4 万亿元只是投资,而减税、价格补贴等其他财政支出还不属于这 4 万亿元的范围,以此为标志,中国再次全面启动积极的财政政策。2009 年,扩张性财政政策的力度进一步加大。2010 年货币政策取向在保持经济稳定增长的前提下,加大对通胀预期的管理力度,适度回收流动性。之后,中国经济增长的压力渐强,中速增长甚至中低速增长的迹象频现,而改革红利的释放是个制度变迁的过程,短期经济下行要求出台可操作的"逆周期"措施,于是该不该刺激、如何刺激以及强刺激还是微刺激的争论不绝于耳。目前,中国宏观调控政策在稳增长、调结构、促改革、惠民生的多元目标中寻找平衡,目标本身有相容相向者,亦有相悖相斥者,具体政策措施则有正有反,甚至左右互搏,如房地产政策的"双限"与"松绑",再如化解产能过剩的"去杠杆"与"为去杠杆而加杠杆"。宏观调控政策在大的周期中时而顺,时而逆,其目标选定之难、力度拿捏之难、出台时机捕捉之难及措施时长把握之难"尽在不言中"。

三、"逆周期"政策对位

上述货币政策和宏观调控的事件和经验描述出周期的表征,其内在机理如下。

微观主体行为内嵌周期特质，周期不仅是宏观概念，微观世界亦存在周期性。世纪之交，科技网络盛宴下兼并收购之风日盛，规模越做越大，产业越来越多元化；而时至今日，企业仍在危机后的泥淖中寻找重回辉煌的路向，答案仿佛是回归主业、化繁为简。AOL 和时代华纳的合并是彼时的扛鼎之作，现在却沿着原来的拼合线进行了分拆；2001 年 BHP 和 BILLITON 组成矿业"巨无霸"，现在也要分拆，甚至分拆的标准是同一行业中的不同产品，即铁矿石或其他矿产品。微观主体的周期化行为已然形成趋势，几乎都是怎么合的又怎么分了，不知未来能否"分久必合"？微观主体顺逆选择的准绳只能是市场，如何在变化的市场中保持核心竞争力才是正道。

逆周期是政策措施而非政策目标，周期本质上是不可逆的。逆周期是具体政策的定语，而非主语本身。针对市场出现的总量和结构问题，科学认识并有针对性地有的放矢是符合逻辑的政策取向，其最终目标有也只有一个：避免系统性风险的全面爆发。因此，逆周期并不是政策本身，只是具体措施的作用力方向，对周期中出现的系统性风险外溢可以进行对冲，可以进行缓释，甚至修复其中的总量或结构缺陷，但周期的根本性转向不是经济政策的目标选项，亦不是政策工具的选择准绳。

逆周期调控是有时效的，再延时的政策措施也会有终场哨声。逆周期调控措施类似于物理学的矢量，并且是偶矢量，既有数值大小和方向，而且有作用产生效果所需的时间。首先启动逆周期调控要"应势""应时"，2008 年初的"双防"显然不符合该项要求；其次政策工具的选择要精准，运用要有度，2009 年的 4 万亿元不在此列；最后调控要有时效概念，政策运用的时长、政策结果的有效期是不可或缺的，而几乎贯穿 20 世纪末至今的稳健的货币政策（其间短暂出现从紧和适度宽松）似乎时间过长，稳态过久，时间维度的效果无法充分表达。逆周期的定位是应急性的，中短期的，切莫拖得过久形成"药物依赖"。

理性预期非理性，至少不是永远理性。既然周期确实存在并发挥作用，逆周期措施生效的前提就是理性预期。但问题是周期可预期吗？2009 年英国女王在访问伦敦经济学院时提出了"为什么经济学家没能预测到金融危机"，英国社会科学院组织了一次研讨会，以 Tim Besley 教授和 Peter Hennessy 教授为首的 33 位经济学家严肃认真地回信女王，检讨了经济学预测功能的跛足，指出了"将系统视为整体而非具体的金融工具或贷款来看待风险""全球储蓄过剩""没有一个单一的权力机构能够管辖的相互关联的不平衡"等几个关键短板。这厢问答有来有往，大洋彼岸的美国理性预期学派代表人物小罗伯特·卢卡斯主动加入讨论，并给出了非理性的理性预期答案：经济危机是不可预测的，即使预测准了，政府会采取反向抗危机的政策措施，改变经济运行走向，危机或避免或减少烈度，反而使预测失准了。按理说，理性预期是复杂程度较高的经济学派，但其代表人物对危机预测的标准答案却有逻辑死循环的特点，与《第二十二条军规》高度相似，但其实学术的终极道理都是很平实的：预测危机的实质是预测周期，危机是周期的"谷"，若危机不可预测，周期也不可预测，何为顺、何为逆就更无从谈起。

周期本身就是顺逆循环，危机发生不代表周期有问题，更不支持改变周期的政策"猛药"。从技术创新出发，熊彼特认为现实资本主义经济运行中存在着"繁荣""衰退""萧条"和"复苏"四个阶段，与马克思的论述有异曲同工之妙。经济有周期，周期自然由顺和逆两个方向构成，其中危机是必不可少的组成部分。通过"看得见的手"一定程度上熨平周期剧烈的波幅是有可能的，但要改变周期甚至消灭周期是不可能完成的任务。1945 年到 1971年，全球仅发生 38 次小规模的货币危机与金融危机，而 1971 年至今，金融危机的次数超过 150 次，而且波及全球的金融危机不少于 10 次。若进行归因分析，有经济金融复杂性极度增加的成分，但政策的缏短汲深、进退失据也不可免责。加拿大央行行长 Stephen Poloz 在检讨前瞻指引政策（forward guidance）时坦言，经济中蕴含众多的不确定性，与其央行对信息进行解读，不如让市场力量自身去诠释，"我们真正需要的是健康的市场双向波动"，调控的理论和模型经常是错的，既无法扑捉不可测量的风险要素，又难以模拟结果的分布及范式的变迁，政策出错也就在所难免，因此，央行通过货币政策上下其手，倒不如增加政策透明度让市场"自运动"。

宏观经济周期是内生性的、自发的，既有总量要素，又有结构要素。宏观调控的"调结构"其实就是运用"逆周期"的措施作用于经济，以达到特定的政策目标，主要是就业和通胀（现在美欧日在防通缩）。那么，如何调结构？结构是禀赋条件和科技水平等生产力要素自然生成的结果还是可以按人的意志再造的？市场能否自发调结构？如何保证调结构的成本不高于调整后的收益？如何使调结构不扭曲市场资源配置的决定性作用？如何科学评价新旧结构的优劣？其实问题本身就包含有答案。周期是有规律的，即便施加反作用力，定位也应是微调和局部性调整，否则就是新的周期替代旧的周期，改弦更张了。新结构经济学强调有效的市场和有为的政府，主张积极作为，但也高举"增长甄别和因势利导"，"势"是周期，"导"可以正向也可以逆向，前者是内因，后者是外力。

综上所述，"逆周期"是形容词而非名词，是时点、时段概念而非趋势性概念；"逆周期"是政策工具，是危机后处理机制的组成部分，而危机处理肯定是逆向的，是矫枉的过程，一旦趋势成形，那么新的周期就形成了，也就不存在"顺""逆"的区分了；"逆"的精髓是顺势而为（看似矛盾，但确实如此），只有势顺，反作用力才会到位；"逆"的前提是前瞻性，即科学、精确、适时的预测，"预则立，不预则废"；"逆"的作用机制关键是找准主要矛盾，对现代经济而言全要素生产率是关键中之尤其关键者。"反者道之动，弱者道之用"（《道德经》第四十章），在事物的对立统一中，矛盾双方是相互转化的，因此，无论是狭义的货币政策，还是广义的宏观调控，"逆周期"只能是政策组合和具体措施，必须对位于市场原则，对"逆周期"的理解和运用应该回归到传统智慧中，逆势而为的"人定胜天"恐非正解。

旧王朝新政与凯恩斯主义[①]

经济学是一门研究人类如何合理配置资源的科学，最初发源于希腊，原意指家政管理，后逐渐演变为国家管理。严复在《原富》中把经济学译为"计学"，并在其"译事例言"中进一步说明，"言计，则其义始于治家。引而申之，为凡料量经纪搏节出纳之事，扩而充之，为邦国天下生食为用之经。盖其训之所苞至众，故日本译之以经济，中国译之以理财。顾求必吻合，则经济既嫌太廓，而理财又为过狭，自我作故，乃以计学当之。"1876 年清朝同文馆开设的"富国策"课程即为经济学。

从经济学产生到现在，具有里程碑式意义的重要流派主要有古典自由主义、凯恩斯主义、政治经济学以及其后的新古典宏观经济学、新凯恩斯主义等。古典经济学主张由市场这只"看不见的手"来配置资源，反对政府干预，政府在社会经济活动中承担"守夜人"角色。但 20 世纪 30 年代席卷西方的经济危机使得古典自由主义的理论基石动摇，凯恩斯主义登堂入室成为主流正统。凯恩斯主义的核心思想是有效需求理论，认为自由放任的市场机制会产生经济危机，而且不会自动调节恢复均衡，主张国家对经济进行干预和调节，以财政政策为主、货币政策为辅，通过增加投资、刺激消费以保证足够的有效需求，从而实现充分就业，度过经济危机。20 世纪 70 年代后，奉行"国家干预"理论的西方国家相继出现经济滞涨现象——高失业率与高通胀率并存，凯恩斯主义走下神坛。继而新古典宏观经济学兴起，以弗里德曼的货币主义和卢卡斯的理性预期学派为代表，抨击凯恩斯主义，主张要保持经济稳定，应该听任市场经济的自动调节，国家不应该干预经济。但凯恩斯主义不死，经过短暂的沉寂，以曼昆、斯蒂格利茨等为代表的新凯恩斯主义兴起，在坚持凯恩斯主义基本信条的基础上，吸收新古典宏观经济学的理论养分，

[①]　本文写作于 2016 年 6 月。

提出政府干预旨在修复市场失灵。

经济学始于人类最基本的需要——家政。"家"作为人类从个体走向集体的最初形态成了经济学最初的研究对象；家庭、社群、社会渐次进入经济学研究范畴，社会问题的视角外延也从区域扩展到国家、世界。经济学是"舶来品"，却与中国传统文化中的"齐家、治国、平天下"义理相通。经济学流派纷呈，但均致力于解决社会所面临的经济问题，问题的出现和对问题答案的求索促成了经济学的演进和深化。经济学是人类社会经济活动发展到一定阶段的产物，究其实质，经济学需要解决实际问题，其作用力场必定是市场。

那么，市场是否是事物？或者说是物质？若答案是肯定的，那么自由市场也是事物。若是事物，则外因的存在是应然也是必然。事物有其规律，事物最终的状态是内因和外因共同作用的结果。从外部作用于市场的因素不应简单地冠之以"干预"，而应是市场作为事物在其发展中必须接受的条件，不存在没有任何外部约束条件的事物，再自由的"自由市场"也有外因，也有外部约束条件，这是不容否定的现实。政府作为市场外部环境的重要组成部分，一定会不断地作用于市场，或主动，或被动，或"有心栽花"，或"无心插柳"，不能因在市场中发现了政府的影子，就武断地定义成计划经济或管制经济。市场作为事物绝不是百分之百自发形成的，在其发展的过程中会有不间断的设计，无论是主动自觉的设计还是"被设计"，绝对的纯自然状态根本不存在。自由市场不是一切皆自由，而是强调规则和规则的相对稳定性，信息和资源流动的非规则性干扰须被限定在可接受的范围内，自由市场绝不是原始的、自然状态的市场，否则的话，黑市和地下交易或许更接近这种僵化的定义。市场是事物，就会进化，进化过程中多种因素和变量共同作用是必然的。

按此逻辑，反观凯恩斯主义，居于其理论核心的政府干预不仅不是市场经济范畴的域外之物，而且是不可或缺的组件。市场这只"看不见的手"要想有效发挥作用，必然离不开政府这只"看得见的手"的有效规制。在现代市场经济体系中，市场调节与政府干预，相互补充，缺一不可。市场与政府都不是万能的，都有其内在的缺陷，关键在于如何针对存在的问题，取长补短，相生相济，实现二者的最优结合。

暂先换挡，从经济学的发展演进穿越到中国旧时的王朝新政，特别是从那些荦荦大端的王朝新政中寻觅凯恩斯主义的痕迹，进而印证"看不见的手"

和"看得见的手"的"左右互搏"古已有之，国家与市场本就是一个硬币的两面。春秋时期，齐国的管仲顺应当时的社会经济状况，政策集于中央，"利出一孔"，实行"官山海"的国家垄断，对铁、盐等自然资源进行绝对控制，同时又积极采用市场手段来进行调节，如对矿产资源实行"官有民营"的政策，即"与民量其重，计其盈，民得其七，君得其三"，对食盐资源实行"寓税于盐"的政策，即将税收转移到食盐的价格中，既增加国家财政收入，又调动市场积极性，齐国的经济实力由此不断增强。战国时期，秦国用"商君之法"，在经济方面，重农抑商，废井田、开阡陌，改革赋税，鼓励农耕，经济上的"法家"与政治军事上的"法家"流异源同，其集权方式强化战时国家的资源调配能力，为秦统一六国奠定了坚实的经济基础。西汉中期，为了外御匈奴、内止纷争，汉武帝长期实行盐铁官营、算缗、均输、平准、币制改革、酒榷等国家战时经济政策，在大幅增加政府收入的同时，生产效率低下和政治腐败却伴生而至，汉昭帝时召开"盐铁会议"，贤良方正派反对与民争利，主张与民休息、罢除专营、减轻赋税，即"百姓各得其便，而上无事"，武、昭两朝财政大臣桑弘羊坚决捍卫政府对经济管理的唯一性，双方调和的结果是酒榷改为征税，其他政策依旧。北宋庆历年间，土地兼并日重，冗官、冗兵、冗费等导致国家财政入不敷出，社会经济危机频仍，范仲淹等实施变法，在经济方面主张均公田、厚农桑、减徭役等，史称庆历新政，其经济政策取向是削弱官僚地主阶层的利益还权于中央政府。到宋神宗时期，国家积贫积弱的危局更甚，王安石等继续变法，在经济方面推行青苗法、市易法、均输法等，史称熙宁变法，虽然政策主流是进一步强化中央集权，但是市场的力量亦融入其中，"市易法"之"市"虽只一字，却是"看不见的手"的史册留痕。明朝中后期，土地兼并之风沉疴难祛，赋役不均，国库空虚，国贫民穷，张居正携万历新政登场，在经济方面，清丈田亩，厚农利商，改革赋税，推行"一条鞭法"，简化赋役项目和征收手续，着力发展生产，新政十年，"国库充盈，太仓粟可供十年，太仆金积存四百余万"，其中市场作用的力道渐重。

截取旧王朝新政的若干片段，沿着政府与市场关系的逻辑主线，纵向分析后至少有如下基本认识：

第一，经济发展既有政府的角色，也有市场的角色。旧王朝新政中政府和市场二者兼有，二元并存，区别仅在于孰主孰辅、孰重孰轻，其依据不外乎所处的历史阶段、生产力发展水平、人口结构、环境要素、利益格局等，当然，"家天下"决定了政府的本位作用，市场只能长期处于"商末"地位。

第二，经济有周期，旧王朝的治乱循环反映在经济政策上也呈现出周期特征。司马迁在《史记·货殖列传》序中提出，"故善者因之（顺其自然），其次利导之（因势利导），其次教诲之，其次整齐之，最下者与其争"。该经济观的因之导之是尧舜禹汤至秦之前的上古风貌，社会经济管理以自然主义为准绳，教诲之整齐之乃至与其争是秦之后的境况，虽然司马迁以西汉为界追溯立论，其实这种经济管理方式贯穿中国清朝鸦片战争之前的整个中古时期，并且集权特征逐渐加强，国家对经济活动的管控面面俱到。近代中国依然延续这种模式，即便国民党政府的资本主义经济政策也在战时以统制经济的形象示人，高强度地压制市场的作用，生成了官僚资本主义的怪胎。

第三，生产力发展水平和社会经济主要矛盾决定政府和市场的组合关系。在古代社会，农业是最为重要的经济活动，土地是最主要的生产资料，因此旧王朝采用的政策措施主要针对土地制度、徭役以及赋税。当社会经济活动中危机出现时，变法者提出的新政均是政府全面主导，打击各种扰乱市场的行为，并降低税负，鼓励生产，其矛盾而又和谐之处在于政府所行政策措施的大方向是要让"看不见的手"发挥更大的作用。

在运用历史分析方法的同时与主流经济学横向贯通，凯恩斯竟然实现时空穿越，让自己的主义着色于中国的旧王朝新政，当然两者的接驳点是经济活动中的"看得见的手"，是政府的积极干预，但是其中还有更深刻的寓意：其一，危机是主流经济学派嬗变的催化剂，也是中国旧王朝新政的导火索，千万不要浪费危机，要学会在危机中总结经验教训，在危机中积极作为；其二，危机会造成破坏，但"破"是为了"立"，危机是一种定期给经济"去火""消肿"的手段，是净化系统，是重新激发活力的机制，是经济周期的内在逻辑使然；其三，任由危机发展而听之任之绝不是经济学的根本宗旨，至多是自由主义经济学的教条，任由危机侵蚀经济肌体而把凯恩斯主义束之高阁是害人害己的"假道统"；其四，危机后的经济调整以及化解危机的政策组合绝没有否定市场的作用，只是承认市场失灵的客观存在，凯恩斯主义的作用在于以短期的 hands‐on（上手介入）重新激活市场机制；其五，在经济学落地的过程中，求真和求用要并重，一方面要探究经济活动的客观规律，另一方面要将这种规律性认识结合特定的社会经济问题指导具体实践，这绝不是简单的实用主义，而是理论与理论的融会贯通以及理论和实践的中和位育。

　　简言之，涵濡古今，运用古代王朝新政导出的经验镜鉴当下，可谓古典不古，功在今朝。同时，西方主流经济学的发展从古典自由主义到新凯恩斯主义，也具有同异合流，殊途同归的效果。经济学是一门实证科学，是操作主义和描述主义（萨缪尔森的划分）兼具的学科，解释功能为主、预测功能为辅，科学家和工程师（曼昆的划分）并蓄，经济学存在的根本在于"用"，因此，纵向的借鉴和横向的比较是日常功课，毕竟经济学家还是要更趋向于工程师，虽然标签不很光鲜，但对社会的贡献却更实在，"脱虚向实"方是正途。

不稳定经济的稳定机制设计[①]

    无论是新经济，还是现代经济，除名称不同之外，其实质和内核均指向经济的成熟度，简言之就是经济的波动性趋于平缓，经济危机的冲击力和烈度较之从前显著降低。但实际如何呢？2008 年肇始的全球金融危机被冠以"大衰退"（the Great Recession）之名，比 1929—1933 年的"大萧条"（the Great Depression）从英文命名学的角度，烈度已经降了一个梯度。但是，以其为时间分水岭，观察道琼斯工业平均指数的变化（图 1、图 2），最直观的结论显然无法印证所谓新经济的现代性。对比灰色部分的跌幅，大萧条远甚于大衰退，但二者的数量关系与时长基本等比例；对比两次危机前的涨跌幅度、危机后的回撤以及再之后的"大牛市"，相对指标前者逊于后者。以此观之，经济成熟度与市场波动性之间的理论关系显然是个问号，而非句号或感叹号。

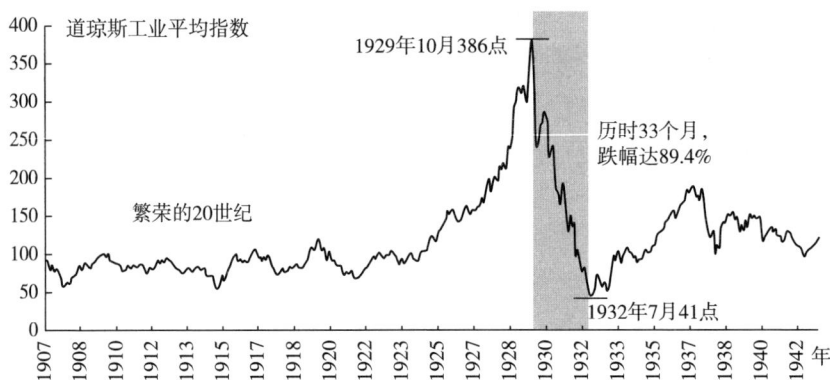

图 1　1929—1933 年"大萧条"

（资料来源：Bloomberg）

[①]　本文写作于 2018 年 4 月。

图2　2008—2009 年"大衰退"

（资料来源：Bloomberg）

　　上述简单化的比较研究说明，道琼斯工业平均指数的实际走势和经济学理论的抽象推导并非高度契合，至少说明经济的发展轨迹尚未形成共识性的判断，那么，不妨回到"故纸堆"中再求索。在卷帙浩繁的经济学文丛中，后凯恩斯主义经济学家海曼·明斯基[①]（Hyman Minsky）独辟蹊径，坚持和发展凯恩斯主义的实质，而非执着于表象和具体政策措施，不仅拓展了凯恩斯主义的内涵和外延，而且一定程度上超越了经济学的解释功能并贡献出相当的预测力，如"明斯基时刻"即是对危机简洁且精确的预测。斯人已逝，但明斯基理论的时代相关性和前瞻性依然连续，或可对"第四次工业革命"、互联网经济、人工智能时代的相关问题予以解释和指导也未可知。

　　稳定性本身趋向不稳定状态（Stability is destabilizing）。不稳定是常态，稳定是非常态，这与中国哲学"唯一不变的是变化"异曲同工。强金融体系的危机多源于个体、异质（idiosyncratic）风险，而弱金融体系的失败多源于系统性（systematic）失灵，防范系统性金融风险之所以重要且必要恰在于此。2008 年全球金融危机虽然由雷曼倒闭引爆（或可前溯至贝尔斯登关门），但危机波及面之大、烈度之强、救助成本之高绝非个体所能导致，而是金融的体系性痼疾引发的与经济发展需求之间的不可调和的矛盾。既然经济有周期，繁荣、衰退、复苏、萧条就会出现，即便时长各异，阶段性特征不同，其内

---

① 本文英文引用如不作特别说明，均出自明斯基。

在的波动性却是客观存在，且其中与风险关系最大的是繁荣或高涨阶段，"经济稳定性的最大威胁来自繁荣（the greatest threat to stability is the boom）"。

经济发展的周期标签凸显其内生的不稳定性。无论是哪种标签，无论如何定义真实存在的周期，基本共识是经济和金融在波动中前进，并且其间危机会阶段性爆发。市场是经济活动的最基础设施和最根本机制，而市场波动更是其运动规律。明斯基从演化论的角度出发，把资本主义发展分为商业资本主义（Commercial Capitalism）、金融资本主义（Finance Capitalism）、管理及福利国家资本主义（Managerial – Welfare State Capitalism）和基金经理资本主义（Money Manager Capitalism），所体现的长期趋势是经济的货币化和金融化成分增加，投机性和杠杆率提高，赌场式资本主义（Casino Capitalism）的特色强化，治乱循环（the boom – and – bust cycle）不断上演。

非市场稳定机制或设计存在误差或实际操作失当。与市场对位的是政府，非市场机制也由政府"看得见的手"主导。若设计有误或操作不当，外因驱动的经济不稳定性势必加剧。譬如美联储货币政策的单一目标原则，即设定并盯住一定水平的通货膨胀率，其合理性得到了互联网经济之前的市场验证，但是，新时代以及新业态下通货膨胀的产生和作用原理已经深刻变化，经济增长与低通胀共存的现象奇异"共生"，显然继续墨守旧的规制只能是用"老钥匙开电子锁"。另外，为防止通胀而收紧货币供应量，其结果不是流通中货币的相应减少，而是非银行金融活动和衍生工具的上位，通胀未必能被驯服，加杠杆的风险已然凸显。"美联储的万能定律就是美联储无法被任何定律所左右（The only universal rule for Federal Reserve policy is that it cannot be dictated by any universal rule）"，这才是机制设计的准则，如明斯基的观点，政策的适应性和动态调整十分重要，于不稳定中系统性、规范化地适配并操作具体政策，其重要性同样不容忽视。

监管进退失据强化了经济和金融的不稳定性。2008 年全球金融危机之后的量化宽松政策，本质上是"空间换时间"的非常规政策。特别是其间的格林斯潘看跌期权（the Greenspan put）和伯南克看跌期权（the Bernanke put），隐含着市场一旦下跌央行就会进一步实施宽松政策的取向，于是市场预期和路径依赖形成，市场参与者倾向于风险更高的活动，道德风险被放大并扭曲市场的正常运行轨迹。另外，国际清算银行作为"央行的央行"颁布的巴塞尔协议已到 3.0 版，其核心要义是通过资本充足率（CAR, capital adequacy ratio）的量化要求实现银行风险的规范化监管。资本是银行最为昂贵也是最为稀缺的资源之一，CAR不断加码无疑会降低财务回报，如股本回报率（ROE），而股东价值最大化似乎是自由市场主义的圭臬，所以，银行表外业务勃兴，高风险业务腾挪术大行其道，原本管理风险的CAR等监管指标却成为银行经营行为短视化和隐形化的推手，风险反而更高，美国次贷危机就是明证。

明斯基的理论与新经济并没有强烈的反差和违和感，反倒是拟合度较高。那么，如何稳定不稳定的经济（Stabilizing an Unstable Economy），如何设计符合时代发展需要且可操作的稳定机制呢？

其一，承认不稳定及从不稳定到下一个不稳定的运动是经济的内生特质。若经济的不稳定性是本质，那么人作为参与主体，人性是其决定因素。理性经济人是理想状态下的假设，人的非理性导致行为的不稳定性，继而导致经济系统的不稳定性，人与人的经济活动的不稳定互动是内嵌的。因此，机制设计须充分考虑人的因素，特别是非理性的部分。

其二，承认市场并非万能且政府并非只能是"守夜人"。市场出清是重要的机制设计，但存在一个"度"，若过度出清，如Andrew Mellon主张的"出清劳动力、出清股票、出清农场主、出清房地产等并祛除一切腐朽（the rottenness）"，那么，市场的断崖式塌陷极有可能出现。自由市场主义者不妄言市场机制无所不在、无所不能，即便鼓吹政府的"守夜人"角色定位，但实践中真正坚守的证据和案例却几近于无。既然政府是一种制度设计，"无为而治"可遇不可求，至少也应该是"服务型政府"。即便不是单纯的"守夜人"，在错综复杂的现代经济中，开发并使用足够复杂的工具箱也是必然，积极的"守夜人"是政府在经济活动中发挥更大的作用并与市场相互补充、互相促进的基本设置，在此之上，须视政治、经济、社会、文化、制度以及政府能力为积极的程度赋值。因此，机制设计要以市场为基，政府亦要积极参与建设。

其三，承认任何政策都有反作用力和作用边界或作用力极限。发展经济学家阿尔伯特·赫希曼的"干中学"理论是发展的要义，若一切能被在书房中设计出来，那成功的发展模式就容易被复制，试错的成本会降低。所以，一国特别是大国的经济发展，随机对照实验和自然实验方法极其重要，动态管理和校正能力是必要条件。政策不是法则，不是定律，政策要指向现实问题，适应现实问题，不能超越问题既定的外延，且须关注作用机制的运行，注意反作用力的来源、方向和力度，避免极限下的超负荷运行。若政策效力过大，市场在资源配置方面的决定性作用会被削弱，以市场为主的现代经济体制会被干扰。所以，机制设计的政策须有边界，达到调校市场失灵即可，切莫喧宾夺主。

其四，承认简单方法的效果超越过度复杂构思是大概率事件。如果市场和政府对现代经济均不可或缺，那么其制度与二者交互机制设计须应简则简，遵循"奥卡姆剃刀原理"的"未有必要，勿增实体"。商业银行作为货币政策传导机制的重要组成部分，通过贷款派生存款等金融活动衔接资金的供需，跨时、跨地域配置资源，并以微观主体活动的集合效应作用于经济。微观主体的"规模偏好"是自然倾向，解决"大而不倒"的最有效办法或许就是规模控制，无论是资产规模还是信贷规模，明斯基所主张的就是这种简单政策选项。经济政策工具之多不知凡几，明斯基却简化为"两大"，即"大银行"（Big Bank，指美联储）和"大政府"（Big Government，指美国财政部）。前者之"大"体现为最终贷款人（the lender of last resort），不仅要涵盖银行机构，而且要涵盖非银行甚至影子银行机构以缓释危机时的流动性枯竭；后者体现为最终雇佣者（the employer of last resort），以政府全面提供在岗就业阻断危机下降螺旋对劳动力要素及社会稳定的剧烈冲击。因此，机制设计的政策工具应删繁就简，以政策效果而非复杂度为评价标准。

其五，承认机制与人的互动和利益一致性较之机制的原理更为重要。机制是最难的，因为其合理性和效率取决于多维度和多因素；机制也是最简单的，因为万变不离其宗，符合人性且保持与人的利益一致性至少是同向性即可。金融是信用经济，信用评级机制是其重要载体，信用评级行业的繁荣和技术的升级持续强化信用的可定价性，但其模型"大跃进"的量化方法论已经离实际需要渐行渐远，成为数字游戏，演变出"评级通胀"。信用经济的根本是信任，一旦信任纽带断裂，任何"人造"的模型得出的不过是个数字符号，无法回测，也无法预测，反倒是人可以上下其手，不是人按数字行动，而是数字为造出它的人服务，所以，次贷经过分层或嵌套等衍生处理甚至可以被贴上 AAA 的标签，如斯，系统性金融风险的出现事有必至且理有固然。信任是价值所在，信用是价格体现，那么强信任场景适宜综合化经营的全能银行模式，反之，弱信任场景对金融机构的分业管理似乎更为妥帖。与之对应，全球银行地域覆盖广，信任更多地基于品牌，而社区银行区域扎根深，信任更多地基于关系，允许后者综合化而非分业经营在逻辑上更站得住脚，这显然与目前超大银行全能化的现实有巨大反差。因此，机制设计要回归本源，通过利益一致性的制度安排消解不稳定性的冲击。

其六，承认人类智慧存在加速度效应但基本逻辑却始终如一。三次工业革命包括正在进行时的"第四次工业革命"，从量变到质变持续地重塑人类的生活，贯穿始终的智慧不言自明；而人类社会的跃升间隔变短，频率加快，更证明人的加速度学习能力和加速度智慧生成。人类发展的逻辑是进步，是质与量的进步，是福祉的增进和文明的提升，而进步的过程遵循能量守恒定律。与自然界类似，经济也是一个生态系统，其中有无数的子系统，并与其他生态系统交互作用，而系统间或系统内的能量交换有正有负，有进有出，一定时间内存在双赢或多赢，但长期须达到"收支"平衡。经济如此，金融也概莫能外，不存在只有正效益而无成本的经济政策。2008 年全球金融危机导火索是美国次贷危机，次贷由美国私人部门过度负债加上 CDO（担保债务凭证）等金融衍生产品的助燃剂效应形成燎原之势，再溯源就是克林顿时期为人称道的财政盈余政策。维持美国的经济增长和福利支出需要资金投入，无论以哪种方式，账户盈余当然好，但所有账户都盈余似乎只有超发货币一途，于是，克林顿时期财政盈余的成本项是私人部门包括企业部门的负债增加，而私人部门以房贷为主的负债增加近乎超速，可见"鱼与熊掌"确实无法兼得。同理，金融创新有积极的方面，但一定也会有成本，监管要设底线，创新不妨设上限，这是人类发展的基本逻辑使然。因此，机制设计要体现人类发展的基本逻辑。

以上，是反思和温故，亦是自省和知新，在不稳定的经济中通过稳定机制的作用不断提升经济的质量和价值，不折不扣考验"新经济"对"老智慧"是否有选择地继承和有发展地超越。

祛魅"中等收入陷阱"①

在"三期叠加"和"转型升级"的新常态下,"中等收入陷阱"倏忽间成为中国经济前进道路上的一道鸿沟,必然论者有之,不存在论者有之,言可跨越者有之,言必坠入者有之,一个经济学概念不仅被高度抽象化,甚至在学理上和实践中趋于神秘,颇似"哥德巴赫猜想"的另类回归。2007 年世界银行在《东亚复兴:关于经济增长的观点》(*An East Asian Renaissance*:*Ideas For Economic Growth*)中首次提出"中等收入陷阱"(Middle – Income Trap),具体是指中等收入国家在发展成为高收入国家的过程中,往往会因失去动力而长期陷入经济增长的停滞期。关于中等收入陷阱的争论,学界主要有两种争论:一派承认"中等收入陷阱"存在的客观性,主要论据是"拉美陷阱"和几个亚洲国家进入中等收入区间后的发展困局,认为中等收入国家在经济发展的攀升过程中不可避免地会被"中等收入陷阱"所套牢,长期蹒跚于增长乏力的超稳定状态,既然是宿命,该派学者退而求其次致力于解释其发生的机理,提出了诸如收入分配不公、需求结构与产业结构不合理、过度城市化、人口红利衰减甚至消失等影响因素。而另一派则持否定态度,认为目前关于"中等收入陷阱"定义与概念普遍化的数据和论据是不充分的,例如,长期不能从中等收入阶段升级到高收入阶段中的"长期"究竟有多长?有些中等收入国家可能只是短期的停滞,另外一些国家可能是更长期的停滞,那么多长时间的停滞才算是陷阱呢?阿玛蒂亚·森更是旗帜鲜明:"我不认为有中等收入陷阱,人们应该找到经济放缓背后的原因,并不能用这样一个概念解释所有问题。"也有学者认为"中等收入陷阱"本质上是一个增长陷阱,抑或转型陷阱,快速增长的经济体一定会出现阶段性的增速放缓,但这不意味着其人均收入水平不能提高,不意味着不能进入高收入国家行列。以上正

---

① 本文写作于 2016 年 4 月。

论驳论纷至沓来，"中等收入陷阱"这一源于且针对东亚经济分析的具象概念不断发散，争论者所指的甚至并非同一概念，所论的也并非同一"陷阱"。

让数据和实践自证。世界银行和国务院发展研究中心共同发布的《2030年的中国：建设现代、和谐、有创造力的社会》报告中指出，1960 年的 101个中等收入经济体，到 2008 年只有 13 个晋升高收入经济体。其中，跌入"中等收入陷阱"的典型代表有阿根廷、巴西等国。图 1 和图 2 分别展示了阿根廷和巴西在 1961—2015 年人均国民总收入（人均 GNI，单位为美元）与GDP 增长率（%）的变化情况。

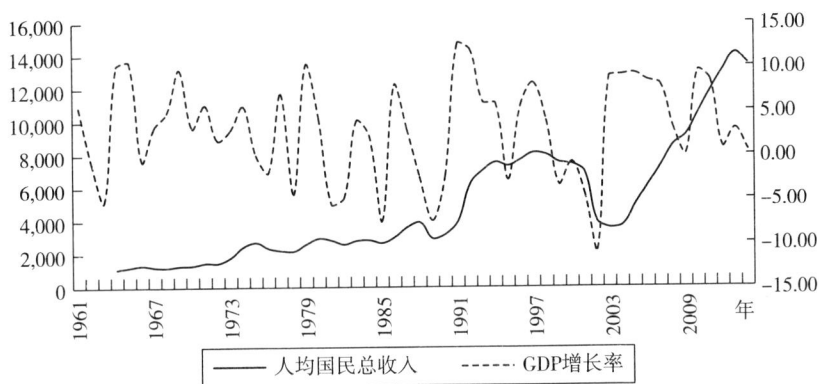

图 1　1961—2015 年阿根廷数据

（资料来源：世界银行官网数据库，http：//data. worldbank. org）

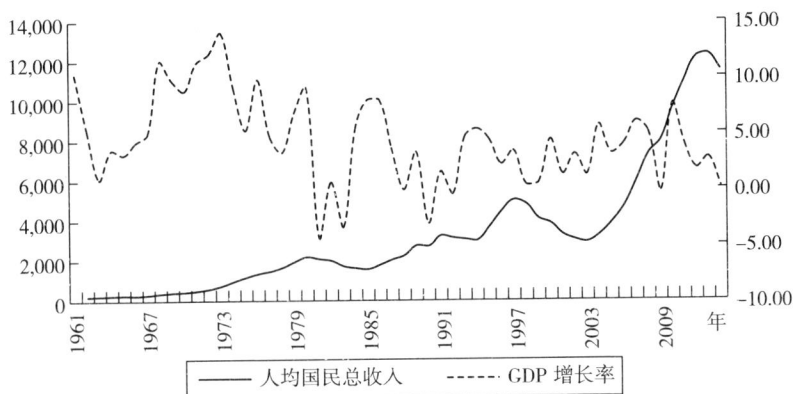

图 2　1961—2015 年巴西数据

（资料来源：世界银行官网数据库，http：//data. worldbank. org）

根据世界银行2012年的定义，人均GNI在1,005~12,276美元之间为中等收入国家。从图1、图2可以看出，1961—2010年的50年时间，阿根廷与巴西的人均GNI均没有超过12,276美元，即没有成功步入高收入国家。尤其是20世纪80年代，两国经济增速都大幅下滑，甚至是负增长。理论界与实务界普遍认为以两国为代表的拉美国家之所以陷入"中等收入陷阱"，主要是由于以下三方面原因：其一，20世纪80年代的债务危机使拉美国家经济增速大幅下滑，甚至出现负增长；其二，没有及时调整经济结构，转变增长方式，从而使经济增长的传统动力消耗殆尽；其三，收入分配不公，社会贫富分化严重，消费需求对经济增长的拉动作用减弱，社会动荡进一步殃及经济。以上是反例。

当然，少数国家确实成功跨越了"中等收入陷阱"步入高收入国家，典型代表有美洲的波多黎各，亚洲的韩国、新加坡等。图3至图5分别展示了三国在1961—2015年人均国民总收入（人均GNI，单位为美元）与GDP增长率（％）的变化情况。

图3和图4表明波多黎各与韩国大约在21世纪初步入高收入国家，图5表明新加坡于20世纪90年代步入高收入国家，1991年的人均国民GNI已近13,000美元。以上是样板。

这些少数国家为什么能够成功跨越"中等收入陷阱"呢？一般而言，失败的案例往往会引发不断的反思，一定程度上被放大并升华到一般性公理的

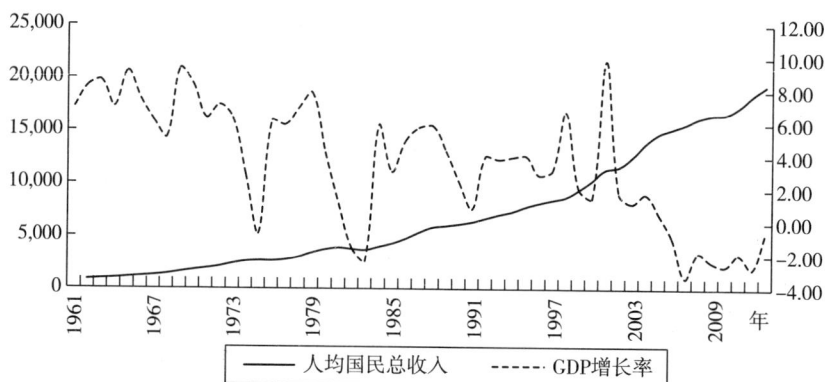

图3　1961—2015年波多黎各数据

（资料来源：世界银行官网数据库，http://data.worldbank.org）

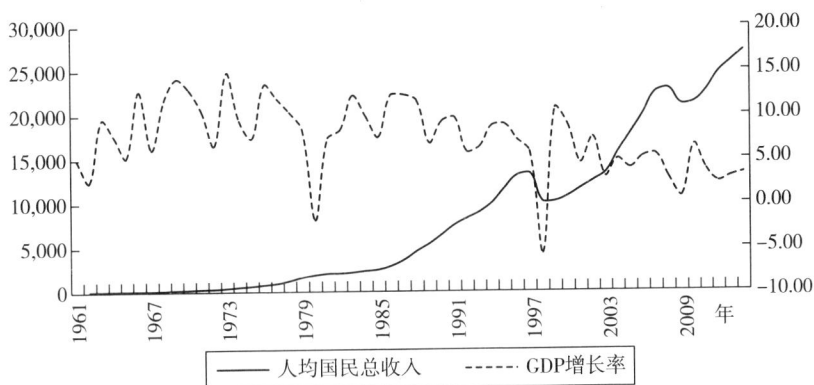

图4　1961—2015 年韩国数据

（资料来源：世界银行官网数据库，http：//data. worldbank. org）

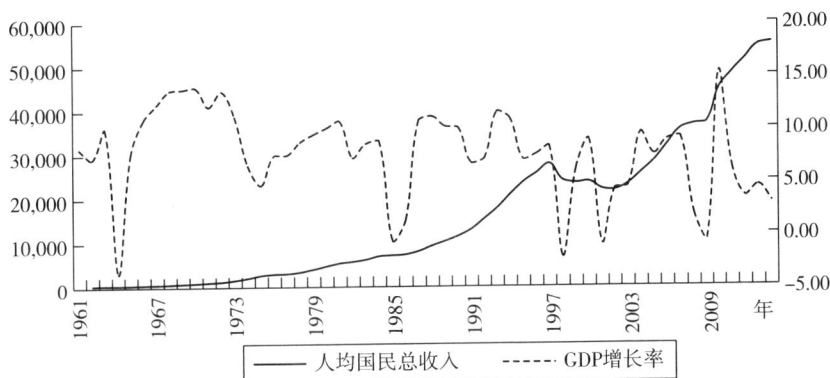

图5　1961—2015 年新加坡数据

（资料来源：世界银行官网数据库，http：//data. worldbank. org）

高度。社会的进步很大程度上是人类总结失败教训、避免重蹈覆辙的结果，强调失败的意义、强调失败后的"知耻而后勇"是思想共识和行为共识，因此悲剧在文学艺术上的感染力和生命力要强于喜剧。经过痛定思痛，失败的原因分析无论从数量上还是质量上都蔚为大观，其后改错修正的"药方"也卷帙浩繁。对于"中等收入陷阱"这样中性偏贬义的概念，其试错者和失败者无一例外是被置于放大镜之下的。诚然不知道原因的失败可怕，但是不知道原因的成功更可怕。若成功源自纯粹的运气，甚至完全的外因，而成功者却归因于内因和自身的能力，那么不仅类似的成功无法复制，而且由此滋生的自满会埋下将来失败的种子，源自成功的失败一旦发生，往往是致命的，往往是一击之下难以恢复元气。所以，对于成败，都要认真分析其原因，尤其是成功。如斯，不妨从成功跨越者的角度祛魅"中等收入陷阱"的迷思。

"中等收入陷阱"的成功跨越者具有什么共性特点呢？第一，样本数量小，无论是国家的数量还是合并的经济总量均占比不高，充其量仅有不到15%的中等收入经济体实现"登堂入室"，因此样本对总量的代表性和统计数据的显著性不足。第二，经济体量小，国土面积及人口均不属大国行列，经济的广度、深度和经济治理的难度与大国相比均不在一个层面，宏观政策和调控措施的传导链条短、效率高、见效快。第三，经济稳态与周期关联度较高，即便50年的时间跨度，成功跨越者样本的组成也不稳定，个体的表现与经济周期呈现较强的同步性，一旦有利于相关经济体的周期逆转，则"坠落天使（fallen angel）"的现象成为大概率事件，如1908年阿根廷曾是世界第七大经济体，人均收入比肩德国，布宜诺斯艾利斯被称为"南美的巴黎"，而近期跌入债务违约的泥淖波多黎各亦正在上演"泯然众人矣"的桥段。第四，经济对外依存度高，全球化对其经济增长的贡献不容低估，出口导向型、国际枢纽型、贸易中转型等为主要形态，且分析期正好是全球化勃兴之时，成功跨越者顺应潮流实现了"鲤鱼跃龙门"。第五，与美国的经济、政治关联度较高，甚至相当比例的成功跨越者与美国存在不同形式的联盟关系，其成功源于美国主导的国际经济格局使然，是美国赋予其特定的经济定位，在全球产业链和价值链的坐标由美国标出，只要满足美国给定的条件，美国经济的"大河"会分流注入，使相关经济体的"小河"也充盈起来，是美国提着成功跨越者跨过陷阱的，或者说，根本不需要跨，要是没有美国，成功跨越者也达不到中等收入的临界，若之后有所谓的"陷阱"，也不可能自力更生跨过去。第六，分布方差较大，成功跨越者的个性解释力强，共性解释力弱，其中的规律更难推演归纳。

"中等收入陷阱"是千禧年之后的新生事物，是个新提法，即便可以称之为概念，也是未经严格学术论证和实证检验的初始化概念。对基础数据的分析，特别是抽钉拔楔地研判成功跨越者，使关于"中等收入陷阱"的辨析渐次明晰，渗滤掉学术炒作的"热"的部分，让核心议题的研究更加冷静。首先，"中等收入陷阱"或类似的现象确实存在，是经济发展过程中带有阶段性特点的现象，但普遍性和规律性不显著，尚无法形成趋势性的共识；其次，失败者的原因林林总总，成功跨越者的原因也不一而足，且经验无法进行均值归纳，更无法一般化并加以复制；再次，"中等收入陷阱"的语境是发展中国家，而发展中国家是一个较为松散的概念，国家与国家之间差异大，而成功跨越者样本中又不乏跨越陷阱前后难以绝对归为发展中国家的经济体；复次，成功跨越者的经验在经济因素上与周期和全球化高度关联，在非经济因素上又与美国高度关联，一定程度上非经济因素已上升为主因；最后，"中等收入陷阱"的量化成分少，性质判断多，且或多或少有"一语成谶"的味道。所以，"反其道而行之"的研究更能鞭辟入里。

对于中国来说，"中等收入陷阱"本就是舶来品，"收入"是国际口径，"中等"是国际均值，"陷阱"也是西方主导被概念化出来的。真实的"中等收入陷阱"根本无法整齐划一，无法"一把尺子量到底"。"中等收入陷阱"的概念强健性确实不足，但中国是否仍然可以循着成功跨越者的轨迹按图索骥呢？答案显然是否定的。中国已经进入了国际经济秩序擘划者的地位，与成功跨越者的经济无论从体量、质量和结构上均没有可比性，如巨轮无法参照小艇的航行操作一样，简单照搬显然行不通。更为重要的是，美国和中国是世界前两大经济体，美国无法单方面设定中国在全球贸易和产业链中的位置，抛开非经济因素，仅中国经济体量之大，要使其被动位移都是不可能的，中国经济的坐标一定是恒星系，而非行星或卫星。归根结底，中国解决国民收入持续稳定增长的关键是综合国力，是在变化的全球化背景下以科技创新引领经济结构调整，以经济转型升级惠及民生，如斯，国民收入的增长既体现经济发展的成果，而且蕴含幸福指数的提升。

"中等收入陷阱"本身或许就是一个"陷阱"，所以，无须"仰之弥高，钻之弥坚"，无须投入过多学术资源挖潜，更无须纠缠于政治化的危言耸听与指摘攻讦。只要守住根本，即经济发展并且发展的成果较为公平地由国民分享，则关乎收入分配的重大危机发生的概率就会降低，同时要保证收入水平的适时调整，与通胀、汇率、人口结构等因素的协同联动，而这一切又指向就业——有质量的就业、有广泛参与率的就业，只要就业质与量同经济发展和人民生活水平相匹配，那么"中等收入陷阱"就不复存在。即便存在，至多就是横亘于前的"卢比肯河（Rubicon River）"，不存在跨越不过去的问题，只是如何跨越的问题。

比较优势无竞争①

理论的适用性是有边界的，其成立亦有严格定义的前提条件，理论本身不是目的，重在指导实践，解读和运用理论的"锚"只能是人类的实践活动，因此，就字面理解理论，就原意诠释理论，结果便是患上认识论的"幼稚病"。另外，不可否认理论有一定的时代性，而社会科学理论往往又兼具利益表达的功能，不同的利益导向驱动不同的理论解读和运用。现以比较优势（comparative advantage）理论为例。

一、国家至上的"嫁衣"

从历史观和时代性进行分析，比较优势理论是英国重商主义之后，另一种"国家至上"的阐述。

重商主义产生于西欧封建制度解体和资本主义生产方式发展的初期，其核心思想是通过国家的力量以维护本国在贸易上的优势，极大化贸易顺差、财富净流入，本质上是带有"原罪"的国家保护主义，更是贸易保护主义的渊薮。

亚当·斯密的绝对优势。其核心思想是在国际贸易中一国应发展生产成本绝对低的产品，出口换取生产成本不占绝对优势的产品，从而使各国资源均得到最有效利用，并从相互贸易中获益。该理论在行动上推动了英国工业产品霸权主义。

大卫·李嘉图的比较优势。该理论在绝对优势理论的基础上，提出了比较成本贸易的概念，认为一国应生产机会成本低的产品，以生产率的差异确立比较优势并在贸易中获利。在绝对优势理论下，先进国家不会与落后国家贸易，而在比较优势理论下却可以相互贸易，实质仍然是推行早期集体工业

---

① 本文写作于 2013 年 6 月。

霸权，并促使落后国家打开大门，保证英国的国际贸易利益最大化。

18世纪至19世纪是英国工业革命强盛时期，英国的利益广布海外乃至全球，为长远维护国家利益，客观上需要"思想的武装"，比较优势理论应运而生。那么，在形而上的华丽嫁衣下隐藏着哪些"真实的谎言"呢？

二、理论祛魅

比较优势理论不仅是英国工业资产阶级的发展指南，也是其国际贸易理论的一块奠基石，对先进国家的意义不言自明，对落后国家是否裨益有加呢？国际贸易实践表明，比较优势战略的实施并不能改变发展中国家的落后局面。

（一）比较优势理论中并无"竞争"一词

若将比较优势理论误读为成本比较优势向国际贸易整体竞争能力的转化，那么代以"比较竞争优势"的名称并无不可，其实后者的出现频率远高于前者，甚至一度混淆了该理论的"学名"。客观现实是，比较优势理论重在分析国际贸易中成本等要素的比较优劣，进而指导贸易政策的制定，并没有勾画出比较优势自然演变为竞争能力，更没有推论出比较优势就是比较竞争优势。

在比较优势理论指导下，各国只要安守现状，将生产成本、自然资源的相对优势最大限度地发挥，自然能将国际贸易这个蛋糕做大，但结果却导致国际贸易福利的不均衡分配，落后国家付出高消耗等成本，只获得了低附加值，而先进国家则坐享低投入、高收益，结果是落后国家在竞争力上依然徘徊不前，无力与先进国家抗衡。从2011年各国竞争力排名可见一斑（详见附表1），发展中国家的综合竞争力和西方发达国家存在很大差距。从比较优势的逻辑推演开去，只要一个国家、企业甚至个人把握好其生产成本或者资源禀赋上的比较优势，就能有效地转化为市场需求，"靠山吃山，靠水吃水"，就像我国改革开放早期浙江、东莞等，但结果是否如理论描述的双赢呢？

（二）科技外生与全球竞争格局固化

在推行比较优势战略时，发展中国家按照要素的机会成本和低附加值初级产品成本优势，确定本国在国际分工中的位置。这样发展中国家与西方工业国之间形成了一个"经济循环系统"：西方工业国组织要素、输出技术，生产出的产品占领海外广阔市场，而拥有成本优势的海外各国为工业国源源不断地提供廉价生产要素。从比较优势理论看，该循环系统堪称"完美"，通过世界范围的要素整合，实现产出最大化、成本最小化，进而增进了总体社会福利，似乎是"帕累托最优"。该系统中发展中国家技术靠引进、模仿，工业国却严防先进科技的扩散，科技的外生阻碍了导入、吸收和深化，比较优势战略的实施固化了这种国际分工，以发达国家（主要是美欧）为轴心，低端的永远低端，高端的永远高端。

另外，比较优势战略由于过分地强调静态的贸易利益，而忽视了贸易的动态利益，即国际贸易对产业结构演进、技术进步以及制度创新的推动作用。长期执行单纯的比较优势战略会阻碍一国的产业结构升级，对低成本生产要素的依赖催生了发展惰性，加之环境成本是跨代际的，现在的生产者和获益者并不一定承担应有的成本，何况环境的价格符号化很难精确，因此处在国际分工最低端的发展中国家被动加主动地焊接到了产业链的原有位置，以巨大的投入换取微薄的现实利益，人为压低国民的福利，甚至可能殃及子孙。

（三）审视比较优势理论的假设前提

比较优势理论发端于产品近乎同质的时代，比较优势直接体现在价格和数量上，在当时背景下对国际贸易的形成有较强的解释力。而作为其假设前提的"市场完全竞争"和"规模经济不变"与现实情况相去甚远。20世纪90年代以来，全球经济发生了巨变，规模经济与技术进步成为影响国际贸易的重要因素。新材料对传统生产要素形成替代；新技术对密集型劳动生产形成替代；且以自然资源为中心的分工体系逐渐被以知识技术为中心的国际分工体系所代替，尤其进入21世纪后，智力资源与科技进步成为国家分工和国际贸易的决定性因素。简而言之，比较优势理论的前提假设与现实不符，即便原理论有涉及竞争的内容，到如今也徒有其表了，切莫坠入"比较优势陷阱"。

（四）无竞争的比较优势最符合谁的利益

亚当·斯密和大卫·李嘉图之后，英国很好地继承并发扬了这一理念，面对拥有生产要素比较优势国家的逐步"醒悟"，英国不惜动用武力在全球范围内继续推行比较优势贸易，以期维护既定利益格局的"经济循环"。比如，17世纪到20世纪期间，英国对拥有丰富、廉价生产要素和广大市场的东方进行残酷的殖民扩张与统治，最大限度地打压这些国家的民族产业。正是这无竞争的比较优势贸易极大地掠夺了东方的资源，遏制了东方发展，延续了英国的繁荣。同时，这种贸易模式的长期推行，在东方人心目中逐渐形成了西方先进与东方"低人一等"的强烈落差，这种文化和民族心态上的负面影响若置入理论评估的方程式，正负的天平会更倒向发达国家。

三、历史陷阱与现实沼泽

在历史演化过程中，盲从比较优势战略并寄希望从这个"经济循环"中立国、强国者甚众，但成功者寥寥，教训却不少。

（一）阿根廷："农本"之误国

阿根廷在20世纪初被誉为"世界的粮仓和肉库"，人均GDP排名前列，高出日本1倍。一直到20世纪30年代，国际分工处在关键期，阿根廷成为拉美国家中最早制定应对经济全球化发展战略的，但却误判比较优势，视农牧业为核心竞争力，倾全国之力于国际初级产品市场。阿根廷作为初级产品供应地、低端制造业的生产地区和工业品消费国与欧洲建立了联系，其国策更强化了这一国际分工格局，结果是阿根廷经济高度依赖于欧美，导致经济体系周期性危机频发。显然，在这个模式下欧美工业国攫取了高额利润，阿根廷靠牺牲本国资源、市场仅获得了微薄回报，一旦欧美发生经济危机，需求减弱，阿根廷国内生产必将中断，引发负债急升，触发债务违约。除政治混乱的因素外，迷信古典经济学的比较优势理论，恪守"农本"的"非工业化"的道路使"即将进入第一世界的第一候选国"（世界银行的预测）滑向了"第四世界"。

（二）石油国家

另一个极端案例是石油国家。在西方主导的国际分工体系中，海湾及拉美等国家拥有丰富的自然资源，这些国家以本国石油资源"富国"，沉溺于石油美元，丰富低廉的能源除创造出炫目的人均GDP外，也为西方工业国后工业化时期的科技创新提供了资源保证。小利在石油国家，大利却落入发达国家口袋，更不必说长远之利。借助资源类产品在财富上提供的"窗口机会"，石油国家若不能实现经济转型、政治革新，若不能实现国际分工链条上的位置提升，最终难逃"荷兰病"之宿命。

简而言之，西方主流所倡导的"比较优势"的贸易模式看似"完美"，但安于这个国际分工体系的所谓强国也只是一个梦。农牧产品、"石油美元"在眼前确实为这些国家带来了巨额财富，但当"金矿"枯竭，或许前方就仅剩无尽的沼泽地了。

四、敢问路在何方

国际形势变了，理论亦须发展，在现行的国际分工体系下扬长避短和跨越发展，着力点在竞争力，而且是核心竞争力。对中国而言，不同的发展阶段必须有不同的战略，但需要注意的是，任何阶段不仅要依托比较优势，更要找到并培育核心竞争优势。

数据显示（附表2），截至2010年中国的制造业增加值全球第一，但从制造业增加值构成看，附加值高的机械制造业增加值占比为24.5%，而日本、韩国、德国分别达到了37.2%、45.7%和35.7%，其竞争力虽有进步，但仍有很大差距。

（一）"出口导向"是对比较优势理论的粗读

在工业化推进初期，受技术、制度等方面因素的制约，发展中国家选择通过技术含量不高、进入门槛低、要素价格低、自然资源富集的比较优势来发展本国工业，用市场换取技术，完成初级产业资本积累、增强国力，其作用不可低估。问题是，该模式得以延续的前提是进口国的需求能够消化出口国的产能，而目前陷入危机的美欧给出的答案恰恰是否定的。客观地讲，苦苦在低端产业链逡巡的"出口导向"经济模式，是新兴经济体融入全球化的一个突破口。但固守该模式，除优势渐弱、自然环境恶化外，亦会对科技进步、制度创新形成阻力。

（二）"实业强国"是对比较优势理论的反思

国之强大还在实业。沙中建塔的迪拜，过度虚拟化的华尔街，金融虚胖的爱尔兰，以及实业乏善可陈的南欧，经济"去工业化"程度深的国家在危机面前"免疫力"差，而实体经济健康特别是制造业发达的德国却木秀于林，成为欧债危机应对过程中的定海神针。可见，任何国家的强盛，都要立足于实业，虚拟经济的发展可以提升实体经济的运行效率，但不能舍本逐末，任由虚拟经济自我循环、自我实现、自我膨胀，最终自我毁灭，虚拟经济特别是金融业一定要本着"实需原则"，回归服务于实体经济的轨道。

（三）"核心技术"是对比较优势理论的升级

传统比较优势理论难以解释近现代日本、韩国与美国之间的贸易关系。统计显示，20 世纪 50 年代，拥有资本优势的美国向日本出口劳动密集型产品，而日本却向美国出口技术和资本密集型产品。为什么出现这种状况？答案在于传统比较优势理论的技术外生性。纵观欧美国家的发展史，每一次技术革新都深刻地改变着生产方式、资源配置以及本国的国际分工地位。西方主流的技术封锁，发展中国家的安守，只能是不断固化全球分工格局，二者发展差距将不断加大。

缺乏核心技术者在竞争中惯用三法：一是压缩成本；二是差别化战略；三是制定和掌握行业标准。现今的全球化时代中，发达国家、跨国公司等仍牢牢掌握着主动，只要将核心技术及规则制定掌控在手中，就能稳固利润的绝大部分。例如 PC 行业，全球的 PC 生产商都要向因特尔和微软纳贡，接受WINTEL 标准；中国的格兰仕已成为世界最大的微波炉生产商，但关键件磁控管仍然依赖进口。因此，不要片面强调贸易优势，也不要片面强调品牌，在"微笑曲线"的权衡中，科技的笑靥永远强于品牌的"酒窝"。没有核心科技，品牌不可能建立；没有核心科技，任何资源投入、劳动力付出、环境成本都将徒劳。

世易时移，对比较优势理论需要重新认识，传统的比较优势理论中没有"竞争"之元素，更没有全球自由竞争市场建设的意图，只有"廉价"、只有"低成本""安于现状"，发展中国家若固守理论陈规，不及时顺应潮流调整经济战略，恐陷入国际分工的低端磁场，坚持技术立国，力争在关键领域、战略产业的核心技术方面有所突破，才能占据全球价值链的重要位置。

附录：数据参考

附表1 2011年部分国家竞争力指数排名

国家	总指数		分类指数					
			基础设施		效率增强		创新与成熟度	
	排名	数值	排名	数值	排名	数值	排名	数值
中国	26	4.9	30	5.33	26	4.7	31	4.15
巴西	53	4.32	83	4.33	41	4.4	35	4.02
南非	50	4.34	85	4.32	38	4.44	39	3.93
印度	56	4.3	91	4.25	37	4.46	40	3.92
俄罗斯	66	4.21	63	4.61	55	4.19	97	3.24
科威特	34	4.62	34	5.25	67	4.05	66	3.51
泰国	39	4.52	46	4.88	43	4.38	51	3.75
墨西哥	58	4.29	67	4.59	53	4.21	55	3.65
发达国家								
美国	5	5.43	36	5.21	3	5.49	6	5.46
日本	9	5.4	28	5.4	11	5.19	3	5.75
英国	10	5.39	21	5.6	5	5.43	12	5.17
德国	6	5.41	11	5.83	13	5.18	5	5.53

资料来源：世界银行，国家统计局。

附表2 制造业增加值及其构成

国家	制造业增加值（亿美元）		主要行业所占比重（%）							
			食品、饮料和烟草		纺织和服装		机器和运输设备		化工	
	2000年	2010年	2000年	2010年	2000年	2010年	2000年	2010年	2000年	2010年
中国	3,849.42	19,061.86	14.39	11.81	11.22	9.98	14.1	24.5	12.0	10.8
日本	10,340.92	9,702.04	11.43	10.98	3.04	2.15	33.9	37.2	10.4	10.7
韩国	1,345.55	2,081.42	8.26	6.32	8.00	4.94	41.3	45.7	9.5	7.9
美国	15,430	17,794.74	13.02	13.59	3.43	2.23	29.7	24.7	11.8	15.2
德国	3,924.73	5,679.02	8.15	7.57	2.28	1.70	32.7	35.7	9.8	9.9

资料来源：世界银行，国家统计局。

资本、劳动与价值创造①

恩格斯评价《资本论》时说："自从世界上有资本家和工人以来，没有一本书像我们面前这本书那样，对于工人阶级有如此重要的意义。资本和劳动的关系，是我们全部现代社会体系所围绕旋转的轴心，这种关系在这里第一次得到了科学的说明。"马克思认为，资本主义生产的本质是剩余价值的生产，这一生产过程的具体形式表现为资本与劳动的交换。政治经济学表述如此，若置于人类发展的历史长卷中，资本与劳动的关系以及二者如何创造价值会呈现出更加复杂幻化的动感画面。

一、理论演进

原始社会阶段，生存需要使劳动成为第一性的人类活动，财富及资本的概念尚未真正形成，更谈不上与劳动的主辅强弱关系，劳动是价值创造的核心且几乎是相对唯一的要素。在其后人类社会活动中，甚至涵盖21世纪前的广袤时空，劳动特别是体力劳动的作用逐渐式微，从生产力核心要素到关键要素再到要素之一，而资本的作用却逐渐势强，从附属到主导再到"统治"，二者的此消彼长对应着人类进步过程中生产力和生产方式的转轨变化，是经济表现出的社会，是社会形塑出的经济。

那么，资本与劳动的关系形态如何理论化呢？

古希腊历史学家色诺芬最早使用"经济"一词，其《经济论》针对自然经济状态下奴隶主的家政管理，突出农业的根本作用，反对雅典的商业和货币，虽涉及商品与价值的关系，但简单劳动本身显然是价值所在。

到17世纪中期，威廉·配第在《赋税论》中第一次提出"商品价值由劳动时间决定。商品的价值与这个商品的劳动生产率成反比例关系"，同时又矛

---

① 本文写作于2017年3月。

盾地认为"价值由劳动和土地共同创造"，土地作为生产要素进入价值创造的方程式中，劳动是劳动生产率的决定因素之一，资本的概念尚未显性化，但资本载体货币已经以"反面教材"的形式出现。

亚当·斯密在《国民财富的性质和原因的研究》中，将使用价值定义为"特定物品的效用"，而交换价值定义为"由于占有某物而取得的对于其他货物的购买力""货物的价值，等于能购买或能支配的劳动量""劳动是衡量一切商品交换价值的真实尺度"。劳动作为价值标准是排他的，劳动以及劳动生产力的改进是为了增加财富，而财富与资本概念上开始接近。

大卫·李嘉图坚持商品价值由劳动决定，"商品的价值只能由生产中耗费的劳动决定，价值量的大小是与这种劳动量成正比的""这里所谓的劳动不仅指投在商品直接生产过程中的劳动（直接劳动），而且也包括投在实现该种劳动所需要的一切器具或机器上的劳动（间接劳动）"，劳动中的相对劳动量是决定商品价值的主因。李嘉图认为任何社会都存在资本，甚至原始社会也是一种资本主义，但资本介入后，等量劳动生产等量价值和等量资本要获得等量利润出现矛盾，价值与劳动时间的强对应关系出现松动。

马克思有选择地继承李嘉图"商品价值是社会规定劳动体现"的劳动价值论，在《资本论》中通过分析商品及价值形式，对价值表述精炼为"凝结在商品中的无差别人类劳动"。马克思认为商品经济社会中财富表现为具有使用价值和价值的商品，而劳动包括具体劳动和抽象劳动（李嘉图区分了简单劳动和复杂劳动），社会必要劳动时间决定商品的价值量，以劳动和剩余价值为主线政治经济学实现了对古典经济学的批判和总结，资本和劳动的关系从平行的生产要素嬗变为有阶级特征的对立概念。之后的理论发展循着劳动价值和资本价值两大分野，大致对应政治经济学和非政治经济学两大阵营。

二、实践变迁

在实践中，资本与劳动的关系一直变化，抑或加速度、抑或平滑"怠速"，稳态始终是相对的，特别是人类进入后工业革命时代。二者的关系形态在三次工业革命中完成了代际变迁，其概念本身也在潜移默化地丰富与延展。

工业革命前，传统生产方式以手工劳动为主，劳动是生产力三要素中最为活跃的，劳动"力"的作用强，劳动更多地指向具体劳动。

随着社会发展和进步，手工生产已经无法满足日益增长的市场需求，亟待技术改革。于是哈格里夫斯发明珍妮纺纱机，瓦特改良蒸汽机，第一次工业革命大幕徐开，机器代替手工劳动的"启动键"被按下，生产力的提升进入质变阶段。发电机问世后，电能取代蒸汽机成为新的动力，"电气时代"成为第二次工业革命的标签。电话和电报等的成功发明缩短了时空差距，深刻地改变了人类的生活方式。劳动之"力"在弱化，非力劳动的作用愈来愈显著，而"钱"的作用亦与日俱增。原来由劳动决定的价值愈来愈资本化，投资驱动增长，增长带动投资。资本从与劳动同侧的投入产出方程式左边变成兼跨两侧，既与劳动在投入侧融合，又在产出侧衡量价值。资本成为经济的主动力。

其后，社会化大生产继续高速发展，生产力持续高速提升，科技创新源源不断，原子能、电子计算机、空间技术和生物工程等的发明和应用潜移默化却又颠覆性地把人类生活换挡推入到第三次工业革命。简单劳动的作用继续在下降，几近被忽略，劳动的内涵发生着根本变化，思想生产亦是有效劳动。劳动的形式从以体力劳动为主和体力劳动、脑力劳动并重转向以脑力劳动为主，劳动的复杂程度和科技含量成为决定性力量。资本作用更加强大，与之对应的资本市场更是发挥了生产力倍增效应，使得资本以"光速"在全球范围内流动和配置，为劳动力和产品市场注入"加速度"。

而现在，第四次工业革命或产业革命已然发端，IOT（internet of things，一切皆互联）、AI（人工智能）等新科技在重塑人类生产方式的同时重构人类的生活方式，甚至意识形态和思维模式。今日之劳动已非昔日之劳动，其内容由重到轻，其方式由物理到虚拟，其驱动因素由人"手"到人"脑"，人"口"的作用也由初始状态下物质产品的主要消耗者变成现在消费需求的重要创造者，由减项变成加项。古典经济学"供给自动创造需求"的萨伊定律向共享经济的"小众、分享、多元"的有效需求理论迁徙，劳动者的手、口、脑三位一体，中和位育。

在工业革命的进程中，劳动的形态明显趋于轻盈，明显趋于智能，清晰勾勒出"唯物"到"唯心""唯智"的轨迹，资本与劳动的对位从相对分离到相对独立到相互融合，平行运动后归至科技创新的驱动引擎中。与此对应，国民经济中第三产业的比重不断上升，超越第一和第二产业，企业组织亦呈现劳动密集型、资本密集型、技术密集型、人才密集型的由低到高、由简单到复杂的梯度进阶。在新经济中，即便是劳动含量高的制造业，也必须＋互联网或被互联网＋，工业生产向智能生产升级，工业化和信息化的两化融合指向智能制造和智能经济，其中的劳动与资本无论表观还是实质、无论是量还是质均难以泾渭分明，两大生产要素不断聚合，共同作用于生产力的进步。

三、概念互融

与此同时，资本与劳动的概念和范畴随着生产力的发展和人类的进步而发展进步。原始状态下，劳动特指与人对应的体力劳动和简单劳动，而严格定义的资本尚不存在；自然经济状态下，劳动增加了与劳动工具对应的机械化的成分，而资本主要指代财富；工业经济状态下，劳动更多地是与机器对应的复杂劳动和自动化劳动，而资本与货币形成强关系；信息经济状态下，劳动的主干是与高科技对应的复杂劳动和抽象劳动，而资本与货币之上叠加了人力资本的强关系；新经济状态下，劳动的虚拟化和智能化与资本的人性化和智慧化趋于合流，生产要素的后端产出集合变成前端投入集合。

历史上看，资本概念的衍进对劳动、资本与价值创造的互动关联解释力更强。最初，资本是劳动的附属，是劳动成果的体现，资本的作用是劳动成果的衡量标准。商品和货币的出现不仅是人类发展的里程碑，而且是资本开启统治模式的肇始，资本化路径自此在多向度铺陈开来。

首先是资本乘数效应和杠杆作用的强化，从资本对应劳动实际配置的低配、等额配置到倍数配置，资本的杠杆作用从无到有、从不突出到不可须臾离开，"金融是现代经济的核心"的真经被过度加杠杆念成"歪经"。

其次是虚拟经济反客为主增速远超实体经济，仅最近35年其增幅超过十倍，与实体经济从原来的相差无几到超过数倍。

再次是资本的工具意义被无限放大，资本不仅是生产要素，而且是衡量尺度，甚至是经济外交和国家角力的"武器"。

最为突出的是2008年全球金融危机以来各国主要央行"炫技"的非常规货币政策：量化宽松，货币漫灌加上央行扩表，使货币供应量增速持续居于高位，而利率水平处于历史低位，欧洲、日本甚至采取负利率政策，经济等式的资本变量成为全能工具。

另外资本的作用机制发生变化，从生产要素的线性运动逐渐变为立体运动，不仅参与生产力的生产，而且参与其他要素的生产，比如劳动力的生产与再生产，土地的生产和再生产，更为革命性的是参与科技创新的生产和再生产，资本俨然成为现代经济的空气和水。

最后是资本与全球化的交互加速，使经济发展的益处和坏处均超比例扩大，一边是财富总量的增长和整体福祉的改善，另一边是劳动力的两极分化和贫富悬殊的加剧，资本的作用力场基本覆盖全域空间。

与全球化背景下资本的崛起相比较，劳动的作用仿佛一直在走下坡路，事实并非如此。

狭义的以"力"为中心的劳动确实符合以上描述，而广义的劳动继续发挥不可替代的作用，并且呈现出因时而变的多元复杂性。从量上看，与劳动对应的人口仍在增长，虽然主要经济体或早或晚地已跨过"刘易斯拐点"而迈向老龄化社会，但一定量的劳动力绝对供给仍然是发展中国家跨越"中等收入陷阱"的先决条件，劳动力的比例不能过低，数量上必须达标；从结构上看，低端制造要向高端制造和智能制造转型，体力型劳动力与知识型劳动力的构成比例明显向后者倾斜；从性质上看，劳动除了生产资料输入后的生产之外，生活资料的消费成为另一种生产，生产和消费高度重合，更有创造性的脑力劳动全过程深度参与。

知识创造是劳动的核心，科技创新是劳动的根本。据相关研究，过去50年，3.8%的年均经济增长率，一半来自生产率提升，一半来自新的劳动力；未来50年，只有0.3%来自新的劳动力，其他都来自科技。第四次工业革命启动，劳动愈发知识化，科技的主导力毋庸置疑并不断强化。劳动的内涵发生深刻变化，"众人拾柴火焰高"到"机器代替人"再到"创造性劳动"的"三段论"是这种变化的"历史三峡"，劳动成为才智资本的母体，劳动与资本在人这里实现了融合。

资本与劳动合力创造价值，在价值创造中，资本与劳动的关系蕴含历史性和现实性的相互作用和再平衡，主要体现在：

第一，资本与劳动的边界已趋于模糊。劳动不仅仅是体力劳动或物理性劳动，而且愈来愈多地转向脑力劳动或虚拟性劳动，资本也不仅仅是货币资本，也愈来愈多地转向人力资本或由脑力劳动创造的"才智智本"。资本与劳动二者你中有我，我中有你。资本充足率这一微观指标新的注解理应有两个有机组成部分，财务资本充足率和才智资本充足率，而后者的学术延伸和实践应用更为重要。

第二，随着传统工业生产与现代信息技术深入结合，进而实现生产智能化，劳动要素的内在结构正从机械和劳动力向信息和技术转变，衡量它们的指标从力学上的焦耳、大卡等向信息技术的云计算、大数据转化。劳动的产品也从机器设备变成了知识，甚至点子，而驱动这一宏大趋势的不可替代的力量是资本。

第三，在资本投入边际效益趋缓的情况下，传统的经济发展方式难以为继，经济发展向创新驱动转变。新时代全要素生产力的"牛鼻子"是科技创新，是经济的知识化，是软实力促升硬实力，而非硬实力推动软实力，而此时的资本已经隐身于人的身心手脑中，成为劳动的组成部分。

科技是第一生产力，而人是科技的创造者和实践者，资本与劳动的关系是"才"与"财"的交互循环和相互融合，一切价值均统一到人，"人是生产力的第一要素"，特别是在全球化时代。诚然，全球化上半场资本是主角，客观上出现财富分野、阶层分化等现象，但经济增长和科技创新的速度前所未有；全球化下半场绝不是逆全球化或反全球化，而是在反思基础上升华版的全球化，公平和劳动者权益必须予以强调和重视，劳动（指重新定义的手口心一体的劳动）是否归位舞台中央也未可知，但概率很大。

第二篇

全球化"蝶变"

全球化自发端以来，对经济贸易和社会福利的正向作用毋庸讳言。但舟行中游，质疑声四起，反对者甚众，不乏推倒重来或另起炉灶的极端表达。在中美贸易摩擦和新冠肺炎大流行的背景下，主要经济体特别是发达经济体"以邻为壑"的政策表达渐趋密集——或以本国利益优先为主题，或以本国供应链保障为借口，或因转移国内对抗疫不利的关注而驱动……全球化结束的音量渐强。

全球化是否已是"偶像的黄昏"？全球化能否继续负重前行？全球化能否"蝶变"？

过去时的全球化基于"两优择其甚，两劣权其轻"的比较优势理论，主要针对产业经济或工业经济，产品是主要载体，经济活动全球分工，产业链、供应链和价值链全球布局，基本是一个生产过程，效率优先；现在进行时的全球化是生产过程创造财富后贸易不均衡、国别利益不对等和贫富分化等痼疾的集中爆发，是国际性协议或多边安排向国家间协议或双边安排的转弯，是开放经济和合作主义向保护主义和孤立主义的倒退，分配取代生产成为关注的重点；将来时的全球化基于摩尔定律等科技创新理论，是系统化和平台化集成生产要素的进程，是生产和分配的平行叙事和价值系统，数据是主要载体。

擘画数字化时代的未来，车与车互联、物与物的互联、人与人的互联，一切皆互联（IoT, Internet of Things）。新的互联网协议Ipv6能够给世界上每一粒沙子做一个标签，量子计算和量子通信几何级数甚至幂级数地增强算力和保密性，区块链技术运用分布式记账系统记录全球贸易流，任何一个产品或服务都可以准确地标签，构成产品或服务的任何要素都可以标签，国家间的顺差逆差一目了然，国家间的价值分配公开透明，国家间经贸争端发生的概率或许能大幅度降低，或许全球化（globalization）进入一个新阶段，是广域互联的"全宇化"（universalization）。

虽然，新冠肺炎疫情冲击可能带来全球产业链的区域化重塑，特别是供应链的区域微循环和内化，供应链内化的过程可以是本地内化，也可以是延伸到所在国的境外本地化，以有效缩短供应链半径、形成同心圆结构的供应链布局，减少不必要的大规模人员迁徙，使供应链与一定区域经济的结合度更高。但从中长期看，其范围应主要局限在民生关键领域，并不会根本逆转数字化时代生产要素和生产方式的全球范围重组的趋势。

本篇主要内容包括经典理论的全球化内涵、金融全球化的安全观、中美贸易摩擦的机理以及全球化制度体系演变等。

欧洲国家形态的再观察与全球化问题[①]

——兼析《共产党宣言》的"全球化"预言

1848 年发表的《共产党宣言》（以下简称《宣言》）是科学社会主义的最伟大的纲领性文件，其中的许多论述蕴含着对人类社会发展轨迹的科学预测，比如"全球化"思想。在理论光辉的照耀下，不乏有学者提出今天经济全球化的现象最初兴起于《宣言》，马克思揭示出全球化的趋势。诚然，《宣言》中的"世界市场"和"全球各地"[②] 等概念有高度的前瞻性和预测性，并包含当今世界"全球化"的要素和线索，但彼"全球"非此"全球"，更无"化"可言，两者差异明显。仅结合欧洲国家形态的演进分析如下。

一、"全球化"的形成

1. "全球化"概念

20 世纪 90 年代的"信息革命"后，世界各国经济和社会发展方式有了根本性的变化：全球通信基础设施广泛应用，与信息传播相关联的全球商品和服务市场快速发展，多国公司推出新的全球劳动分工体系，世界范围内贸易、资本流动、对外直接投资、移民和人口流动迅速增长，以及冷战结束后世界各地区民主思想与消费文化的传播等（1991 年苏联解体、冷战结束对全球化进程的推动作用值得进一步深入研究），这些深度结构化的进展使得各个国家和地区的经济、文化逐渐进入相互交织、相互依赖、相互影响的进程。在此背景下，联合国经济合作与发展组织（OECD）前首席经济学家奥斯特雷于 1990 年提出了全球化（globalization）的概念，指生产要素在全球范围内广

[①]　本文写作于 2014 年 9 月。

[②]　卡尔·马克思，弗里德里希·恩格斯著. 共产党宣言 ［M］. 中央编译局，译. 北京：人民出版社，1997.

泛流动，实现资源最佳配置的过程；之后国际货币基金组织（IMF）于 1997 年提出：经济全球化指"跨国商品与服务贸易及国际资本流动规模和形式的增加，以及技术的广泛迅速传播使世界各国经济的相互依赖性增强"①；托马斯·弗里德曼（Thomas L. Friedman）相继把全球化定义为"资本、技术和信息通过形成单一全球市场并在某种程度上形成地球村的方式，实现跨越国家疆界的一体化"②。综上所述，"全球化"应该指一种经济现象，表现为经济全球化，即贸易、资本移动自由化，企业活动以及因此产生的国民经济交易瞄准世界大市场，跨越国境，广域延展的行为。

2. "全球化"的基础及其作用

"信息革命"是经济和社会全球化的主要推动力，信息和通讯技术手段是全球化的物质技术基础。飞机、电话、互联网等信息通讯技术加剧了时间和空间的压缩，促使跨国业务组织、市场扩展以及新的国际分工得以实现，资源在全球范围内获得有效、合理的配置，资本流动等金融交易可以在全世界范围内瞬间完成，进而加强了各国间经济协调和合作，深化了各国经济互相依存度和渗透性，以国际化为基础的世界经济活动在全球范围内逐渐消除国别障碍，走向一体化。

在经济全球化的基础上，世界范围内产生一种内在的、不可分离的和日益加强的相互联系，极大地改变了人类的生产方式、消费方式和交换方式，也极大地改变了人类的思维方式和行为方式。所以说，全球化又不仅是一种经济现象，也是一种政治和文化现象，它既不是"欧洲化"，更不是"美国化"和"资本主义化"，它是一种客观的世界历史进程。

二、欧洲国家形态再观察

《宣言》产生于 19 世纪中期的欧洲，同任何理论的产生一样，离不开特定的经济、社会历史条件。所以，在探讨《宣言》的"全球化"预言前，首先要对欧洲的国家形态进行研究。

视欧洲为一整体，最重要的原因是欧洲国家共享着大量的民族、宗教、

---

① 国际货币基金组织. 世界经济展望［M］. 北京：中国金融出版社，1997：45.

② 托马斯·弗里德曼（Thomas L. Friedman）. 世界是平的："凌志汽车"和"橄榄树"的视角（中译本）［M］. 北京：东方出版社，2006.（原名《凌志汽车与橄榄树——理解全球化》，1999 年。）

文化、政治、经济和思想，欧洲文化的同源性主要体现在希腊罗马的脉络和基督教的一脉相承上。希腊是欧洲文化的发源地，一提到希腊，欧洲人自然会引起一种家园之感（黑格尔）。希腊文化蕴含有科学与民主的种子，吸收了诸多古代文明的精华：埃及的宗教，波斯的哲学，腓尼基的文字，巴比伦的天文和"野蛮民族"的艺术，展示了一种"智慧、真理和性灵修养"的希腊精神，至今欧洲人接触到希腊文化时都有归属感和认同感。

公元前 1 世纪左右罗马征服了希腊，把希腊精神转换为罗马的政治统治形式并传遍大半个欧洲，"以地中海为中心，扩展到离海岸很远的地方，尤其是在欧洲，并在那里传播希腊、罗马文明，也给那里带来相对的然而是真正的统一"①。罗马帝国统治时期，最能说明罗马文化对欧洲文化影响的就是语言的统一，拉丁语覆盖地中海、亚平宁半岛、伊比利亚半岛、高卢以及日耳曼等地区。至中世纪，拉丁语已成为欧洲交流的媒介语，也是欧洲科学、哲学和神学的语言。之后拉丁语进一步分化成现代罗曼语诸语言：意大利语、法语、西班牙语、葡萄牙语和罗马尼亚语等，可以说罗马时期的拉丁语是现代罗曼语的祖先。

5 世纪北欧日耳曼民族占领了罗马帝国，同时吸纳和消化了罗马文化以及希腊哲学和艺术，接受了罗马的宗教：基督教。尽管中世纪（5 世纪罗马衰亡至 15 世纪人文主义兴起之间）的欧洲长期陷于战乱与分裂，但基督教和教会却作为一条牢固的精神和组织纽带在精神上把欧洲"统一"起来，"他们都有着同一种信仰、同一本圣经、同一类宗教艺术、同一种文化心理、同一种社会风尚，一个将欧洲的各国、各民族都联系起来的'精神统一体'形成了"②。可以说之后"欧洲观念"的形成在相当大的程度上有赖于基督教的"欧洲化"。

中世纪的欧洲不是一个政治的整体，而是一片割裂和封闭的土地，但在融合了罗马文化和日耳曼传统的基础上形成了对欧洲文明至关重要的制度：欧洲封建制。欧洲封建制度因等级分封而造成间接统治和重叠权力，通常只是因血统和占有最大领地的缘故而成为领主，世袭领地跟随领主而变动，可

---

① 德尼兹·加亚尔，贝尔纳代特·德尚，等. 欧洲史［M］. 海口：海南出版社，2000：112.
② 赵铁生. 试论基督教与中世纪欧洲的"合"［J］. 北京大学学报（欧洲历史研究专刊），1997（2）：11.

以通过王室间联姻与跨国领地继承而转手，有时一个家族统治着两个甚至多个国家，使得当时欧洲国家间的界限比较模糊。如历史上著名的英国皇帝亨利八世的头衔就是"蒙上帝恩典，英格兰、法国和爱尔兰国王，信仰的守护者，英格兰和爱尔兰教会之首亨利八世"。除了王位以外，封建领地也可以跨越语言和地区，一个贵族的封地可能有一块在法兰克，另一块在德意志。可以说中世纪欧洲基本上只有领地的概念，没有民族国家的概念，正如叶尔孜·鲁卡兹夫斯克说："在这里，欧洲不被看作是一个地理的整体，它是一个精神的整体，一种人类的成就"①。

在中世纪所谓的"黑暗时代"，罗马的精神遗产和文明成果并没有被彻底抛弃，而是以不同形式得到了不同程度的继承，欧洲封建时期也孕育了民主和自治的精神，为近代欧洲文化的认同作出一定的贡献。恩格斯说："近代欧洲民族国家是脱胎于中世纪的"，即欧洲近代的政治、经济、社会和文化都在欧洲封建制时期开始萌芽。

15世纪至18世纪，地理大发现、文艺复兴、宗教改革、启蒙运动、实证科学使欧洲基本上完成了近代社会的进程，奠定了欧洲文化的基础，也造就了欧洲共同的价值观念。19世纪起，欧洲文化主要体现在近代国家形态即"民族国家"的出现和欧洲人相互的认同感即"欧洲观念"的形成。"欧洲观念"的源头一是希腊罗马文化和覆盖欧洲的基督教文明，二是战争仍旧频繁，因渴望和平而寻求的联合之道②。19世纪工业革命完成后，欧洲各国社会生产力快速发展，资本主义制度逐渐替代封建制，各国在经济和科技领域中的相互往来和相互依赖越来越超越和冲破民族界限，逐渐建立联盟型组织以及形成多民族的"联邦制国家"。20世纪下半叶，根据法国、德国、意大利、荷兰、比利时、卢森堡六国政府签订的"罗马条约"（1958年）成立了煤钢、原子能和经济三个共同体，时称"小欧洲"，最终演变并发展为今天的"欧洲联盟"。

正是这种文化起源与传承的统一性以及宗教带来的聚合性，使得现代欧洲国家在意识形态、价值观念等方面趋于同一，文化差异较小，教育制度、

---

① Hendrik Brugmans. Europe：Dream－Advanture－Reality［M］. New York：Greenwood Press，1987：40.

② 陈乐民，周弘. 欧洲文明的进程［M］. 上海：生活·读书·新知三联书店，2003：132.

风俗习惯和生活方式等方面也较为相似,欧洲国际社会和各国实践部分归因于这种多样性当中的统一性。所以,欧洲是开放的欧洲,是整体的欧洲,一定意义上讲,没有绝对的英国问题、法国问题或德国问题,大多数是欧洲问题。

三、《宣言》的"全球化"预言

1.《宣言》的时代背景

19 世纪 30—40 年代,英国、法国、德国等欧洲资本主义国家相继完成了工业革命,即以机器大工业代替工场手工业。此次工业革命把技术改革(如蒸汽机、纺织机等)直接应用到生产过程,欧洲社会生产力得到前所未有的进步。封建社会的所有制关系不再适应快速发展的生产力,"取而代之的是自由竞争以及与自由竞争相适应的社会制度和政治制度、资产阶级的经济统治和政治统治"[①]。生产力的发展客观上要求以资本主义代替封建主义。伴随着经济力量的快速增长,资产阶级逐渐在代议制国家里夺得了独占的政治统治,把资产阶级国家转换成资产阶级所掌握并为其服务的工具。

在资产阶级产生和发展的同时,无产阶级即现代工人也在同一程度上得到发展。但由于机器的推广和分工,无产者的劳动失去了任何独立性,工人变成了机器的单纯附属品,劳动的差别越来越小,工资几乎到处都降到同样低的水平,生活地位越来越没有保障。由于无产阶级内部的利益和生活状况越来越趋于一致,工人开始成立反对资产者的同盟,他们不仅仅攻击生产工具本身,而且攻击资产阶级的生产关系,资本主义的基本矛盾,即生产的社会化与资本主义私人占有之间的矛盾逐渐充分暴露。

在资本主义条件下,欧洲各国工人都受到资本的剥削和压迫,他们的处境是一样的,没有任何民族的差别。1845 年 3 月,马克思在《评弗里德里希·李斯特的著作〈政治经济学的国民体系〉》一文中提到:"工人的民族性不是法国的、不是英国的、不是德国的民族性,而是劳动、自由的奴隶制、自我售卖。他的政府不是法国的、不是英国的、不是德国的政府,而是资本。

---

① 卡尔·马克思,弗里德里希·恩格斯. 共产党宣言 [M]. 中央编译局,译. 北京:人民出版社,1997.

在国内，货币是工业家的祖国"①。也就是说，在欧洲资本主义社会，无产阶级一无所有，他们没有祖国，他们的经济社会状况不是单一国家的现状，而是欧洲的共性。

《宣言》揭示了资本主义发展的客观规律，提出了解决资本主义基本矛盾的方法，为无产阶级革命指明了方向。值得注意的是，马克思主义理论深深扎根于欧洲资本主义社会的土壤中，出发点是对欧洲社会的整体观察；由于欧洲各国在经济、文化、意识形态等方面的趋同性，使得马克思关于"世界市场"问题的阐述实质是欧洲问题在经济、社会和地理方面的扩大和延伸。

2. 《宣言》"全球化"的表述

《宣言》中并未出现"全球化"这一术语或概念，而是在第一章中揭示资本主义生产向全球扩张时使用了"全球各地""世界市场"等概念，如：

"大工业建立了由美洲的发现所准备好的世界市场。世界市场使商业、航海业和陆路交通得到了巨大的发展"。

"不断扩大产品销路的需要，驱使资产阶级奔走于全球各地。它必须到处落户，到处开发，到处建立联系"。

"资产阶级，由于开拓了世界市场，使一切国家的生产和消费都成为世界性的了"。

"……这些工业所加工的，已经不是本地的原料，而是来自极其遥远的地区的原料；它们的产品不仅供本国消费，而且同时供世界各地消费。旧的、靠本国产品来满足的需要，被新的、要靠极其遥远的国家和地带的产品来满足的需要所代替了"。

"它（资产阶级）迫使一切民族——如果它们不想灭亡的话——采用资产阶级的生产方式；它迫使它们在自己那里推行所谓的文明，即变成资产者。一句话，它按照自己的面貌为自己创造一个世界"②。

马克思认为"世界市场"产生的内因是资本主义生产方式的确立和发展，即资产阶级通过资本积累、竞争和利润最大化把资本主义制度推行到世界各地，创造出一种世界性的生产方式。这种"世界性"可以说是在欧洲各国经

---

① 韩云川. 《共产党宣言》再解读［M］. 银川：宁夏人民出版社，2008.

② 卡尔·马克思，弗里德里希·恩格斯. 共产党宣言［M］. 中央编译局，译. 北京：人民出版社，1997.

济、文化以及意识形态等方面趋同的条件下，对"欧洲"制度所做的逻辑推演和地理延伸，与其说是"全球化"，毋宁说是"欧洲化"，不具备现代意义的市场经济世界化、全球化所需的客观物质条件——信息和通讯技术以及在此作用下世界本身的结构变化。

《宣言》中"世界市场"的外因是 15 世纪的地理大发现以及国际贸易技术条件的具备，"美洲的发现、绕过非洲的航行，给新兴的资产阶级开辟了新天地"。"大工业建立了由美洲的发现所准备好的世界市场。"这里的"世界市场"也仅是从欧洲延伸至原料、市场和劳动力的新来源，美洲、非洲和亚洲。世界体系理论的代表人物伊曼纽尔·沃勒斯坦（Immanuel Wallerstein）曾把这种"欧洲世界经济"定义为："它是一个经济的而非政治的实体，不同于帝国、城市国家以及民族国家，……，它是一个'世界'体系，并不是因为它包括整个世界，而是因为它比任何法律形式界定的政治单位都大。它是一种'世界经济'，是因为体系各个部分间的联系是经济的，尽管这种联系在某种程度上是被文化联系并最终被政治安排和联盟结构所加强"[①]。可见，《宣言》中提及的"世界市场"是欧洲与世界其他地区点与点、线与线的连接，不是现代全球化的网络的、立体的连接，而网状结构下的资源全球整合、资源全球配置、科技全球共享等在当时的条件下均没有实现的基础。《宣言》中的"世界"是欧洲的普遍化和简单化的扩大，政治内涵远大于其他。

四、结论

1.《宣言》所预见的是趋势，而不是严格定义的"全球化"，也不可能预见到这种结构化的世界格局

自 18 世纪末以来，人类社会发展经历了以蒸汽机的发明和应用为主要标志的"工业革命"、以电气化为主要标志的"电气革命"和以计算机互联网技术为核心的"信息革命"，每次革命都极大地促进了社会生产力的迅速发展，生产关系相应调整以适应生产力的发展要求，人类社会发生根本性变革。《宣言》的问世正处于人类历史上第一次工业革命时期，马克思根据资本主义社会的实际情况阐明的生产关系一定要适合生产力的性质和状况、经济基础决定上层建筑这两条基本原理是最为科学严谨的。人类社会的变革都是生产

---

① Wallerstein, I. The Modern World System [M]. New York: Academic Press, 1974: 15.

关系不断适应生产力性质和状况的结果，是不以人的意志为转移的。由于《宣言》发表时所处的第一次"工业革命"前后并没有与真正"全球化"相符合的生产力基础，所以说，《宣言》所提及"世界市场"也并不是真正的世界或全球，只是欧洲国家形态在政治学说上的映射，并不是真正意义上的"全球化"，即便是，也仅是全球化概念的萌芽状态，即资产阶级的世界扩张。真正的"全球化"是在发达的信息和通讯技术推动作用下，全球的经济、政治和文化等发生了深度的结构化进展，最终达到全球国家的相互依赖、经济的共享、利益的互相依存以及交流的共享利益①。《宣言》并未涉及全球化在科技的助力下世界格局的结构性变化，简言之，就是"地球村"。

2. 马克思主义并没有穷尽真理，也没有结束真理的探求，对经典理论的科学态度是发展真理

《宣言》的伟大之处在于其科学实质，在于对解决当时的问题（基本是欧洲问题，如意识形态的统一、理论的武装等）给予了正确的指导，而非独立的某个结论或每一段文字，预见性的根本不在于预测事件，而在于趋势。即使《宣言》对资产阶级必将灭亡和无产阶级终将胜利作出了科学严谨的预言，也是一种周期性趋势的预测，不是结构性特点的预言，而"全球化"是偏结构、偏格局的概念。所以我们要学会尊重经典，避免误读，经典常读常新，不是理论本身发生了变化，而是实践在变，结合实践对理论的认识在变，这也是唯物史观在读经典方面的具体体现。

2009年1月，两位金融工程师模仿160多年前的《宣言》以博客的形式发表了《金融模型师宣言》，以"一个幽灵，流动性困境的幽灵，贷款冻结的幽灵，失败的金融模型的幽灵在市场游荡"开头，并在最后的"希波克拉底誓言"中庄重宣布："我应该牢记，我没有创造世界，它不满足我的方程"②。金融业是虚拟经济的重要组成部分，金融工程又是其中虚拟程度最高的。在全球金融危机的背景下，以往被奉若神明的金融模型师走下了神坛，发出了宣言般的回归本真的声音，这无疑是全球化浪潮中的一种自省和反思，也是认识任何理论真理性的不可或缺的态度。

---

① 戴维·赫尔德（David Held），安东尼·麦克格鲁（Anthony McGrew）. 全球化理论（中译本）[M]. 北京：社会科学文献出版社，2009.

② Derman, Emanuel and Wilmott, Paul. The Financial Modelers' Manifesto [J]. 2009 (1).

金融全球化需要 "防火墙"①

——关于中国金融安全问题的几点思考

金融安全，狭义地说，是指一个国家享有金融自主权，国内金融体系能经受住来自国内外的冲击，安全地运行和发展，并能在冲击过后迅速调整到新的安全状态。如果金融系统达不到上述要求，就是不安全的，就会发生事故乃至危机。20 世纪八十年代以来，世界上已先后有 120 个国家发生过金融安全事件，酿成地区性或者全球性的金融危机，而且损失的幅度越来越大。IMF 在《4 月份全球金融稳定报告》（2009 年）中估计，到 2010 年全球承担的源于美国的资产减记数额可达约 4 万亿美元，其中约三分之二将由银行承担，西方银行体系资本补充需求将达到 8,750 亿～17,500 亿美元。维护金融安全，已提升到了国家战略的层面，并成为各国对金融界的一个基本要求。

一、不存在单一的金融安全策略

当今世界，任何一个领域的安全问题都不是单纯的本领域安全问题。金融安全属于 "非传统安全" 的概念，不单单是纯金融领域的问题。金融只是现代社会的一个缩影，金融是为产业经济服务的，不能脱离实体经济而单独存在，金融安全的 "根" 在实体经济上。虽然 "金融不安全" 表现为金融行业的异动，如：银行倒闭、坏账膨胀、股市下跌、国债骤增、金库亏空，但是追本溯源，都还是能在经济基本面上找到原因的，比如外债高筑、国际收支不平衡、经济衰退等。同时，国际政治势力或者地缘政治势力推波助澜，利用了金融这个工具进行国家实力的洗牌，所以不存在单一的金融安全策略。

要辩证地看待金融安全策略和其他策略的相辅相成关系：一方面，国家的政治、经济甚至军事策略为金融安全提供了基础和保障，良好的宏观经济

---

① 本文写作于 2009 年 6 月。

形势、正确的经济发展政策、强大的政治军事实力、健全的金融体系、完善的金融监管，都是金融安全的基础和前提。另一方面，金融安全的策略需要得到其他战略，如宏观经济体制、经济结构调整、国际贸易的支援和配合才得以实现。为此，我们要强调"综合的金融安全观"。

当前的舆论认识到"没有金融安全，最终就没有经济安全和国家安全"，这只是强调了事物的一个侧面，殊不知，金融安全不是孤立存在的，单一的金融安全策略无异于"空中楼阁"，而且单纯的金融安全策略也不能最终实现国家安全。

二、金融安全和国家战略

就其概念本身，金融安全是指金融行业本身的安全，更狭义的理解是银行部门的安全与否，广义的金融安全包括国家的经济安全，这主要是由于金融在现代经济社会中所处的地位决定的。如上所述，我们更倾向于后者的提法。金融安全并不是个部门概念，甚至也不是个行业概念，而是国家战略的重要组成部分和子战略，金融安全策略是军事战略和政治战略在经济特别是金融领域中的延伸，其制定、实施、调整和变化都必须首先从国家发展战略的基本要求、经济根本利益出发，进行科学的管理和运作，这涉及政治、经济、国际话语权等三个因素。

首先是政治因素。大规模抛售某国货币的力量能在战争中用来威慑或影响国际政治，美国对英国、日本、欧洲的"金融战争"都有案例可寻。1956年10月爆发了苏伊士运河国有化危机，英国、法国和以色列三国密谋对埃及进行侵略。为了在中东地区争夺世界霸权，美国选择支持埃及而抛弃了英国。艾森豪威尔政府威胁英国，如果英国不放弃苏伊士运河，那么美国就要抛售持有的英镑，果然随后就开始发生英镑挤兑，国际货币基金组织也拒绝了英国提出的紧急金融援助请求。迫于压力，英法撤军放弃了苏伊士运河，大英帝国开始走向衰落。这可以说是第一次真正意义上货币成为战争的武器。1997年，亚洲金融危机后，美国成建制地收购日本金融重要战略目标，试图趁日本经济长期不景气而控制日本。1999年，为了遏制欧洲经济发展，阻止欧元坚挺，美国在欧洲门口发动一场科索沃战争，以动摇对欧洲经济和欧元的信心。

其次是经济因素。在过去15年，中东欧国家经济成功转轨，2007年成为吸收外国直接投资最多的区域性新兴市场，保持着6%左右的经济增长速度。美国和西欧的大力度金融扶持起到非常关键的作用，通过私有化使金融业得到较大发展，通过吸引外资形成外向型经济模式，直到2008年，经济危机下的美国和西欧自顾不暇，东欧经济的重要引擎外需瞬间萎缩，其经济形势一落千丈。现在回过头来看，东欧经济具有"三高、三外"的特征，即高投资、高负债、高消费和外资、外债、外国市场，这些对金融业本身是正向的，获得了阶段性的要素支撑，但是对整个国家的长远发展未必一定是正向的，特别是系统性风险来临的时候，反而形成金融不安全。这些国家资本账户自由兑换推进过快，在金融股权方面也过度开放，大部分银行资产都为外国资本控制（据报道，斯洛伐克的97.4%、捷克的96.2%、克罗地亚的90.4%、保加利亚的80%、波兰的79.6%、罗马尼亚的70%、塞尔维亚的60%、匈牙利的58.9%银行资产由外资占有）。据国际清算银行的数据，截至2008年年底，东欧国家的外债总额已超过1.54万亿美元，其中匈牙利外债占其GDP的148%，捷克的外债占其GDP的164%，波兰的外债更是占其GDP的206%。另外，东欧国家经常项目赤字占GDP比重更是从2000年的2%升至2008年的10%附近。一旦国际资本市场有风吹草动，资金流向立刻出现逆转，遭遇外资抽逃和出口锐减的严峻挑战，本国货币大幅贬值最终给这些国家的金融体系和经济带来沉重打击。亚洲金融危机已经证明，东欧危机再次证明，"资本项目自由化＋金融服务业开放＋经常项目收支逆差"的组合有内在的危机驱动机制。

最后是国际话语权因素。拥有国际话语和全球铸币权的国家往往是各种金融危机的受益者和最大赢家，美国在20世纪以来便始终占据这一位置。早在1873年的美国股灾中，欧洲人把2.51亿美国铁路债券低价卖给美国人，相当于变相地洗劫了欧洲的财富。1944年，通过"二战"建立了以美元为中心的布雷顿森林体系，美国确立了美元的国际绝对垄断地位，变相向世界各国征收巨额的铸币税。一般的国家背负巨额外债就会发生违约事件，比如俄罗斯、拉美，但是美国是个例外。除了克林顿时期，美国大部分时间一直是经常项目赤字。2008年美国国债余额约11万亿美元，已占到了当年GDP的80%，估计2009年还会发行3万亿美元新债，而2009年GDP会下降2%左右，使得国债达到GDP的100%，其主权评级还维持AAA，一个原因是美元拥有全球货币的地位，也有高度发达的金融市场，通过货币贬值、股市崩盘、债券缩水等"虚拟经济操作"在全球范围内分散债务负担和风险，使得债务国的压力缓释，反倒是债权国金融安全不时受到外力冲击。我们拥有 2 万亿美元的外汇储备，但却没有全球铸币权，这巨额的储备是我们面临的现实的金融安全问题。我们现在处于和当时的欧洲、日本一样的境地，都是借给了美国人许多钱，在发生了金融危机时，我们会怎么做呢？也是像前人那样，在价格下跌时把它们卖回给美国人吗？这个问题值得深思。

另外，在国际话语权的争夺中，外交和金融不断融合，金融中有外交，外交中有金融，揽功诿过的背后彰显的是国家利益，我国在这方面也进步不小。

三、发达国家掌握金融全球化主导权

改革开放 30 多年的成功经验表明，不开放就没有出路，实体经济领域如此，金融服务业领域也是如此。同时，开放必须是渐进式的，必须适应中国的国情和抵抗风险的能力，在开放中提升系统免疫力和稳定性，提升监管能力。一方面要反对"越开放越安全"，另一方面，也要反对"不开放最安全"，不开放是最低层次的安全，但是不开放就不发展，不发展反而是最大的不安全。在开放条件下确保国家金融安全，关键是要建立起能够有效抵御外来冲击的金融安全"防火墙"。

同时，经济全球化的实质是虚拟经济的全球化，也就是金融全球化，金融全球化具有促进世界经济发展的积极效应，但随着金融全球化的加速发展，金融危机的概率也随之增加。金融危机不是金融全球化的产物，但是亚洲和东欧金融危机均表明，金融开放进程必须与本国的经济体系和社会发展水平相适应。因此，对金融市场规模小、对国际市场的影响力小的国家来说，也许开放本身就意味着要承受冲击所带来的不安全。

国家整体实力决定其在全球化中的地位和作用。我们在这里讨论"金融安全"，必须要正视四个"不平等"的现实：发达国家掌握了金融全球化的主导权；欧美控制了国际金融机构的主导权；美国拥有了全球铸币权；发达国家拥有主要资源品的全球定价权，比如铁矿石、大豆、石油、有色金属、黄金。虽然国际炒家也一直在炒作"中国因素"，但中国都不是定价者。在我国还不具备足够风险管控能力的情况下，即使面对国际游说压力，也要慎重对待资本项下的完全自由兑换。

四、权宜之计：国有化

众所周知，国有化带来的是对经济要素配置的扭曲，而市场化则代表着效率。但是眼下的现实选择却是欧美国家使用国有化的方法解决全球金融危机。

国有化的好处是增强市场和公众的信心，但是缺点是不透明，缺乏有效的激励机制，容易发生类似"奖金门"的问题，并且"有形的手"影响公共资源的有效配置，阻滞有效的竞争和创新。市场化正好与之相反，好处是提高了资源配置的效率，但是过度自由的市场化又危及到市场、金融乃至国家的金融稳定。本着"两害相权取其轻"的原则，在目前金融危机的情况下，国有化是一种不得已而为之的"挽救经济"的权宜之计。长期来看，市场的问题还是交给市场去处理，市场化是长期趋势。我们认为，混合模式可能并不是结合了两者的优点，反而是具备了两者的缺点，也并非一个好主意。其实，"国有化"和"市场化"本身的争论并不是问题的核心，此次金融危机的根源是市场机制失灵还是政策错误尚无定论，但金融监管缺位是不争的事实。正确的方向应该是坚持市场化的方向和提升金融监管水平。

五、全球愿景难实现

金融系统已经形成了一个"你中有我、我中有你"的有机整体，金融安全也是跨越国界从国别问题演化为世界问题，对现行国际金融体系、美元的地位、国际贸易不平衡等争论的同时，大家呼吁构建新的国际金融体系。但是这并不意味着金融安全有世界范围的解决方案。

由于各自的地缘金融利益与国家战略利益不一致，对于任何国家来讲，只有本国、本民族的利益才是最根本的。在仍然存在国家利益和民族利益的前提下，国际货币的角逐和较量非常激烈，可能根本就不存在这样的全球愿景。

最后谈三点看法：

1. 国家金融安全的基础是"金融独立"，如果一国的经济发展已经受制于或依附于他国或其他经济主体，也就无从谈起维护金融安全。

2. 国家金融安全的核心是"自主性"，只有自主性才能不被外力所控制，或者不被外力所左右，只有自主性才有安全性，才有安全感。

3. 国家金融安全的最重要砝码是国家实力，有实力才能有作为。一国要保证自身金融安全、经济安全与国家安全，还在于综合实力的博弈。从长远来看，人民币国际化是加强实力的一个战略选择。

Why a US-China Trade War Is Self-defeating in a Connected World①

The trade dispute between China and the U. S. is mind-boggling. It is quite anachronistic to witness such warring exchange of the words and the potential deeds between the two biggest economies of the world. Although the globalization might not be a buzzword anymore after the backlash of populism and nationalism, the trend of being more global than local is still in motion, in spite of some hitches on its way to further elevation. So, why a trade war should take place in this era of digital economy or IoT (Internet of Things)? War is definitely the misnomer attached to trade or other human-related activities nowadays. The reasons behind it are at least as follows.

Firstly, the world economy has become an intertwined system, or a 3-D architecture, especially for the international trade. The theories of comparative advantage and value chain are now the outdated pre millennium experiences. Today, the value system replaces the chain and stretches out to almost every corner of the globe, weaving together various industries, diverse factors of production and an enormous pool of human talents. People find it most challenging to identify the country of origin of a product or service along with the capital and labor embedded within. The resources and even risks of economic activities are globally allocated and dispersed, and human movements are all over the place, except for things that are too localized to be brought overseas, which can hardly be enumerated, even traditional foodstuffs such as Sushi and Tofu have traveled abroad. Almost every single tradable product consists of both local and foreign, or national and

---

① 本文写作于 2018 年 4 月。

international factors. When a product is being manufactured in one country, some parts always come from other countries, or the manufacturer itself is a foreign or joint venture. Levying heavy tariffs on certain goods by the government is potentially a punishment for all the parties operated in the global-wide value system. Attacking any single junction point within no doubt deconstructs the whole system through the ripple and domino effects. Therefore, multilateral treaties are in fact a value system-based arrangement and the complying actions should be encouraged.

Secondly, the issue of national security can be addressed internationally and internationally only, yet not through imposing man-made obstacles upon trade and investment flows, but by taking the common threats seriously, better with solidarity and in unison. So far, there is no concrete empirical evidence suggesting even little significant correlation between trade and security threat. Importing or exporting some equipment or goods even the high-tech ones surely benefits people of the countries engaged in the trade. If the well-being of the people is substantially improved by trading with each other, how can the security threats towards their countries be agitated? National security risks are contingent on poverty not social wellness. If wealth is created through production and consumption, and the prosperity is achieved through distribution and sharing, national security would doubtlessly be self-fulfilled and self-sustained. Therefore, restricting or blocking certain imports in particular those of technological elements goes nowhere towards security; and slashing huge tariffs on goods from other counties in the global value system also fails the ones completely who kick off the vicious cycle. If the trade relationship contributes to the improvement of the general public's well-being for China, and of the domestic consumption for the U. S. , the national security concern should have no place in these debates. The increase of personal wealth of the Chinese people and the consumption boom that follows will better reciprocate the world, and both parties will be more and more secure in the process, won't they?

Thirdly, technology development shifts the whole paradigm. The theme of the new era is all about innovation and technological breakthrough. Sharing economy, geek economy, digital economy etc. are the new norm, and AI, VR, AR, cloud and IoT are the new trend and will be the new normal. Those brand-new technologies render national borders bit by bit irrelevant. Take the cloud computing and storage for example, cloud is up in the sky, and the sky is all over the earth, not belonging to any single sovereign state no matter powerful or powerless. The collective efforts in the process of technology disruption should be addressed to cyber security, disinformation, machine learning and reasoning, brain-machine interface, blockchain and so on. There are immense new tasks deserve a great deal of hard work of all human being, not only those designated nationals from the Big Two, Big Three or Big X. In the case of labor replacement by AI or robotics, the question is faced by all of us, and should be answered by all of us.

The above are the least reasons to be raised to move against any impulsive multilateral trade conflicts, there are much more to be raised and they all come to the same conclusion: war-war is out of the question, jaw-jaw is not a good one either, and only competition and cooperation can be the key to future global trade and investment interactions. Let's hold the key to the challenges of the new era.

Why Development and Welfare Should Trump Tariffs[①]

There is no point making a calculated guess on the US government's intention of repeatedly imposing sanction-like policies upon China, but the well-thought-out effects are definitely heading nowhere close to the expectation. If the sorrows of the American people had a sliver of correlation with the growth of China's trade surplus and overall economic competitiveness, the real driver would have been lying elsewhere. Delving deep into the root, it is the fundamental economic growth that really matters, not only in the industrial age but also in the digital era. The rationale is crystal clear from the perspectives of classical economics and political science.

The essence or one indispensable construct of electoral democracy, among others, is the well-grounded and well-rounded responsiveness to the electorates' appeals, particularly to those on economic benefits. According to economics theories, demand can only be met with effective supply, which is mainly derived from economic development. When the US economy was marching north with a high single-digit GDP growth, let alone the strong double-digit ones, the goldilocks prosperity benefited all classes. All walks of life shared the economic increment and the coffer of social welfare remained sufficient. Though there were disparities and predicaments in certain area, they were easily absorbed by related parties. Strong economic growth also enabled the enlargement of middle class, the stable force of the society. With a 3% and above GDP growth rate, the new wealth created were allocated to mass population in the forms of welfare benefits or tax cuts, and hence the process of Pareto Improvement kicked in, where all parties involved became more

---

① 本文写作于 2019 年 9 月。

or less better off in the economic terms. The politicians' task was then very straightforward, to readdress their campaign promises with well-devised strategies in order to strengthen their party's position for the next round of election. The distinctions of right or left, conservative or liberal etc. are no more than labels, whereas monetized benefits are concrete attributes to prove the party's policies being foresighted and correct. A strong economy allows the incumbents to go either way to demonstrate how responsible and capable they are and how wise the people are to choose them to be the captain to sail the big boat through choppy waters, as what happened many times in modern American history.

However, entering into the new millennium, the US economy has been moderating substantially. Given that its deceleration actually took place even before the 2008 Great Recession started, the GDP growth rate has been below 3% for so long that it has become the normal. The underperformed economy has lost its magic to satisfy the overall demand of the whole spectrum of its people from the elites to the grassroots, and the economic increment is merely enough to keep the government running with tightened purse strings. This harsh reality leads naturally to a makeshift political gimmick that resorts to redistributing the stock benefits among different social classes. As a result, it has gradually turned from a positive-sum game to a zero-sum one, the soil and temperature of which are just right for the resurgence of the populism and nationalism. Politicians can only direct the limited resources to satisfy specific concerns of their support groups and voters, with the hope that the pick-the-voter strategy will guarantee them another win. The new wealth is grabbed by the elites, or the so-called 1 percent, whereas the masses are left with little. The middle class is shrinking and the social welfare system is in jeopardy. The happiness of one group is at the expense of the others, that is when social gaps emerge and enlarge.

Instead of political tricks, the steady economy growth, with a 3% plus bottom-line GDP growth rate empirically, would be the real solution to maintain overall social prosperity, healing social wounds without destructing the well-established ethnic, gender, religious structures etc. Otherwise, the slowly-increasing pie will always be too meager to cover the ever-increasing needs of all different classes. As soon as the existing benefits of one class are redirected to another, no matter how small the proportion might be in comparison to the total, the discords will inevitably be sown. In lockstep, hostility and hatred will creep in and contaminate the society as a whole, the evidences of which have been often displayed nowadays.

The trade tensions between the US and China today has diverted attention from the real issues that should concern the world, which are the economic development, welfare improvement, climate change and so on. If those issues are addressed in a balanced and inclusive way, the others including trade and technology conflicts are just secondary in nature and solvable in practice. Take the right path, make due efforts on wealth creation and economic growth, and then the current eyesores might not be as unbearable.

Why is China a Pivotal Fit in the Global Trade System[①]

In the face of the escalation of worldwide trade tensions, China has always been in the crosshairs of not only the U. S. , but also a number of other countries, all of which are self-claimed victims of unfair trade relations or unleveled playing field. Consequently, actions are taken to enforce the rules-based principle in the global trade. Plainly speaking, the global community is now at a crossroads, to the right is waging a trade war to benefit only the most powerful nation, for the time being the U. S. ; to the left is reforming the entire system to better accommodate the legitimate needs of all participants and further boost openness and fairness of trade. The war-like solution should be abandoned due to its unpredictable and overwhelming destruction to the world economy, some of its damaging effects being witnessed recently. Therefore, even though it may cause substantial confrontations, the reform solution is urgently in need to be tabled for debates and fine-tuning. To many advocates for a worldwide trade system, whatever the reform measures may be, the efforts would be futile if one knot remains tangled, namely how to fit China in this global system while concerning about the state intervention and uncompetitive behavior that China's economic model allegedly possesses. In spite of the fact that China's willingness to fit in the global trade has never been stronger, those concerns must be dispelled in advance.

Firstly, China's path to the market economy and its entry into World Trade Organization in 2001 is definitely rules-based. The rules which the global trade system is built upon are a common foundation, beneath which are various economic

---

① 本文写作于 2018 年 8 月。

models, one of which happens to be China's market economy with socialistic characteristics. The WTO has only one set of rules, even regarding the appellate and arbitration mechanisms, China has been in full compliance with them since day one of its membership. We need to accept the reality that even within one broad conceptual framework, such as the market economy, various adjusted or modified models are adopted to reflect different social, historical, economical and cultural conditions, a one-size-fits-all solution is hardly practical in this case.

Secondly, the tough rounds of the WTO negotiations have evidenced that multi-faceted appeals from countries at different development stages are too striking to be ignored. Simply put, at least one set of bifurcations representing the advanced and the developing or underdeveloped economies need to be accurately established. But the due procedure in terms of rules-setting and rules-changing is well in place. In the instance of the state subsidy, subsidizing certain sectors is allowed by the WTO agreements and is practiced by almost all member countries. The subsidy policy itself is not directly in breach of the rules. In fact, China has demonstrated that its trade policies are in compliance with the rules, if not, subject to the consequences of even punitive measures stipulated in the rule book. As a party of the global trade, China acts in line with rules set by the WTO and other international institutions, and has never been and will never pursue to stay above the rules.

Thirdly, China's state-owned enterprises seem always to be in the limelight for the economic negativity of the state interference. In fact SOE is a misnomer. Most of the SOEs in China are stockholding companies with market-oriented shareholders, diversely composed of the public market investors, the private sector, other SOEs, and the government agencies etc. Who is and how to represent the state or the government there, given such scattered ownership structures? As an economy in transition, gradually balancing the shareholder structure will be a long journey. As the market-oriented corporate governance has been established, whether there are state-owned shares may no longer be that important, because those SOEs are never directly or solely owned by the state in accurately-defined economic sense. At the most, the state is one of the shareholders and will act within the corporate governance structure, no more no less. Even for the state shareholders, the market principle must be strictly followed as well. In addition, the mixed ownership reform has proactively blurred the lines between government shareholders and non-government ones. Following this logic, penetrating further down to the individual company level, tracing specific strings of the government ownership can be extremely difficult, if not impossible.

Fourthly, forced technology transfer has been a thorn in the eye for China's major trade counterparties. Technology co-operation is an integral part of business partnerships and no doubt a hard-fought item during the negotiations. The ultimate arrangement is only determined by the related parties' bargaining power and their respective strategic concerns. How could any single business decision be forced upon any independent entities if the overall benefits are so gloomy? Meanwhile, who is there to force the transfer of a specific technology is also highly ambiguous in the argument. Is it government? Then which level of the governmental offices, and by which means? Logically thinking, without a direct role in governance mechanism, no governments can meddle in the due process as they wish. It is crystal clear that China's economic transformation is driven by technological innovations, nation wise and company wise. From the inside out, any business participants in China attach great significance to new technologies and well-designed follow-up transfers. The technology transfer between partners is a must in the business cooperation and needs to be forced in a sense, but only by the related parties, not the government per se.

Fifthly, it seems that only in China's context that the government is omnipotent and is capable of market intervention whenever it likes. It is partially true back in the days of the centrally-planned economy, when the government controlled the price and production through administrative hierarchy. However, that model has been replaced by market economy long ago. Upon the recognition of market principles, the government's involvement is now subject to the similar rules adopted by western economies. In addition, China's market size has been growing dramatically and is achieving tremendous economies of scale, and thus even though the government may unleash the invisible hand from time to time, the influence would not be as high as in those exaggerated statements.

Sixthly, the market economy to a certain extent is about establishing a scientific protection mechanism of intellectual property that will benefit all of us. The IP system is a key to innovation, without which the innovation process cannot run smoothly and effectively. China is resolved to transform to the market economy, and its IP system must be well shaped to comply with internationally accepted norms. What China has achieved in IP applications and protection is a hard fact duly recognized by the international community. It would be penny wise and pound foolish for China to breach the IP rights at the cost of jeopardizing the long-term prosperity.

Reforming the international trade system is clearly the more preferred direction, and China is undoubtedly an indispensible partner. Back to the time of becoming a WTO member, China might have exerted the catfish effect to further stimulate the market economy orientation domestically and the value-chain integration internationally. At present, as the world's second largest economy and an all-round manufacturing powerhouse, China is indeed playing a pivotal role in the WTO and in other similar new trade systems. No global arrangement aims to wield significant influence can afford the loss of China's participation in its construction. China is going to make great efforts to serve as a crucial and responsible stakeholder. Since the mainstream opinions converge on a reformed and improved global trade system, China is definitely a good fit for it.

全球化制度体系迭代①

贸易是一种交换活动，其深度和广度在人类社会进步和发展的过程中持续演进，国家间的贸易更是人类扩大生存空间、拓展活动范围和提升文明成果的重要产物。从氏族部落走向国家形态的同时，国与国之间的贸易如影随形，与贸易相对应的制度体系和协调机制也应运而生。至今，全球贸易所展现的繁荣可谓"其大无外、其小无内"，与全球化融汇并行，交相辉映。全球化和全球贸易的正向效益显著，对经济、社会、文化、科技和环境的推动力强劲，几乎所有的人类发展指标均给予充分证明，尤其是绝对性指标。但是，如任何事物一样，全球化发展到一定阶段之后，周期性特征显现，反面效果趋于突出，加上人的主观感受的放大效应以及政治和意识形态的干扰，2008年金融危机后否定和放弃全球化的声音不绝于耳，与此同时，民粹主义和民族主义以及保护主义和单边主义在政治和经济两条主线上同步回潮，在贸易领域的表现是关税和非关税壁垒骤起，特别是中美两个最大经济体之间的久拖未决的贸易冲突。尽管舆论的渲染无形中强化了分歧的罅隙和争议的烈度，但双方均有排除歧义、达成共识的主客观动力，默守旧有陈规的"刻舟求剑"不可取，因循现有规则的"按图索骥"也未果，唯有批判性思维和科学化辨析方能彻底澄清。

那么，如何客观分析所谓的全球化"之弊"特别是不公平贸易呢？开宗明义，简单的批判甚至不分青红皂白的否定不是可选项，辩证、客观、长远且平衡地反思和优化方是正途。"批判性"不是简单地"批判"，前者以"立"为主，后者以"破"为要；前者的价值观重在建设，后者的价值观强调破坏；前者运用系统性、思辨式的方法，后者使用主观性、意识形态化的手段。"批判"并非无所裨益，只不过破坏意识有余而建设意识不足在行动上

---

① 本文写作于 2019 年 11 月。

和结果上基本于事无补，对人类福祉的增进贡献微乎其微。所以，在探讨重大问题特别是重大争议时，要进行批判性思维（critical thinking），并且从批判性思维的能力层面（skillsets）向心智层面（mindsets）跃升，即不仅要解答"怎样"（how question）而且要解答"为什么"（why question）的问题。该方法论是一种以正确的价值观锚定后分析和实践活动的升华，同样适用于全球化等国际政治经济问题，中美贸易摩擦也不例外。

一、贸易差额硬币的另一面

"批判性"地溯源中美贸易摩擦的思维起点，继而廓清原由，解决之道自然跃然纸上，能否付诸实践仍主要取决于政治意愿，毕竟经济贸易的考量相对客观且可量化，而政策多取决于复杂互动的多元因素。仅从表面现象观察，中美贸易摩擦的导火索是中国对美巨额的贸易顺差，美国坚持认为这一差额源自不公平的贸易条件和协议安排，是中国的"搭便车"行为和对美国的变相盘剥，潜台词是中国对美贸易顺差来自于美国的牺牲。事实却恰恰相反。中国的贸易顺差不是"天上掉馅饼"，而是源自多要素成本、甚至是跨代际的要素成本付出。贸易基于生产，无论是产品还是服务，生产需要要素投入。中国在融入全球生产和贸易体系，所产出的贸易顺差根本原因在于相关要素成本的内化吸收而非传递给进口国的终端消费者，顺差金额越大，被消化的成本也就越大，二者基本是一个硬币的两面。与其说中国的贸易顺差是相关国家的利益让渡，不如说是通过自我牺牲形成的供应链稳态，其中三个方面的要素成本付出是顺差的主要贡献者。

其一是劳动力成本。廉价劳动力转换成经济学概念是人口红利，从20世纪70年代后期开始，开放的中国在生产环节的优势之一就是绝对成本水平很低的大规模的劳动力，包括相当比例的农业转移人口。在2001年加入世界贸易组织（WTO）之后，中国与全球贸易体系的融合度更高，劳动力成本优势的经济效果更趋明显。即便在2008年后，中国被普遍认为接近或已到"刘易斯拐点"，但劳动力的平均工资水平与美国和欧洲相比，不仅是相对水平低，而且继续保持绝对水平的低位（图1）。劳动力从过剩到短缺的拐点只是证明了发展中经济体劳动力无限供给时代的谢幕，二元经济所提供的发展动能让位于其他生产力要素，特别是科学技术。鉴于劳动力在经济的价值创造中缺少定价的主动权，资本和科技的作用更为突出，所以，中国劳动力的收入水平相较于美、欧仍具有绝对意义上的优势，反映在国际贸易上自然是顺差，反映在劳动力收入上是欠账或者赤字。

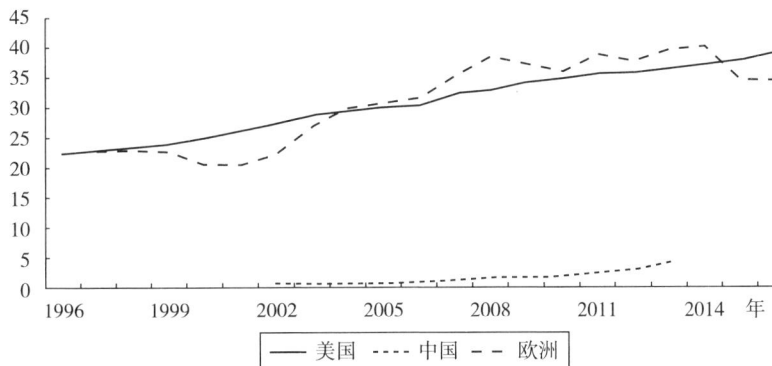

图1　中、美、欧制造业每小时工资比较（美元）

（资料来源：Conference Board）

更为重要的是，时间序列的劳动力成本变化指标仍然显示中美之间的相对关系没有发生根本性转化，两国的单位产出人力成本从1980年起保持稳定，中国在其间还一度扩大了与美国的差距，而德国和英国的制造业单位产出人力成本有较大幅度的提高（图2）。

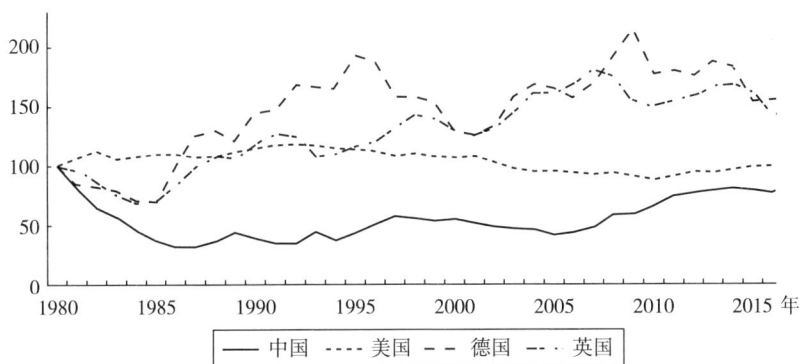

注：按美元计价，1980＝100。

图2　中、美、欧制造业单位产出人力成本

（资料来源：Conference Board）

从趋势上看，中国制造业人力成本从 2005 年开始陡升，与美国、德国和英国相比，劳均人力成本曲线的斜率很大（图 3），一定程度上反映出整体劳动力成本的上升，验证了经济从高速增长转向高质量发展的必要性。对贸易的影响无疑是进出口平衡和贸易顺差减小的进程开始启动，中长期看，中国对美国的贸易顺差至少因为劳动力成本要素的变化通过供应链、产业链和价值链的调整与优化予以主动或被动地调低，这是双方共同希望的结果。

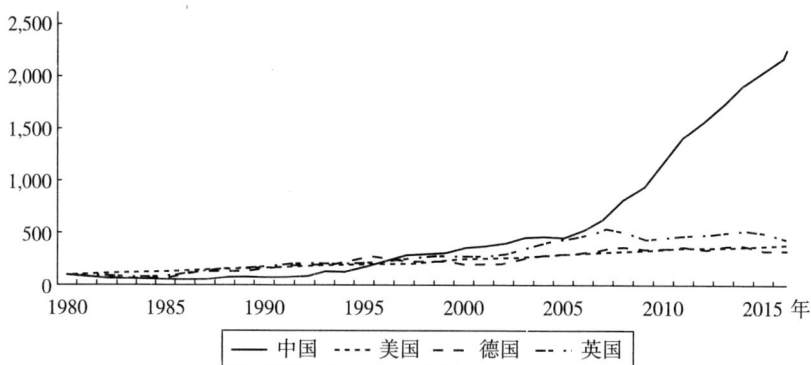

注：按美元计价，1980 = 100。

图 3　中、美、欧制造业劳均人力成本

（资料来源：Conference Board）

低劳动力成本实质上是对可贸易品的隐性补贴，受益的是进口国的消费者，美国在其中占大头。但依赖于低成本劳动力的经济模式不具有可持续性，中国劳动力市场发生的变化一方面会收窄与主要国家的贸易差额，另一方面会促进经济的转型升级。所以，中美贸易的自然发展单从劳动力成本角度而言，大方向是积极的。

其二是高储蓄率对应的延迟消费。贸易差额是进出口共同作用生成的结果，中国是人口大国，是转型中的发展中经济体，消费在 GDP 增长中的作用愈来愈大。设若随着中国人收入水平的增长，消费得以充分提振，那么，对内可以消化制造业产能，一定程度上压缩产品出口的量级，对外可以增加进口以满足国内需求，二者均会降低贸易顺差。不考虑货币发行的规模效应和房地产等资产类别对储蓄的有效吸纳，从数字上看，中国储蓄率长期稳定在较高水平与经济增长伴随消费升级的一般规律有所背离，特别是仍然上升而非下降的趋势特征（图4）。相比于美国和欧盟，中国的高储蓄率抑制了当期消费需求，本该发生的消费活动被延迟甚至是代际间延迟，使得产品价格上升难以实现，可贸易品的价格竞争力凸显。高储蓄率向消费的效应传递有效降低了出口价格，使得中国的贸易份额得以不断扩大。从效用函数的角度看，中国消费者的即期福利被置换为进口国消费者的即期福利，是另类的转移支付和价格补贴。

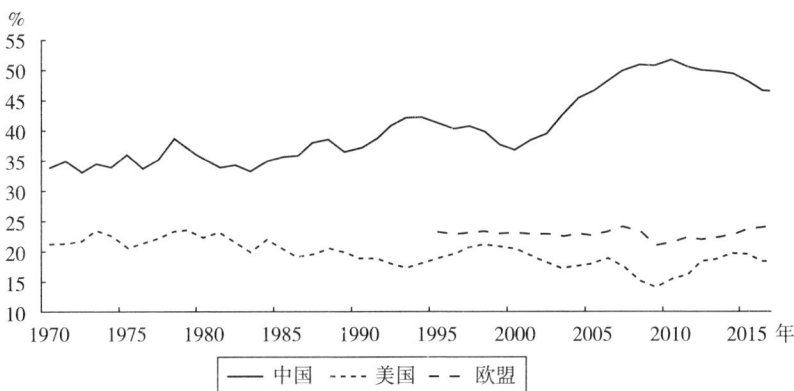

图4　中、美、欧储蓄率比较

(资料来源：CEIC)

其三是环境成本。中国的环境问题日益引起全球范围的关注，普通百姓也认识到环境成本的"不可承受之重"。雾霾、污水、垃圾、二噁英、荒漠化等，每一项都有巨大的成本，若对社会成本、生态成本等进行换算，环境方面的综合经济成本之高超出几乎所有模型的预测能力，并且囿于水平和认知能力的限制，其隐性的、长期的成本更是难以估量。对比中、美、欧的年二氧化碳排放量（图5），随着中国经济体量的"上台阶"，所对应的数字也是触目惊心，且排放量的降低尚无明显迹象。即便考虑存量，中国二氧化碳排放量的绝对值也不小（图6）。从应对全球气候变化的角度看，中国的减排压力十分之重，完成"巴黎协定"的承诺难度不小；从环境成本的经济化角度看，中国付出了沉重的代价才获得制造业的全球竞争力和工业化体系的全面建立，而这部分成本很多是不可逆的。中国出口商品的价格中有相当部分沉淀于国内的环境赤字，以牺牲环境而形成的竞争力不是科学发展的希望选项，也不可持续。

百万吨

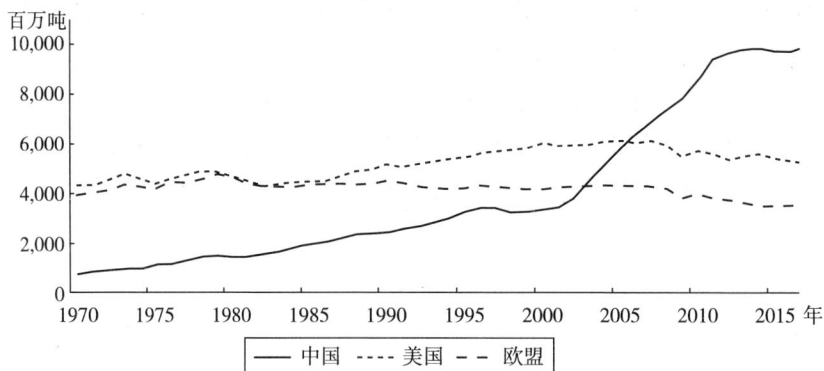

图5 中、美、欧年二氧化碳排放量

（资料来源：Carbon Dioxide Information Analysis Center, Global Carbon Project）

百万吨

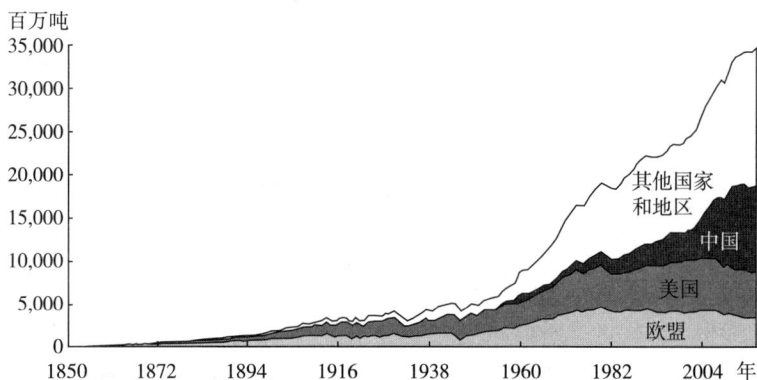

图6 中、美、欧历史二氧化碳排放量（1851—2017 年）

（资料来源：Carbon Dioxide Information Analysis Center, Global Carbon Project）

如上所述，顺差是中国深度参与全球产业链和经贸循环所支付成本的镜像，至少上述三项隐性成本和支出是贸易顺差的重要来源，千万不要认为世上有免费的午餐，在经贸领域就更不存在"只收不支"的状况。

二、全球化制度体系迭代

任何趋势性的发展轨迹都不是一条永远上扬的直线，其间不乏峰谷沟壑，亦有曲折迂回，全球化亦然。全球化是国际贸易在商品流和服务流基础上的资金流、人流、信息流的广域集成,新经济时代更加上数据流。从本质上讲,全球化是一个生产程序,而非分配机制,其肇始、发展和繁荣体现的是生产活动的全球组织、贸易机制的全球安排、财务增长的全球呈现,在生产力获得普遍性提升后,如何分配的责任主要在于主权经济体自身。全球化主要作用于生产过程,结果是财富创造,而分配与社会福利更多的具有国别特征,无法在全球范围内设计和实施整齐划一的政策,更多地需要在国家层面因地施策、因事施策、因时施策。生产关乎财富,强调效率,需要合作,可以延展;分配关乎利益,强调公平,需要兼顾,只能收敛。对与前者相关的国际协调机制和政策体系等进行集合性安排的可能性永远大于后者,前者存在国家利益的交换,交换需要妥协,易于形成有效价格;后者多需要直面国内民生,虽然市场机制在分配中仍然发挥主导作用,但非市场化的分配原则和制度只能是兼顾各方利益的模糊性平衡,并且也不可能分配其他主权经济体的国家财富。正因为如此,一味苛责全球化引发贫富差距拉大、阶层分化严重似乎是对其初衷的误读和曲解。

全球化的重要驱动力之一是国际贸易,而国际贸易的理论渊源是英国重商主义经济学家大卫·李嘉图的比较优势理论(Theory of Comparative Advantage),即相互贸易的国家无须桎梏于绝对优势的产品,而只须专注于各自生产技术的相对优势,通过相对成本差异的交换实现各自效益的最大化。重商主义的基点就是通过相对固定的合作与分工实现贸易的普遍增长,最终实现自己国家财富更大更快的增长,前者是手段,后者是目的。若仅从数字上观察全球化的效果,世界范围内财富的增长、生活水平的改善、寿命的延长、绝对贫困人口的减少等均是铁的事实,说明基于比较优势的国际贸易具有一定的普惠性。中国参与国际分工亦循着这一路径,只不过仅用相对较短的四十多年时间,形成在诸多领域特别是制造业全方位的比较优势,而且是没有先例、无法对标的全产业链、全供应链的一体化优势,贸易顺差只是一种数字形态的表现。当然,中国服务贸易的对美逆差亦是对该理论的实证。更为重要的是,统一规则的国际贸易体系确实发挥了增加贸易额、降低贸易壁垒、实现共同发展的作用,即便是处于争议中心几近瘫痪的WTO,其实际作用之显著绝不是些许武断的批评可以抹杀的,关税下降、全球贸易量上升以及WTO成员国补贴下降的数字(图7和图8)既可以自证,也可以证伪诸多不实的指责。

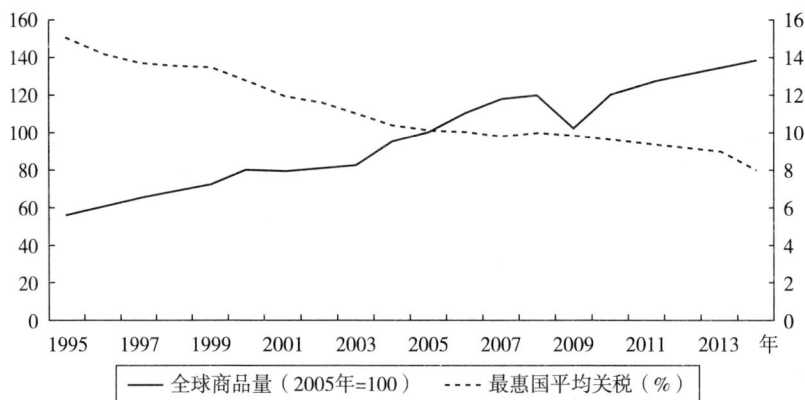

图7 WTO 成立后关税下降、全球贸易量上升

（资料来源：WTO）

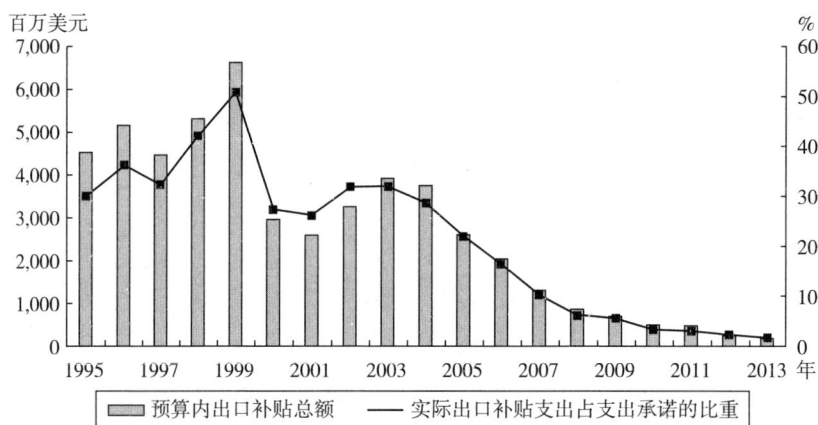

图8 WTO 成员国出口补贴支出不断下降

（资料来源：WTO）

全球化的重要载体是全球流通的国际货币，美元是无可争议的货币流的全球化之锚。美元成为全球交易、全球持有的绝对主导货币，其理论是特里芬悖论（Triffin Dilemma），即美国需要维持逆差以满足其他国家使用美元的需求，同时为了美元的地位又要坚持强美元政策，前者对赤字的现实要求与后者对赤字的理论否定变成"两难"。所以，美国的赤字一定程度上是全球化的必然，是美国主导全球化进程的必然，中国的巨额美元外汇储备即是该制度性安排的对称反映，其先源于贸易，其后流向美国资本市场，这种平衡不应排除在双方贸易谈判的话题之外。

全球化呈现的"帕累托改善"与美国和美元的作用密不可分，其过程无非是把理论变成政策，美国主导政策议程，而政策再指导具体实践。所以，即便全球化在分配方面存在"短板"，但仍然无法否定其"正和效应"的积极贡献，所以，反全球化和逆全球化至多是"批判"，而且是宣泄性、破坏性的"批判"，而升级是全球化的"否定之否定"，制度体系的迭代远胜于"推倒重来"，原因至少如下：

其一是"一切皆互联"的时代要求。在数字化的背景下，数据的泛在性使得物与物、人与人的链接无比紧密，通过国界予以割裂似乎事倍功半。

其二是人类面临的共同挑战的要求。气候变化、难民潮、网络安全、恐怖主义等，多具有"负外部性"特征，并且几乎没有国别方案，合作是唯一途径。

其三是多边主义的边际成本最优。制度体系一旦建立，参与者越多，边际成本越低，整体效益越大，多边主义的探索和建立已然形成巨大的沉淀成本且运行基本良好，回到双边甚至单边不是"经济人"的理性选择。

其四是市场的"决定性"力量。与政府相比，市场的力量是"决定性的"，作为市场主体的企业越来越多地成为"世界公民"，在体系建设和政策制定的过程中，低估市场力量的"反其道而行之"，结果只能是"上有政策，下有对策"。

其五是人类智慧的发展轨迹。人类智慧的发展不乏革命性、颠覆性的成果，但主流是增量改革和局部优化的动态迭代，如数字经济一般。所以，全球化进入新阶段，制度体系的升级应以迭代为主。

以上通过例证进行溯源和辨析，至少否定了贸易的"负和博弈"、全球化制度体系的彻底失灵等论断。无论在何种场景下、针对何种难解之题，人类独有的认知性活动必须多一些"批判性"，让正向和建设成为主干。贸易摩擦的"化干戈为玉帛"和国际秩序的升级优化应该秉承这一理念，否则，错误选项指向的一定是"双输"或"多输"。

第三篇

金融科技与科技经济

金融科技不再是新生事物，科技经济也已进入全面实践阶段。中国应在人工智能、芯片科技等关键技术领域持续发力，并形成统一的数字化愿景。任何科技进步一定要有明确的价值观，其后才有方法论的跟进，在锚定价值目标的基础上，进一步多维度建设数字化中国的核心体系。

金融科技是金融和科技的一体两面，开放是金融的本质之一，与科技平台化、云化等发展趋势相吻合，在金融脱媒和去中介化的语境下，金融科技的速度要求和质量要求更高，金融体系的数字化转型关乎发展，甚至关乎生存。

现状却不容乐观。仅就金融数据而言，目前数据被分割在不同平台和机构，央行、监管机构、地方金融主管部门、金融机构、政府部门、市场都是各自数据的所有者，不同功能模块有纵向数据流，不同地区有横向数据流，纵横交错、互不整合，数据孤岛和数据碎片现象较为普遍，"大数据"无从谈起，数据画像都是侧面的，监管数据也置于"筒仓"中，离真正的大数据尚有相当的距离；数据质量参差不齐，标准不统一，数据洁净度不高，数据标准跨部门、跨地区各自为政，造成数据挖掘和数据清洗难度极大，数据分析和大数据工具的运用存在掣肘，数据有效集成尚未破题；监管数据与市场数据的没有形成有效交互，大数据对金融风险的预警能力有限，数字化监管和监管科技（RegTech）须加速建设。

金融体系数字化转型是系统工程。

一是要建统一的 IT 蓝图，宏观管理部门牵头明确大的 IT 架构及与之相关的数据标准、数据治理规则、系统交互规则等，让市场参与者有章可循。

二是主机系统和核心操作系统的国产化须提上议事日程，金融基础设施的独立性要渐进实现，国产化的核心本质是指对整个主干系统和基础设施关键环节的掌控能力，系统集成力重于生产能力。

三是要系统化制定并颁布数据安全和网络安全制度。

四是要全面推进数字化转型，全方位进行数字化转型的理念推广和基础培训，并全面培养和储备数据科技人才。

科技经济是更高位阶的课题，中国经济的科技含量是核心竞争力所在，人口红利、环境成本及延迟消费等比较优势让位于科技创新，人才红利、工程师红利等将接棒并定义国家间经济格局。

本篇主要内容包括金融科技的理论比较和现状、互联网金融的中国实践、中国银行业的技术软肋以及科技塑造经济新格局等。

金融科技的理论争鸣与认知觉悟[①]

中国的金融科技应用端远强于技术端，金融科技的底层技术、IT 架构、基本模块、系统组合等"芯脏"仍然由美、欧、日主导，由国际性公司掌控。

金融科技（FinTech）从概念到产品、从理论到实践的速度之快令人瞠目，即便不是光速，也远超摩尔定律预测的衍进时长。2016 年 3 月，金融稳定委员会对金融科技加以定义，指技术所带来的金融创新，所创造的新的业务模式、应用、流程或产品，对金融市场、金融机构或金融服务的提供方式产生重大影响。1609 年的荷兰现代金融萌芽，银行、股票和证券交易所的出现即富含技术思维；19 世纪中叶至 19 世纪末，电报电话等新科技广泛运用于金融并与全球化相辅相成，金融的技术基因得以确定；之后到 2008 年，电子技术与互联网更是极大地提升了金融的效率，互联网金融的概念逐步形成，而现在信息技术与金融更是高度融合，科技金融和金融科技互为表里，并辔而行。

或许，论及金融科技，常规思路是科技嫁接于金融之上，金融为主，科技为辅，但是这次真的不一样。金融与科技的关系不一样，不仅是范式变化（paradigm shift）和结构变化，也不仅是划时代变化（epoch‐making），而且是一种新范式（a new paradigm）、一个新时代（a new era）。第四次工业革命的内核是智慧生产，是一切皆互联，而与之对应的金融更是网络化、数据化、移动化、智能化的科技先行者。金融与科技已无分野，二者"你中有我，我中有你""且行且一体化"，共同应对时代变化并给出一致的答案：金融科技。

一、本质不变论

在人类社会的发展和进步中，唯一不变的是变化，并且变化的频度和复

[①]　本文写作于 2017 年 9 月。

杂性一再超越历史经验和一般判断，金融科技更是如此。已知的未知（known unknown）是事件会发生，但不知道该事件的发生概率和引致的结果；未知的未知（unknown unknown）是"黑天鹅"事件，既不知道是什么，也不知道何时发生；两者之间是"灰天鹅"事件，再加上风险已知且一旦发生影响巨大的"灰犀牛"事件，等等。那么，如何定义金融科技的变与不变呢？主流观点是金融科技的金融本质没有改变，或者说金融科技没有改变金融的本质，但在新范式下传统的量变到质变是否适用，以及颠覆者（disruptor）带来的新事物与旧事物的性质是否关联直指本质不变论的理论痛点。

科技作为第一生产力的作用是加速度的，对金融的作用尤其明显。至少两条脉络能够观察到金融科技的渐进质变过程，第一是科技与金融的融合使得金融产品和服务的生产方式和交付方式发生根本性变化，并且效率和功能的提升是革命性的，余额宝四年时间成为全球最大的货币市场基金即是一例；第二是互联网科技的去中心化和去中介化不断冲击并重塑金融的中介职能与定位，甚至重构金融体系的基础设施，如数字货币、ICO（initial coin offering，首次代币募集）、区块链（blockchain）等。以此观之，金融科技的本质是否改变抑或科技是否改变金融的本质尚难定论，但"本质"自身在发生变化，今时之金融已非往昔之金融，无论内因还是外因，无论质还是量。

二、科技万能论

论及金融科技，将科技的作用置于无上者甚众，原因简单到技术主导生产和生活的方方面面，并且机器对人的替代成为引起公众困扰且不得不面对的问题。谷歌董事长埃里克·施密特表示，"机器人正在替代人类的重复性工作，我们无法阻止。正是机器人才使得我们的生产效率更高。"富士康用机器人代替工人，一些生产线上原来需要 20 ~ 30 名工人，但现在减少到 5 名，剩余工人的工作也变成了按电钮和运行机器。美联社甚至开始使用软件撰写新闻稿，在计算机接手后，美联社每季度的财报新闻从 300 篇增加到 4,400 篇。而众多学者也认为人工智能将超越人类。霍金预言"人工智能的完全发展会导致人类的终结"；比尔·盖茨预测人工智能将最终构成一个现实性的威胁；《奇点临近》作者库兹韦尔称，2027 年电脑将在意识上超过人脑。与此同时，科技创新日新月异，各种新技术应运而生，3D 打印技术能低成本打印出细小精密的机械，甚至打印用于医疗的义肢；仿生学广泛应用于日常生活，甚至新式武器的研制；自动驾驶汽车通过大数据计算出行路线；物联网、车联网等将人的生活网络化。

在金融科技领域，智能投顾、量化投资、大数据和云储存、云计算等也不遑多让，金融的科技含量非线性增长，已然模糊了金融与科技的分界线。作为金融特别是现代金融代表的摩根大通，三分之一的人员与数据和科技有关，甚至称自己是科技公司，其开发出一款金融合同分析软件COIN，原先需要律师和贷款人员绞尽脑汁、耗费36万个小时才能完成的工作，COIN只需几秒就能完成。金融科技或许要变成科技金融了，科技似乎包办一切了。那么，科技至上是否带来异化，科学主义是否扼杀人文精神呢？其实，科技的瑕疵和技术的缺陷始终存在，不仅很多，而且多为新问题，如网络安全、信息泄露、网络病毒、数据质量、信息降噪等，还不包括未知的不可预见的风险。科技万能显然与人类发展的实践相悖，科技取金融而代之也非符合逻辑的选项，二者的有机融合是大方向。

三、人定胜机论

仅就机器替代论而言，至少集成到目前为止的证据和成果无法直接得到该推论，或许人类对自身在进化链上的高阶位置仍然自信。人与机器最大的区别是人的思维，并且能够动态调整自己的思维，进而由大脑指挥行动。对于人来说，不变是相对的，变是绝对的，应对变化是"家常便饭"。机器如果替代人，前提是能够像人脑一样动态连续地思考和调整，甚至进行"预则立"的超前思考。对于机器来说，通过程序模拟和数据挖掘可以涵盖以往和选精集萃，不仅能再现历史，而且能去粗取精，合成出最优的解决方案。但是，对于随机的、新的或未发生的，机器是事后修正程序还是前瞻性的预设呢？不妨从中国的传统哲学出发，从道、术、器的角度研究机器究竟代替的是人的工作的哪个部分。如果将"道"理解为人深层次的价值观或禀赋，包括先天自然生成的和后天学习形成的，"术"指实践操作的系统性方法，"器"则是实现操作的具体工具和手段。那么，科技以及机器更多地作用于"术"和"器"，即改进劳动的技术和工具，而人类追求的终极目标是"道"，机器尚无法做到全面"悟道"。机器发展的方向是由人决定的，科技发展的方向也是由人决定的。然而想要不被机器替代，人需要不断自我提升，从简单劳动向复杂劳动、知识型劳动转变，更多地建立人的不可替代性，不能被机器替代的工作越多，人的主观能动性和人机的协调共进就能更好地推动人类社会的进步。

但"人定胜机"的信念能否彻底消除人对机器的恐惧和焦虑呢？显然不能。机器学习和人工智能的发展速度之快已突破人的一切大胆假设，AlphaGo显示机器迭代学习的深度和广度，其完胜最好的围棋选手只是结果，重要的是机器学习（machine learning）的逻辑之强大和复杂或许会超出人的控制阈，脸书开发的聊天机器人由于自创出人类无法理解的语言而不得不停止实验，腾讯的聊天机器人也因"说错话"而下线，机器思辨（machine reasoning）甚至机器思考使会学习的机器变得"不可知"，与人类世界平行的或许是被人创造出来又实现自我"进化"的机器世界，若如此，人与机器孰胜孰负恐难预测。虑及此，金融科技对既有金融体系的冲击必然更大，金融服务的移动化、自动化甚至智能化，货币的数字化，投资的智能化，融资的"比特币化"等，既重塑金融的基础架构和逻辑框架，又重新定义金融的生产方式和交付方式，进而使金融与经济的交汇、与社会的互动以及与人的关系发生显著变化，其中人与机器如何相处并实现双赢是避不开的原命题，人的至高地位和人对机器的有效驾驭切不可想当然。

四、中国领先论

根据麦肯锡的报告，截至 2015 年年底，中国金融科技用户超过 5 亿，市场规模 12 万亿~15 万亿元人民币，成为世界第一大金融科技市场；根据星展银行和安永会计师事务所的报告，2016 年中国金融科技投资额升至 88 亿美元，占全球份额的 25%；根据国家互联网信息中心的报告，中国手机网上支付用户近 4.7 亿，2016 年全年第三方移动支付交易规模达到 58.8 万亿元；根据毕马威和 H2 Ventures 的《2016 全球金融科技百强榜单》，前十名里中国占据五席，蚂蚁金服排名第一。以上成绩单不可谓不斐然，似乎中国在金融科技方面居于领先地位的结论无须论证。

但是，缜密分析的结果是中国的金融科技应用端远强于技术端，金融科技的底层技术、IT 架构、基本模块、系统组合等"芯脏"仍然由美、欧、日主导，由国际性公司掌控，特别是硅谷的科技"巨无霸"。对于基础性、共性技术以及未来主流技术的研发和知识产权，中国的领先就更缺乏过硬的证据。与此同时，"另类领先"却此起彼伏，中国一些金融科技在"上量"和急速扩大应用场景的同时，金融乱象换上科技的伪装，在众筹、网贷、P2P 等领域以普惠金融之名行非法集资之实，泛亚、e租宝等均是值得反思的案例。因此，金融科技的中国速度的确领先，但全面领先的判断需要清醒的辩证思维。未来金融科技的重点领域是数字货币、区块链、云计算、云储存、大数据、智能投资等，中国若能真正开风气之先，特别是依托金融科技推进普惠金融，则既是对国际竞争客观要求的响应，也是金融深化的必然选择。

五、监管同步论

金融科技推进的同时，监管科技（RegTech）也应运而生。实践先于监管是不争的事实，金融实践由于其复杂性、多元化、关联性和系统性，与监管的互动基本遵循变化中规范、规范中变化的轨迹，金融监管一般是在相关金融产品和服务的模式相对固定和规模相对稳定后，以必要性为原则决定监管是否跟进以及监管的范围、幅度和力度。因此，不是金融＋科技，就必须是监管＋科技。

首先，科技创造出新的金融模式、平台、产品、服务、场景、需求等，诸多的新金融尚未经过周期的淬炼和遴选，特征不明显且没有现成的监管惯例可循；其次，金融科技涉及的风险和负外部性尚未充分展现，宏观、中观、微观的影响路径和结果尚不清晰，无法有针对性地出台风险防范的政策和措施；再次，金融科技基于大数据，数据是新的石油和黄金，而数据安全、网络安全以及隐私保密等核心问题尚没有系统妥善的解决方案，监管的深度介入没有数据方面的基本保证；最后，金融科技在很多领域突破了既有的程序和流程，甚至程序倒置且流程非线性，监管的切入点和作用难以精准拿捏，一旦出现问题，监管与金融服务提供者的责任难以准确界定。是故，对金融科技的监管既不是越快越好，也不是越细越好，更不是越严越好。金融科技的发展需要监管规范，但是，与任何新生事物一样，原则导向的监管在现阶段比规则导向的监管更适合。

原则导向易于明确底线，使得根本性的系统性风险防范得以突出；原则导向易于兼顾功能监管和行为监管，不囿于具体的机构和平台，在新业态的机构形式未固化时先划出功能和行为令行禁止的主线；原则导向易于监管协调，分业监管的纵向行业性规则横向通过大的跨行业原则相互贯通，系统性风险监管上的方向一致和具体事项监管各有侧重、相得益彰；原则导向易于涵养金融科技的创新土壤，一定程度上避免了怕风险而否定创新或出风险就叫停试验的逆向选择。是故，金融科技的监管同步是大方向上的同步，而非具体产品、具体业务或具体行为上的同步，而监管科技的实质应该是运用经验证的技术手段提升监管效能，而非在技术上与金融科技直接竞争和刻意超越，"赛车手"毕竟是市场主体，而不是监管者。

六、经济虚拟论

金融是最大的虚拟经济，服务实体经济是其根本，金融科技的衍进源于未满足的金融需求，特别是缓解麦金农所定义的金融抑制（financial repression），金融体系的自我循环、自我实现乃至自我膨胀、自我破坏并非其应有之义。金融危机之后，避免经济虚拟化或过度虚拟化的警示频频亮起，是必要的反思，有未雨绸缪之效。脱实向虚的倾向必须有效遏制，这是共识，不仅是纠正金融脱离实体经济的自运动，更重要的是实体经济偏离主业、过度依靠金融或准金融业务的饮鸩止渴。经济的过度虚拟化是歧路，但虚拟经济的发展壮大却是时代的要求。新经济的内涵和外延均发生了质的变化，其中虚拟经济占比越来越大，从原来的追赶实体经济，到与实体经济并驾齐驱，再到体量上超十倍于实体经济，消费驱动下的服务业在国民经济中亦占绝对主导，加之虚拟科技的开发和运用无所不在，实体经济与虚拟经济的边界已然相互交错，甚至相互交融，任何一种经济形态均难以给出或实体或虚拟的高纯度标签。新经济就是融合体，其显著变化集中体现在：其一是产业分类的界限愈发模糊，传统的产业三分法（农业、工业、服务业）难以准确勾勒国民经济的轮廓和结构；其二是生产和消费的先后顺序发生变化，出现生产与消费的高度重合甚至先消费、后生产的逆序现象；其三是GDP指标本身对新经济的反映以及其构成对新要素的反映精确度下降，共享经济、零工经济、互联网经济等与GDP的作用机制尚未全然厘清；其四是经济的物理属性在降低，虚拟属性在增强，经济主体越来越轻，柔性增加；其五是人工智能开辟的虚拟空间融入制造业，农业和工业智能化的过程实质是经济虚拟化的过程。因此，经济虚拟化或许是必然的，正向的、有益的虚拟化更是必需的，金融科技也不例外。

金融科技的"百家争鸣"方兴未艾，既然是新生事物，就会在试错中成长壮大，至于将来是什么"百花"、如何"齐放"，最终取决于人类不断增长的物质文化需要，希望这一论断是科学认知基础上的觉悟，切莫出现"黑天鹅"事件。

Market Forces and Tech Real Engines for Economies[①]

Technology transfers, especially the allegedly forced ones, have continuously been put in the crosshairs in the trade disputes between the US and China. One side has been unremittingly addressing how the forced transfers are severely in breach of IP protection, and thus infringe on the legitimate rights of the original owners or transferors. Meanwhile, the other side vehemently counter-argues that there is hardly any proof of actual involuntary cases indeed taking place.

Technology transfer is always of tremendous interest, since technology is the key to value creation and competitive advantage. It is even more so if the theory of total factor productivity is taken into account. The factors of overall productivity are labour, land, capital, technology etc. As a result of previous industrial revolutions, the major factors have gradually shifted from land and labour, to capital, and now further to technology and human capital. The more the world economy breaks down its internal barriers, the greater the role technology assumes in the TFP. Technology and other intangible factors such as R&D and education are defining economic patterns and development models today, whereas those once-dominant factors such as labour and capital have retreated from the center.

This shift has been happening in China as well. In the past China used to rely heavily on its comparative advantages at the lower end of the supply chain, the demographic dividend which relies on the cheap labour force, and the environment cost which the pollution has been a necessary evil. However, with its industrial and social advancement, Chinese enterprises have been moving upwards bit by bit to

---

① 本文写作于 2019 年 7 月。

share a bigger proportion of value being produced and prosperity being created.

With the slowing China's economy and escalating trade conflicts in sight, the consensus crystallizes that China's export-oriented development model heavily relying the traditional factors can't be sustained. The next critical factor, which can advance China's economy further or at least avoid the risk of the loss of speed, is technology. Without the firm grips on leading-edge technologies, China's economic growth targets won't be met. Unlike the first phase of the reform and opening-up from 1978 onwards, the market-for-technology swap is no longer the norm, and in the new paradigm epitomized by the digitalization, nothing-but-technology is the true name of the game. Therefore, Chinese companies, like their foreign peers, will need to spare no effort to own leading-edge technologies, either by developing their own or by obtaining from others. Cross-border partnerships or joint-ventures are certainly one way to go. In the process of the business negotiation, the parties involved should have a clear mind that the technology is the most sought-after productivity factor and would undoubtedly be the focus of bargaining.

Whether the forced technology transfer can be forced to halt or at least constrained by unilateral restrictions or multilateral negotiations, is still a big if. Upon observing the new economy, the holistic dominance of technology can be viewed from another angle. While the old guards often lament that consumer loyalty to products and brands is much less than it used to be, the examples of which can be found in almost every corner, from the near-disappearance of Nokia handsets to the bankruptcy of brick-and-mortar retailer Toys R Us. The truth is customers today are unprecedentedly loyal to the ever-advancing technologies instead of time-honored names. Given the new mindset, the huge interest in this newly-launched crypto coin, Libra by Facebook, is in fact a strong belief in its trustworthiness with the backstop of Facebook's technological integration capability that comes underneath the name recognition. This also partly explains why Big Techs are achieving market monopoly, because the general public is confident that they are equipped with the necessary technologies to set the trend for the future. This is the techno-worship, but a quite positive one.

Right now, the global economy is built on the predominance of the intangible assets, of which technology is the biggest pillar. Cross-border business activities allow exchangeable items, tangible and intangible ones, to be traded within certain frameworks, such as the WTO. Moreover, technology transfer has increasingly become a prerequisite for businesses in the digital era, more or less like the fund-raising in a more common situation. In the context of IoT, those transfers are bound to be done with a speed of light through the forces of data, cloud and so on. What is the difference between technology trade and technology transfer? If technology be traded in line with rules, the process of transfer can be forced, at least theoretically.

At first look, the trade disputes appear to be about numbers, rules, and disciplines. However, the real issue underneath is the competition for the lead in technological development in the TFP and furthermore in the comprehensive national strength. Given the indispensability of technology, the so-called trade tensions might go on.

寻找回来的世界

——传统金融在互联网时代的变与合①

在互联网时代，传统金融怎么了？

一、造神运动

索罗斯的反身性理论颇"反常理"，"参与者的思想和他们所参与的事态都不具有完全的独立性，二者之间不但相互作用，而且相互决定，不存在任何对称或对应"，创造者会受到被创造者的左右，被创造者影响创造者及其后续的行为。以反身性理论解读金融市场，由于人的认识永远是片面和不完全的，因此，人的行为也不可能是正确的，所以市场永远是错的，而一个错误市场循环到极点必然会崩溃。仿佛如 Mary Shelley 笔下的科学怪人 Frankenstein，他创造的怪物越来越强壮而不受控制，最终毁灭了创造者。金融也有这样的造神运动，造出的是"金融怪物"，如 CDO、次贷、衍生产品或其他，结果是金融危机，还是全球性的。

金融作为第三产业，安身立命于有效地服务实体经济。然而其实际结果是自我循环、自我加速、自我膨胀，偏离甚至脱离了实体经济的需求。表现之一是金融资产与 GDP 的比率不断上升。据麦肯锡全球研究所统计，2008 年美国金融市场资产总量为 GDP 的 4 倍。若加上衍生工具，概数或达 10 倍，相当于给实体经济加了 10 倍的杠杆，则金融市场十分之一下跌就会把实体经济的所有财富瞬间摧毁，金融自我循环的结果使其与实体经济的关系愈发疏离，不得不走上痛苦漫长的"去杠杆"之路。

---

① 本文写作于 2015 年 4 月。

二、新经济旧疾

20 世纪 90 年代人类社会步入"新经济"时代。新经济之"新"在于：技术和微观主体的创新活跃；市场竞争加剧；经济周期的冲击烈度降低；经济的波动率被缓释。经济发展步入"新常态"，即整个经济要进入一定程度的滞胀，增长率要降低，通胀率也不高，发展速度也放缓，整个产品调整与结构调整的压力要增大。在美国体现在 GDP 增长率的波动性趋缓，呈收敛状。在中国表现为"调结构、保增长、惠民生"的新常态。

股票市场却恰恰相反，愈发呈现高竞争和高波动状态，股票指数波动率反映出的经济波动性与新经济的周期特征存在不一致。全球金融市场指数的高波动性与新经济条件下经济周期减幅论出现悖离。究其原因，宏观经济方面，虚拟经济愈发呈现出脱离实体经济而独立运行的经济形态；中观市场方面，金融市场的重心逐步转向衍生品市场，衍生工具的波动放大且影响到整个金融市场；微观主体方面，金融衍生工具的虚拟性决定了定价机制一定程度上偏离了基础产品价格决定过程中理应遵循的价值规律。因此，尽管新经济在体量上数倍于旧经济，但其波动性始终未有效收敛，旧疾尤存。

三、巨人倒下——金融危机后的"一地鸡毛"

鲜有金融机构能在金融危机过后完好无损。危机之后，各国监管机构纷纷出台强化监管的措施。例如欧美推行的旨在检验银行风险承受力的压力测试、以增强抵御金融风险能力为目的《巴塞尔协议Ⅲ》的资本新规、以全面保护消费者合法权益为核心的《多德—弗兰克法案》，以及限制大金融机构投机性交易的沃克尔规则等。惩戒力度空前，比如摩根大通由于"伦敦鲸"等事件，诉讼费用高达 90 余亿美元。

四、系统性失灵

旧金融出现了一定程度的市场体系失灵。其一，市场经济圭臬有所褪色，自由主义不干预的"原教旨"受到挑战。危机后，全球各国主要央行无一例外开始推行大规模宽松货币政策以刺激经济复苏与稳定金融市场。从 2008 年到 2014 年，美联储与英国央行的资产负债表扩张了约 4 倍，日本央行扩张了 2 倍，欧洲央行扩张了 1.7 倍，即以计划经济的方法解决市场经济的问题。可见，计划与市场本非泾渭分明，而是相伴而生。

其二，货币政策制定程序脱离规则为主导，经典货币政策理论光彩不再。"泰勒规则"曾一度被美国在内的多国政府所青睐采纳，该规则提出稳定的货币政策必须要提升名义利率的幅度超过通胀率的增幅。事实上，随着美国通胀率的上升，实际利率却在下降。泰勒规则建议的利率与实际情况出现矛盾。美联储由关注单一的通胀率，转为关注通胀率和就业率，最终决定是否加息。

流动性陷阱成为又一难题。凯恩斯提出的"流动性陷阱"，指经济运行进入一个短期名义利率为负的阶段，导致货币政策失效。实际中，利率不能降到足够低的水平，否则实体经济的业务动机和谨慎动机无限吸收货币都会导致流动性陷阱。当经济步入衰退期，流动性陷阱成了难以逃脱的沼泽。2014年6月，欧元区首次步入负利率时代，严重的通货紧缩迫使欧洲央行提出要把通胀率促进起来达到2%的目标，欧元区陷入流动性陷阱，利率政策已无法扭转经济基本面疲软的局面。

五、稳定不稳定的经济

传统金融存在自身无法解决的慢性病。正如海曼·明斯基所解释，资本主义经济运行在本质上是内在不稳定的，根源在于追逐利润的投资、融资等市场行为的不稳定。他既反对完全的自由主义，也反对对总需求进行微调、刺激。他认为政府的干预和救助，实际上是为更大的危机创造条件。曾有经济学家很好地总结过，"我们永远是在想着去稳定一个不稳定的经济体。在动态调整一个变化的经济体，这就对我们的动态调整能力提出了一个很高的要求"。既然人们很难具有逆周期调控的能力，就有必要再造一个全新的虚拟世界，扬传统金融之长、避其之短。

如何改造"旧世界"？是否互联网金融既已出现，传统金融就会消亡？事实并非非此即彼。第一，并没有出现多个成熟的互联网机构挑战传统金融；第二，纯粹的互联网金融在整个金融交易量中的占比并不高；第三，消费者并没有张开怀抱全面拥抱互联网金融，而是左手传统金融、右手互联网金融。所以传统金融不会消亡，而是应考虑如何将传统金融与新金融的重叠部分有效去除。

传统金融对于互联网金融具有重要借鉴意义。金融无可取代之处在于其能够有效提升资金的运转速度，进而提升实体经济的运行效率。金融的三项作用体现在：促进交易成本的下降、实现资产保值增值、降低信息不对称与不透明。互联网金融只有秉承这三点精髓，才能具有生命力。

互联网时代是信息从不透明到透明、从经验到大数据的时代，是科技延伸媒介，媒介更新人文，人文重塑商业规则的时代。新时代，传统金融如何突围？关键在于"七变六合"。

变一：三观尽改。盈利观由"一日三餐"到"少食多餐"，由依靠利差，变为将金融流程的任何环节经济化、收益可测算化，从精细管理中要效益；客户观由"二八定律"到"长尾效应"，由贡献 90% 利润的 10% 的客户，变为数量众多的"草根阶层"；风险观在传统的"信用风险、市场风险、操作风险"基础上，扩充了声誉风险、网络安全、信息安全等。

变二：网络迁徙。高度复杂专业化的金融服务将通过线下解决，标准化、规范化的服务向线上迁徙。传统金融通过网络迁徙不断瘦身，瑞士银行、瑞士信贷、花旗银行都对原有的物理渠道进行了缩减，形成了物理加虚拟的新循环体系。

变三："异族"入侵。新模式不断挑战传统金融。P2P 凭借提高投资人回报、降低融资方成本，有效启动了原本处于相对静止的金融资源，使其高效运转；众筹在中国本土化成投资新渠道，使融资更开放、更便捷、更大众化；影子银行是互联网概念在金融领域的重新安排与调整，将表内转到表外。

变四：绿色革命。互联网推动传统金融由资本驱动转为轻资本驱动。传统银行资本金要随着资产扩张不断增加，而互联网金融能够使很多业务通过资产负债表之外的新循环系统实现，银行由重资产负债表向轻资产负债表转换，原有的规模偏好应当重归审慎。

变五：目标游移。管理目标从追求股东利益最大化变为相关方利益最大化。价值网中的环境、社会、公司治理、公共服务等任何一点均会影响公司的价值，管理目标愈发网络化、极致化。甚至最基本的信用体系也已经内化在网络之上。互联网再造了一个熟人社会，把熟悉的人、熟悉的思想、熟悉的文化、熟悉的行为在互联网上再造，而这些非结构化的要素构成了互联网信用评级体系的基础。

变六：模型突变。商业模式不断推陈出新。传统金融奉行"无私不稳"，强调了零售银行业务的重要。例如西班牙 Bankia 银行的人员要驱车设法安排偏远地区的客户能享受到服务，然而这家银行却是欧债危机爆发后最先倒闭的大型银行。可见，如果继续用零售银行来支撑商业银行盈利，势必要借助新模式、新媒介、新渠道，特别是借力多维大数据提升满足长尾人群需求的能力。

变七：监管之殇。监管要从过去的单一监管、金融监管，调整为类金融监管、广义金融监管，从机构与功能监管延展到数据与信息监管。

变革中的传统金融将与互联网金融实现多层次的融合。

合一：以人为本。以人为本是互联网与金融的共性。以人为本就要降低交易成本、保值增值、增进信息透明度。马歇尔·麦克卢汉说"一切技术都是人的延伸"。从理性时代到感性时代，从慢时代到快时代，从垂直时代到扁平时代，从奋斗时代到娱乐时代，周而复始。这个时代就是一个自我的时代，媒体是自媒体，金融是自金融，无论金融机构存在与否，以人为本的内驱力都能驱动整个金融需求的满足。

合二：市场再造。实体经济与虚拟经济分野趋向模糊，金融服务及产品的生产和消费环节日趋重合。通过网络捕捉需求，设计产品的同时即交付产品，交付的过程同时也是消费的过程，客户反馈的过程也是产品修正的过程。未来 Online 与 Offline 的界限将逐渐模糊，消费者永远在线，线上线下将相互融合，最终 O2O 也将变为 O&O。

合三：服务再造。服务通过整合重塑。其一是入口整合，包括网点整合、电子银行整合、网络银行整合、人员整合等；其二是场景整合，将金融"生活化"融入客户生活的主场景；其三是产品整合，产品更加多元化、个性化。所有线性流程和非线性流程高度整合的终极目的是留住客户。

合四：信息再造。信息再造的重要目标是实现信息系统安全可控。IT 系统对外依存度过高是中国银行业的"阿喀琉斯之踵"。银行主机几乎都是"舶来品"，数据库和软件外包了技术，也外包了安全，系统结构"拿来主义"，网络建设"系统效应"信息管理分割掣肘。未来一旦进入"云端"，再加上大数据及大规模数据处理，系统的大脑可能在可控范围之外，安全性、准确性、可管理性、应急机制等均存在不确定因素。中国银行业只有解决了"阿喀琉斯之踵"，才能站稳走好。

合五：文化再造。互联网与金融融合的结果是互联网金融与客户的高度融合。其大无外，其小无内。与互联网相伴而生的"80 后""90 后"的"数据原住民"逐步成为互联网金融消费的主流。1966 年以前出生的"数据难民"更习惯传统线下金融产品，夹在中间的是"数据移民"。而随着时间的推移，更多的人将成为"数据移民"，移民的过程就是学习的过程，是文化再造的过程。正所谓各美其美，美人之美，美美与共，天下大同。

合六：政策再造。没有单纯的国别问题，也没有单纯的经济问题。国别政策将让位于国际协调，包括政府间政策协调、国际经济组织危机救助、非正式国家间对话机制等多种安排。区域风险可以外溢为全球风险。政策再造方能顺应时势。

总之，传统金融在处理庞大的市场信息时已经力不从心。所有经济体系的再造都是围绕信息展开。把信息变成最核心资产，是互联网金融的永恒主题。"夫物芸芸，各复归其根"。互联网时代改造传统金融要真正把握产业的核心驱动力，即增进人类的福祉，唯此互联网金融才能长久，唯此金融之树才能在平衡之间长生不息。

互联网金融与中国传统文化元素[①]

乍一看，互联网金融与中国传统文化"风马牛不相及"，二者云泥相异：其一，从时间上看，一个是古，一个是今。

中华民族具有5,000多年的文明历史，源远流长。早在4,000年前，中国就跨入成熟文明之列，满足了古文明的三个标准——文字、金属冶炼、集中居住的城邑。如果把人类的出现视作文明诞生的起始点，中华文明甚至可以追溯到170万年以前的元谋人时代。而互联网是人类现代社会的产物，是第三次产业革命的引擎，互联网金融自20世纪90年代诞生至今也不到30年，是如此年轻。

其二，从范畴上看，一个是文化，兼具社会属性；另一个是经济，以社会为基础和作用力场。

文化即社会。文化的创造者——人，是社会的产物，文化作为人的社会实践必然具有社会属性。中国传统文化集合了中华民族所有思想、观念、习性，政治的"以民为本""民贵君轻"，伦理价值的"仁义礼智信""温良恭俭让"，方法论的"中庸"之道，个人理想的"修齐治平"、社会理想的"小康大同"，甚至信仰、艺术、道德、法律、习俗等，皆体现了文化的社会属性。

互联网金融归根结底是基于互联网思维与信息技术的金融活动，是以社会为舞台的经济活动。互联网金融的基础是社会的需要，其作用力场广泛且深远。比方说：

1. 对于金融服务提供方：互联网金融改变了金融机构的竞争模式、思维方式和机构网络。第一，竞争不再单纯依靠物理化扩充，传统金融以物理渠道为王，而互联网金融彻底打破了时间、空间的限制，把物理渠道和人力的

---

① 本文写作于2015年1月。

成本降到最低；第二，互联网思维重塑展业模式，银行应以客户为核心重新反思自身的业务模式、操作流程和服务体系，探索如何利用云计算和大数据重塑核心竞争力，如创投企业由过去的"精英投资"尝试向股权众筹转型，成为股权众筹平台的投资人；第三，从业机构跨界化、混搭化，非金融机构异军突起，最熟悉的莫过于BAT（百度、阿里、腾讯），甚至还有传媒企业、网络游戏企业，互联网改变了众多行业的业态，突破了行业的边界，可以不懂金融，只要懂互联网，一切皆有可能。

2. 对于金融服务需求方：互联网金融一定程度上填补了金融市场服务的断层——中小微企业融资问题，例如微金融。微金融以小额度、时间短、可持续循环的微金融产品和服务为内容，借助P2P、众筹等模式，服务于中小微企业、创业者、个体工商户、小额投资者，优化资源配置，促进结构调整。

3. 对于个人：互联网金融改变了人们的生活方式，形成新的金融消费和生活习惯。足不出户买水、买电、还房贷，通过"搜索＋比价"迅速获得一站式的投资、融资、理财服务；第三方支付以及移动支付正在取代信用卡和现金，并且成为线上线下全覆盖、应用场景更丰富的综合支付工具；还有比特币等虚拟货币，尽管人们对其褒贬不一，但是未来谁能说不会出现网络货币呢？不论如何，互联网金融让生活更加容易。

其三，从功能上看，一个是形而上，另一个是形而下。

《易经》言："形而上者谓之道，形而下者谓之器。""道"就是无声、无味、无色、无触的"灵性世界"；"器"代表有声、有味、有色、有触的"物质世界"。

中国传统文化之形而上如"道"。老子曰："道可道，非常道。""道"无以用语言形容，是先天地之生的万物本原，一切事物永恒规律的代表。中国传统文化之道实质是意识、思想、观念的总和，是支配着社会经济生活一切的本源，无形却有生命，可以积淀、保存、传承，此谓文化的形而上。

互联网金融之形而下如"实"。互联网金融将实用性、实践性、实利性放在首位。"用户思维"是互联网思维的核心，产品设计、传播方式都围绕用户需求进行延展；持续改善"用户体验"是互联网金融的重要目标，注重快捷、便利、实用；"应用场景化"使互联网金融融入日常生活的衣食住行，更接地气。

其四，从结果上看，一个是"产成品"，另一个是中介。

中国传统文化璀璨如星河，无论儒道法理，都是"精神享受的最后端"。传统文化包含的"仁者爱人"的博爱大众、"天下为公"的无私奉献、"自强不息"的积极进取、"见利思义"的以义制利、"反省内求"的严以律己，构成了中华民族生存和发展的支撑和动力；诗词歌赋更是让人精神愉悦，畅游其间既可以领悟到古人"醉卧沙场君莫笑，古来征战几人回"的风发扬立、豪放达观，又可以感受到"人闲桂花落，夜静春山空"的幽雅淡泊、闲静空灵。

而互联网金融在本质上仍然是中介，是依托于云计算、社交网络以及搜索引擎等互联网技术、提供金融信息服务的平台，充当居间服务角色。无论是 P2P、P2C、众筹模式等，互联网金融作为中介，最基本的任务是获取信息、审核信息、传递信息、匹配信息，实现资金、人、物在信息上的融通与匹配。

那为什么把互联网金融与中国传统文化元素关联起来呢？

一、虚拟社交即网络中的熟人社会

互联网金融展业的逻辑在于"虚拟社交"，继而形成"熟人社会"。"匿名"的互联网文化遇上金融便行不通了。换言之，互联网金融存在的基础是"真实与透明"，通过虚拟社交重置一个"熟人社会"，通过做一个个微循环的"熟人社会"，构成了整个互联网金融的大循环。同时通过互联网记录形成大数据，违约者将受到网络社会和现实社会的"制裁"。如何做到把素不相识的"生人"变成真实的"熟人"？"生人"与"熟人"最主要的差别在于熟悉程度不同，因此互联网金融平台需要对投资人进行实名认证，对借款人进行尽职调查。但不是所有的"熟人"都是可以做生意的对象，还需要"熟人"品德良好，可信赖，所以互联网金融平台需要进行信用评估、风险控制和信用定价。由于中国信用体系不十分健全，互联网金融平台的数据积累和信用评估体系的完善还需要时间，因此，单纯依靠线上来实现信息的充分、真实，难度很大。线上与线下相结合的 O2O（Online To Offline）模式应运而生，比如，P2P 或 P2C 平台线下进行客户开发，线上寻找投资者，由线下具有风控和服务能力的机构完成线下尽调和征信，再把资质合格的客户推荐回 P2P 或 P2C 平台，完成线上的撮合，线下机构承担贷后管理职责。线上与线下分工明确、优势互补，区域性的 O2O 模式受青睐便是明证。

互联网金融重置的"熟人社会"与费孝通先生所说的"乡土中国"一脉相承。在组合成"乡土中国"的"熟人社会"的生活社区里，人们特别讲究社会传承，讲究"熟人社会"中的人际关系，讲究有别于"人治"和"法治"的具有乡土气息的"礼治"，而且，人们天天在一起，熟悉相互的心理、脾气和家底，潜移默化成一种自动知晓非常规信息的社会秩序，在这个秩序中，非常规信息并不需要严格的统计报表，大家凭良心办事，不会因为一时的"私"而丧失在这个群体中长时期累积的信用口碑。有例为证，大约一百年前，晚清实业家郑观应在江苏扬州创办了一家小额信贷机构，名叫"拯贫免利借钱局"，只向穷人提供贷款，不要抵押，也没有利息。成立三年以来，战乱频仍，但2,400户贫民获得贷款，除两户因为借贷人病故而没有还款外，其余2,398户都做到了按期偿还，偿还率高达99.92%，使郑观应发出"足证贫民具有天良，可无借而不还之虞"的慨叹。"乡土中国"的"乡土金融"如斯。互联网金融也在营造网络中的"乡土中国"，互动式的信息交流，如点赞、顶等实际上是用现代手段实现特定范围内的信用体系建设，以此建立虚拟世界的"微循环"系统。

再来看看中医的发展问题。中医发展的最大瓶颈是科学性、标准化和推广性，科学性关乎存在的基础，标准化关乎发展的前提，而推广性关乎中医能否从一域走向广域、从一国走向世界。以壮大中医为准绳，上述命题无可厚非，但回归本源和逻辑，中医发展悖论却以矛盾对立的形式出现，甚至使得中医国际化成为一个"伪概念"。不同于西医，中医是辨证施治，强调治"未病"，擅于"治人"，弱于"救急"，对医患的个体特质高度依赖，并且地域性极强。男女有别、老少不同、"南人""北人"迥异，在大的种属里又千差万别，甚至极端化到个体，即每一个有病之人在中医眼中是独立的，而特定的"病人"在不同的中医眼中又不尽相同，药方和施治方法亦有差别。"望闻问切"不同于仪器和化学药剂的检测，其主观性强，定性多于定量，整体多于局部，中药特别是草药的性状和药力与生长地和所在地的地理气候环境息息相关，加上不同地区、不同年龄、不同性别的人的生理特质又不一样，决定了中医是基于乡土的小循环、微循环体系，难以推而广之，难以国际化，抑或说一般意义上的发展中医结果可能是消灭中医也未可知。另外，中医是"人与人"的直接互动，而西医是"人—仪器或药物—人"的互动，中药中不乏有毒的草药，所谓以毒攻毒，如果病人对医生没有充分信任，医生对病人没有透彻了解，中医治疗不可能进行，真正的中医就是作坊式的，地域化的，可能无法产业化、国际化。因此，不要羞愧于五四先驱对中医的摒弃，不要纠缠于西方对中药的禁售，中医植根在生于斯、长于斯的乡土生态，如果规模化生产了，全球化营销了，或许就不是中医了，至少不是纯粹的中医了。互联网深入运用之后呢？互联网实现了大数量级的"一对一"，不仅构建出无数的"微循环""小循环"，而且把无数的循环系统连在一起，再加上3D等制造环节的"革命性"突破，满足天文数字的差异化需求便成为可能。

　　中医发展悖论和中小微与农村金融关系何在呢？中小微及农村金融的关键在于资金的可获得性、风险的可管理性及信息的质量。资金获得是结果，风险管控是过程，信息质量是前提，且是重中之重。信息质量的本质要求是信息对称，信息不对称会造成猜忌，提高博弈成本，侵蚀信用价值。中小微及农村金融的困境源于银行的主观能动性不足，而其中信息不对称造成的信用缺失和风险定价不准确是银行"雷声大、雨点小"不积极作为的重要原因。中小微与农村金融是典型的"乡土金融"，与之对应的金融行为应该异于泛指的商业银行，无论是结构、组织形式，还是展业方法、产品服务等。服务中小微与农村金融的主力机构应该是区域性的、社区性的，熟悉客户，熟悉区域市场，熟悉民情社情，并且组织上为单元制或至多两层的"管理行——经营行"结构。只有这样，才能合理布局专业化的管理半径和服务半径，降低信息不对称，精确定价异质风险，变服务与被服务的交互运动为融服务于生产生活的循环运动。反观中国，银行多为"全国性"，至少是"区域性"，鲜有真正的本地银行，"社区银行"也是概念性的，只不过是商业银行扩充分支网点而冠之以的"新名头"。社区银行本是一个独立的法人银行，服务于社区，也只服务于社区，并非以社区银行形态存在的商业银行分支机构。若以此为标准，中国银行体系服务中小微与农村金融的结构性缺陷一目了然。显然，银行体系建设的乡土牌没打好，其结构性缺陷，特别是商业银行普遍性的"贪大求全"、从众性的全国性网络布局和国际化扩张，导致真正贴近被服务对象的金融机构数量不足或专业性匮乏，背离了服务于中小微及农村金融的初衷。互联网金融模式正好可以针对上述缺陷"对症下药"，海量信息的汇集与处理是起点，接着是模式化，大模式套小模式，甚至细分到极致，然后用无数的"微方案"对接无数的"微需求"，微小金融的具体化"要约"得到网络广覆盖的"承诺"，并且实现方式多元化，不乏众筹等标新立异者。结果是，传统金融囿于成本，无法为散、小、多的异质化个体提供量身定做的金融产品和服务，但互联网金融可以做到。

二、场景及体验无异于"写境"与"造境"

互联网金融区别于传统金融的重要特征就是应用场景的打造与注重用户体验。互联网金融扩张的重要手段就是占据尽量多的应用场景，即流量入口。互联网金融依托于电商、社交、搜索、游戏、广告等多元化的入口，建立自身的场景化体系，获取海量用户。例如，支付宝钱包和微信支付在打车市场的竞争，是为了把电子钱包融入日常生活。微信支付抢红包通过打车付费的应用场景，很好地融合了社交和支付元素，绑定客户的微信支付。无论支付、融资、理财投资，还是征信、搜索服务，互联网金融的具体运用都与应用场景相配套，以实现快捷、安全、一站式的金融体验。

由互联网金融的"造景"不由让人联想到传统文化中的"写境"与"造境"。应用场景和用户体验是互联网金融快速发展的利器，而"写境"与"造境"赋予了中国传统文化以灵动之美和永恒的生命力。王国维先生曾说："有造境，有写境，此理想与写实二派之所由分。""写境"是写自然的实在之境，"造境"是通过艺术创造，缔造艺术之境。中国传统文化中"写境"与"造境"皆广泛应用。正所谓艺术来源于生活而又高于生活。有境界者自成高格，自有名句。"大漠孤烟直，长河落日圆"，朴实无华之中壮阔雄奇的大漠边关跃然眼前；"且就洞庭赊月色，将船买酒白云边"，诠释了别样的快意人生与超然洒脱。"写境"构成了一切文化作品的基础，"造境"赋予作品以思想和灵魂。互联网金融也在"写"，也在"造"，并且速度之快、数量之多超出想象的边界，体验的需求带动场景的推陈出新，场景的供给反过来又创造新的体验的需求，一切围绕金融服务的可得性和便利性，极大地丰富了金融的内涵和外延，并且深刻地改变了金融产品和服务的实现方式。

三、关联即是融会贯通

开放共享、关联融合是互联网金融的鲜明个性。互联网金融极大地降低了信息不对称，信息能够充分、便捷、低成本地交流、传递和共享，继而使机构、客户、终端通过互联网金融多维度关联、跨界渗透、融汇整合。在机构的关联融合方面，传统金融机构与互联网技术相融合，将业务线上化，为客户提供"一站式"的服务；涉足金融的互联网企业，通过关联整合电商平台、社交平台等庞大的客户群交易信用记录，弥补银行的不足，如阿里小贷。在终端的关联融合方面，互联网金融将用户几乎所有的应用终端关联互动，包括购物服务，旅游、社区、交友、资讯、打车等生活服务，游戏、视频、音乐等娱乐服务，保险、基金、理财等金融服务，如腾讯入股大众点评、布局嘀嘀打车、与国金证券合作，百度收购91无线，阿里收购高德地图，苏宁云商收购pptv等，目标是关联起尽可能多的互联网服务，获取流量，进而获得客户；终端关联背后是数据的关联，客户流、物流、资金流、信息流高度关联，融汇成了大数据和云计算的基础。

互联网金融具有突破边界、融会贯通一切的内在动力，而"融会贯通"亦是中国传统文化推崇的最高境界。中国传统文化本身就是兼容并蓄、海纳百川的文化。以儒释道为例，三者之间看似各自独立，比如，儒家以修身、齐家、治国、平天下为终极目标，佛家用修为的方式摆脱尘世的困扰，道家依自然之道、无为而无不为，实则相辅相成、融合为一。儒家阐述人与社会的关系，人以社会安身立命；道家展示人与自然的关系，自然超越身心；佛家揭示人与自我的关系，追求以心灵为基点建立真正的自我。把儒释道等诸子百家先贤智慧融会贯通，提升到更高的境界，是中华传统文化的精髓。互联网金融要融社会、融自我，要融物、融人，"融"的文章做好了，互联网金融就做活了。

四、和谐是普遍性追求

互联网金融与生俱来的普惠属性促进了和谐。传统金融或多或少给人嫌贫爱富、晴天送伞的印象。而互联网金融技术突破地域时空的限制，降低了交易成本，提高了金融服务覆盖的广度和深度，为边远地区、小微企业、创业者、低收入群体等提供了相对平等获得金融服务的机会，以低成本、低门槛、大众化、强覆盖度和可获得性成就了"普惠金融"之名。互联网金融的"普惠""和谐"与中国传统的"和合文化"寓意相通。中华传统文化贵和尚中、追求和谐。"以和为贵"追求和谐的人际环境；"和而不同"主张既追求社会整体和谐，又保留个性发展，通过互济互补达到统一、和谐；"天人合一"强调人与自然的协调统一。个体与群体的和谐、自然与社会的和谐，正是中华民族追求的理想和目标。互联网金融的参与主体各异，始于现代科技支持下的数据处理，终于独立个体需求的满足，从而实现参与者之间的和谐，对应的互联网生态的和谐，互联网金融整体的和谐，以及互联网金融与实际存在之间的和谐。

五、福祉是"元概念"

经济的落脚点是增进人类的福祉，人类的福祉是个极其复杂与多元的概念。互联网金融是手段，是路径，其结果是完善了金融市场体系，发展了普惠金融，让人们的物质生活更美好；而中国传统文化在不懈追求更高境界的过程中，其终极关怀也是"让世界更美好"。

互联网金融提供的是服务，是生产和消费环节的重合，既满足差异化的需求，又通过供给创造新的需求，先以试错的方式提供产品，再根据用户的接受度进行改造和创新，最终使人的多重需求一次性、持续性得到满足。而这如同中国传统文化中的"完我"与"完人"的动态升华，以不断的修身达到"完我"，继而达到"忘我"，最终达到"完人"。

互联网金融与中国传统文化元素之间的联系林林总总，不一而足，无法全覆盖地分析陈述，不过结论一目了然：互联网金融"有文化"，而且有诸多中国传统文化元素，中国互联网金融的发展不妨借力传统，在继承中不断突破。

银行的"阿喀琉斯之踵"①

银行是什么?"21 世纪灭绝的恐龙"(比尔·盖茨语),被互联网替代的旧媒介,还是受到第三方支付、网购、物流以及连锁渠道不断侵蚀的金融中介?这些悲观的预测反映出人们对银行存在的必要性出现了前所未有的质疑。

现实却是银行依然存在,并在全球金融危机和监管强化的背景下重塑自己,不仅没有消失,而且整固后依然发挥着不可替代的作用。

一、银行存在的必然性

银行存在有其必然性。这方面的研究不胜枚举,最基本的是资金要素的资源配置功能,比如银行能减少信息不对称,进而减少融资逆向选择;银行在提供和管理流动性方面具有优势;等等。

新古典经济学的自由市场理论中缺乏货币这一元素,造成新古典经济理论与现代经济现实之间的鸿沟。以下将从银行功能及其与货币联系的视角分析银行存在的必然。

第一,银行具有"集合""信用"与"准公器"的优势。较之沃尔玛等跨国连锁企业及非银行金融机构,银行集中了巨额的社会闲散资金,并对形色各异缺乏资金的企业进行融资,本质上是集合资金、集合信用、集合客户、集合风险管理、集合货币收益。

规模再大、渠道再广的机构,对于流动性、风险、信用的管理也难与银行比肩,银行在这些方面的专业管理有纵向的历史性和横向的多元化。由于信用度和资源配置能力的体系化差异,其他机构或许能履行类似银行的投融资功能,但很难全功能替代银行,特别难以形成与银行一样的在公众心目中的"准公器"印象。当然银行并非永远不可替代,但替代成本和难度之高是

---

① 本文写作于 2013 年 8 月。

不言而喻的。

第二，在提升实体经济效率方面，银行"当仁不让"。银行作为服务实体经济的专业化部门，其作用首先体现在提高实体经济的运行效率上。

银行具有规模经济、范围经济、网点覆盖广、信息集约化程度高等方面的比较优势，因此，银行不但能为企业提供长期稳定的资金融通，减少搜索成本，而且还能依靠其信息方面的长板，为企业的业务拓展提供有效支持，管理信用和利率波动风险。另外，银行能够灵活地根据经济、社会的需要，开发投融资产品和个性化服务，使其作用力深入实体经济的方方面面。

第三，银行让世界透明起来。银行以货币为纽带，按照一定的范式将各个部门、各个市场紧密地联系在一起，运用统一的货币度量，使得部门间、市场间、部门与市场间交易成本降低，交易便利性提升，同时也使得交易活动简单化。另外，科技发展和服务分工精细化，对信息的要求几何级数地提高，不仅是速度和数量，而且包括信息挖掘、集成和运用。在银行体系中资金是载体，它以光的速度运动，负载巨量信息，使得携带的信息在不同参与者之间高速地交换，让世界变得愈发透明。

第四，银行的根本在于信用和资金，而非"物"。建构银行的两大支柱原理是货币的时间价值和风险与收益的正相关关系，前者对应货币资金，后者对应信用。既如此，银行之本是信用和资金，一切活动必须围绕这两个核心展开。信用管理和资金管理是银行的看家本事，对"物"的管理过去不是、将来也不可能是银行的核心竞争力所在。因此，新兴银行业务，如供应链融资等，一定要将对"物"的管理转化为对物流的管理，再转化为对信息流的管理，最后负反馈到信用管理和资金管理上，缓释系统的震荡，强化银行的安全性、流动性和盈利性。

第五，银行对信息和系统的依赖度跃升。信用管理和资金管理离不开信息，透明度是信息管理的起点和最根本要求，信息对称、信息价值、信息耗损、信息噪音等均应纳入银行的信息管理视图中。信息管理离不开系统支持，更何况未来是大数据和云计算的时代。银行既是信息的生产者，又是信息的消费者，生产与消费活动重叠，其系统建设的必要性和复杂程度远胜于其他行业。

二、银行业的新挑战

银行之存在已然是客观现实，而银行的继续存在和发展似乎亦有历史的必然。但存在不意味着没有挑战。

中国银行业仍然在"青少年"阶段，要边学习，边吸收；边壮大，边优化；边整固，边调校；边规范，边突破。对中国银行业而言，生存的问题和发展的问题并存，现时的困难和未来的挑战兼具，认识自己的不足特别是最薄弱环节须置于模式选择、践行发展和结构优化之前。那么，到底什么是中国银行业的"阿喀琉斯之踵"呢？答案或许很多，但想当然的结论肯定是"貌似深奥的烟幕下掩盖着无稽之谈"（康德语）。先修正几个错误认识。

脱媒是环境变量，而非破坏因素。中国银行业对于金融脱媒忌惮有加，并且过度夸大脱媒的负面冲击。的确，脱媒使银行与传统的盈利模式"断奶"，但新的产品、新的客户群、新的盈利点也应运而生，充分说明市场机制下的"适者生存"。况且，脱媒是环境变量，对银行的影响是均等的，尤其是助力创新方面的正向作用不应被忽视。

利率和汇率市场化是方向，阵痛不可避免。利率和汇率是价格，其决定因素只能是市场供求，即便现在不是，将来也必须是。两者的市场化进程只会加速，银行必须学会在市场价格体系中匹配资源和定价风险。当然短期会出现利差收窄、利润下降，甚至存款大战、价格战，但永远荫庇在管制价格的襁褓中是不现实的，越是市场化的价格体系，越可能磨砺出银行的竞争力。

影子银行不是洪水猛兽，关键在于监管。影子银行是金融抑制的结果，是业务表外化、衍生化和杠杆化的表现。影子银行会分流银行资产负债，模糊银行风险标准，膨胀社会融资总量，甚至引发系统性风险。但必须认识到，影子银行是主流金融的有益补充，核心问题是如何监管，而有效监管的核心是如何解决信息公开透明以及对称性问题。

新的竞争者"狼来了"，但与银行不存在非此即彼的"二分法"。以第三方支付公司为代表的新的竞争者进入金融领域，开疆拓土，大有取代银行之势。毋庸置疑，渠道的竞争会加剧，并且会延伸到产品、服务上，但银行的信用"壁垒"和专业"壁垒"依然存在，复杂产品和信用要求高的服务仍然会通过银行而非其他业态的中介机构进行，不同类型的机构能够在广义金融的延伸中形成互补。

上述以及很多未涉及的所谓问题，均指向中国银行业的薄弱环节：盈利模式、盈利能力、定价能力、风险管理能力、渠道整合能力、客户服务能力等，可归纳为综合竞争能力。但这些都不是中国银行业的"阿喀琉斯之踵"，最薄弱的环节在于科技系统和信息安全。

三、IT 系统的硬伤

主机设备对外依存度高，"硬伤"明显。中国银行业的电脑主机几乎是清一色的"舶来品"，产品来自国际主要的设备提供商，由于该领域的高技术门槛，实质上形成了垄断格局，中资银行的主机设备被几大厂商分食。

主机设备的重置成本很高，一旦选择很难更换厂商，于是就永远被绑定在某个品牌上。主机依赖外国公司的弊端明显，技术上无法独立，维护上假人之手，设备安全运营成为"应变量"。更为重要的是，即便能够掌握主机的安装、操作和日常维护，制造主机设备的核心技术的获得也非旦夕之功。主机设备的对外依存是中国银行业的一大"硬伤"。

数据库和软件外包了技术，也外包了安全。中资银行的数据库基本外包给国际主要的数据库提供商，数据库结构、原理、维护等均受制于人，数据的安全也存在巨大的不确定性。软件程序的外包程度也很高，虽然做了客户化、本地化处理，但主体架构和逻辑来自于国外，不仅维护难度大，升级和再开发的主动权旁落，而且成本畸高，更不用说其中未发现的 bug 可能引发的系统风险，即便有源代码也无济于事。

系统结构"拿来主义"，软实力欠缺。科技系统就像是盖房子，结构设计十分重要。而中资银行系统的设计师多是"外来的和尚"，一则系统结构高度"西化"，存在水土不服的情况；二则缺乏整体规划，新的业务需求多以外挂子系统的方式解决。这种系统结构使核心系统负载过重，外挂系统过多，功能重叠，节点交叉，子系统倒逼核心系统超负荷运行，系统宕机的概率大增，并且系统出问题后难以精确定位，故障后的排查更像是"哥德巴赫猜想"。

网络搭建"东施效颦"，防火墙难防火。中资银行的电子银行网络从搭建到运行维护主要效仿西方先进银行，特别是防火墙的设置。但是，网络的安全性、稳定性，系统抵御黑客的能力，客户信息的保护机制等均未形成自己的专有技术和渠道能力，特别是有安全保障机制的渠道能力有待检验。

信息管理分割掣肘，信息运用处在初级阶段。中资银行借助科技系统管理信息已经有了长足的进步，但是仍存在信息分割错位的问题。信息管理的"条线化"导致公司客户是一个数据库，零售客户是一个数据库，同业客户是一个数据库；信息管理的"板块化"又导致信用信息是一个数据库，产品信息是一个数据库，市场信息是一个数据库。

海量的信息被分置于不同的系统中，数据库整合不够，运用端更无法高效整合。分割的信息除导致安全设施复杂、泄露点多、信息交叉、信息噪音等问题，还使得信息处于初级浅运用阶段，信息管理的系统化、综合化功能没有充分发挥。

大数据和云计算的美好前景，伴生巨大的不确定性。目前，中资银行的系统硬件和数据库物理位置"落地"，可管理，可控制。未来，一旦进入"云端"，再加上大数据及大规模数据处理，系统的大脑都可能在可控范围之外，安全性、准确性、可管理性、应急机制等均存在不确定因素，如何建立大数据和云计算时代的科技系统，关乎中资银行的生存。

中国银行业只有解决了"阿喀琉斯之踵"，才能站稳脚跟，以更好的姿态发展，以更快的步伐前进。

China's Digitalisation Needs
Clear Vision to Succeed[①]

Many people consider digitalisation to be the next big thing for the world's economies, with China and the US leading the charge.

China's digital activities have boomed over the past decade, particularly in the e-commerce space. A good example of how far China has come is Pinduoduo's recent Nasdaq IPO, which took place only three years after the company was founded.

The rapid rise of China unicorns (start-ups with valuations in excess of US $ 1 billion) and rags-to-riches tales about Chinese entrepreneurs have become an overnight sensation and inspiration.

This excitement has attracted increasing global attention-and it's not just for e-commerce. New technology innovations and the rise of artificial intelligence (AI) in particular, have proven that China is rapidly catching up with the US.

Several years ago, the consensus seemed to be that it was only within the realm of e-commerce and digital payments that China had an edge.

But now, with rising living standards, a more global outlook and awareness of the huge market potential within China, the country's digital advance seems to have expanded to cover many cutting-edge technologies such as big data, AI, blockchain and the cloud.

But is China really close to achieving leadership in these technologies?

While China had made tremendous progress with its digital development, to say it's achieved leadership would be far-fetched.

China has created a vast array of technology start-ups and established huge

---

① 本文写作于 2018 年 11 月。

platforms for e-commerce, delivery of services, ride-hailing, bike rentals and co-working spaces. It has also more than dipped its toe into areas like quantum computing, autonomous vehicles and AI applications.

However, the real driving force towards creating a digital economy is still the US, and specifically Silicon Valley. China still needs to make a lot of progress if it's to become a benchmark for what has been called the Fourth Industrial Revolution.

China's digitalisation dream needs a reality check and the sooner it can be developed on the basis of China's have-nots as well as the haves-then all the better.

Despite the scale and scope of China's current technological achievements, the most salient shortcoming remains the lack of a digital vision. This vision needs to go beyond incubating as many unicorns as possible, occupying league table top spots, generating fantastic financial returns and even AI technologies for detecting chronic illnesses.

We must set our sights on the following critical issues.

Firstly, we need a more precise direction of travel. Big data and AI seem to be the major areas where new breakthroughs may occur, yet the overall concepts are broad and lack definition.

Subsets must be clearly identified and better-resourced to cultivate core competencies. Only this way can future-proof technologies be developed on the back of China's rapid industrialisation and opening-up.

Transforming from a manufacturing powerhouse into an innovation-oriented digital economy will take a deep understanding of technology trends and thorough preparation in terms of capital, human talent and infrastructure.

Secondly, the role of digital technology has been skewed far too much towards ambitious targets for financial returns, and this needs correcting.

Such a development model usually involves concept-building, rounds of financing, market share grabs, quick money-burning and usually ends with an IPO or other form of financial exit for private investors. A sophisticated dual-class shareholding structure is normally employed to sustain the control of founders. Then it's repeat and rewind endlessly.

But recently we've seen some sharp reversals for these models-peer-to-peer lending platforms were initially hailed as a fintech miracle but now many of them are mired in disaster and fraud.

There has not been a stunning breakthrough in general purpose technologies (GPT) and China's relative weakness in microchip technology has been exposed by rising Sino-US trade tensions.

Thirdly, a true digital vision needs to be anchored to value generation as opposed to user and market share acquisition. The values that should be pursued include, but are not limited to, better living standards, better security and an improved natural environment.

Digitalisation should further broaden our vision and turn our imagination towards tomorrow, not merely rest on today's well-calculated economics.

Moreover, digitalisation should be multi-dimensional. No single disruption can make a real difference without addressing the issue of how technology adds value to society-from ground zero to the building of the tallest skyscraper.

We need to keep this in mind.

第四篇

货币政策与人民币国际化

　　全球经济增长中枢下移，高增长动能普遍匮乏，在经济范式转换之际，即便经济刺激政策频出，通货膨胀特征长期没有表达，通货紧缩成为货币政策发力的痛点，货币政策与财政政策的边界越来越模糊，无限印钞刺激经济发展的现代货币理论（the Modern Monetary Theory）有从边缘逐渐向中心移动的迹象，财政赤字货币化或债务货币化程度加深；中央银行量化宽松政策常态化，低利率甚至负利率拉低资金价格中枢，宏观货币环境充裕，价格型工具的效力不断衰减，数量型工具成为主角；货币政策的宏观调控既作用于经济总量又作用于经济结构，与传统理论框架的偏离度加大，"单一规则"及通胀目标似乎已偏出视野，多目标甚至极端化政策措施使用频繁，如直升机撒钱（helicopter money）等；货币政策的市场压强大，力度超过预期，预期管理与宏观经济目标的契合度提高；中央银行货币政策工具箱工具多元，组合运用针对性强，阻断风险传染和应对危机的能力在不断提升，逆周期调控的熟练程度加强。

　　至于汇率管理，特别是人民币国际化，短期目标和长期愿景并不矛盾，主动渐进可控是理性选择。在危机时，美元的核心储备货币地位愈加显著，美国全球配置风险的能力更加突出，人民币国际化的题眼不在美元，而在综合国力和国内多层次资本市场建设，开放经济和人民币资产的吸引力是增加人民币使用的根本要件，货币使用的加宽、加深、加大，自然会推动人民币国际化进程加速。

　　本篇主要内容包括货币政策定位、量化宽松效果、流动性的非金融动因以及人民币国际化锚定因素和数字维度等。

稳健不稳健的货币政策[①]

　　货币政策的真正目标是稳健，广而言之是经济社会的可持续健康发展，政策工具、传导机制也好，国家间协议、国际协调也好，要用稳健予以"锚定"，其他则交给市场，让市场发挥作用。

　　题目的第一个"稳健"是动词，第二个"稳健"是形容词，这样的排列组合借鉴了海曼·明斯基（Hyman Minsky）的专著《稳定不稳定的经济》（*Stabilizing an Unstable Economy*）的书名。

　　明斯基是一位后凯恩斯主义经济学家，其理论过于朴实，加之诸多"皇冠明珠"是他去世后由别人归纳总结的，因此，若没有 2008 年全球范围的经济金融危机，他绝不会受到学界和业界如此广泛而深度的关注。

　　忽然间，人们发现明斯基关于危机的理论不仅不是"苍白的"，而且是"生命之树常青"，正如马克思和他的《资本论》一样，不过前者是资本主义市场经济"体制内"的人，而后者是该体制的掘墓人。不考虑意识形态的聚焦力，明斯基的观点和认识颇具理论上的反思性和深刻性。

一、明斯基的智慧

　　明斯基观点一：金融不稳定假说。在金融体系运行过程中，存在三种融资行为，即产生的现金流既能还息、也能还本的风险锁定型融资（Hedge Finance），只能还息、不能还本的投机型融资（Speculative Finance）和现金流无法覆盖本息、只能依靠资产升值维持再融资的庞氏融资（Ponzi Finance）。庞氏融资盛行造成资产价值永远上升的错觉，一旦资产泡沫破裂，庞氏融资将难以为继，投机型融资也会戛然而止，甚至"多米诺效应"波及正常融资活动，金融体系的信用冻结，流动性消失。

　　[①]　本文写作于 2018 年 3 月。

金融有内生的不稳定性，美国次贷危机演示了非正常融资活动自我膨胀、自我实现、自我毁灭的不稳定发展轨迹。

明斯基观点二：稳定创造自身的不稳定。金融的非稳状态是嵌入经济周期的。在稳定繁荣的时期，企业生成现金流的能力远超债务本息的偿还要求，于是过度借债进行资产投资、投机的行为成为主流，结果是债务累积快于现金流的产生，若资产价值出现调整，过度借债的宏观危害性凸显，稳定和不稳定的临界点出现，危机如期而至。

"格林斯潘繁荣"演进的下一站不是又一个繁荣，而是次贷危机、金融危机和欧债危机，居民部门、银行和政府的过度负债终尝恶果，饕餮散去，为繁荣埋单的恰恰是系统性的危机和衰退。

明斯基观点三：金融体系性摆动和政府干预。人类的投资多是动量投资（Momentum Investment）而非价值投资（Value Investment），是顺周期的。金融体系在强健与脆弱之间摆动，在承载配置货币资源要素、加速资金运转速度的作用时，金融体系的摆动融入了商业活动的生命周期，进而影响经济周期变化。

资产价格的投机泡沫对宏观经济的危害必须通过制度、央行干预等政府介入活动予以削减，自由市场经济也是不稳定的，一味减少管制的放任自由政策不可取。

危机之后，完全自由主义的经济理论光环褪去，尽管执旗者不愿退出历史舞台，一边误读、曲解并用恶毒的语言攻击凯恩斯主义，另一边又使用并透支凯恩斯主义。现实是残酷的，市场机制不仅会失灵，而且自我修复能力有限，政府的作用依然有施展的空间，逆周期的宏观调控政策和监管制度安排有助于缓解和熨平经济的过度波动。

当然，不要因为市场经济的周期性事故就全面否定市场的作用，更不能得出政府应全面干预经济的错误结论，"过犹不及"的哲学逻辑同样适用于经济理论的思辨。

二、货币政策"乱象"

现在全球主要经济体的货币政策，更像是"货币的政策"——货币超发、量化宽松、货币贬值竞赛，甚至货币战争。如果货币一种手段能够实现货币政策的科学高效，那么稳健的政策诉求自然不难实现。明斯基指出经济不稳定是常态，政府和央行应适度干预，但现在的局面之乱却出乎他的理论设计。

一乱是货币政策目标。许多发达经济体皈依于单一规则，笃信单一货币政策目标，以管理通货膨胀为天职——那是过去时。现在，美国货币政策调整的触发机制是控制通货膨胀，促进充分就业。英国的关注点则主要是在"脱欧"，加息是否持续将主要取决于英国国内的通胀压力。尽管欧洲、日本经济在持续复苏，但当前通胀水平离各央行的目标仍有不小差距，对待货币政策转向更加谨慎，相比加息，更需关注的是其量化宽松购债计划的变动。

二乱是货币政策工具。美国的货币政策工具曾由货币供应量转为实际利率，执行结果与泰勒规则相互契合，而伯南克的美联储"吐故纳新"祭出量化宽松，并且由 1 到 n 矢志不渝；欧洲央行的工具包里有证券市场计划（SMP）、长期再融资操作（LTRO）、直接货币交易（OMT）等，但效果如何尚待市场检验；日本央行则采用开放式资产购买项目等一系列宽松型手段，决心不可谓不大。美、欧、日将传统的货币政策工具即利率降到了近乎零的低水平，已无腾挪空间，于是才使用诸多非传统工具，但不同名称、不同噱头的新工具指向同一个本源：量化宽松。即便单就货币政策工具而言，宽松仿佛屡试不爽，稳健却是极难拿捏的。

三乱是货币政策与财政政策的关系。货币政策独立性的首要表征是与财政政策的泾渭分明、相互独立，央行不能为财政兜底。但是，危机爆发后的美国相继面对财政悬崖（Fiscal Cliff）和强制分段减支（Sequestration），货币政策开始帮财政政策的忙，开动印钞机向市场注水，膨胀央行资产负债表，债务货币化上演；深陷主权和银行债务危机的欧洲更是践行债务货币化，央行购买包括国债在内的债券资产，货币政策和财政政策的边界愈发模糊。

四乱是货币政策的全球协调机制。货币政策的全球协调可谓"剪不断，理还乱"，对别人的要求是币值稳定、财政紧缩、增税减支和量入为出，而对自己的要求是货币贬值、贸易保护、减税稳支和寅吃卯粮。

国际组织在全球协调中也表现得左支右绌，IMF 的危机救助政策强调财政纪律和市场机制，要求维持合理的利率水平以对抗通胀和保持币值稳定，这副药在 1997 年亚洲金融危机期间强加给泰国、韩国等，虽苦不堪言，但事后证明效果不错。问题是同样陷入危机，明知道药效不错，为何有的国家服得这药，而欧美却服不得？

再看巴塞尔银行委员会，危机使得《巴塞尔协议Ⅲ》早产，但资本充足率和宏观审慎监管的政策设计未见得满足对不同国家国情的考量，更不像是高度协调性的安排，净稳定现金流比率和流动性覆盖比率难以脱离"有效市场假说"的窠臼，执行起来，发达国家不知是否合脚，发展中国家肯定是"削足适履"。

三、以稳健"锚定"货币政策

反观中国，稳健的货币政策不应是一时之选，而应是长期选择。随着经济步入高质量发展的轨道，货币政策中性愈加重要。经济结构转型需要市场发挥更大的作用，货币政策不要因偏松或偏紧对市场机制造成扰动，货币政策只要稳健就好。

货币政策多目标并非不稳健。无须迷信西方货币政策的单一目标，如果能够同时实现多目标，西方的央行肯定会"兼收并蓄"，只是发达经济体的经济增长空间有限、人口结构相对稳定、国际收支格局已定，即便货币政策想同时实现上述目标也是力不能及，只好退而求其次，以通胀为目标。

独立性是稳健的货币政策的必要条件。货币政策的独立性源于央行的独立性，独立性是央行履行货币政策职能的必要条件。独立不是割裂，独立不是不发生联系，货币政策与财政政策及其他经济政策必须有效连通，良性互动，政策间的交叉影响要进行分析和管理，避免"合成谬误"的出现。货币政策的独立性主要是制定时不受行政性目标的干预，因为政治看短期而货币政策是看中长期的。

货币政策的前瞻性、可预测性与稳健高度相关。没有任何实证数据显示货币政策的作用与"出其不意"成正比，货币政策不应追求神秘性。稳健的货币政策必须有前瞻性，而前瞻性必须可预测，要有一系列先行指标引导市场预测货币政策走势，从而使市场参与者主动调整行为以适应货币政策的具体要求。

不稳定是绝对的，稳定是相对的，经济如此，货币政策亦如此。其实，货币政策的真正目标是稳健，广而言之是经济社会的可持续健康发展，政策工具、传导机制也好，国家间协议、国际协调也好，要用稳健予以"锚定"，其他则交给市场，让市场发挥作用。

量化宽松的效果图谱[①]

中央银行制度甫一建立，非常规货币政策就在其工具箱中。因为，彼时央行的规则手册（rule book）尚未成形，何谓"常规"、何谓"非常规"并非泾渭分明。在央行职能法定和作用机制规范化的过程中，常规货币政策以及与其对应的货币政策工具逐渐形成"套路"，以美联储为例，"规定动作"包括弗里德曼"单一规则"的货币供应量、"泰勒规则"的短期利率等及其升级版，货币政策目标主要盯住通胀率，兼顾失业率、经济增长等。

尽管美联储等央行把独立性上升为"金科玉律"，但即便如此，美联储也只是"政府内的独立"而非绝对意义的独立，加之央行的货币政策归根结底是政策，所以必须履行相应的宏观调控职能。或许是进入了数字化时代，经济的特征甚至本质在发生变化；或许是经济的量级提升，既定的运行轨迹和规律出现偏离。总之，2008 年全球金融危机之后，陷入衰退的经济对常规货币政策工具的"抗药性"明显，央行出台非常规货币政策不仅必要，而且急迫，至少须避免经济从大衰退滑向大萧条。

非常规货币政策大体分两种，一种是常规货币政策工具的非常规使用，如利率政策的零利率甚至负利率；另一种是真正意义上的非常规，如量化宽松（Quantitative Easing，QE）、量化质化宽松（Quantitative and Qualitative Easing，QQE）等。

危机以来，主要经济体的央行或早或晚、或多或少地使用了非常规货币政策工具，规模有异，方式不同，但基本实现了在剧烈波动中稳定经济的目标。于是，2015 年前后，美联储率先宣布回归货币政策正常化。目前，基本共识是货币政策需要回归常态，分歧在于如何把握时机以期大病初愈的经济不至于又转为羸弱。因此，现在是时候对非常规货币政策工具的使用进行阶

---

① 本文写作于 2019 年 3 月。

段性小结，思考其作用机制并形成效果图谱。鉴于本轮非常规货币政策工具的组合特点，以下分析主要围绕核心政策工具量化宽松展开。

一、理论与操作

如何定义量化宽松？标普首席经济学家 Paul Sheard 认为，量化宽松是在政策利率接近或处于零水平后，央行通过购买资产扩张其资产负债表以实现货币政策目标。央行资产负债表的负债项为准备金存款、货币发行、政府存款与资本等，且后三项是外生因素，因此资产的变化就等同于准备金存款的变化。实施量化宽松时，在负债端，央行增加准备金（现金形式）；在资产端，央行购买久期较长的债券或其他资产平衡资产负债表。组合再平衡效应和信号传递效应是量化宽松发挥作用的主要方式。由于央行在购买债券的过程中改变了资产间的相对价格，资产管理人需要再平衡组合，重建资产价格均衡。该过程改善了资本市场的金融条件，使得金融市场流动性增强，继而长期利率下降、股票价格上升、信用利差缩窄且美元一定幅度贬值。信号传递效应是指央行通过释放货币政策的前瞻指引改变市场对未来利率的预期，进而对资产价格产生影响，货币政策产生的信号传递效应在低利率环境下甚至比组合再平衡的效果更强大。

量化宽松是个相对年轻的概念，可归入公开市场操作的范畴，相关学术研究主要针对其具体措施和效果，是否运用量化宽松亦是实需驱动。经典的 IS－LM 模型仅考虑货币市场以及商品和服务市场，没有考虑资产市场，一旦经济体陷入零利率或低利率的"流动性陷阱"，该理论就认为货币政策力所不逮，财政政策应承担刺激经济的责任。20 世纪 70 年代之后，全球特别是美国的债券和资产市场快速成长，以伯南克为代表的一派经济学家另辟蹊径，认为进入零利率或低利率区间，尽管央行无法继续降低名义利率，却可以购买政府债券和其他长期债券，为经济体系注入流动性或基础货币，防止经济体系陷入长期通缩。量化宽松的操作基于伯南克的"灵活的通货膨胀基准目标"原则。伯南克认为，通货膨胀基准目标具有三大特征：一是货币政策须实现既定的长期通胀目标，长期价格稳定是"本"，通胀率既不能太低又不能太高，避免通缩与避免通胀同等重要，甚至更重要；二是短期内央行有一定的灵活性，以追求其他目标，包括产出增长和就业稳定；三是货币政策必须充分开放和透明。危机给伯南克提供了绝佳机会，在美联储主席任上，为避免美国经济陷入通缩，伯南克执行了长达6年的量化宽松政策。

美联储自2008年11月至2014年10月共实施了四轮量化宽松政策：第一轮是2008年11月25日，美联储首次购买政府支持企业债（GSE）和MBS。同时，购买3,000亿美元的较长期国债。截至2010年4月28日，QE1共购买了1.725万亿美元资产，通过购买国家担保的问题金融资产，重建金融机构信用，向信贷市场注入流动性，以稳定市场特别是信贷市场，并非直接刺激经济。第二轮是美联储2010年11月3日，启动第二轮量化宽松计划，在2011年第二季度以前以每月750亿美元的速度进一步购买6,000亿美元的较长期美国国债。QE2于2011年6月结束，通过增加基础货币投放和向其他国家"出售"国债，套现还原成美元现金，增加储备规模，主要目的不仅在于提供流动性，而且还压低了长期无风险利率，有利于缓释财政困境。第三轮是2011年9月21日美联储宣布实行扭曲操作（Operation Twist，OT），在2012年6月底以前买入4,000亿美元余期在6年到30年之间的美国国债，同时出售等量余期3年或以下的美国国债，2012年7月20日，联储买入2,670亿美元长期国债，同时售出等额短期国债，再次进行了反转操作。第四轮是美联储2012年9月14日宣布将0~0.25%超低利率政策延长至2015年中，并推出进一步量化宽松政策，每月购买400亿美元的MBS，OT维持不变。2012年12月13日，美联储宣布每月购买450亿美元国债，替代OT，美联储每月资产购买额达850亿美元。2013年12月18日美联储宣布每月缩减资产购买额100亿美元。2014年10月29日，美联储决定停止量化宽松政策。

二、"效果图谱"

数字化时代，知识的呈现方式是数字化的，比如知识图谱（knowledge graph），即是相关知识域发展进程和结构关系的可视化呈现。在辨析非常规货币政策工具的逆周期效果时不妨借用这一概念，目的不在于绘制非常规货币政策工具与市场之间的复杂映射，而是用文字描述其作用机制的多元化和相互关系的多维度。以下是简单而初步的结论：

第一，经济的企稳回升是基本事实，至少避免了最坏情境下的长期停滞。任何事物都有两面性，非常规货币政策也不例外。暂不论观点纷呈的"副作用"，其阶段性效果与政策目标基本一致，且调控方向是逆周期的，即托住了陷入衰退的经济并稳定了剧烈波动的金融市场，尽管经济复苏乃至繁荣的前行轨迹难言坚实。当然，其中非常规货币政策无力"独木成林"，积极财政政策特别是减税以及经济结构调整的逆周期调控作用绝不可忽视，是故，避免经济失速陷入衰退的功劳无法直接归因，成绩"各表"似乎是央行行长、财政官员或政治人物的实际行动。

第二，阶段性的宏观经济效果的根本驱动力是充裕的流动性。截至目前，量化宽松政策与效果之间的因果关系尚不具备理论的强健性（robustness），实证研究也难以提供有力证据。但基本事实反映，美欧央行通过购买债券、扩表等一揽子操作，向市场注入巨量的流动性，资产价格得以稳定，商业银行的信贷活动一定程度恢复，央行借金融机构和金融市场的传导机制向实体经济输入资金"血液"，继而稳定就业，推高工资，整固经济。虽然危机后多策齐发，但政策组合发挥作用的前提是市场流动性没有枯竭并且新的流动性加量接续，而非常规货币政策的实质就是流动性创造，无论是通过基础货币投放还是购买债券注入流动性。所以，量化宽松是避免"流动性陷阱"的政策选项，总体上经济效果尚可，尽管国别表现存在差异，随之而来的任务是这一阶段性的逆周期调控效果如何巩固并以此为基础确立新的增长周期。

第三，新兴市场国家的"起"与"落"均与主要经济体特别是美国的流动性输出和回流高度关联。非常规货币政策的操盘手是美、欧、日，但其政策效果却系统性外溢并波及新兴市场国家。显而易见，新兴市场国家是发达经济体货币政策外部性的被动接受者，其经济表现和主权货币汇率均反映这一关系。发达与新兴互动的主线仍然是流动性，危机后的一系列政策使美国的流动性压力趋缓，不仅自保无虞，而且能输出新兴市场国家极度短缺的美元资金，于是，资金要素的全球配置进入稳定平衡期，成长主题在危机后普遍回归，新兴市场国家恢复增长动能，危机后至2015年年底的上半场大致如此。其后，美联储启动加息并逐步退出量化宽松，加上特朗普政府的减税等政策使海外美元回流，新兴市场国家的流动性瞬间进入"冰川纪"，GDP增速下滑和货币贬值纷至沓来，且烈度超出预期。所以，新兴市场国家跟随发达经济体在危机后进行逆周期调控是必然的，但应对发达经济体非常规之后的再次政策转向显然进退失据。

第四，被动型投资如指数基金的快速规模化与量化宽松创造的流动性或有关联。2017年，全球公募基金的资产管理规模接近50万亿美元（图1），除股与债的结构变化之外，被动型投资的兴起和快速发展在解构传统投资的同时，与量化和智能投资一起开始建构新的投资格局。目前，被动型投资虽尚未实现对主动型投资的超越，但双方的差距在不断缩小。2005 年指数基金的资产仅占所有股票基金的16%，而 2018 年这一比例达到43%。究其根源，危机后的流动性创造使得资产估值的传统方法论失效，资产价格的决定因素及其构成发生根本性变化，央行成了市场参与者，甚至是具有左右能力的市场参与者，投资的基本面分析和技术面分析必须纳入央行以及央行所创造的流动性变量后才具备模型的完整性和有效性。既然危机后决定资产价格更多的是"自上而下"的宏观因素，那么，标的资产的个体因素无法"自下而上"充分表达，主动型投资获取 ALPHA 的能力自然受到限制，其业绩表现亦不甚理想。虽然对被动型投资市场影响的判断两极分化，对其应承担的责任也莫衷一是，但投资者主动转被动的"改旗易帜"恐非年度现象，而成为长期趋势了。

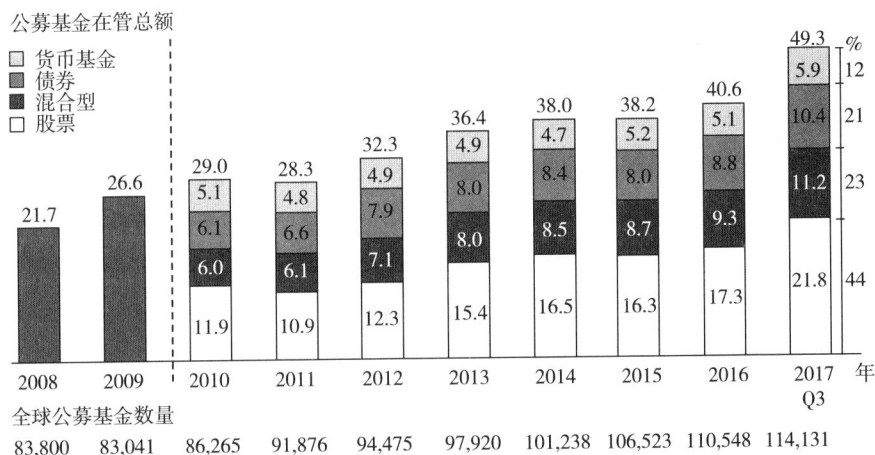

图1　2017 年年底全球公募基金资产管理规模和结构

（资料来源：International Investment Funds Association）

第五，货币政策的微观效果与新经济因素叠加，加速分娩资本市场的"巨婴""独角兽"（Unicorn）。摩尔定律预测，技术创新的速度是倍数级的；在应用端，新技术催生的新产品用户超过 1 亿的速度甚至是指数级的（图2）。新经济的引擎是科技，加速度模式应是常态。或是巧合，这一轮技术革命在时间上几乎与全球金融危机并行，而危机后金融市场的参与者中科技"巨无霸"（Big Techs）和"独角兽"是主角之一。非常规货币政策修复了流动性断点，并创造出新的流动性，发达和新兴市场均资金充裕，过多的资金追逐有限的资产，结果是资产价格中枢的整体上行。在二级市场表现为新经济代表（如美国五大科技公司脸书、苹果、亚马逊、网飞和字母表，首字母缩写FAANG）市值不断上台阶；在一级市场表现为初创公司融资频率快、轮数多且估值不断上量级，在企业生命周期的婴幼儿阶段已是庞然大物的"巨婴"，"独角兽"频出。不过，量化宽松下的市场资金并未同样眷顾传统产业，实体经济企业与科技公司之间的市值有着霄壤之别（图3）。如此之大的估值差异或可用新技术的无限预期加以解释，但其中量化宽松的持续资金供给肯定是原因之一。新经济的估值体系本就在质变过程中，而非常规货币政策使这一变化的强度和复杂性进一步加大。

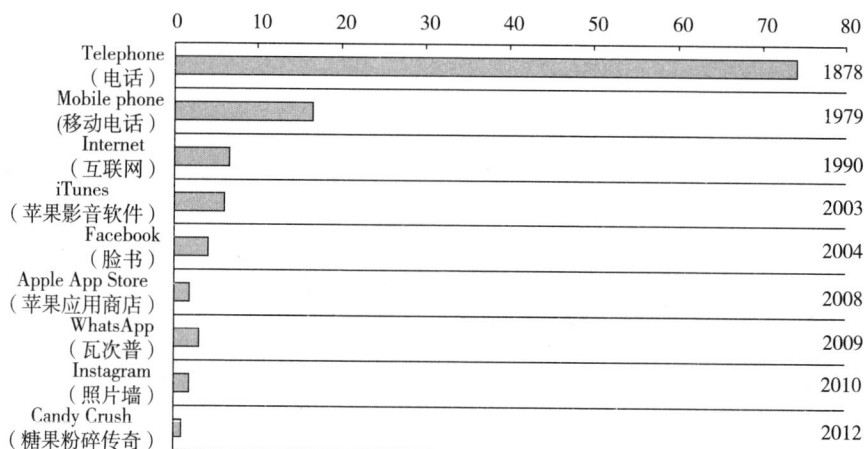

图 2　不同科技产品用户超 1 亿的时间

（资料来源：Boston Consulting Group ITU，Venture Beat）

第六，政治和社会的逆周期效果与"逆全球化"同频。非常规货币政策工具的"用武之地"是金融市场，资金是载体，因此与金融资产和资金要素关联的行业、企业和个人直接受益，危机冲击不仅被缓解甚至消弭，而且财富得以非均衡增长。与此对应的社会阶层本就是所谓的"1%"，经济政策的政治和社会效果也呈现出逆周期特征。事实上，危机后的非常规货币政策进一步加剧了贫富分化，逆周期的货币政策与全球化之"逆""反"同在一个

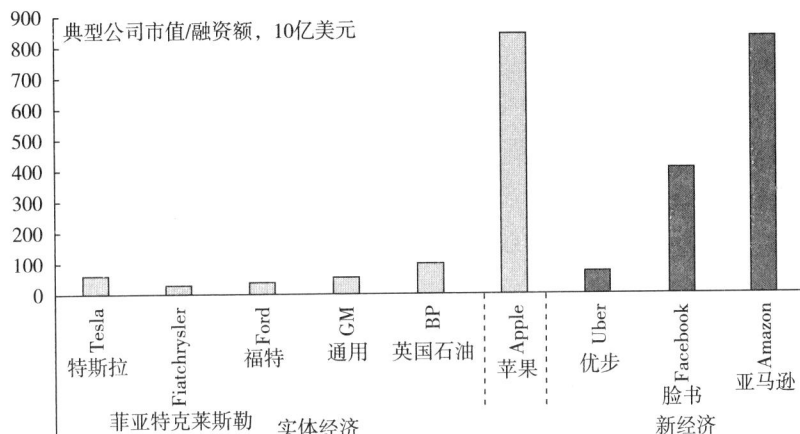

注：苹果公司由于硬件收入占比较大，归入实体经济。

图3　样本大型公司市值或融资额（2018 年年底）

（资料来源：Bloomberg，中投研究）

画面，民粹主义等极端政治派别卷土重来，社会进步出现逆向"漂移"。2016年德国财长朔伊布勒批评欧洲央行行长德拉吉，认为其量化宽松政策贡献了反对欧洲一体化的德国选择党 50% 的选票。显然，危机应对之策的积极效果并没有比较公平地被不同阶层分享，富人的获得感和一般民众的失落感形成巨大落差，经济的"稳"与社会的"不很稳"和政治的"很不稳"不和谐地共存。

非常规货币政策的退出仍然是进行时，不排除如美联储一样因经济的阶段性反复而暂缓继续实施量化紧缩。所以，量化宽松的逆周期"效果图谱"仍然难言精确，不过阶段性的辨析却不乏参考性和必要的解释力。

纾解货币政策传导机制①

在市场机构关于货币政策"超调"②和"总体稳健、定向宽松"的聒噪中，中国央行于 2011 年 7 月 7 日毅然加息，再次亮明紧缩取向。该举动是 2011 年年初以来数量型工具和价格型工具综合运用轨迹的延续，主要针对目标依然是高企的通货膨胀。

通货膨胀在国内乃至在全球主要国家都有较大压力，根源在于金融危机时期各国发行的大规模超量货币。现在这些超量货币正在实体经济领域全面发酵。

2011 年初至今，中国通货膨胀一路"过关斩将"，顺次"抛 5 破 6"，6 月 CPI 增速高达 6.4%，市场普遍预计，7 月 CPI 也将在 6% 以上的位置运行。为应对通货膨胀挑战，中国央行紧锣密鼓地利用数量工具紧缩银根，已六次提高法定准备金率，同时也频频使用价格手段，已加息三次。

数量型工具和价格型工具交替使用，终究要抬升由市场利率和管制利率构成的资金价格体系，在融资地位不对等的格局中，将会冲击一些相对弱势金融机构和企业，乃至居民的筹资成本。

其主要传递路径有两个：一是法定准备金工具通过紧缩流动性提高市场利率，而整个社会融资规模中约有 1/3 由市场利率决定，如票据、债券、民间借贷等，由此抬高实体经济领域的融资成本；二是在贷款资源稀缺的情况下，对应管制利率贷款的价格有大幅上浮的动机。甚至，商业银行的信贷市场对于相对弱势企业是"有价无市"。

在数量型工具和价格型工具交替夹击下，实体经济领域中的多条利率曲线演奏着"上浮"和"陡峭"的变奏曲。

---

① 本文写作于 2011 年 7 月。

② 2011 年中国通货膨胀水平为 5.4%，1 月至 7 月央行为应对通货膨胀 6 次提高法定准备金率和 3 次加息。在美国和欧洲主权债务危机恶化的大背景下，一些人认为中国货币紧缩政策可能"超调"。

一、利率曲线非常态

按照融资品种划分，实体经济领域中的利率曲线主要有：贷款利率曲线、票据利率曲线、债券利率曲线、民间借贷利率曲线等；按照融资主体和市场地位划分，有对应大型国企的利率曲线、对应中型企业的利率曲线、对应中小企业或民营企业的利率曲线以及对应民间私人融资的利率曲线。

在实施本轮稳健货币政策之前，商业银行对国有大型企业的信贷利率，一般是在基准利率水平下浮约10%，而且，大型国企发行债券和进行票据融资具有成本低和便利的优势。

对于中型企业，商业银行一般按照基准利率水平给予信贷；对于中小企业和民营企业，商业银行在基准利率水平上还要上浮10%～15%，这类企业的票据贴现成本和债券发行成本也较高。

由于整体流动性较为宽松，大多数民间借贷利率通常在管制基准利率的1.5倍至2.0倍的区间运行，少数高一点，但不会超过基准利率的4倍。

在实施稳健趋紧货币政策后，尤其是今年在数量型工具和价格型工具密集"炮轰"下，整个利率曲线体系均在上行，而且，以债券、票据、贷款、民间借贷构成的利率截面变陡，以国有大型企业、中型企业、中小企业和民营企业、私人借贷构成的利率截面也在陡峭化，即私人借贷和难以进入体制内融资的利率水平上升得更快。

对于大型国企，商业银行不再实行下浮10%的利率优惠政策，而改为与基准利率持平；对于中型企业，利率均上浮10%～15%；对于中小企、民企一般上浮20%～30%。流动性紧缩也迫使一些私人在资产市场套现，而且，民间借贷月息飙升至5～7分的高水平。同时，银行间市场上的票据、债券利率也在向靠近贷款利率或超过贷款利率的水平进军。

数量型与价格型两种货币政策工具是联动的而非割裂的，实际中的多条利率曲线说明，价格反应机制是敏感的，其决定因素是供求关系。

在2011年6月央行第六次提高准备金率后，法定准备金率向商业银行的正常可承受边界靠拢，不仅银行间市场流动性骤然变得异常紧张，而且全社会流动性也变得特别紧张，市场利率大幅度上升，一天和七天回购利率持续在6%至9%的水平运行，一年期央票利率比一年期管制存款利率提前达到3.5%的水平，直接推动票据、债券、民间借贷利率飙升，也推动贷款利率上

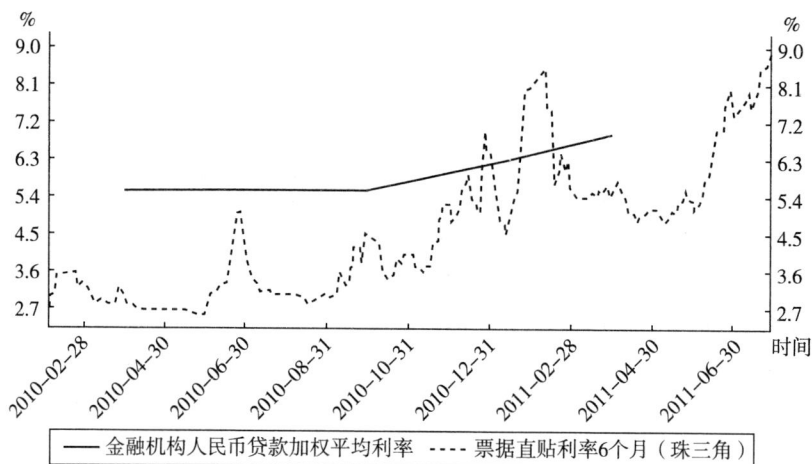

图1　金融机构人民币贷款加权平均利率、票据直贴利率走势

（资料来源：Wind）

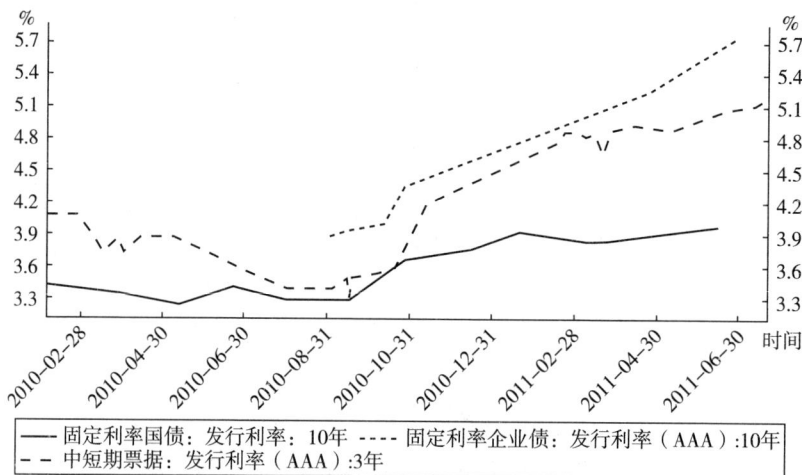

图2　国债、企业债、中期票据利率走势

（资料来源：Wind）

浮，促使本次基准利率上调25BP。无论是利率曲线体系，还是利率截面体系，都在上升过程中变陡，在变陡趋势中上升，并且交互作用。

　　但需要指出的是，这种灵敏反应处于畸形状态。根据商业银行的资产负债管理经验，在法定准备金率超过 20% 的水平后，由超额备付金、法定准备金、债券、票据、信贷、表外资产等组成的资产生态体系将变得愈加脆弱。

目前，商业银行正在历经法定准备金率的正常可承受边界。真实利率反应灵敏是数量型货币政策持续施压的结果，并非一般情况下的正常状态。

二、改善社会融资结构

在治理通货膨胀过程中，如何打造利率敏感反应体系和优化货币政策工具选择？这是在当前更为现实和紧迫的问题。

应该大力发展债券市场，提高直接融资在社会融资规模中的比重。理论上讲，由居民持有发行的债券比银行贷款更能控制好货币派生。

国外经验表明，直接融资占比越高，实体经济对利率的反应也越敏感。比如，美国直接融资和间接融资比约为 75%∶25%（2009 年年末数据），欧洲为 60%∶40%（2009 年年末数据），而中国为 25%∶75%（2010 年年末数据），美国和欧洲的融资主体对利率的反应比中国灵敏得多。

间接融资为主的社会融资结构，注定了商业银行体系是货币政策传导机制的主流环节。而商业银行是"重资产负债表"，加上资本充足率和存贷比的考核，利率管理让位于流动性和规模偏好，由此，数量型货币政策工具的效果自然明显，当然行政性手段可能见效更快，比如贷款额度管理、"窗口指导"等。

因此，中国数量型货币政策工具的选择和运用，不能简单归结为相机抉择或照顾国企和地方政府平台的"投鼠忌器"，而是货币政策传导机制使然。

然而，数量管理毕竟是一种"重短期轻趋势"的政策工具。要控制好货币派生，提高利率敏感性和利率对实体经济的调控功能，还得扩大债券市场，构建多层次债券市场体系，提高直接融资占比。

其实，民间借贷就是一种直接融资，借款者写的欠条可视为"债券"，出借资金的人将银行存款取出后，借给资金使用者，银行体系并没有派生存款，从而没有像银行贷款那样放大货币量。这说明，价格型货币政策工具已经在"民间"使用了，与数量型货币政策工具联动并相互影响、相互作用。

三、重构传导机制

2011 年春节前后和 6 月，市场流动性从过剩到枯竭的瞬间转换，不是货币量出现了实质性改变，而是对数量工具的过度预期和过度反应。

比如，一些大国企利用融资地位"高筑墙，广积粮"，倾向于提用闲置的信用额度，宁愿闲置在账上，以备不时之需，加剧了市场流动性的紧张程度。更甚者，个别大企业开始无所顾忌地加入到高利贷市场，衍生出一个由银行、大企业集团、高利贷公司共同组成的利益共同体。该利益链条暂时还无法撼动。

在此旋涡里，中小民营企业正以血淋淋的方式自我拯救——利率高达5分、7分等，而商品利润只有约10%。如果直接融资市场发达，发行便利，那么，大型企业就会算账，以价格换数量。只有那样，价格型工具才能发挥作用。不管是什么基准利率，只要商业银行体系是货币政策工具传导机制的主体，商业银行的行为模式就会直接作用于市场。

由于存贷比达标的监管要求，"630"（半年度6月30日的时点）出现了种种怪相，如"存款返卡""存款返金"等。储蓄搬家的根本驱动力是持续的负利率，而理财业务"蓬勃"发展源于商业银行拉存款的需要。

根据普益财富的统计数据，仅2011年第一季度，银行理财产品的发行数高达3,691只，同比增长107.7%，发行规模约4.17万亿元人民币，是同期新增存款的103%，已超过2010年全年银行理财产品发行规模的一半。而且，按照理财产品利率，实际上基准利率已经高达5%的水平，比3.50%的管制存款利率高150BP，相当于加息六次了！设想一下，在这样的大环境和"冲时点"面前，不论基准利率变不变，实际的利率已经"迂回"向上，通过理财收益率的方式呈现出来。

在通货膨胀居高的情形中，数量型工具和价格型工具的重要性不会降低，但相比而言，利率工具可能更要走到前台来。利率是治理通货膨胀的最有效手段，而准备金对付通货膨胀作用相对间接。

对于货币政策工具"组合拳"，重要的不是在价格型和数量型之间"非此即彼"的选择，而是构建适宜价格型货币政策工具发挥作用的传导机制，在此机制中，直接融资工具和信用债券市场的建设是关键。这也是"建设多层次资本市场"的核心要义。

China Needs to Overhaul Its Financial
Sector to Ease Rebalancing[①]

China's economy is slowing down. Both official statistics and people's daily experience appear to tell the same story. Disappointing retail sales figures for November spooked investors, deepening anxiety about the economy.

However, closer scrutiny reveals that the structure of Chinese output is actually improving, with consumption growing as a share of gross domestic product, while investment and export fall. The trends show that China is on the right path, rebalancing its economy away from high-speed growth to high-quality development.

Recent research from the OECD also suggests that knowledge-intensive service sectors are growing faster than labour-intensive ones. Investment in science, technology and innovation has grown steadily, with China overtaking Japan and the EU in 2014 to become the world's second-largest spender on research and development.

The poor retail sales figures can partly be attributed to the effects of technological progress. The new digital economy is substantially reshaping traditional notions of product and service. Intermediate products and services that were once indispensable are now cut off from the value chain, and end users no longer need to pay for the considerable cost of those mediating links.

China is at the forefront of the so-called sharing economy and digital transformation more broadly, leading the way in the development of Big Data and artificial intelligence. It is a pioneer in technologies that allow customers' needs to be identified more precisely and satisfied more quickly, without them necessarily having

---

① 本文写作于 2019 年 11 月。

to pay any more.

There is a cultural aspect to this, too. A do-it-yourself ethos and an emphasis on self-sufficiency run deep in the Chinese national character. This is one reason why the sharing economy, peer-to-peer models of market exchange and e-commerce platforms have already been so successful in China, and why they are set to go from strength to strength in the future. It is clear that Chinese consumers will continue to play the roles of producers and service providers themselves quite happily.

While slowing retail growth should not be a big concern, the real issue for policymakers in Beijing is to maintain the momentum of consumption and of the economy as a whole.

Classical economic theory stresses the importance of credit creation and money supply. Given that China's real economy currently relies heavily for financing on commercial bank lending, credit expansion and the injection of liquidity ought to benefit both the retail sector and the wider economy.

Hence proposals from policymakers, including a stimulus package of active fiscal policy and neutral-to-loose monetary policy. However, it is important to see the bigger picture. Substantial improvements to China's financing structure are essential.

First, reducing the overdependence on commercial bank lending is central. Commercial banking was a product of the industrial revolution and was the major engine of financing throughout the industrial age. But it is clearly less relevant in the digital era, which is characterised by increasing "disintermediation", in which investors and borrowers bypass banks to tap capital markets directly.

In China, bank loans account for a substantial proportion of corporate funding. Most bank liabilities are individual savings and corporate deposits. But tech-oriented start-ups tend to fund themselves using equity investment, meaning they are not a good match for commercial banks.

While commercial banks should continue to service basic financial needs, they must also seek to develop capabilities in trading, investment banking and digital banking. Equipping banks to offer comprehensive financial solutions should be a priority.

Furthermore, the recent decline in equity funding for Chinese corporates highlights the urgent need for a well-functioning capital market. Although China has set up several stock exchanges to optimise the funding mix, equity is still not a significant source of capital. Investors tend to focus almost entirely on the ups and downs of the indices. Fundamental issues such as the quality of listed companies, the need for a streamlined process for initial public offerings, effective information disclosure and a well-defined regulatory framework are neglected.

Reshaping the structure of corporate financing and reforming the banking system are essential if the rebalancing of the economy towards consumption is to be achieved without too much disruption.

流动性冲击的短缺经济学解释[①]

一个幽灵，流动性冲击的幽灵，在中国金融市场游荡。为了对这个幽灵进行围剿，市场内外的一切力量，央行和监管机构、商业银行和影子银行、投资者与投机派，都动员起来了。

流动性冲击成为中国特色的压力测试，并且作用力横跨场内场外，渗透表内表外，宏观政策特别是货币政策对实体经济和金融市场的脉冲式影响已然超出预期，利率波幅放大，资金面松紧失据。于是，流动性冲击被冠以"钱荒"之名，而"荒"有短缺之义，短缺经济学亦是发展中国家特别是东欧国家的庙堂之学，莫不是中国现象可用舶来理论进行解释，权且一试。

一、短缺经济学脉络

短缺经济学（Economics of Shortage）的端绪源自匈牙利经济学家亚诺什·科尔内（Janos Kornai）20 世纪 80 年代的学说，以改革前的匈牙利为背景，从社会主义经济运行中的国营企业角度出发，考察传统体制和经过有限改革的社会主义经济体制的运行特征和规律，认为短缺是传统社会主义经济中的普遍现象，根源于体制，需要制度改革来解决。短缺经济学主要观点包括：第一，短缺是无数的微观或亚微观层次事件组成的统计现象，经济分析的重点在企业行为上；第二，企业的强制调节、数量冲动、囤积倾向以及扩张冲动和投资饥渴等直接造成短缺的行为是体制状态的必然结果；第三，短缺和过剩同时并存，两者并不互相排斥，而是互为因果、互相作用；第四，由于预算软约束的存在，通过货币控制来抑制扩张是无意义的。

传统社会主义经济的特点是管理高度集中，以指令性计划控制经济，忽视市场调节和价格发现功能。在这种经济制度下，企业没有自主权，缺乏独

---

① 本文写作于 2014 年 4 月。

立性，国家和企业之间存在着一种"父爱主义"关系，而"父爱主义意味着绝对的保护和安全"，企业一遇到亏损，国家则以实物或货币形式进行补贴，企业依靠父爱主义维持发展，无须为生存而奋斗，这种父爱主义使各种约束变软。因为短缺，企业把增加的成本强加于买者之身，大多数企业成为价格的制定者，不断追求产品数量，不断追求投资，形成一种数量冲动和扩张冲动。企业在生产过程中，由于原材料的短缺，不得不扩大内部储备，形成囤积倾向，而囤积又加剧了短缺，如此形成了短缺的恶性循环。此外，税收的制定和征收并不严格，使税收制度软化，税收的调节作用无法正常发挥。

短缺是一定的社会关系和体制条件的产物，根源在于传统社会主义经济体制的半货币化——家庭生活方面的货币化与企业活动方面表面的货币形式。科尔内的理论先问"如果"，"如果构成经济系统的主体具有全面预知和择优的能力，并能完全实行之，那么系统就会发挥作用而不会出现短缺和闲置。"似乎自问自答，只有社会主义经济中价格信号和非价格的数量信号这两种重要的信息流能够通畅传递、整理和反馈，使市场自身的调节功能得以发挥，并在此基础上进行科学的预测和合理的决策，则避免社会主义经济的短缺和闲置可无虞。科尔内再说"约束"，"关于预算制约问题我想再谈两点，预算制约不只是财政和金融方面的问题，也是和国家与企业间的关系紧密联系在一起的问题"，国家对企业像母鸡护雏，助企业摆脱困难，是预算制约"软"的根源所在。进而，科尔内观点"亮剑"，"'短缺'是制度上的问题，而不能看成是错误造成的后果""我们要从根本上限制官僚式的调整，努力大幅度扩大市场式的调整，这是必要的，也是很有价值的""在社会主义经济改革中，从半货币体系过渡到完全的货币化体系是一个具有决定意义的问题"。依短缺经济学理论按图索骥，消除短缺经济之道在于市场，在于市场在资源配置中的"决定性作用"。

二、流动性冲击的短缺经济学"形似"

短缺经济是微观非市场行为合成的宏观现象，而流动性冲击是市场资金面收缩引发的中观现象，二者有"形似"之处。前者是计划经济资源配置的低效率导致社会整体产出处于低水平，价格和市场失灵；后者是金融抑制下低效率的经济部门占用大量货币资源，分割的市场阻碍了资金的自由流动，货币周转速度放慢，资源错配使全社会资本投入产出效率低下。短缺经济下的企业和流动性冲击下的银行同为参与者，同样有趋同的行为方式（表1）。

表1　短缺经济下的企业与流动性冲击下的银行行为比较

短缺经济情景	流动性冲击情景
1. 企业生产重产量、轻质量；	1. 银行过度追求收益，对流动性风险重视不够；
2. 企业存在投资、生产规模扩张的冲动；	2. 银行存在"大而不倒"的规模偏好，信贷投放管理仍然假手于行政性手段；
3. 企业生产与投资对价格反应迟钝，对生产成本、效益及创新漠视；	3. 市场存在分割，国有企业对资金价格不敏感，民营企业融资难普遍存在；
4. 市场存在囤积居奇的现象；	4. 宏观流动性充裕，市场流动性短缺，资金局部自我循环，存在囤积现象；
5. 短缺经济持续的时间往往较长。	5. 流动性冲击具有阶段性特征。

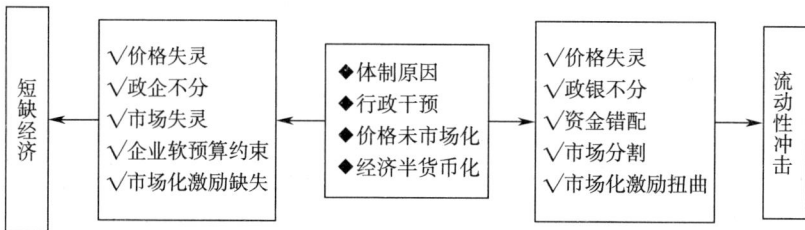

图1　短缺经济与流动性冲击的作用机制

在作用机制上，二者之间的"形似"更趋明显（图1）。在体制上，中国从计划经济逐步向市场经济的过渡尚未完成，国企与民企的市场地位悬殊，国企无须充分竞争即可获得大量低成本资金，而民企的资金需求远未得到满足。设若企业的软预算约束存在，必然的结果是企业的生产、投资受到收益、成本的约束较小，企业没有还贷压力和破产威胁，并且尚未全面计量环境和社会成本，如此，效率何在，不短缺倒是反常；中国地方政府投融资平台的融资亦非刚性约束，由于举债和资金使用均不透明，生产投资过程并非是效率优先，资金浪费现象严重，在现有平台债务已是庞然大物时，利息偿还压力已成不可承受之重，资金的短缺就再自然不过，流动性冲击的微观成因可窥见一斑。在政府与市场的关系上，行政干预之"手"无处不在，由于商品短缺，被迫实行供给制，短缺强化了行政控制，进一步激化了供求矛盾；流动性冲击的行政干预主要体现在，有些地方政府为政绩，罔顾企业生产的真实社会需求，对一些产能过剩等行业过度扶持，地方财政为其兜底，政府介入经济活动频繁，市场则以过激的反应进行负反馈。在价格管制上，计划经济商品是政府直接定价，若延伸到资金这种特殊商品，利率管制在很大程度上造成资源配置非市场化；在流动性冲击时，管制利率和市场利率的冲突时而浮现，表明中国经济的计划经济色彩尚余墨迹。

三、流动性冲击的短缺经济学引申

短缺经济学毕竟是解释 20 世纪经济现象的学说，其前提是供给不足，全面的供给不足，总量不足；而流动性冲击是现阶段中国金融市场资金要素的结构性短缺，即便有总量不足的因素，也是瞬时总量不足，而非长期总量不足。因此，流动性冲击的解释要从传统的"短缺"引申出去，勾画一个金融市场的异质"短缺"。

流动性冲击反映的机制"短缺"在于：

第一，货币总量非信贷占比激升，期限错配加剧。

过去两年，银行在表内信贷规模和资本金约束的情况下，要向股东和资本市场交出一份可比的答卷，利润增长"攀比"的压力始终存在，于是扩大银行理财和同业两类业务规模，结果是贷款在社会融资规模中的占比逐渐下降，广义货币增速与信贷之间的关系在弱化，央行对货币的调控能力也在弱化。2007 年贷款占社会融资总量的 60.9%，2010—2013 年贷款占社会融资总量的平均值为 54.8%，下降了约 6 个百分点，这个趋势还在继续。

一方面是信贷规模无法满足实体经济的扩张需求，另一方面是货币存量巨大（2012 年 M2/GDP 为 187.7%，估计 2013 年约为 207.9%），居民净储蓄率高企（净储蓄/GDP 为 37%）和企业融资需求上升，金融机构纷纷转战表外业务或影子银行业务，理财产品和信托业务随之爆发。银行理财产品余额已经由 2010 年的 2.8 万亿元扩张至 2013 年 9 月末的 9.92 万亿元，同期信托资产余额由 3.04 万亿元膨胀至 10.13 万亿元。信托资产是银行理财资产池中的主力非标产品。

为了减缓收益率曲线的平坦化对利差的压缩，银行的理财产品普遍采用短久期负债滚动操作，以对应资产池中以信托和债券为主的长久期资产，理财产品和资产池期限错配自然产生。银行对理财资金的竞争又使期限错配越发严重，流动性风险加剧，特别是在重要时点。现在流动性冲击发生的频次越来越密，间隔越来越短。流动性冲击源于货币供应量短缺吗？总量上不是，结构上或许是，这种短缺是某些期限上的短缺，某些期限上的淤积。

第二，资金配置呈现"货币似蜜"。

哈耶克曾提出货币"流体均衡"（a fluid equilibrium）性质是"货币如水"，而周其仁的说法是"货币似蜜"，即新增的货币投放到经济与市场后，像具有黏度的蜂蜜一般，在流淌的过程中可能在某一位置鼓起一个包来，然后再慢慢变平。这意味着，过量的货币以不同的速度在不同种类的资产或商品之间"漫游"，结果在一定时间内，改变了不同种类的资产或商品之间的相对价格。货币如水则资金均匀分布于各行各业，"货币似蜜"则资金集中于收益较高的行业，如房地产和地方政府融资平台，而资金集中的领域投资周期较长，资产刚性较强，一旦形成有效资产形态，变现能力较弱，流动性释放能力较差。这种短缺是资源配置失衡情况下的能力短缺，并且是市场化能力的短缺。

第三，利息支出焊住流量货币资金。

由于存量债务的基数大，利率上涨，企业利息支出增加也很快，这将固化流量货币资金。截至 2013 年 11 月末，从影子银行的角度看，企业的利息支出将达到 2.72 万亿元；从银行表内业务看，企业债务利息减去存款利息收益后的净利息支出为 2.67 万亿元，因此，综合考虑影子银行业务和企业在银行表内利息成本，企业的利息支出高达 5.39 万亿元，占同期新增贷款规模的 60%，接近每年的社会融资规模的 36%。企业新增借款大部分被利息吞噬，用于追加投资的资金有限，也说明企业超高融资部分原因是利息所致，也是由于原先投资过大而必须延展存量融资所致。

2014 年，由于房地产、地方政府平台和部分国有企业处于偿债高峰，估计企业利息支出将超过 6 万亿元，流量货币资金将有更大部分被焊住。流动性资金被大量固化值得警惕，国际金融危机已有教训。海曼·明斯基（Hyman Minsky）以现金流作为依据，将融资行为划分为三阶段：第一阶段，投资者负担少量负债，未来现金流偿还其资本与利息支出均无问题；第二阶段，负债继续扩展，未来现金流只能负担利息支出；第三阶段，庞氏骗局，未来现金流不能偿还利息支出，只能借新债还旧债把风险后移。后两类融资比例变大，出现流动性冲击的概率随之增大。这种短缺是行为约束上的短缺，短缺的是投融资行为的经济性、市场化约束。

第四，融资可得性的云壤分野。

在中国现有的所有制结构和市场经济发展阶段中，部分企业总能够利用一些不对等的优越条件在融资市场上获取廉价资金或融资优惠便利，特别是国有企业。这些企业为达到利润最大化，利用其自身的优势地位获取低成本资金，同时向中小民营企业等融资劣势企业提供部分资金，从中赚取价差。一边是大企业资金"水浸"，另一边是中小微企业"贫血"，"冰火两重天"，由此导致金融资源错配、资金价格扭曲、资金效率减损、政策传导失效等社会福利的净损失。

融资优势企业从银行获得低成本资金后，又投入到银行理财产品、信托产品、私募产品以获得收益，本应用于主业的资金却变成了"类银行"的金融中介活动，出现了企业影子银行。而真正需要资金的企业难以获得成本适度的银行资金，于是只能求助于影子银行，为利益计，银行也就把本属表内的资金转到表外以获得更高的收益。金融体系的脱实向虚有自身的原因，但融资优势企业游离于主业之外、醉心于虚拟经济也无法回避。这种短缺是非完全竞争状态下的资金易得性的局部短缺，而资金易得性富集的部分又面临另一种短缺，即创新和投资渠道的短缺，市场优胜劣汰机制的短缺。

第五，理性"经济人"的非理性行为。

古典经济学的支柱是"理性经济人"假设，每个经济主体都能通过成本—收益分析的方法，遵循趋利避害原则，对其所面临的一切机会进行优化选择，实现利益最大化。然而在现实的经济行为中，每个经济主体不可能具备完全的市场信息供其进行理性选择，有时会受到直觉、情境、习惯等因素干扰，做出一些违背经济运算法则的非理性经济行为。尤其在周期逆转、市场剧变及"黑天鹅"事件发生之时，以"明斯基时刻"形象解释，市场出现危机时，市场主体的理性选择是卖出优质资产变现以保证资金链不断，而几乎所有的市场主体都是这么想的，于是在很短的时间窗口之内，天量的优质资产涌现到市场上，市场的卖方力量越大，买方力量就越小，使得优质资产的价格不断地降低，甚至根本卖不出去，这就是"明斯基时刻"，表明优质资产在危机时的变现理论在实践中是何等苍白。"理性经济人"的理性活动合成出非理性的过度预期和过度反应，导致市场的不确定性骤增，资产价格"跌跌不休"，甚至引发市场恐慌，市场主体提高超额备付，增持现金，矫枉过正，结果是资金短缺和流动性冲击愈演愈烈。"在非理性繁荣的背后一定潜藏下一场危机"（席勒语）正是经济规律发挥作用。这种短缺是经济人行为的理性短缺，并且只要人类存在，"理性经济人"的非理性就一定存在。

第六，同质化市场的同向性共振。

商业银行的经营模式高度趋同，只有量的差异，没有质的区别，一旦流动性趋紧，则会出现广域的紧，之后去杠杆则大家都去杠杆，齐降同业理财规模，问题是若都是卖方，谁来作为买方承接呢？结果就如曹操赤壁之战的船队列阵，全部由铁索链连在一起，共同摇摆，若非如此，如何能火烧赤壁？Hyun Song Shin 在 2005 年提出金融共振概念。类比的例证是 2000 年英国千禧桥开通仪式，该桥是一座悬挂式桥，英女王参加了千禧桥的开通仪式，庆典时人头攒动，大家在桥上欢呼，欢呼时桥剧烈地摆动，摆动得越来越厉害，最后不得已停止庆典并关闭千禧桥近 18 个月。原因何在？共振。悬挂式桥受力摆动，桥一摆动，人也会同向调整，则摆动力更大，所有的人都向一个方向动，力量越大，桥摆得越厉害，这就是物理学的共振现象。金融市场也存在共振，也有共振因子，如利率或汇率，若市场参与者对共振因子的反应是同向的，则该共振因子会引发市场的巨幅波动，在突发性事件面前，市场参与者的反应一般具有"羊群效应"，方向自然大体一致。而中国金融市场的同构化和参与者的同质性特点，势必加速金融共振，叠加几重的作用力，流动性冲击造成的市场利率飙升远甚于成熟市场。这种短缺是市场机制和参与者构成结构的短缺，唯有坚定地建设有深度、有厚度、有广度的多层次资本市场方是正途。

流动性冲击非物理短缺，非货币短缺，而是学理短缺，缺的是机制上、体制上、结构上的统筹与平衡。要趋利避害，就要在"市场"两个字上下工夫，"市场准入、要素价格和发挥市场主体能动性"（周小川语）是政策工具包的"三大法宝"，只有运用好，才能让短缺经济只停留在历史的教科书上。

Why Sentiment Wields
an Outsized Influence in China's Markets[①]

Liquidity has become one of the most salient risk factors, exemplified by the stock market crash in the last quarter of 2018 and the recent turmoil triggered by the gating of Neil Woodford's funds. Similar liquidity risk is testing the investors' nerves in the China's inter-bank market, the main financing platform for financial institutions. The very event detonating the panic was the announcement on May 24 by the People's Bank of China, China's central bank, of taking over Baoshang Bank in response to its credit risk. Surprisingly, the idiosyncratic creditability issue of a lesser-known regional bank drove the overnight lending rate up by more than 50 basis points, and the issuance of Negotiable Certificate of Deposit by second and third-tier banks nearly came to a transitory halt. It harks back to the liquidity shock of June 5, 2013, caused by a social media misinformation of a lending dispute between two banks. A quite normal transactional late-payment triggered a chain reaction, and a new term Qianhuang, which literally means money famine and de facto liquidity squeeze, was coined. The over-three-month liquidity crunch hiked the overnight rate up by more than 250 bps, which once peaked over 10% on June 20. Why did it shock China's financial market in such a drastic manner? Observations from the following perspectives are presented.

The first is the macro liquidity, or the overall liquidity at the macro-economic level. Figures can explain themselves, and the Aggregate Financing to the Real Economy statistics issued by the PBoC has the strongest explanatory power. The annual growth rates of the AFRE have been in double digits from its inception, then

---

① 本文写作于 2019 年 7 月。

consecutively descending from the 50% high or so in 2004 to the 11.2% low in 2019. Although China's GDP has been growing at a high speed over the past decades, the contribution of the huge amount of credit derived from such a broad AFRE base can't be ignored. Given the fact of a higher AFRE propping up a relatively lower GDP, the macro liquidity is abundant, or at least is sufficient for the actual economic development.

The second is the market liquidity, or the supply-demand relationship in the inter-bank market, which represents the overwhelming majority of the institutional financing activities, with the dominant players being commercial banks, the Big Fours in particular. Since the liabilities of commercial banks are mainly savings and deposits, the Big Fours automatically become the money suppliers due to their vast branch networks. On the receiving side are hundreds of joint-stock, city commercial, rural commercial banks and co-operatives. Normally as the big banks turn on the tap, the smaller ones are immersed in liquidity. The savings ratio in China is pretty high in spite of the new generation's behavioral shift, and most of that savings ends up in the banks. Therefore, the financing balance in the inter-bank market can be maintained and the market liquidity doesn't pose a systemic risk.

The third is the psychological liquidity, which connects to the market participants' perception of factors ranging from the real supply-demand gap to the herd effect etc. History shows that market participants frequently overreact to certain negative events such as in the above-mentioned Baoshang Bank case, which then leads to sudden liquidity drain. It is this psychological liquidity synthesizing different elements that eventually results in actual liquidity squeeze in the marketplace.

All developed economies have these three liquidity dimensions, but why does the psychological liquidity exert such huge impact in China? The root cause lies in China's indirect-financing-centered financial system. According to the recent figures, the total of bank assets amount to RMB 270 trillion or so, whereas the total of that of other financial institutions is barely RMB 30 trillion. There is no doubt that commercial banks determine whether the liquidity is tight, neutral or loose. Given that they share the same business nature and similarly mixed ownership with substantial state-owned shares, they share similar business models and risk appetites too. The systematic homogeneity naturally leads to the approximate market behavior, meaning they as the major players view the same and act the same, and consequently the market sees a lack in counterpoising forces, especially in the case of negative events.

The overhaul and restructuring of China's financial system is imperative in tackling its liquidity challenges. The first is to substantially promote direct financing facilities, including equity and debt, to wean down the real economy's overdependence on bank lending. with the improvement in the financing structure, the development of a multi-layered capital market comes next naturally to further satisfy the different financing needs of different entities at various stages along their life-cycles. In the meantime, market participants have to be well diversified to make the market really work, and to avoid the wobbling-effect of the one-direction market movement.

The Colour of Money, Even for the Virtual Currencies[①]

What are the major functions of money? The well-established and broadly-received ones include a medium of exchange, a store of value, a unit of account and a standard of deferred payment, while a comprehensive and precise summary would be that it plays the role of a universal equivalent. Obviously, those defining characteristics are mainly for paper money, or fiat currency in other term, which has evolved from physical goods, precious metals such as gold and silver to printed banknotes in paper, or in plastic in Australia's case. Money is all about exchange and trade, first nationally then internationally, substantially supporting the dramatic development of cross-border trade and economic activities. Accordingly, monetary system has come a long way from the barter trade in pre-industrial age, the gold-standard in the 1940s to the credit currency system adopted since the 1970s, facilitating trade flows and productivity elevation. Money, in its principal form of capital, is of great significance in creating the whole new edifice of capitalism and the market economy. Capital sits in the top of the list of factors that contribute to the total productivity. However, nowadays capitalism is in doubt, globalism is in retreat, and money itself also seems to be in a synchronized resetting mode.

The first issue is the international monetary regime, i. e. which sovereign currency is the anchor of trade, investment and exchange reserve. The US dollar has been the undisputable pillar currency since the beginning of the US-centered world order, but it seems to have unwittingly entered into the playoff period, facing challenges from old contestants such as the Euro and the Japanese yen, as well as

---

① 本文写作于 2019 年 11 月。

new competitors, Chinese Renminbi being the most salient and imminent one. If functionality is the only variable, any convertible currency can be added into the international basket and obtain its proportionate share in line with the related economic share. To the extreme, the super-sovereign currency, Special Drawing Right, created by the International Monetary Fund in 1969, might be the most ideal substitution for any sovereign currencies. However, the reality is that in spite of the markedly high expectations on the Euro from its inception in 1999 and later on the RMB as China develops into the second largest economy, neither has imposed real threats to the dollar, let alone the stateless currency forms. On the contrary, the dollar has gained more dominance in terms of its proportion in the international money flows. Money is nothing but a medium or vehicle, the value of which is fully determined by the trustworthiness and credibility endorsed by its home state with its comprehensive power. The US dollar seigniorage is surely derived from the statehood of the US, and its status is commensurate with the all-round supremacy of the USA. Given the fact that European countries rally their support around the Euro in order to share the monetary hegemony as an alternative international currency, it is understandable that the US is bound to heavily leverage all means, even the security prowess through the NATO, to contain that European ambition. In the cases of both the SDR and the Euro, the nature of money and monetary system comes to the surface, and national interests are the only theme.

The second issue is the digitalization of the traditional money form. The disruptive newcomers are mushrooming, and the most heated territory is peer-to-peer platforms, which initiate various virtual or crypto currencies such as Bitcoin, Litecoin and Ethereum etc. The flag raised high by those new monies is the tech-driven decentralization of the current money issuance system, as well as the replacement of such system by other more trustworthy stateless virtual systems, for instance the self-governing Bitcoin nation underpinned by blockchain technology. The claimed digital monetary democracy might be clearly visualized through the frantic and somewhat anarchic price fluctuations of Bitcoin, but the conviction towards decentralization can never be achieved through the designing and constructing of the de facto virtual centers. The decentralization process is actually recentralized on certain specific technologies, if not one of Bigtech companies itself. This techno-worship simply shifts the monetary authority from physical states to invisible organizations, whereas the center remains firmly intact. In addition, Facebook's Libra is in fact a stablecoin fully backed by bank deposits and high quality central bank or treasury assets, and China's Digital Currency Electronic Payment is essentially a mirror image of cash digitally. They both take the middle ground to reflect the significance of the national-interests oriented authority. In respect of any digital currency forms, the interests of the real or virtual nations are intrinsically embedded.

To paraphrase the 1986 hit film, it is safe to conclude that the colour of money is national interests and the value of any forms of money can only be backed by the overall strength of the issuing states. Even though the concept of nation or state may be built digitally or virtually, the true colour of money will never fade and the decentralized incumbents will be recentralized, maybe in a disruptive way. There is a pressing need for national and international regulations on virtual currencies and they will come soon.

人民币国际化的数字维度①

即便对关于比特币、虚拟货币、通证化（tokenization）、区块链等新生事物视而不见或充耳不闻，一个基本事实却毋庸置疑：科技正在深刻改变人类的生活，数字化时代已然来临。对于中国经济而言，结构调整和转型升级并行，而理想中的经济模式又是几乎所有经济体共同面对的全新范式，甚至是又一次"工业革命"后的全新未来，已知的部分很小且参考价值有限，未知的部分巨大且或颠覆或建设，是故，在此变迁节点上的任何战略选择都极具风险，回顾与反思，"交换，比较，反复"，预测与展望，"一个都不能少"，而且科学和理性须始终贯穿其中，人民币国际化的议题也须如此。以下几个问题须逐一解答。

第一，主权货币国际化之锚是什么？其实是两个前后关联的问题，货币的根本属性以及主权货币国际化程度深浅、进程快慢的决定因素。教科书对货币属性的定义是一般等价物，基本功能有三：交易媒介（Medium of Exchange）、价值贮藏（Store of Value）和价格尺度（Unit of Price）。若货币的使用和流动仅在一国边界之内，上述结论大体成立。不过，货币之所以可以充分发挥作用，相应的信任和信用机制不可或缺，归根结底，主权货币的国家信用背书是货币成为经济活动核心介质的关键。再进一步，如果主权货币跨出国界，成为国际经贸往来的载体，那么，支撑货币的是也只能是国家利益。1944年布雷顿森林体系的建立是国际货币体系的里程碑事件，但经常被忽略的细节是主挂钩货币也就是锚货币之争。代表英国的是凯恩斯，其建议是超主权货币班柯（BANCOR）；代表美国的是怀特，其建议是美元。角力的结果不言自明，以美国利益作为后盾的美元成为国际货币体系锚货币的不二选择，而更为合理的超主权货币选项即便有凯恩斯的庇佑也铩羽而归。所以，货币

---

① 本文写作于2019年7月。

的根本属性是国家利益，货币是国家利益的价值符号。一旦货币启动国际化进程，主权货币的地位则取决于综合国力。不管如何设计国际货币格局，主要锚货币的话语权取决于主权国家的核心竞争力。美元成为全球储备货币的主体，美国综合国力的基础作用是不可或缺的要件。1971 年 8 月 15 日的"尼克松冲击"是金本位向信用货币本位过渡的标志，美国敢于单方面放弃美元与黄金挂钩的原因就在于其不可替代的超级大国实力，虽然之后对美元地位的质疑从未平息，加之 1999 年欧元作为挑战者的出现，均未动摇美元的国际储备主货币角色，不仅份额未有降低，反而有加强的趋势。可见，综合国力对主权货币的锚定依然是国际货币竞争的主脉络。

第二，是否货币国际化的经典理论始终具有颠扑不破的真理性？理论之一是特里芬两难（Triffin Dilemma），主要观点是如果美元成为世界货币，必须维持一定程度的经常项目赤字，让其他国家可以使用流出国界的美元，与此同时，美元的流出和持续增长的赤字又会影响美元持有国对美元的信心，一旦市场出现具有危机特征的转变，恐慌性抛售美元或许是大概率事件。任何两难都是权衡，美国以及美元的表现不仅是权衡中有控制，而且是控制中再权衡。美元在取得全球铸币权优势之后，美国的财政赤字和贸易赤字均始终"双峰耸立"（见图 1），如果基于理论，强美元或许无从实现。然而，现实中的美元强货币地位岿然不动，美元指数始终坚挺（见图 2），可见，美国

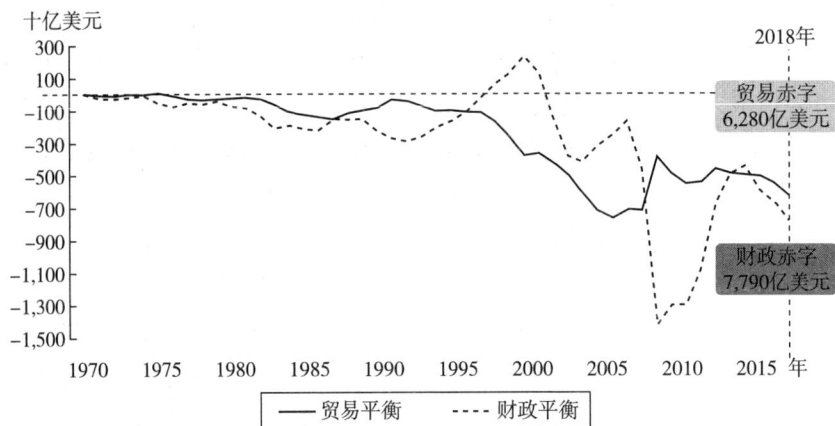

图 1　美国财政赤字和贸易赤字（1970 年至 2018 年）

（资料来源：United States Census Bureau，Federal Reserve Economic Data）

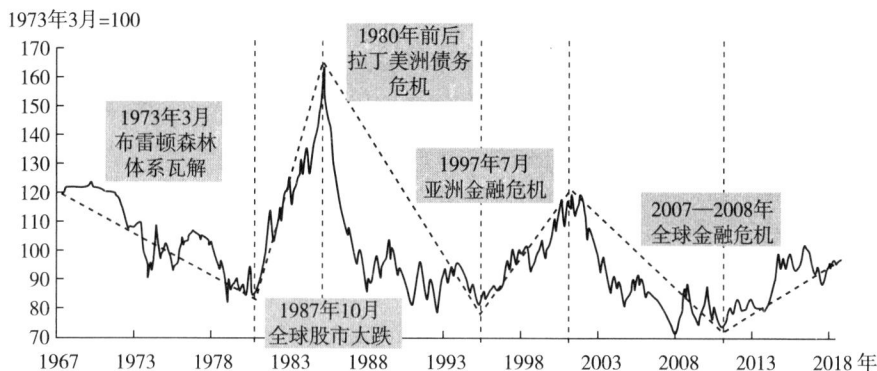

图2　美元指数走势（1967年9月29日至2019年6月28日）

（资料来源：Bloomberg）

单极超级大国的实际让理论显得苍白。理论之二是不可能三角（Impossible Trinity），主要观点建立在"蒙代尔—弗莱明模型"基础之上，经克鲁格曼修订表述为固定汇率、独立的货币政策和资本流动无法同时实现。首先，独立货币政策之"独立"无法精准定义，即便美联储也只是"政府内的独立"，绝对意义的独立央行或许只存在于"理想国"，主要经济体央行的量化宽松（Quantitative Easing）政策已然证明完全独立的不可得；其次，固定与浮动汇率机制严格意义上是相对的概念，没有纯粹的自由浮动，也没有纯粹的绝对固定，主要经济体的汇率机制介乎于两者之间；最后，资本的自由流动也不是毫无约束，必要的管制是主权国家货币监管的必选项，美国通过税收政策促使境外美元回归也是一种非自由的管制，只不过更为间接也更为隐蔽。如是观，不可能三角也未必不可能，使之成为可能的动因在于实践需求和市场状况。

上述两个问题的答案或可给予人民币国际化必要的借鉴，至少如下结论可以成立且可供参考：其一，人民币国际化已成现实，即便2016年以来人民币国际化指数有所波动甚至下降，人民币作为国际货币体系有机组成部分的现实依然不容置疑；其二，人民币的真正国际化只是时间问题，只要中国经济向好的态势没变，只要中国参与国际经贸活动的力度未减，只要中国开放的大门愈开愈大，只要中国对世界经济增长的贡献不减速，人民币成为主要贸易货币、投资货币和储备货币的前景可期；其三，人民币国际化进程中必要的政策工具必须坚定运用，汇率、资本账户管制和储备至少应根据市场变化单一使用或组合使用，不要囿于批评者的苛责，政策调控的结果可以反向验证其合理性；其四，无须过于执着人民币汇率的洁净浮动，洁净本身就难以精确量化，何况百分之百的洁净汇率机制根本不存在，美国特朗普政府对美元汇率的"推特干预"亦佐证汇率形成机制中"看不见的手"和"看得见的手"在同时发挥作用，人民币汇率的市场化轨迹便是明证（见图3），况且主权货币价值的确定已经从原来的绝对价值标准即黄金或强货币，演变为相对价值标准即经济体之间实力的相对比较，人民币和中国经济的相对价值不低是基本的事实；其五，资本账户的开放需戒急用忍，无须过于在意外部的压力，毕竟中国自身资本市场的发展尚不完善，且金融市场的国内与国际联动效应显著，因此，自主、渐进、可控地开放资本账户是水到渠成的智慧所在，切莫逆势而为。

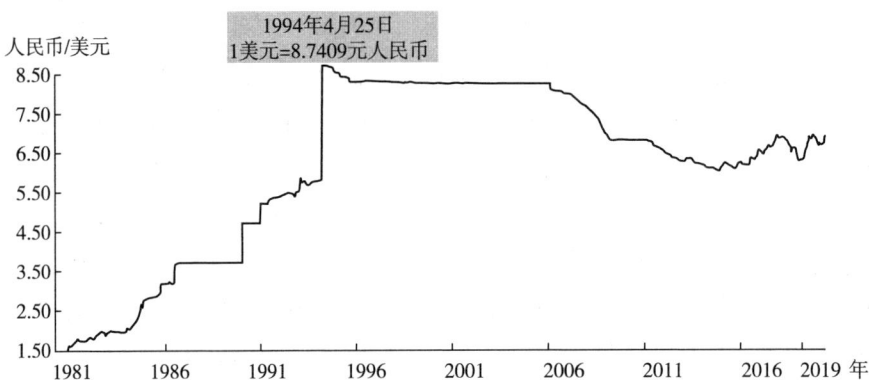

图3　人民币汇率走势（1981 年 1 月 2 日至 2019 年 6 月 28 日）

（资料来源：Macro Trends database）

　　人民币国际化的大背景是全新的数字经济，传统的继承之外必然会面对全新的挑战，以下问题便聚焦于新经济环境下人民币国际化的颠覆和建设因素。

　　第三，人民币国际化 2.0 版是原有体系内的货币竞争还是注入新元素的体系竞争？主权货币国际化的语境是纸币和法币的物理形态，货币之间的竞争实质是主权货币的地位之争，简言之就是美元、欧元、日元、英磅、人民币等之间的竞争。但是，这是过去时。一个截至目前仍然无法确定身份的中本聪以比特币（Bitcoin）打开了数字货币的"潘多拉的盒子"，虚拟货币、电子货币、加密货币（Cryptocurrency）等纷至沓来，成为数字化时代的颠覆者。比特币作为代表，其币值也成为国际市场投资或投机的一个新的风向标，虽然其间不乏大涨大跌的曲线疯狂（见图4）。虚拟货币的出现映射传统金融的短板，即货币超发、金融抑制等，目标显然不仅是"脱媒"，而是建立"去中心化""去媒介"的新货币。其底层的区块链技术和分布式记账也使得虚拟货币的信任机制得以建立，欺诈抑或作假在智能账户体系之下无处遁形。更为重要的是，在"一切皆互联"的场景下，虚拟货币在初生之时就是国际货币，就定位于全球货币流通的宏大叙事，所以，主权货币国际化当下面临的不仅有现存国际货币的挑战，而且还有新货币形态的体系性冲击。

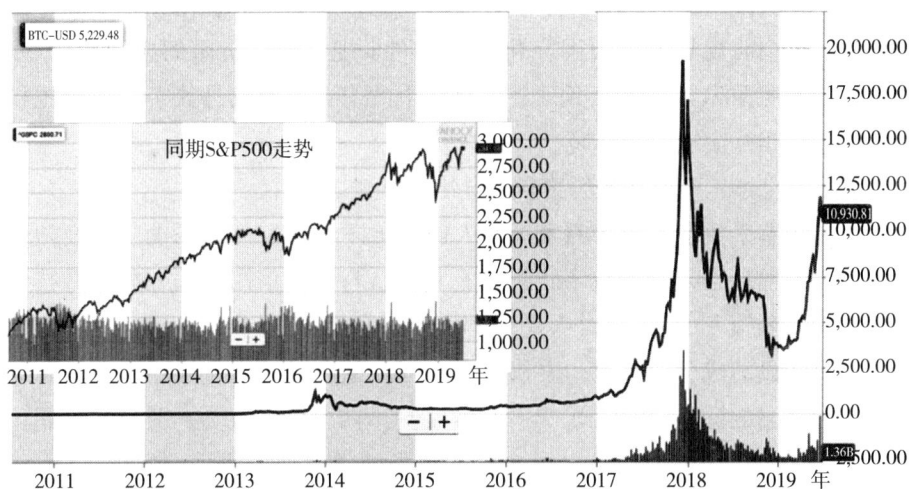

图4　比特币历史走势

（资料来源：Yahoo Finance）

第四，是否虚拟货币一定是"去中心化""去主权""去央行"的独特存在？答案存在分歧，一方认为即便是比特币的分叉（Fork）和分片（Sharding）也不能否定"去中心化"的初衷；而另一方认为虚拟货币只不过以"去中心化"之名行"多中心化"之实，"破"的过程是"立"以不同算法和技术支撑的不同的平台化中心，实际是以社交媒体为中心塑造出一个又一个的生态系统，货币在现实世界中的主权中心在虚拟世界重新排列组合出新的非物理中心。该结论被脸书新近推出的天秤币（Libra）再次印证，并且进一步说明主权利益对虚拟货币同等重要。深入研究天秤币及其发挥货币功能所建立的钱包（Calibra）和相应组织 Libra 协会，不难发现天秤币仍然盯住一篮子物理货币和主权资产，本质是价值挂钩的信用货币体系，只不过信用的来源更多的是对脸书技术的信任。货币价值的稳定之锚本是主权国家的综合国力，对相应货币的信任皆源于此，而数字化时代国家信任或国力信任一定程度上又加入了技术信任甚至技术崇拜（Techno - worship），虚拟货币与法币的同时存在也体现了货币信任机制的嬗变。

第五，是否人民币国际化是脱离数字货币的独立叙事？显然不是。人民币国际化的进程已然启动，虽然不乏波折，但趋势向好且动能巨大。不过，在充分考虑与美元等国际主要货币相互作用的同时，须兼顾数字货币的发展和变化。与人民币对应，中国数字货币的产生、发展与监管也须尽早提上议事日程。在全面规划人民币国际化时，要同步规划数字货币的应用和管理，因为，未来的国际货币体系不只是主权货币的组合，而且是数字货币与主权货币共生和相互交织的新格局。

那么，上述三个问题的答案自然导出以下建议。

其一，鉴于数字化技术的发展，人民币国际化的广度、深度、程度须进一步加强，并且必须融合数字化思维；其二，与其他信用货币一样，科技特别是金融科技（FinTech）对人民币国际化有一定的扰动，其中有颠覆的成分，亦有建设的成分；其三，主权货币国际化须多目标迭代推进，在动态调整国际化战略的同时，从主权货币和数字货币两个维度发力；其四，多元市场参与者的培育和引进以及多层次资本市场的建设是人民币国际化的保证，人民币在国内市场的使用与国际市场的地位高度关联，没有差异化的市场参与者，没有不同功能定位的资本市场体系，货币的作用就无法充分发挥，在国际市场发挥作用的可能性也就更加渺茫；其五，国际货币体系需要货币监管的国际协调机制，同时，监管科技（RegTech）的与时俱进也不可或缺，即便监管无法在现实中领先市场，也不阻碍监管前瞻性和针对性能力的建设，差市场半步的监管就是到位且不越位的适宜监管。

数字化时代的不确定性是实然，以人民币国际化路径的确定性应对其不确定性是应然，那么，人民币和与其对应的数字货币成为国际货币就是必然。

人民币国际化之锚与海外投资范式变迁[①]

货币的国际化过程，或者更有针对性地说人民币国际化，一般是指人民币通过参与跨国贸易、投资和储备而成为国际货币体系有机组成部分的过程。但从注重严谨、缜密的学术标准来看，其概念和定义更加偏重定性，因而从严格意义上来说，是一个相对泛化的表述。到底如何制定货币国际化的标准，迄今未形成科学的界定和普遍的共识。譬如，是将货币可自由兑换作为货币国际化的标志？还是将一国贸易、结算、投资、储备等达到某一数量指标作为货币国际化的标志？又或者将经常账户和资本账户全面开放作为货币国际化标志？甚至综其大成，将上述几项指标合成一个指数综合反映货币的国际化程度？再进一步而言，孰为充分条件、孰为必要条件？国际化过程中，孰是因、孰是果？

一、人民币国际化与国家利益之争

虽然"人民币国际化"的表述偏于概念式表达，但对人民币加入国际货币体系的过程及其衡量标准，并非只能持随机运动或不可知论的态度和观点。

中国人民大学国际货币研究所（以下简称研究所）编制的人民币国际化指数（RII）系统量化了政治、经济、社会等多向度因素，特别是贸易权重、投资权重、储备权重等，并依据重要性和相关性，对主要因素进行赋值合成出一个直观的指数，以相对直观的可量度指标呈现，从而能够衡量人民币进入国际经济循环的货币化程度，特别是在人民币成为 SDR 的一篮子货币后，这种指数化的表达就更具有了现实意义。

根据研究所统计，截至 2016 年第四季度，人民币国际化 RII 指数为 2.26，同比下降29.8%，比2015 年第三季度峰值3.91 降幅更大。由于 RII 指

[①] 本文写作于 2017 年 9 月。

数已实现连续发布，而连续性是量化指标建立并巩固其可操作性和稳定性的前提条件，故而与之相对应的中国经济、金融、贸易、投资等方面的变化也就呼之欲出。目前，这一系统性工程仍是进行时，基于市场变化和统计完善动态调整相关参数，并不断校验和优化模型，以给予人民币国际化进程一定的标示作用。

既然人民币国际化是中国发展到一定阶段必然发生的，那么，人民币国际化是否可定义为其货币功能的跨境延伸？即人民币国际化就是人民币的结算交易功能从国家扩展到国际？但按此逻辑，任何一种货币只要能够实现自由兑换就可成为国际货币，还有何必要高谈阔论国际化的历史意义和体系构建？归根结底，国际货币到底需要承载什么功能，体现的又是何种意义？

从经济学角度，货币的根本属性是一般等价物，是价值功能和信用功能的体现；但是从国际政治经济角度，国际化货币的根本属性毫无疑问是国家利益，是国家利益在国际货币体系中的具体体现。从美元"争夺"全球铸币权到欧元"跨界"问世，还有其他林林总总的货币战，无不说明货币国际化过程的本质是全球化背景下国与国之间角力的必要组成部分，是国与国之间竞争的核心要素之一。

换句话说，货币的根本属性是其所属的国家利益——这是货币国际化的定位之锚。这意味着，货币从国家走向国际要表达的是其根本属性。基于此，应将全球化背景下主权货币在国际货币格局中的地位之争看作货币国际化的主脉络。

全球化在2008年金融危机之前是跨世纪的漫长的上半场阶段，全球化红利不断显现，边际收益不断递增。但随着2008年金融危机爆发，全球化的负面影响开始直陈式地展示出来，引发了一系列非常态事件，逆全球化、反全球化甚至去全球化开始大肆攻城掠地。此起彼伏的贸易争端，美国退出跨太平洋伙伴关系协定（Trans – Pacific Partnership Agreement，TPP）和巴黎气候协议（The Paris Agreement），蔓延的民粹主义、民族主义，特别是英国退欧、特朗普当选美国总统等，无不昭示全球化已进入中场阶段。但从更长时间、更大范围来看，当前的异象只是必要的休整期和积极整理的平台期，在阶段性地休养生息之后，全球化会再度进入下半场阶段，开启全新的时代篇章，继续推动人类文明前行。

二、全球化"下半场"，国际投资新特点

随着中国经济实力显著提升，人民币国际化进程逐步深入，中国和人民币深度参与的国际经济格局和国际货币体系基本成形。研究所于今年 4 月发布的《人民币国际化动态与展望》研究报告认为，人民币国际化未来将面临三大挑战：一是美元升值的预期导致投机性资本外流，加剧人民币汇率波动；二是我国债券市场国际竞争力不够，产品不够丰富、市场结构不能满足国际投资者的需求；三是由于发达国家的政策分化明显，美元加息，但是欧洲和日本仍在量化宽松，中国进行国际政策协调的难度增大。

结合全球化"下半场"语境，促使全球化在反思的基础上重新进行校准：人类进步的真正驱动力是科学技术，在"一切皆互联"的世界里，独善其身不可能，更遑论封闭的隔离主义。因此，未来国际投资会呈现以下几个重要特点，这些特点诠释的不仅是量或度的变化，更是范式的变迁和模式的跃升。所谓"范式变迁"，并非简单的渐进变化，而是结构性的改变，是具有高显著性特征的内力和外力重新组合后的变化。

第一，"黑天鹅"事件频出，加上"灰犀牛"的潜在冲击，未来趋势将难以精准预测，但科技创新会是其中最根本的变量。

国际经济格局在变，驱动因素在转化，经济内涵的科技含量越来越高，"黑天鹅"抑或"灰天鹅"等增量不确定性增强的同时，"灰犀牛"的存量不确定性风险陡增，并且任何不确定性发生的概率、时间、量级和结果均无法进行量化和预测。因此，今后一个时期国际投资的主题是"移动靶"以及诸多"不明飞行物"，投资脉络的把握趋近"不可知论"。比如，化石能源和新能源，是取代关系还是平行发展，此消彼长抑或前者技术上实现蜕变与后者分庭抗礼？目前尚无答案，在可见的将来也不会有。

第二，国家之间的经济活动受到"双壁垒"的阻滞，特别是受到非贸易、非关税的"玻璃墙"的阻碍。

据相关统计，2005—2007 年美国外国投资委员会（The Committee on Foreign Investment in the United States，CFIUS）审核了 4 项来自中国的直接投资，2012—2014 年为 68 项，2016 年为 70～80 项，虽然没有公布所有被否决案例的官方口径，但估计有约 10% 涉及中国的交易遇到不同程度的阻碍，目前该比例还在继续上升。近期，德国联邦内阁开始讨论经济部提议的监管新规，

该新规的目的在于防止将德国具有战略重要性的企业出售给外国投资者，特别是中国投资者。新规涉及与电网、供电和供水行业有关的软件公司，还有为银行、电信网络、医院、机场和车站提供软件服务的供应商等。类似障碍对中国在境外直投的影响极大，渠道一旦壅塞，人民币的贸易、投资、储备功能的发挥都将受限。

第三，公开市场的阿尔法（α）被挤压，投资风格趋于指数化比例增加。

尽管主动投资（active investment）仍是主流，占据公开市场近70%份额，但被动投资（passive investment）渐趋强势。大量实证研究亦开始质疑主动投资的价值，对其高额收费诟病甚多，"假积极投资"（closet indexer）更被剥去伪装，置于监管者密切关注之下。与此同时，公开市场贝塔（β）继续承载海量资金，交易所交易基金（Exchange – Traded Funds，ETF）占比越来越大，聪明贝塔（smart β）等因子投资逐渐获得相当的市场份额，并在因子的识别、运用、表达、收益归因等方面不断提升模型效力。

第四，直接投资属性的绿地投资（greenfield investment）、棕地投资（brownfield investment）估值被推高，潜在风险放大。

国际市场资金充沛以及流动性无疑是此前非常规货币政策的副产品，大量资金追逐少量项目结果是推高了项目的估值，甚至潜在风险较大的绿地投资和棕地投资等也价格不菲，传统投资分析方法和工具对市场供需形成的投资价格的解释力越来越弱，国际投资普遍出现价格趋升的"泡沫"现象。

第五，另类投资特别是对冲基金的价值创造力显著下降，另类与传统的界限愈发模糊。

由于庞大的存量资金和庞大的增量资金同时出现，对冲基金吸纳了超出理想边界的巨额资金，其投资理念、投资主题等基础性条件出现前所未有的动摇，导致收益率持续不理想，规模效益由正转负，内在图变求存的紧迫性日益凸显。

第六，T型投资能力建设的必要性和重要性愈发突出。

垂直维度的行业挖掘能力和水平维度的市场把握能力被置于不可或缺的地位。这意味着仅关注金融和投资已远远不够，产业知识的深度和跨行业知识的广度将与投资效果直接关联，甚至超过技术要素的重要性。

第七，市场关联性强化，国际投资与国内经济活动联动效应增强。

对任何一项投资来说，均呈现国别性减弱、国际性增强的特点，市场之间的关联度越来越强。由于种种原因，中国的境外投资需要联动的国内因素更多，其必要的机制建设显得更为迫切。

第八，行业选择及行业趋势已无常例可循，颠覆性破坏者不断涌现。

实体经济的未来趋势越来越难以预测，何为朝阳产业，何为夕阳产业，只是在过往经验总结基础上的推论，且多是猜测（wild guess）。

第九，投资的技术含量骤升。

量化投资、模型驱动、人工智能等名为"金融科技"，但在实质上的科技属性强于金融属性，美国摩根大通银行、桥水等投资领域持大旗者纷纷改弦易辙宣称自己是科技公司，投资与科技相互融合是无须争辩的趋势。

当前，人民币国际化进程正处于全球化"下半场""前夜"，诸多不确定性令国际投资趋于政治化、复杂化。国际间的货币流动服务于真实的贸易和投资活动，如果正常的交易流被阻滞，资金流自然会断开，最终受损的仍然是国际经济本身。可见，提升国家的综合实力、培育人民币国际化的坚实基础是绕不过去的时代课题，中国必须重视之、析解之、跨越之。

国际货币体系的"破与立"[①]

2008 年全球金融危机爆发后陷入挣扎的主要当事人似乎看到了"隧道尽头的亮光",始作俑者美国经济企稳,就业改善,非常态货币政策"量化宽松"的退出从"脚本"变成了"正式演出",并且已经演到了第四季;欧洲经济局部回暖,财政紧缩初见成效,不仅核心国而且边缘国、不仅主权债而且公司债均成本骤降,一片"繁荣景象";日本射出了"三支箭",搭配了一个新的经济流派"安倍经济学",但只闻其声,未见实效;新兴国家在危机初期俨然成了全球经济的主动力,没成想在"再平衡"的尾声疲态尽显,货币贬值,资金流出,增长乏力,结构堪忧。这幅金融危机演进图有点乱,少了些许正能量,却又勾画出了主脉络,做到了"大致如此"。

一、危机化解之术

欧美经济体走出危机的办法不外乎是美国的"以印为主"和欧洲的"以拖为主",前者是开动印钞机,实施量化宽松,让美元充斥国际市场,水浸大宗商品;后者则是无休止的债务重组,折价兑现到期债券(希腊在这么做),重组到期债务(西班牙在寻找不还钱或少还钱而且不失或少失体面的办法),债权人"割肉"而非全部由纳税人"埋单"(塞浦路斯危机纾困和银行破产重组的 bail – in 机制),目的是拖时间。明眼人一看便知,两者的实质是一样的,那就是以时间换空间,用纸币续资金链,结果是货币泛滥,争相贬值。当然,享全球货币锚地位的美元是不二的"避风港",越是险象环生,美元币值越坚挺。不过,不要被假象迷惑,不要管一种货币与另一种货币的汇率比价关系,无论谁升谁降,主要国际货币的真实购买力都在下降,流通中纸币的信用在走低,即便人们可以片刻沉浸在美元的"襁褓"中,那也只是 safety

---

① 本文写作于 2014 年 8 月。

bubble（安全性泡沫），终将会破裂。不论美元涨涨落落，且看原油（大宗商品中货币属性最强）与黄金（贵金属一般等价物）的长期比价关系，除短期的价格背离现象之外，关系之稳定反证了纸币美元实际购买力的逐渐羸弱，而实物价格的相对可比较不啻为观察价值的另一个视角。

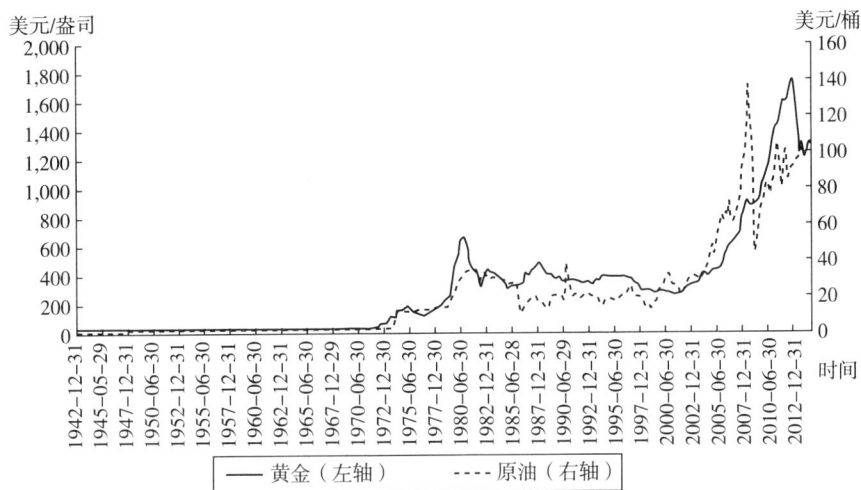

图1 1942—2014年黄金和原油价格走势

（资料来源：原油价格数据来自 Bloomberg。1861 年至 1950 年来源为 BP 世界能源统计报告，
1951 年至 1983 年 4 月来源为阿拉伯海湾阿拉伯轻质原油现货，1983 年 5 月至今来源为
西德克萨斯轻质低硫原油现货。黄金价格数据来自 Bloomberg）

与此平行，中国没有实行量化宽松，但主要经济体输出的天量货币形成了外汇储备的"悬河"，外汇占款需要大量新增人民币发行进行对冲，所以，货币供应量长期居高不下。加之商业银行是货币政策传导机制的核心组件，而银行又有存贷比的硬约束，新增再多货币也不能畅通无阻地进入实体经济，于是怪现象出现：2013 年 6 月之前，一边是贷款市场供给不足、利率畸高，另一边是银行间市场的流动性充裕、资金富集；2013 年 6 月之后，一边是银行间市场流动性抽紧、利率飙升，另一边是企业资金链紧绷如故、筹资成本变化不显著；2014 年以来，一边是银行间市场流动性缓解、利率趋稳，另一边是社会融资成本仍然爬高、实体经济"融资难"未解。

当然，部分资金通过银行同业业务和理财曲线进入了实体经济，但机制的阻隔依然导致金融中介与经济实体的错位与背离，"一边是海水，一边是火焰"。更需澄清的是，不要以为贷款多了就会导致盲目投资和企业的生产过剩，真正发挥作用的不是量，是价格，只要利率能精确反映资金这种生产要素的价值，那么就会传导给生产者，生产者会谨慎选择项目和产能，综合考虑劳动力、技术等其他要素的成本，组织生产。中国的货币供应量不断增大，存量规模已经是天文数字，即便人民币对美元或者其他货币名义升值，甚至可能长期升值下去，但是作为一般等价物，其对生活品及生产品的价值却是一点点被风蚀。

无论是危机中的欧洲，爬坡中的美国，还是结构调整中的中国，其货币政策颇为神似，不论其名称为量化宽松、债务货币化、财政紧缩还是积极的财政政策和稳健的货币政策，也不论其工具是购买债券、扭转操作、央行借款、公开市场逆回购等，终场大幕再拉开时，谢幕的布景几乎都是货币泡沫的海洋。货币泡沫终会破裂，眼前的问题好像被解决了，准确地讲，仅仅是把灰尘扫到了地毯下，而留给后人的是什么呢？只"堵"不"疏"的危机解决之术，其成效只能是一个大大的问号。

二、人民币走向

危机以来，全球央行在疯狂印钞票，皆在以宽松的货币环境力促本国经济的恢复。但是，这种放水的政策选择不是没有后果的，最严重的后果是通胀。学理上的通胀后果在现实中有一个孰轻孰重及如何分布的问题，说得更直白一些就是谁输出通胀减压自己、谁被动输入通胀殃及自己。这是一场击鼓传花的游戏，但鼓槌在美国手里，美国希望什么时候停就什么时候停，希望停在谁手里就停在谁手里。回顾金融危机史，1997 年始于东南亚的危机1998 年蔓延至东亚；而 2013 年欧美曙光初现之际，南亚的印度、印度尼西亚皆出现经济困局，表现为增长停滞、货币贬值，是否 2014 年会重复以前的轨迹，危机再度被引至东亚？依稀记得，当年中国承诺人民币不贬值，而现在，又力保中国经济不会硬着陆。

改革如同重新装修房子，刷墙、铺地，要破坏旧的（当然程度上是较平缓、较轻盈的），也要搞成新的。从结果看，焕然一新的感觉说明了改革的必要性，甚至改革路线选择的正确性。不过在欣喜之余，切记装修是要花钱的，改革是有成本的。改革之初，寄望于国际资本、技术和机制帮助中国经济转型，继而以经济转型促使社会转型。殊不知外人皆为"理性经济人"，其理智与冷静一如既往，来中国这样的"新大陆"，看中的是蕴含巨大潜力的市场，目的是超额经济回报。国人最后终于发现，改革成本须自付，以环境、劳动力、地租的形式付了，以数倍的要素投入换来了炫目的 GDP 数字。

改革成本须支付是肯定的，具体谁付呢？政府部门、企业部门、个人部门分摊。如何支付呢？人民币贬值，特别是真实购买力的下降。这种方式肯定不是最优解，连满意解都算不上，特别是在人民币国际化的进程中，其负面作用会更显著。对人民币走向的预判是要说明货币发行制度再校准的重要性，人民币国际化的基础应是人民币货币发行的自主性、针对性与前瞻性，无须亦步亦趋、人云亦云，同时，货币发行的制度化、规则化要进一步明晰，其中的要义是纪律和责任。

三、国际货币体系两支柱

布雷顿森林体系确立了美元的国际货币锚的地位，其过程是英国的"凯恩斯计划"与美国的"怀特计划"的角力。凯恩斯倡导的"Bancor"（一种符号化的世界货币）和怀特倡导的"美元"之争实质上是维护英镑荣光还是昭示美元崛起，英国想通过 Bancor"去美元化"，而美国力图"去黄金化"，结果不言自明，Bancor 的虚拟世界政府让位于现实中最强的美国政府。可见，国际货币地位和国际货币体系不是简单的经济考量，而是政治、军事、外交等合成的综合国力的比较与平衡。国际货币体系继续演进，由布雷顿森林体系下的"以美元为核心的金汇兑本位制"嬗变为牙买加体系下的"美元信用本位制"，本质上是固定汇率制度向浮动汇率制度的轮回，是所谓的黄金的"野蛮痕迹"的消退，同时也是信用货币体系的重塑。

无论是布雷顿森林体系，还是牙买加体系，其体系内核是对信用货币的信心。固定汇率制度尽管能够把汇兑价格框住，但在经济政治发展不平衡中不能解决"特里芬难题"，也无法根本解决信用货币的信心问题。浮动汇率制度尽管适应了经济政治发展不平衡的客观现实，但危机—重建—再危机—再重建的"治乱循环"表明汇兑价格的相对稳定和货币信心的问题依旧未解，经济政治发展不平衡、汇兑价格相对稳定与货币信心之间的不可调和三角依旧存在。

究其根本，国际信用货币本位制的核心是信用，信心源自信用，而信用要靠货币发行国的自律和国际协调机制的审慎安排。国际货币体系新的"两大支柱"不外乎：

一是纪律性，即一个国家的债务、财政赤字不能随意货币化，公共债务/GDP（公共债务/GDP 指标合理范围是在 60% 以内）和财政赤字/GDP（财政赤字/GDP 指标合理范围是在 3% 以内）要在合理比例之内，并且是"硬约束"，是纪律。美国、欧洲和日本危机后的政策成了公共债务和财政赤字货币化的竞赛，使得两项指标几乎全部超标，结果是市场失灵的问题没有解决，政府失灵的问题又浮出水面。

二是责任性，主要是货币发行量与 GDP 之比，货币发行量要与 GDP 增长、产业结构、金融体系发展程度、社会融资结构相匹配，不能罔顾货币价值和经济质量。货币发行看似国别选择，实乃国际货币体系尤其是国际货币协调机制的要件，国际货币发行国若一味向市场注水，或许能短暂提振本国经济，但一定会加剧国际货币的混乱局面。

纪律性和责任性是国际货币体系建设的充分必要条件，其作用的发挥先内后外、由内向外，再由外向内反馈，两大支柱立起来，国际货币体系的大厦方能稳当。展望未来，国际货币体系或许以 IMF 的 SDR（特别提款权）为中枢，或许延续"美元为主、渐进多元"的格局；可以肯定的是，未来的国际货币体系一定会有人民币，人民币也一定会完成结算货币、投资货币、储备货币的国际化"三级跳"，成为国际货币和国际货币体系的有机组成部分，在这个过程中，纪律性和责任性不可以须臾放松。

China Is Committed to Playing
By the Rules on Global Trade[①]

Trade tensions between China and the US show no signs of abating. Amid deteriorating relations between the world's two biggest economies, the global community finds itself at a crossroads. Does it succumb to a trade war that will only benefit the most powerful-i. e. the US-or does it redouble efforts to reform the global trading system to make it more open and fairer for all?

The former outcome is surely too destructive to be countenanced. Yet pursuing the latter requires an answer to the question of how to accommodate China, which is alleged by many (not least in the US) to be a rule-breaker with its state interventions and subsidies which distort competition.

Are such criticisms of China valid?

Consider first the charge that China is not a real market economy. The latter is in fact not a one-size-fits-all concept. Market economies come in several varieties that reflect different social, historical, economic and cultural conditions. One of these is the Chinese market economy with socialist characteristics.

What about Beijing's alleged disrespect for the rules of international trade? Here again the criticism misses the mark. China's activities inside the World Trade Organization have always been rules-based.

Moreover, its trade policies are in compliance with the WTO rule book. For instance, industrial subsidies are not directly in breach of WTO rules. Subsidising certain sectors is allowed under the WTO agreement on "subsidies and countervailing measures". And it is practiced by almost all of the body's members.

---

① 本文写作于 2018 年 10 月。

Much is made by critics of China of the role played by state-owned enterprises (SOEs). In fact, most such enterprises in China today are stockholding companies with shareholders from both the public and private sectors. Identifying where government ownership of individual companies begins and ends can be extremely difficult.

Forced technology transfer has, for some time, been another major concern of China's trade competitors. Again, the US has been particularly vocal on the matter. In a report in March, for example, the US trade representative declared that a key part of China's drive to become a world leader in advanced manufacturing "involves the acquisition of foreign technologies through acts, policies and practices… that are unreasonable or discriminatory and burden or restrict US commerce".

Now, technology co-operation is an integral part of business partnerships and is often a thorny issue in negotiations. But any agreement or arrangement reached reflects only the relative bargaining power of the parties and their respective strategic concerns. Without a direct role in corporate governance, no government can meddle in this process.

As the USTR noted, China's economic transformation is being driven by technological innovation. That is why it attaches great significance to new technologies and well-designed transfers. But this is a matter for business partners, not the state.

The Chinese government is routinely portrayed in the west as almost omnipotent and capable of intervening in markets any place, any time. This might have been true back in the era of the centrally-planned economy, when the state controlled prices and industrial production. But, today, government involvement is bound by rules similar to those adopted by most other market economies.

Finally, there is the vexed issue of intellectual property rights. Breaching or abusing IP rights would be unwise, since it could jeopardise long-term prosperity. China understands this and is committed to transforming its IP system to comply with internationally accepted norms.

China abides by the rules of the world trading system and is a responsible global citizen. As the world's second-largest economy and a manufacturing powerhouse, China is and will continue to be a pivotal member of the WTO and other trade agreements. No global arrangement worthy of the name can afford the loss of Chinese participation.

货币国际化的多维动因①

货币国际化的最初形式，无非是跨国贸易的开展而产生的货币跨国使用。继而从贸易国家间交换的点对点到国际贸易全面化的面与网，再到生产要素全域流动的全球化体系，货币国际化的内涵与外延随之加速度跃升。货币国际化本是人类活动在物理区域上不断拓展的自然产物，但由于贸易国际化与国家经济竞争之间的天然不协调，货币的国际地位和作用已经异化为一国贸易实力和国家实力的代名词，仿佛不冠以国际化的名头，货币的地位就低人一等，甚至国家的经济地位也居于下游。如何更全面地认识货币国际化？

一、货币的国家利益实现

按照传统教科书的表述，货币的本质是一般等价物，是价值尺度与流通手段的统一，而价值和使用价值是关键，基本属性在于信用（特别是信用货币体系建立之后）。那么，货币属性的根本是什么？其实是主权和国家利益，尽管有诸多学术上似是而非的证伪和现实中欲盖弥彰的掩饰。强有力的佐证是布雷顿森林体系的全球锚货币之争。

1944 年对金本位取而代之的美元本位制是布雷顿森林会议的核心议题，核心的核心是全球货币体系中的锚货币，其争夺之激烈远非"白热化"所能描摹。一方是代表英国利益的经济学大家凯恩斯，提议使用超主权货币 Bancor；另一方是代表美国利益的名不见经传的美国副财长怀特，坚持以美元为锚。最后的结果是新兴超级大国美国完胜曾经的超级大国，美国的国家利益在全球货币体系重塑的过程中予以体现。

布雷顿森林体系的核心货币之争不是人与人之争，也非货币与货币之争（作为记账单位，超主权货币的国际性和中立性强于国别货币是不言自明的），

---

① 本文写作于 2016 年 11 月。

而是国家与国家之争，胜出方肯定是彼时国际秩序的擘划国，而非提出最合理建议的国家。国际化货币的流转无国界，但货币本身却有鲜明的主权性，美元是全球货币体系的锚货币，而美国国家主权又是美元之锚。

货币的国家利益实现。国家之间会有战争，那么有主权性的货币之间是否存在战争呢？虽然从阴谋论角度出发的货币战争颇为牵强，但出于维护国家利益而进行的货币攻击并不鲜见。理论上讲，货币是中性的，但中性的货币若进入国家利益的化学反应中，其作用力却有明确的方向。

1956年埃及新政府出于主权考虑宣布将苏伊士运河收归国有，英法为夺取控制权，与以色列联合对埃及发动军事行动。当联军在军事上高奏凯歌时，美国出手了，并且以抛售英镑导致英镑贬值15%的另类攻击重创英法的战争后勤补给，毕竟战争打的是钱，结果是苏伊士运河的主导权归入美国囊中。此事件中若干种国际货币的纯交易性互动呈现出强烈的国家利益表达，货币职能有了政治、外交甚至军事的成分，而非国际化货币是无法有效承载这一任务的。

二、货币国际化的利益具象

货币国际化路径主要有三，其一是不可兑换货币的可兑换演进，从而成为国际货币体系的有机组成部分；其二是建立区域性的单一货币（Single Currency，如欧元），从而形成一定范围的货币联盟；其三是创立超主权货币（如国际货币基金组织的特别提款权 SDR），使其成为国际组织和国际协调机制结算和投资的货币单位。

不管采取哪种路径，国家利益都具体而微地体现其中。路径一的"最高纲领"几乎都是对标美元的全球铸币权，而全球铸币权是国家利益在货币上的最高表现形式。路径三由于国别利益的相对淡化与模糊，从来就没能以主角出现在国际货币格局中，从反证的角度说明国家利益对货币国际化的导向与定位。路径二的最好例子是欧元，欧债危机前的欧元更多的是单一货币的繁荣，虽是虚假繁荣，但欧债危机后的故事无疑是一出又一出的悲剧，正是由于国家利益的不同和国别目标的优先次序迥异，使得偌大的欧元区发生内爆，核心国（core）欧元与外围国（periphery）欧元渐趋分化。

希腊银行的1欧元与德国银行的1欧元已然不是同一货币，因为希腊经济水平和银行体系的稳定性与德国不可等量齐观，一旦希腊经济陷入危机泥潭，存在希腊银行的欧元有可能由于危机救助的"创新"方式 bail－in（内部纾困或自救机制）而损失殆尽，而德国银行的存款人即便不是甘之如饴，至少相对而言高枕无忧，同是欧元，其内涵已是天壤之别。

于是在欧债危机的救助过程中，欧元区国家间的龃龉和摩擦不断。按理说若从维护欧元的地位出发，大家应同气连枝，不计得失，但现实是任何救助行为都受到国别政治和社会形势左右，真正的话语权还是在各国政府手中抑或是在选民的选票里。救助变成国家利益的演练场，一致性的解决方案次次设计出来，次次爽约而去，甚至在不断消耗欧元的凝固剂，不排除进一步催化欧元解体。可见抽象的国家利益具象在国际货币和货币国际化的静态位置和动态进程中，货币与国家政治与社会因素的交互显而易见。

三、中心货币与货币中心的政治交互

既然货币根本属性是国家主权，那么居于国际货币体系中心的货币也无法超然于主权之上，其代表和维护的仍是发行国的主权和国家利益。货币中心与所在国的交互亦是如此。

1999 年欧元问世后，非欧元区的欧盟成员国英国以伦敦的国际金融中心地位为筹码，竟越俎代庖成了欧元清算结算的枢纽，并长期占据欧元货币中心的无上地位。但 2016 年 6 月 23 日英国脱欧公投结果甫出，除经济社会冲击之外，此次政治公投的货币冲击尤甚，英镑大幅贬值，甚至带动欧元贬值。欧盟首先质疑"脱欧"之后英国的欧元中心地位，而英国最先捍卫的也正是伦敦城的货币桂冠。英镑和欧元都是重要的国际货币，欧元是一体化欧洲的中心货币，伦敦是全球金融中心，自然也是货币中心，而"脱欧"是政治经济社会重大议题的公众选择结果，其后的诸多种种又是政治搭台、政客唱戏，但戏文字里行间却是经济贸易金融等，中心货币及货币中心之竞争才是重头戏。

其实，中心货币和货币中心都是基于主权国家的（欧盟也是主权国家的集合），都与个体国家利益或集体国家联盟利益休戚相关。货币与政治交互，政治影响货币地位及货币中心选择已是不争的事实。

再透视欧元，特别是"德国欧元"。欧元得以问世以德国放弃马克做出妥协为先决条件，若德国坚持主导并单独把持"龙头"地位，则欧元只会停留在学术概念和政治博弈上。欧元是欧洲经历两次世界大战和数次经济危机后

所进行的革命性试验，是力量再平衡的政治安排的货币表现，是把德国纳入货币联盟以制约其政治极化的制度设计。而德国则以让渡马克中心货币地位予欧元实现"德国欧元"的真实贬值，极大地提升了贸易竞争力。欧元区的德法"双核"在危机后只有德国岿然不动，政治角力的经济结果是由单一货币的内在价值分化进行演绎，而货币与政治的交互贯穿始终。

四、人民币国际化的自信与他信

人民币国际化进程不可逆转，只要中国的经济总量和国际贸易契合大国身份，那么人民币成为国际货币仅是时间问题。2015 年 10 月，人民币跨境支付系统（CIPS）一期上线运行，为人民币跨境提供清算结算服务的战略性基础设施到位；2015 年 11 月 30 日，IMF 宣布把人民币纳入 SDR 货币篮子，权重 10.92%，位列美元、欧元之后；2016 年 7 月 24 日中国人民大学发布年度人民币国际化指数（RII），五年间（截至 2015 年年底）该指数增长逾十倍达到 3.6；截至目前，中国人民银行已与 33 个国家和地区的货币当局签署货币互换协议，货币互换余额达 3.3 万亿元。凡此种种，都是人民币国际化自信的基础。

货币国际化的根本落脚点是跨国使用，无论是基于贸易、投资抑或储备，都是交换媒介、价值尺度、支付手段和价值贮藏等货币功能的空间扩展结果，随着人民币使用在物理区域和功能纵深方向的不断进展，其国际化程度自然而然会不断加深。但人民币国际化仅有自信是不够的，一定要有他信，要让非本国使用者有信心大范围、高频率地主动使用人民币。那么这种他信来源于哪里呢？直接来源是中国经济，特别是经济中的国际贸易和跨国投融资，只要中国经济仍然健康成长，国际贸易和跨国投融资呈现良好发展态势，人民币国际化的经济基础就是稳固的；根本来源是综合国力，不仅是经济，而且包括政治、社会、军事、外交等，只要中国的综合国力不断提升，在国际事务中的话语权会随之提升，与之对应的货币话语权自然愈发显著，人民币国际化的信心指数也会持续走强。

货币国际化是一个自然的非线性的进程，不仅关乎货币和经济的单向度要素，而且与政治社会多向度互动，最终归于国家利益和综合国力。因此，人民币国际化的政策取向和实际操作应顺应这一规律，由经济金融单向驱动向多向循环互动的模式转化。

第五篇

金融市场嬗变与投资变轨

金融市场嬗变进行中，主要趋势性特征如下：

第一，全球经济债务比例上升，债务货币化程度加深，金融市场成为经济政策特别是财政政策发挥作用的重要平台。

第二，作为金融市场的参与者之一，中央银行的作用和活动范围加大，甚至不时上演"独角戏"（the only game in town），特别是量化宽松和低利率货币政策对价格发现机制和投资行为造成巨大扰动，资本稀缺性降低反衬项目和资产的"物以稀为贵"。

第三，2008 年全球金融危机后银行的资本金监管得以强化，系统性金融风险防范体系基本成形，银行信贷的主动性囿于资本金约束，使市场化融资主体（marketplace lending）发展迅猛，私募市场（private market）资金等深度介入债务融资，类银行如挑战者银行（challenger banks）等金融科技平台也获取了一定信贷市场份额，市场融资版图发生结构性变化。

第四，被动投资（passive investment）在规模上和影响力上与主动投资（active investment）的差距缩小，积极投资的收益率并没有被扣费后的实际表现所确认，而被动投资以及 ETF、智慧贝塔（smart beta）等中间地带的新型投资方式逐渐勃兴，但对市场的影响特别是价格发现和流动性冲击仍然存在诸多未知或未经证实的论断。

第五，基于大数据和人工智能的量化投资（quant investment）、智能投顾（robo - adviser）等投资方式已形成规模，并被投资者广泛认可，风险平配（risk parity）等策略也吸引了大量资金，投资与技术的融合特别是基于数据科学的投资方兴未艾。

第六，企业融资生命周期变形中，天使、创投（venture capital）、早期、中后期、上市的既有程序定式被科技巨无霸（Big Tech）的生态圈投资和私募基金的全流程覆盖相当部分予以替代，创业公司长期处于非上市状态以及上市公司私有化改变了投资的退出方式，直接上市（direct listing）和特殊目的并购（special purpose acquisition company，SPAC）等新上市方式被科创企业等所采用，一级市场和二级市场的融资次序和价格关系出现错位。

第七，新业态甚至传统产业的生命周期变短，初创企业上规模的速度很快，从创立到发展为企业价值超过10亿美元的独角兽（unicorns）企业时长变短，支撑企业核心价值的科技需要的投资额巨大，企业价值随着不同轮次融资活动增长迅速，投资估值的传统假设和模型均被修正。

第八，股票和债券投资相互交错，分红型股票如公共设施等的固定收益特征十分明显，投资者更看重股息收入而非资本利得；与此相反，由于利率处于低位且债券收益率波动性加大，一部分投资者反而更看重债券价差带来的资本利得而非利息收入，特别是信用债券、高收益债券等。

第九，责任投资（environment, social and corporate governance，ESG）和影响力投资（impact investment）发挥越来越大的影响力，作为投资审核的重要标准，非经济指标的重要性日益凸显，并且环境、社会责任和公司治理等因素逐渐可量化并成为估值的有机组成部分。

第十，商业银行受到金融科技平台的外部冲击以及数字化和业务转型的内部压力，加之服务实体经济和普惠金融的现实要求，系统化的方向性调整不可避免，而数据的重要性至少与资本等量齐观。

在至少这十个趋势性特征的背景下，新兴市场经济体特别是中国金融市场迈出关键步伐是国际金融市场的大事件，从国际投资头寸看，2019年年末非居民对中国股票和债券投资余额分别为8,617亿美元和5,029亿美元，分别是2009年的2.4倍和33倍。境外资本通过QFII、RQFII、银行间债券市场直接入市、"沪股通""深股通"、购买我国机构境外发行的股票和债券等多渠道投资中国境内证券市场，在分享中国经济增长的同时，在更大范围内分散了风险。中国证券纳入主要股指、债指是中国金融市场对外开放的必然结果。

本篇主要内容包括金融市场新趋势、投资行为和投资方式新变化、银行业务转型以及风险管理机制和投资观再建设等。

全球化流变与投资变轨[①]

全球化在争议中，并且质疑声愈来愈大，反对者愈来愈多。缘何昔日人类文明的浩荡潮流顷刻间变成了社会公平与进步的阻滞呢？溯源全球化，其萌芽于国与国之间的贸易，始于物的跨国移动，延伸到人的跨国移动和资金的跨国移动，继而开启政治、社会、环境和文化的国家间交流和全球性协调。15世纪到18世纪欧洲主导的地理大发现突破了传统空间和区域，使得环绕联系的世界取代了平面的世界，新航路被扬帆，新大陆被发现，"苟日新，日日新，又日新"。19世纪，更大规模的国际贸易序幕拉开，影响力波及全球的经贸活动亦投影于政治领域，国际共产主义运动与工业革命和世界贸易并辔而行，马克思在《共产党宣言》中论及"世界市场""全球各地"，因此不乏好事者牵强地把全球化概念的"发明权"授予他，但马克思时代的彼"全球"非现代语境的此"全球"，"化"更无从谈起。全球化概念真正成形于20世纪70年代，交通和通讯的便利是前提，互联网和移动通讯是加速器。1983年经济学家 Theodore Levitt 以《市场全球化》（*The Globalization of Markets*）为标题的文章，被认为是全球化在学术上严格定义的发端。2000年国际货币基金组织（IMF）规范了全球化的四项主要内容：贸易和交易、资本和投资、人的迁徙和流动以及知识的传播和分享。全球化从萌芽期、初始期、成长期逐步进入现代意义上的形成期，在一个多世纪的时间里最为显著地标识着人类的发展和进步。

一、全球化上行

第一次工业革命以来，工业化先行国不遗余力地推广国际贸易，重商主义成为理论武器，无论是 Anoine de Montchrestien 的货币差额论还是 Thomas

---

[①] 本文写作于2017年3月。

Mun 的贸易差额论，均把政策重心放在限制进口、鼓励出口上，这是基于维护国别利益的生产本地化、市场全球化的模式。由于其零和博弈的本质，虽然客观上揿下全球化的启动键，但进一步上行的思想驱动力明显不足。于是，亚当·斯密和大卫·李嘉图接棒，以更符合经济全球化的古典经济学理论特别是自由市场和比较优势学说推动全球市场和国际分工，全球化有了"主义"的指南。之后，经济方面是第二次工业革命和第三次工业革命，其间发生1929—1933年大萧条和互联网泡沫等危机；理论方面是凯恩斯主义和新古典经济学，同时存在政治经济学、行为经济学、制度经济学、供给学派等。在2000年之前，全球化始终处在加速状态，边际效益为正，帕累托改进的步伐未停。两条主线脉络清晰：三次工业革命积聚的全要素生产率充分焕发，发达经济体生产力水平不断提升并主导全球产业链和分工，科技创新的作用日益突出；发展中国家的人口红利开始显现，劳动密集型的生产制造和禀赋依托型的资源出口被差异化地嵌入了全球分工体系（发达经济体中也有资源和原材料出口国，比如澳大利亚等）。欧美国家开发并掌握核心技术，输出低端产能，进口廉价商品；新兴经济体进行产业升级，构建制造业体系，积累财富并输出储蓄盈余，进口关键技术和高端产品。如此两分的经济体集群在微笑曲线上实现了共生，合力塑造后工业化的国际政治经济秩序。

　　"经济基础决定上层建筑"，在这一超长的全球化上行周期，国际规则和全球治理由发达国家设计，不断构建出有利于全球化的制度框架。政治方面，自由民主是主题，"二战"之后的冷战铁幕轰然倒下，"历史终结"指向"华盛顿共识"的西方模式，虽然其间中国走出一条相对独立的发展之路并衍生出"金砖国家"等发展集群，但大方向是意识形态让位于经济发展、保守主义让位于自由主义，国别事务让位于国家间协调机制和全球共治，如国际组织、国际仲裁机构等，一般性规则和先例的国际化形成大致共识；经济方面，欧美坚持自由市场，国内市场与国际市场融合，以市场之"大"制衡政府"看得见的手"，具体政策针对福利和保障多、干预市场和企业少，政府与市场始终保持一定的距离（at an arm's length）；社会方面，德国俾斯麦时期的现代社会保障制度得以继续完善，保障体系的广度和深度得到强化，福利改善为社会的相对融洽培土强基。全球范围内政策组合的主基调是促进生产力的持续进步和社会福利的持续提升。财政政策上，赤字预算和转移支付等的积极运用助推投资和消费，较大幅度地改善了基础设施和公共服务；货币政策上，中央银行的独立性置于原则性地位，政策目标高度聚焦，即以防通胀为主，政策传导机制的主渠道是市场和市场化主体，政策工具遵循单一规则，以利率等价格型工具为主，通过加息以稳定 CPI 水平并给过热经济降温是基本桥段，降息以应对萧条并刺激经济增长是插曲。

在全球化上行期，与和平和发展相契合，未来和增长是投资主题，价值嵌套于增长，增长凸显出价值。国别选择方面，发达经济体是以技术禀赋和资本禀赋引领科技创新和产业转移，新兴经济体是以发展红利和改革红利驱动产业承接和工业化城市化"两化"，二者的执旗者投资价值和回报巨大，比如美欧日、金砖国家等；行业选择方面，金融资产和非金融资产均表现良好，金融加速实体经济效率，实体经济在新需求的作用下依托新技术不断产出新产品，行业性机会频现，特别是与创新相关的自动化和电子技术等；资产类别选择方面，周期性资产相对于成长性资产表现中规中矩，但始终保持上行的大趋势，其中大宗商品更是在"中国需求"的虹吸效应下从历史新高走向另一个历史新高，成长性资产的估值"没有最高，只有更高"，超预期贡献 alpha；期限选择方面，短期限（short duration）、交易型让位于长期限、持有型，且持有期不断延长，时间的价值表达与成长的故事叙述融为一体；风格选择方面，风险追逐（risk - on）是市场主流，可供选择的载体从原生工具到衍生工具、从股票到债券、从主动（active）到被动（passive）、从传统到另类（alternative investment，如对冲基金 hedge fund 等），每一种载体均有充分的生存和壮大空间，均展现出可观的价值捕捉能力。

二、全球化平行

新千年前后，全球财富的普遍增长遇到瓶颈，财富效应的聚集特征显性化，而分配特征被扭曲，贫富差距和阶层分化明显，1% 与 99% 的矛盾激化，帕累托最优的理想状态没有实现，全球化进入平台期。科技创新与资本市场的对接和高效率运转受到冲击，互联网泡沫先被引爆，以危机的方式预告发展范式变迁的来临。政治方面，民粹主义（populism）和民族主义（nationalism）回潮，极端理念和观点开始获得响应，以"9·11"恐怖事件为分界点，恐怖主义从非核心关注变为全球治理的主要议题；经济方面，GDP 走势开始分化，新兴经济体的改革红利仍处于释放期，特别是中国加入 WTO 之后国际分工利好发展中国家集群，使其增长并得以延续，但已然出现增长疲态，而发达经济体基本进入低增长期，同时国际收支失衡有所加剧，贸易顺差集中在以中国为代表的新兴经济体、以澳大利亚为代表的资源国和以德日为代表的制造业强国，而传统发达经济体的赤字状况持续恶化，导致其国内利益置于国际市场之前优先排序，非市场化的保护主义抬头；社会方面，阶层和民族对立与宗教和意识形态冲突在国家内部和国家之间多维度展开，公平的相对缺失诘问发展成果分享的偏离，福利国家的财富创造与分配高度不同步，社会幸福指数逐级下降。全球政策组合的主基调是防通缩。财政政策上，积极的财政刺激（fiscal stimulus）大行其道，但加大政府投资受制于财政收入匮乏，赤字政策的运用也受财政纪律的约束，整体效果乏善可陈，而欧债危机后适用于希腊等国的紧缩政策（fiscal austerity）更是在反思基础上的变向；货币政策上，稳健向积极转化，央行的作用达到极致，甚至成为影响经济和市场的最为重要的力量，量化宽松（quantitative easing）、央行扩表等非常规手段常规化，央行不断向市场注入流动性，利率被人为设定在极低水平（主要发达国家利率在零附近甚至进入负利率区间），投资者的能力从分析市场变成与央行的货币政策对表，如 Mohamed A. El – Erian 所说的：央行成了"唯一表演"（The Only Game in Town）。

　　全球化平行期的投资主题是价值与增长并重，但普遍性增长的信号变弱，价值中枢被低利率政策所压制，beta 低，获取 alpha 的难度也较大。国别选择方面，新兴经济体的高增长题材难以为继，违约与通胀的风险凸显，回报率难以覆盖风险，投资价值急剧下降，发达经济体却能为避险投资给予支撑，虽然绝对回报水平已无昔日辉煌，至少可以为流动性过剩背景下的超量全球货币提供泊位；行业选择方面，金融类资产是投资重点，股票、债券、房地产（既有居住属性，又有投资属性）的价值被不断推高，彰显资本在经济增长的大趋势中力量之大，非金融类资产表现欠佳，工业品和食品等由于生产力的提升价格长期承压，石油、煤炭等大宗商品由于"中国元素"的剂量锐减而无法持续居于高位；资产类别选择方面，周期性资产起起伏伏，财务回报无圈点之处，石油、煤炭等资产的下行区间远多于上行区间，成长性资产除信息互联网领域的"独角兽"（unicorn）外，投资陷阱多于投机机会，并且过多资金追逐下的一级市场估值已然很高，二级市场投资价值和退出通道的收窄均挤压整体回报水平；期限选择方面，股票的波段操作上位，交易性得以强化，而债券以长期限为主，以获取央行主导的低利率下可能的期限溢价；风格选择方面，风险追逐基于债市收益过低，任何风险溢价都不能放过，而风险规避（risk‐off）是基于主要经济体股指均处历史高位，特别是美国，市场反转冲向出口（rush for the exits）的心态潜移默化左右市场情绪，两种风格平行上演，投资载体主动、被动兼用，愈到后期愈倾向于被动，以基准收益（benchmark return）为指针的 ETF 大行其道，对冲基金等主动投资平台的收益能力被广泛质疑，即便机构投资者没有放弃主动的取态，具体实现方式也转向"智慧贝塔"（smart beta）。

三、全球化下行

全球化上行和平行期是过去时，而全球化下行是正在进行时，是近两年来发生和变化并仍在持续的进程。新经济和互联网时代信息的交换和共享是全球化的，使得离现在最近的三次危机（1997 年的亚洲金融危机、1995—2001 年的互联网泡沫破灭和 2007 年开始的全球金融危机）外溢和传染效应在速度、范围和烈度上呈几何级数地增强，并引发政治形态、社会结构和文化现象等方面的深刻调整。英国"脱欧"、欧洲难民危机、特朗普当选美国总统等历史性事件，蕴含的不是简单的经济抑或政治信息，而是表象之下的人类发展方式的反思，尽管呈现出来的是抗议及情绪压制理性的激烈表达方式。全球化成为众矢之的，无论是概念还是实践都受到重压，全球化站在了下行通道的门口。政治方面，民粹主义和民族主义出现泛化端倪，主张不同甚至迥异的政党不约而同把民粹和民族主义视为获取选票的"法门"，选举政治与国际恐怖主义极端化并存，主要发达经济体国别利益诉求获得选民更多关注，全球共治因此走出阶段拐点，国际形势进入超常不稳定状态；经济方面，全球金融危机的续集不断上演，欧债危机、新兴市场货币贬值、石油价格断崖式下降、非洲灾荒等，甚至中国都进入"三期叠加"，GDP 增速转换为中档，全球景气状况低迷；社会方面，老龄化和环境恶化积弊甚重，全球变暖使人类生存受到挑战，抚养比之低使人类延续成为问题，人与人的冲突和人与自然的冲突不断升级。全球范围内政策组合的主基调是激活通胀、就业回归和制造业在岸化，财政政策上，紧缩政策不再被推崇，减税和加大基础设施投资等重回政策选项，供给学派的味道浓重；货币政策上，利率向常态回归，特别是美国加息提速，欧洲央行退出量化宽松和负利率提上议事日程，日本的量化和质化宽松的力度趋弱，主要经济体利率走高的大趋势形成，通货膨胀抬头。

全球化下行期的投资主题散乱，从侧面印证全球化的发展趋势并没有根本性的改变，下行是暂时的，是片段。国别选择方面，内向型经济体和资源国受益，外向型经济体由于保护主义盛行而受到冲击，由于美元升值的因素，与美国制造业回归和本土化生产消费高度相关的项目受到追捧；行业选择方面，金融与科技的"混搭"FinTech是热点，非金融资产以服务贸易的系统集成者是重点，且服务贸易的技术含量要足够高；资产类别选择方面，具有科技驱动力的成长性资产孕育明日之星，周期性资产中与科技有机融合的佼佼者亦值得关注；期限选择方面，短期限集中交易的吸引力较大，长期持有在技术颠覆和模式转化的窗口期并不最符合逻辑；风格选择方面，投资者进入了"选择焦虑"，并且不仅是在主动、被动、智慧贝塔等之间选择，而且要在人和机器之间选择，人工智能范畴的机器人投顾（robo - advisor）与量化投资、程序化交易（algorithm trading）一起，将革命性地改变现有的投资版图。

四、全球化新常态

全球化的将来时会如何展开？世界仍在变化，科技马太效应和创新摩尔定律仍在"挥斥方遒"，丝毫没有削减的迹象。精英阶层与草根阶层的分野没有弥合，反而愈发偏离中点。即便如此，与全球化相左或背道而驰的人类发展新趋势能继承大统吗？可如是观。去全球化是国际性协议或多边安排向国家间协议或双边安排的转变，逆全球化是向保护主义的转变，而反全球化是向孤立主义的转变。全球化已然是现实存在，走回头路是小概率事件，回到原点更无可能。要素禀赋是因，贸易数字是果；进步是目的，如何进步是方法。若运用去竞争的方法重塑国际竞争力格局，逻辑上大谬，实践上也难以行稳致远，全球化新常态是不二选项，因为人类的追求远没有想象的差异那么大。

不稳定经济的风险减震机制设计[①]

——中国视角的明斯基观察

明斯基认为，稳定性本身就是趋向不稳定的，经济稳定性的最大威胁来自繁荣，经济发展的周期性凸显了其内生的不稳定性。因此经济的不稳定是常态，稳定才是例外。对于中国来说，最大的风险并不是经常被提及的那些"灰犀牛"风险，而是在难以预测的地方正在发生的剧烈的本质变化，如金融科技问题。

如果要为不稳定经济减震，就要承认经济的内生特质是不稳定的；承认市场并非万能，且政府不能简单地只承担守夜人的角色；承认任何政策都有反作用力和作用边界；承认简单方法的效果可能超越复杂的构思；承认机制和利益的一致性比机制原理更重要；承认人类智慧确实有一定的加速度。希望金融领域可以建立数据科学实验室，以拥抱变化，拥抱科技，让金融更有时代性。

一、稳定还是不稳定，这是个问题

人文领域有一个根本性问题，人之初是性本善还是性本恶？而经济领域的根本问题是，经济的本质到底是稳定状态还是不稳定状态？我个人比较倾向于后者，即经济本质上处于一种不稳定状态。

首先回到经济学文献中去寻找答案。美国后凯恩斯主义的经济学家海曼·明斯基著有《稳定不稳定的经济》（也有中译本），其本人不仅在经济学的解释方面做出过突出贡献，同时使经济学本身具有一定程度的预测力。众所周知，经济学本身的预测力并不强。如果经济学具有一定程度的预测力，对作为独立学科的经济学的作用会相当之大。明斯基本人并没有固守凯恩斯

[①]　本文写作于 2018 年 5 月。

主义所谓的具体政策措施，而是发展了凯恩斯主义的实质，使具体政策措施落地的时候，能兼顾市场发展的具体状态。他提出不稳定经济是经济的本质，一定要避免资产负债表的相关冒险行为。以其名字而命名的"明斯基时刻"在中国人民银行前任行长周小川近期的讲话中还被特别提到。如果将"明斯基时刻"进一步引申，从而得出一系列风险方面的管理措施。从另一个角度观察，有必要回顾共振的概念。

英国千禧桥的落成典礼曾短暂中断，原因是上桥的人太多，步伐一致，从而形成了物理学上所说的共振现象。一旦形成共振现象，桥的稳定性受到影响，桥发生剧烈晃动，从而引发桥的安全性问题。金融市场和经济方面面临一样的问题——市场风险的共振、经济风险的共振、宏观政策方面的共振，也有心理方面的共振、行为方面的共振、预期方面的共振。监管政策方面亦可能出现共振，即同一时间窗口、短期迅速下发大量政策，导致政策叠加效应相当之大。因此，一定要保持战略定力和政策定力，应在相对长的时间窗口之内，不断地释放一些有利于市场发展的政策，这样的政策效果可能会更好一些。

罗马不是一天建成的。中国的资管行业也不是一天形成的。想在极短的时间内处理约 60 万亿元的资管产品，难度相当大，所以不能急于求成，要从战略角度设计好相关的战略时间。

明斯基的观点主要体现以下几个方面：

第一，他认为稳定性本身就是趋向不稳定性的，这是比较复杂的哲学概念。他说稳定（Stability）本身就是去稳定的（Destablising），这是一个很重要的经济学概念。

第二，他又提出一个相对比较思辨的概念，他认为经济稳定性的最大威胁来自于繁荣。因为在繁荣的时候，经济参与者和市场参与者往往认为自己过去的路径是正确的，而这种正确的路径一定程度上会促使自满产生，这会让经济承担更大的风险，结果就是产生一定程度的不稳定性。

第三，经济发展周期也呈现一定的不稳定性。明斯基把经济周期按他的学术概念分四个阶段：第一阶段是商业资本主义，第二阶段是金融资本主义，第三阶段是管理与福利国家资本主义，第四阶段是基金经理资本主义。可见，越往后的阶段，其衍生性越强，金融性、货币性越强，所以经济的内在不稳定性也会增加。

一般都认为新经济应该使经济波幅下降，经济周期对经济体本身的冲击减弱。但比较 1929—1933 年的大萧条和 2008—2009 年的大衰退，从股票市场指数的角度来看，2008 年和 2009 年的大衰退期间的股市波动并不比 1929—1933 年小，两者之间差距不大，所以这个结论并不成立。因此从这个角度来说，新经济还没有达到进一步熨平波幅、进一步稳定经济，让周期和振幅都变窄的效果。

二、不稳定应该是一种常态，稳定才是一种例外

从监管政策来看，监管政策的失据强化了经济的不稳定性。曾有一个格林斯潘看跌期权的概念，告诉市场一旦有下跌风险，央行就会介入，央行介入，稳定市场就会告诉市场的参与者，你们的风险一部分将由央行埋单。这就会导致道德风险，而道德风险的提升，将极大激励风险承担，风险承担则导致市场本身发生更为剧烈的变化。

资本充足率是另外一个耳熟能详的监管概念。巴塞尔协议发展到现在的 3.0 版本，资本充足率是其基石性的概念。但是，由于对资本充足率有了较高的要求，所有的商业银行机构都有股东回报价值方面的要求。两个要求叠加在一起，一定程度上促进了银行表外业务的发展。而银行表外业务的膨胀，极大地提升了监管难度，市场的不稳定性得到极大的推升。所以，本身是一个降低风险的监管政策，最后却可能放大风险波幅。这不只是逻辑的推导，有几位经济学家做过严肃的研究，从实证角度证明，资本充足率的要求在一定程度上增加了表外业务，严重制约了资产负债表的稳健性和强健性，最终导致市场风险增加。

非市场稳定机制的设计方面也存在一定误差。比如克林顿时期的美国政府有一个财政盈余政策，不少观点认为财政盈余好，其实不完全是。虽然美国政府部门财政有盈余了，但是私人部门和企业部门的负债急剧增加，在一定程度上引致了 2008—2009 年这一轮全球金融危机。

风险并不是损失，风险是一种不确定性。风险不是传统经济学意义上所说的从左下角到右上角的曲线，即高风险、高收益，或者风险和收益的因果正相关关系，而是风险的分布不确定性越大，风险越高。

如图 1，左侧的图是学术界和业界主流对风险的理解方式。如果高风险就是高收益，投资者都应该投资高风险的业务才对，这在逻辑上不通。而右侧

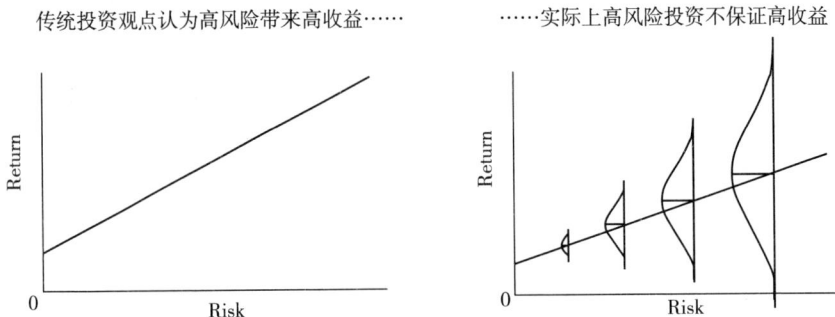

图1 关于风险与收益因果关系的误读

（资料来源：Howard Marks：The Most Important Thing, 2011）

的图1其实是表明风险整个的分布幅度更大，不确定性更强。引致高收益的可能性有，但是引致高损失的可能性同样存在，这才是风险和收益相关关系的正确表达方式。

三、中国经济的"灰犀牛"风险

中国经济的"灰犀牛"风险大致有以下几项：

其一，债务高企带来较大的脆弱性。2016年我国债务占GDP的比重高达254%，但46%的高储蓄率存在对债务风险的缓冲机制。

其二，影子银行问题比较突出。影子银行总量很大，占GDP比重接近100%。但是影子银行占资产负债表的比例低于20%，在可控范围之内。

其三，不良贷款为中国金融体系带来一定程度的风险。这是中国商业银行体系的老问题，但是不良贷款占比相对较低，虽然市场存在对该数字的一定质疑，但是银行盈利能力的提升可以增加其消化力。

其四，房地产和资产泡沫的问题不容忽视。但2016年、2017年，房地产市场增长呈现一定程度的放缓。

其五，过剩产能的问题。值得注意的是，中国实体经济的技术含量有了明显的提升。如果这个变化可以持续下去，就说明中国实体经济在不断增加其科技含量和创新动能。如果这两个轮子可以同时转动起来，实体经济转型可以期待一个比较满意的结果。

以上是一些传统风险，有缓释措施和积极因素并不代表这些风险不重要。

这些风险很重要，但是既然是"灰犀牛"，所以人们会对它们进行观察、管理，发生系统性风险的可能性反而不大。因此，在看不到的、没有预测到的地方发生剧烈性的本质变化，才是中国金融体系面临的最大风险，这就是金融科技问题。

金融是本质，科技是手段，但是金融本质的 DNA 可能会随着科技的介入而发生变化。一旦金融科技的 DNA 在转变，很难说金融不会发生质变。未来科技对金融的重塑远远大于金融对科技的影响，所以科技金融的概念似乎更妥当。以下是一些重要论据：

科技重塑。（1）区块链技术。如果它被用在信用证业务方面，可能就不再需要信用证了，因为信用关系通过分布式记账方式，已经可以稳定地呈现给所有参与者，不再需要信用证这种既费钱又费力的方式。（2）人工智能。未来机器可能完全取代相对规范的投顾业务。现在西方银行已有 20% ~ 30% 的业务由机器完成，智能投顾的替代作用彰显只是时间问题。再如，以前分析投资决策的时候，一定程度上倾向于结构性数据、财务数据，但现在会发现市场变化了，更大比例的来源于非结构性数据，情绪化数据，甚至用 Twitter 产生的对话，或图像数据等。如何挖掘这部分数据来支持投资决策变得更为精确、科学，更符合未来发展的趋势，这是科技带来的第一大变化。

科技替代。（1）支付系统。"存汇兑"曾经是商业银行的三大法宝。随着新科技的发展，科技处理海量信息可以在瞬间完成。并且科技支付系统的安全性、迅捷性是任何商业银行垂直性体系所无法达到的。（2）新兴银行（Neobank）。其缘起可能不甚明晰，但是它们的确在做银行做的事情，这在一定程度上体现了金融去中介、金融脱媒的发展趋势。（3）信用卡。信用卡这个介质还可以存在多长时间？它也许能体现一种身份，但其实手机完全可以替代信用卡，手机上附着一定程度的融资功能甚至更复杂功能的想象空间明显大得多。

科技集成。（1）交叉销售。富国银行"伟大的八（Gr – eight）"曾经是业内广为人知的概念，但现在所有的交叉销售行为都可以通过科技平台进行集成。顾客无须在一个银行费时费力地买 8 个产品，现在一个科技平台可以集中所有金融机构最好的产品，这是一种科技的集成。（2）IoT（物联网）。到了"一切皆互联"的时代，这种集成状况更为明显。当前的问题是顾客的趋利性，特别是金融产品的消费者，尤其趋利，没有忠诚度。实际上，他们不是没有忠诚度，而是不忠诚于某家银行的品牌，但忠诚于科技。顾客对苹果、谷歌的忠诚度很高，对支付宝、微信的忠诚度也很高，对科技的忠诚也是一种忠诚度。这是科技在深刻塑造着人类未来的世界。

现在金融赖以生存的是两样东西，一是牌照；二是垂直向度的专业性。专业性当中如何定价信用关系，也就是信用的管理是金融方面最专业的领域。但未来的科技会真正地重塑这个领域。

四、不稳定经济风险减震机制的六个原则性建议——六个承认

第一，要承认经济的内生特质是不稳定的。

第二，要承认市场并非万能，且政府不能简单地只承担守夜人的角色。

第三，一定要承认任何政策都有反作用力和作用边界，不是任何一个政策都是万能的，没有政策边界。

第四，承认简单方法的效果可能超越复杂的构思，这应该是一个大概率事件。能用简单监管政策解决的，就不要用复杂的政策解决。

第五，承认机制和利益的一致性比机制原理更重要。考虑政策，一定要考虑到市场参与者的利益要和政策是激励相容而非相斥的。

第六，承认人类智慧确实有一定的加速度，但是根本逻辑是一样的，即在没有发生质变之前，一定程度上是能量守恒的，在改革和创新时一定要考虑成本。

最后提一个严肃的建议，金融领域应认真考虑建立数据科学实验室，可以让金融体系进一步拥抱变化、拥抱科技，可以让大数据、人工智能等未来科技的趋势性事件和金融有机融合，使金融变得更具时代性。

How Do You Manage Risk When You Can't Be Certain About Uncertainties[①]

Without any doubt, we are marching into a new era. Anything that we are familiar with might evolve, reshape or even be revolutionized, at least to certain extent. In regards to risk management within the investment field, a new breed of issues has been brought to the surface.

The first one is uncertainty. Risk is the possibility that the loss may occur due to various uncertainties in various occasions. However, in front of us there are uncertainties on uncertainties, which are unknown unknown black swan-type of uncertainties, at least grey swans. When and how those events play out is quite beyond the grasp. If happen, how to react also quite maze-like. As talking about "new normal", badly we hope that the normal part is known to us, but the reality is that the new part matters more. There is full of uncertainty about "new", no matter in political, economic, social and technological arenas. Investing on those uncertain themes and factors, the likelihood of success or failure lies on the judgment as well as on the luck. By solving this, the best we can do is to systemize the investment decision-making process incorporating as diverse variables as possible to construct a lesser unreliable framework which might complement conventional wisdoms.

The second one is paradoxes driven by the uncertainty. This time, the history may not repeat itself. Quite a number of conventional and classical relationships have been overturned or upended. For instance, the inverse relationship between inflation and unemployment depicted by the Phillips curve is not usual anymore, and the correlations among stock, bond and currency markets have been demonstrating

---

① 本文写作于 2017 年 12 月。

various new patterns which are unwitnessed in normal circumstances. The economic and investment cycles have been redrawn by mysterious dark forces. There are so many dilemmas, trilemmas and paradoxes, and the once-hold economic models and theories have lost predictability, at least partially. Redeveloping new theories and reconstructing new models to cope with new phenomenon are urgently needed. Unlike natural science, economics and finance are supposed to be highly adaptive to reality. Meantime, newly-emerged investment styles need to be thoroughly studied, including but not limited to factor investment like smart beta, and passive investment like index-linked ETF (exchange traded funds) etc. Newly-developed risk management tools if no mechanism or system must be put into place for better coping with new paradigms.

The third one is disruptive technologies. In the past, the investment decisions are more or less about financials, therefore the Wall Street or the City of London is crammed with economic and financial majors or MBAs, highly probably from the Ivy Leagues or the top-tier schools. However, nowadays new technologies have reshaped almost every single industry, which means that investing is more about specific technologies and less about pure financials. So more and more science majors have filled the gap in the investment houses due to urgent needs brought by the disruptive technologies. The T-shaped investment capability is essential, which includes horizontal knowledge and understanding of diverse financial markets and vertical expertise and grasping of the specific industry or a segment of the industry that you are about to invest in. Otherwise, we may enter into certain industries or industrial sectors that either are downsizing or even disappearing due to evolutionary forces. Quite possibly, the final results may keep embarrassing us and we may drown ourselves in the uncharted waters if the right set of skill matrix is not available. No matter how smart the investment decision itself is from financial point of view, the black technology might push the whole thing towards the black hole. The worst scenario is that the once promising industries being piled with various styles of investments evaporate without a trace. So how can the routine restructuring be proceeded with the existing methods in hand? The whole industry is gone, and any reasonable financial forecasts definitely are unachievable. Investing in the new economy is never a me-too or used-to-be process. Furthermore, Fintech is worth every effort to conduct research on, the aim of which is towards the real-life application. In the financial industry, we must fully brace for those changes even turbulences brought by Fintech. The positivity of Fintech is truly welcome, however the negativity is the one we need to take good care of. Will Artificial Intelligence (AI) nudge human traders or investors out of job? Will machine learning and machine reasoning outrival human investment professional substantially? Or will hackers test the IT system's robustness or expose the vulnerability of IoT (Internet of things) by employing up-to-date smarter technologies? Nobody knows for sure which episode will play out, but the disruption has become a common scene. The negative effects brought by Fintech can not be dealt with directly with Regtech (Regulatory technology), at least the regulators are not entitled to access zillions of data in the market without a certain level of interference. The sound and appropriate regulations target the patterns developed by the newly-emerged issues and set the rules accordingly, not getting involved with raw data in the first place. Identifying new patterns, generalizing new standards, applying new rules and upgrading new mechanisms are the right regulatory mindset.

Derisk doesn't mean completely avoiding or perfectly hedging risks. 100% avoiding is not possible and hedging 100% is too costly. More likely, we have to deal with various risks in the process from identifying, recognizing, understanding and managing systematically. Risk management should also be data-driven, AI-enabled and technology-based. Investment needs machine learning, reinforcement learning and machine reasoning, so does investment risk management. The major aspects risk management should attach great importance to in the new paradigm or at least in the year of 2018 are as follows: firstly, the surge of passive investments and the effect on market parameters; secondly, the high equity valuation in particular in the U. S. and the possibility of a bubble burst; thirdly, the shift to factor investments like smart beta and the interaction with existing investment styles; fourthly, the rate hikes and the balance sheet normalization by the major central banks and the impact on the global economic landscape especially on emerging markets; fifthly, the sovereign defaults in Latin America and the spillover effects; sixthly, the cyberattacks and the cybersecurity breaches; seventhly, the outperformance complacency and the misjudgment on geopolitical issues etc. We may still not be fully prepared, but the bottom line is we know we need to be prepared.

量子纠缠、产业迭代与投资观再造[①]

　　"墨子号"量子卫星成功升空，小而言之是信息通讯领域的关键突破，中而言之是物理学超越"定域性原理"（locality）的重要实践，大而言之是人类认识宇宙认识自然的革命性进步，其意义自不必言。从更小处着眼，在科普方面诸多远离日常生活的量子物理学名词和概念瞬间"热"了起来，"赛先生"传道有了新内容，比如量子纠缠（quantum entanglement）等。量子纠缠被冠之以"二十一世纪待解科学谜团"之一，简而言之指有共同来源的微观粒子不管被分开多远，一个粒子被扰动，另一个粒子会予以反应，即物质虽远隔万里却相互作用。这种"幽灵般的超距作用"（spooky action in a distance）现象重新定义了时空关系，重塑了物质与意识，上帝仿佛开始掷骰子了（爱因斯坦认为"上帝不会掷骰子"）。当然，科学永无止境，终场亦是新的开幕，更何况量子纠缠的相关研究截至目前尚无定论，相关实验也未给出充分且必要的证明，但只要让量子纠缠现象的可能性存在，只要让宇宙探源的梦想火花不灭，即便仅仅使量子学的名词得到普及，那么所有的付出都值得鼓与呼。同时，量子科学与新经济息息相关，其理论与实践可以说是信息通讯、物联网与人工智能等领域的子午罗盘。由此及彼，把量子纠缠概念进一步延伸并泛化，产业革命和经济发展进程中的各种关联就有可能用新理论予以描述。那么，如何从量子科学的视角观察产业，观察经济？

一、"这次不一样"的产业革命

　　迄今为止，形成共识的工业革命有三次，定语"工业"并非实指，而是具有一般指代意义的泛称，不仅局限于所谓第二产业的工业，而"革命"则必须是广义人类经济社会活动的质的跃升。前两次工业革命的主驱动力源自

[①]　本文写作于 2016 年 10 月。

大口径的工业，同时深刻地影响甚至重构农业和服务业，第三次工业革命的科技引擎电子计算机、原子能等很难仅追溯其纯工业渊源，科技本身进一步跨界交叉相互渗透，对生产力的推动作用前两次也难以望其项背。

进入21世纪，第四次工业革命的讨论开始预热，现在更是观点纷呈言之凿凿，其荦荦大端者如达沃斯经济论坛创始人施瓦布的《第四次工业革命：希望和危险》。尽管第四次工业革命的工具箱似乎以第三次工业革命的数字技术为主，但计算机和互联网的内涵、运用方式、传播速度、覆盖广度、渗透深度已然不可同日而语，更为重要的是科技对生产力的影响力是全方位的，并引发社会结构和意识形态的深刻变革。借用莱恩哈特和罗格夫关于"八百年金融危机史"的标题性论断，"这次不一样"，不一样的时代，不一样的产业革命（"产业"替换"工业"以更准确地定义），表现出颠覆性的不一样的变化。

消失的产业边界。第一次产业革命以来，产业与产业之间的界限已经开始模糊化，最显著的例证是推动农业质变的技术几乎不是源于农业自身，农药的化学，种子的生物学，规模农业的机械制造，生态农业的循环生态学，还有基因工程等。第四次产业革命更是全面实践技术与技术的融合，科学与科学的融合，从而使产业与产业加速融合。传统的产业分类和行业目录逐渐失去了相关性和参考价值，新范式、新模式与之前的新产品一样层出不穷，而这种"新"完全有可能是全新。量子纠缠所揭示的基本粒子之间的叠加与干涉仿佛映射到经济中，产业之间的互相渗透，技术之间的互相作用，使得产业边界几近消失，技术壁垒几近隐形，已无传统意义上严格定义的工业、农业和服务业，实体经济和虚拟经济的分野不再泾渭明晰，而新业态不断地从旧肌体或新土壤中裂变出来，或者生长壮大，或者被淘汰出局，但贯穿其中的是变化，不间断的变化。是故，产业研究的方法和工具也不能基于分类，综合性、跨学科的研究成为规范。

颠覆性的产业迭代创新。迭代（iterative algorithm）简而言之就是循环执行、重复反馈地逼近结果的运算方法。与计算机的强大运算能力相结合，迭代法可以处理海量数据、多向度变量、非线性结构等极度复杂问题，并且高精确度地求解答案。与直接法一次性解决线性问题相比，迭代法的辗转与反复之于复杂的非线性问题恰是"对症下药"。把计算机科学的迭代移植到经济与产业中，其意义在于关联性、系统性和动态性。产业迭代将一个一个的点组成产业链，进而形成面，再形成立体的系统，产业系统在动态中演进，在动态中完善，并且在动态中完成"破"与"立"。原来的产业是垂直向度的产业链、供应链、价值链，而进入新产业革命时期转化为产业网络、供应网络、价值网络，是全新作用机制之下的产业系统、供应系统和价值系统，一切皆互联（internet of things）。因此，传统的价值链理论必须与系统论有机结合，以多向度迭代的方法予以发展，体现量子理论的普遍联系和时空互动。当然，产业迭代的应然之义是创新驱动的渐进式推进，或许前三次产业革命确实如此，但第四次产业革命的迭代创新与颠覆性创新无异，虽然科技上有继承、方法上有延续，但多向度重新组合交叉影响后的产品交付与体验呈现都是"创造性的破坏"（熊彼特语），产业演进步入全新时空环境。

产业流态与柔性加速度。提及产业，人们的直觉反应是产品化的固体形态，即使是虚拟经济的服务业，其载体也是可触摸、可感知的，比如金融服务中的物理介质纸币、信用卡片、票据凭证等。但第四次产业革命正在实现产业固态向产业流态的转化，柔性力量和软实力取代刚性力量和硬实力成为竞争力的内核。以德国工业4.0为例，在这个传统观念最为固化的领域，其产业升级的方向是信息化和智能化（中国制造2025的"两化融合"也是类似规划，只是发展阶段尚属初级），是物联网、智能制造和智慧工厂，制造业的生产线升级为光束交织而成的可动态变形的柔性结构，所生产的最终产品适应性、灵活性、专有性、人性化兼具，其效用函数包含的不只是使用价值，还有情感关怀等，产品价值更加立体化，更具有感知性了。既然产业流动起来了，那么产业发展的速度自然由算术级变为指数级，产业的生命周期愈来愈短，产业的推陈出新愈来愈快。如此加速度不仅体现在企业的优胜劣汰上，在行业存亡和产业竞争中也属常态，传呼机行业消失了，台式计算机行业在挣扎中，甚至金融业也在区块链（blockchain）技术的挑战下开始转型。到底会出现什么新业态难以预测，其生命力和生命周期也不得而知，但趋势是产业革新加速，产业越来越智慧化。

生产思想和思想生产。量子纠缠揭示万物皆有默契，物质和意识是一性的，不存在物质决定意识，意识本身就是物质的一个根本特性，意识也是一种生产活动。以此关联新兴产业，特别是人工智能，那么在第四次产业革命的版图上，意识和思想就能够被生产出来，不仅是所谓的点子和智识可以产品化，更为抽象的人类的思考活动也可以产品化，于是有了AlphaGo，有了会

"思考"的机器。生产思想属于什么产业呢？显然，这里的生产活动是一个多维系统，是产业协作和技术融合的结晶，思想不仅被生产，而且思想也在进行生产活动，比如机器学习（machine learning）技术，其生产的产品满足不同需求，惠及不同领域。在网络时代，生产和消费高度重合，难以给出二者的分界，边生产边消费，既生产又消费，甚至先消费后生产，gig economy（零工经济）、on - demand economy（按需经济），access economy（使用经济）、platform economy（平台经济）等使得生产和消费成了一个交互的流程和流动的系统，将人的经济社会活动置于更广袤的"宇宙"之中。

二、"企业"的性质

1937 年经济学泰斗科斯写了《公司的性质》（*The Nature of the Firm*）这一奠基性的文章，提出了交易成本的存在使得公司作为市场之外的载体出现并不断壮大，林林总总的交易成本制约"有效市场"，而公司这种形式的逻辑基础是成本，企业同于此理。

产业迭代的进程中，到底如何定义企业，如何定义企业的核心竞争力？第一，企业的生命时长变短。标普指数成分股公司的平均寿命已经从 60 年降至 18 年，而这一时间轴还在缩短，企业从初生到规模化几乎以天数计算，独角兽（unicorn）公司一旦出世，很快就会超越传统公司的市值，美国汽车城百年的积累可能还比不上硅谷一个公司的体量，企业的规模效应在发生深刻的变迁。第二，小数定理和细节决定企业。即使企业所处某一行业，即使企业有其主业，但核心竞争力的真正决定力量却来自于细微之处，是企业肌体中最为细致之差异使其与众不同，因此，在最微小处构建竞争力是时代的要求。第三，迭代可以倒果为因。企业可以先识别需求，然后运用迭代辗转与反馈的方法倒推产品和服务，并细化到产品和服务具体而微的功能与特点上，小众分享多元是现代企业的战略支点，由供给到需求，或由需求到供给，均可以最终产出最为契合的产品与服务。第四，纯技术的企业明天未必会继续。数字化和智能化是现代企业的共同选择，但简单数字化的"技术型"企业是没有前途的，技术只是手段，最终要实现人的物质生活和精神生活的全面提升，所以，技术只有嫁接到产业主体上才能实现其目的，否则只能是自娱自乐的炫技。第五，比较优势者让位于系统集成者。比较优势理论俨然已经过时，在事物普遍联系的互联互通的世界，由比较而产生的优势无法持续，而真正利于不败之地的是系统集成者，波音不生产任何一个飞机零件，却是全球最大的飞机制造企业，优步不生产汽车，却运营全球最为庞大的车队，还有 Airbnb、特斯拉等，集成成就价值。

三、投资观再造

在量子纠缠、产业迭代的时代，被颠覆的感觉十分强烈，仿佛一切既定的观念和方法都在动态被颠覆中，投资观也不例外。因此，投资观的校准和修正依然是进行时。

投资趋势。量子时代的投资如何实现价值？答案在哲学思辨中。未来的趋势极有可能是物联网和人工智能，是人的物质与意识的一体化，把握这一趋势，基本上能识别出新兴产业或是没落贵族。科技进步超乎想象力，文明趋势、技术趋势、产业趋势等都将是至关重要的投资主题，正如量子学代表趋势一样，投资的变量中必须有趋势变量。

投资思想。人类一思考，上帝就发笑。就算上帝发笑，人类也必须要思考。火星移民、Hyperloop（"时光机"的初级版本）等都是人类的理想，是基本物质需求满足之后的天马行空，虽然初期收益不显著，但是思想投资的回报注定是天文数字。

投资规则。理论指导实践，量子之于物理、迭代之于计算机均是如此。投资也需要理论，也需要规则。无论是被动指数型投资（passive investment）、主动投资（active investment）、Smart Beta（介于主动被动之间），规则的重要性始终贯穿其中。不少全球投资机构以风险平价（risk parity）为规则，坚持始终，投资业绩表现出穿越不同经济周期、获取多资产平均风险溢价的特征。

投资的自组织自生产。投资应是一个系统，并且可以自组织自生产，一旦投资的生态环境建立，其运转就如同永动钟一般，当然，类似的自动化必须与实体经济相依存，这样才能保证基业长青。

并购的矩阵式建构。传统的并购类投资着眼于垂直一体化或水平一体化，即把投资区分为产业投资者、财务投资者和战略投资者。在一个普遍纠缠的环境中，垂直与水平的界线早已被打破，投资者类别的标志也趋于淡化，以系统的观念进行跨行业整合的矩阵式并购成为新常态。单纯的财务投资已然不可能，没有深度的产业知识，财务投资即便回报丰厚也是靠运气，而没有产业深度挖掘的战略投资就更无从谈起，所以，"T"形投资的理念需要构建，纵向深挖产业，横向把握大局，如此，并购投资才是价值投资。

估值的混沌中有序。新业态的估值没有任何现成的理论支撑和经验参考，并且估值水平高低也无同业对标或历史数据佐证，所以，投资估值的方法论要由世界观锚定，投资必须有思想，而思想的价值是难以用数字表达的，估值亦只能在混沌中求有序，宁要模糊的正确，不要精确的错误。

量子学与中国传统文化的儒释道有相通之处，特别是佛与道，而迭代亦与轮回与循环的中国智慧吻合，延展到投资，结论只有一个：道、术、器融会贯通，方能由必然王国到自由王国。

China's Economy Has Resilience to Overcome Vulnerabilities[①]

China's Lunar New Year, the year of the dog has dawned, but the stock market crash in early February definitely contributed no festive mood. The less auspicious scenario for China's stock market, is that no matter NYSE Index goes up or down, the direction of Shanghai and Shenzhen Stock Exchange Indices are always pointing to the south. How come this happens?

In fact, the external environment has never been more favorable since the 2008 Great Recession. The locomotive U. S. presented outstanding high growth rate and amazing low unemployment rate, let alone the consecutive "record-smashing" stock market indices. European debt crisis seems to have already been dumped into oblivion, and economic rejuvenation propels the European Central Bank to seriously consider the QE pare-down, if not a full exit. Although recently, the major U. S. stock indices plummeted substantially, even to the extent that this year's rise has been washed away, the overall mood in the market is still far from panicking. This time is different, really. It is the above-expectation wage growth figures that instigate the investors' inherent fear of inflation and Fed's possible hawkish moves subsequently. It might be the case that in the time ahead the market volatility which has long been dormant will be back to the scene. The difference between market crash and market correction lies in the fundamental robustness and resilience of the U. S. economy, the performance indicators of which now rest on the positive side. Therefore, there is no clear-cut evidence that the global economic environment is bit by bit deteriorating, as far as China may concern.

---

① 本文写作于 2018 年 2 月。

Back to the domestic context, the grey rhinos are more or less related to real estate overheat, corporate debt burden, financial system's high leverage and non-performing assets, and industrial overcapacity. Let's defuse them one by one.

According to the National Bureau of Statistics, the real estate investment in 2017 was close to CNY 11 trillion, the year-on-year growth being 7% while that of the 2016 being 6.9%. The average house price by the end of 2017 according to Wind, was CNY13, 967 per square meter, showing a 7.15% year-on-year increase, far below the 2016's growth rate of 19%. The housing sales' grew by 13.7% year-on-year, much slower than 2016's 34.8%. All of the above suggests definitely not a downward spiral but a managed slowdown.

As to the debt level, the national debt ratio is 154% of GDP, with government at 68% and household at 49%, according to UBS. Taking the 49% national saving ratio (corporates 20.8%, government 5.6%, household 23.4%, UBS) into account, the overall debt serviceability is acceptable albeit not healthily sustainable.

As to financial system's leverage-up in particular through the off-balance-sheet wealth management products or inter-bank transactions, the outstanding involved is too ambiguous to lay out a regulatory roadmap. According to Bank for International Settlements (BIS), the size of the outstanding shadow savings instruments in 2016 stood around CNY 57.3 trillion (wealth management products CNY 23.1 trillion, trust products CNY 20.2 trillion, entrusted loan CNY 13.2 trillion, P2P loans CNY 0.8 trillion), 77% of GDP. No matter which one will be targeted by the newly-issued regulations, at first, this gigantic mess needs to be sorted out in the long run. This is the consensus among the regulators and the market participants. To the less concerned, the total financial assets of CNY 307 trillion (equity CNY 59 trillion, bond CNY 75 trillion, deposits CNY 173 trillion, according to Wind and Credit Suisse) is surely able to absorb the shock brought by transferring innovated financial products from being lightly-regulated to well-regulated.

How about the old wound, the non-performing assets then? According to CEIC, up until now the non-performing loans (NPL) accounts for 1.74% of the total lending of CNY 1.7 trillion, which is definitely manageable. Some China watchers may doubt the truthfulness of the NPL ratio itself. However, the financial institutions' profit accumulation and ongoing reinforcement of their capital base can without doubt prevent old troubles from turning to the new mistakes.

Last but not least comes the industrial overcapacity. Transforming from manufacturing-oriented to technology-driven is a long journey for specific sectors, much more so for the whole nation. The gradual pick-up of profitability and productivity demonstrates a preference of quality development over scale expansion on a broader base.

In analyzing China's economy, the plus factors are at least as follows: the substantial increase of the technological content in the real economy; the accelerating driving force of the innovation in line with massive R&D input and high patent applications; the steadfast resolve from the central government in switching gears towards a more efficient and environment-friendly economic trajectory; the financial institutions' fortified capital base and balance sheet enabling more capital resources be directed to the real economy; the cooling-down real estate sector with more emphasis on rental housing; the powerful initiative towards the digitalized and AI-enabled industrialization; and the utmost earnest pursuit of a better life by common people. China is in and will continue to be in the globalized economic eco-system, and the market economy principle is the master tone. Therefore, if China's economy is falling off the cliff, it will put China as well as the whole world in jeopardy, although the possibility is quite low.

同业业务"罪与罚"①

"钱荒"来袭，同业理财陷入旋涡之中，不仅业务模式和持续发展存在补给线断供的风险，而且还被冠以影子银行之主力和流动性冲击之推手的名号，引来诸多苛责。流动性警报拉响，谁之过？影子银行？同业理财？是，也不是，辨析如下。

一、流动性多层次与影子银行因果

"钱荒"是一种情绪表达，而非科学分析，之后演绎出了"钱慌"和"钱谎"，足见舆论之纷繁，意见之多元。"荒"释义为"严重的缺乏"，仅从 M2 超过 14% 的年化增长率和银行体系超越万亿元的超额备付来看，"严重的缺乏"无从谈起，"缺乏"都很牵强，因此更严谨的表达应该是流动性冲击。流动性是个层次丰富的概念，至少有宏观流动性、市场流动性和心理流动性三个维度。宏观流动性与货币供应量高度关联，设若 M2 保持两位数增速，该维度的流动性应无不足之虞。市场流动性与产品的多样性和参与者的多元化互为因果，产品越丰富，参与者数量越大且风险偏好差异化越显著，市场深度和广度越好，市场流动性也就越强。心理流动性与参与者的预期和行为模式休戚相关，而这个维度的流动性最不确定，并且最难量化。2013 年 6 月以来的数次流动性冲击，仅从中观层面分析，主要源于市场的不成熟以及参与者的过度预期和过度反应，那么，影子银行是否是其中重要的因子呢？

影子银行不是因，而是果。在国内主银行体制和市场融资地位不对等造成的金融抑制的环境中，城乡之间、国企和民企之间金融"二元化"特点突出，农村地区、广大的中小企业、民营企业的融资需求得不到充分满足，存在寻求"另类融资"的冲动；房地产和地方平台在经济刺激政策下"摊大了

---

① 本文写作于 2014 年 1 月。

饼"，存量债务的利息支出重负需要大量资金的对接；金融机构在利润考核与监管之间走平衡，亦有动力发展表外业务和更加市场化的业务。影子银行应运而生，是长期金融抑制催生了影子银行，也形成了目前以银行体系为主的金融体系和影子银行体系并存的新的"二元化"金融格局。西方影子银行是金融市场、金融体系发展过程中的产物。其影子银行业务主要是建立在衍生品、证券化或多重证券化等工具的基础上，自下而上地形成了产品线、业务部门、机构等新组织，不同金融机构之间建立起复杂的对手方交易网络。不能以西方常用的方式规范监管中国的影子银行，因为成因不同。同理，在利率市场化的进程中，影子银行同样是果，而非因，也不要痴迷于"影子银行促进利率市场化"的虚妄。利率市场化使得传统商业银行业务面临着利差收窄、利润压缩、利率波动风险上升、流动性管理难度加大等难题，因此银行在激烈竞争中如果要建立起有效的利率风险管理体系，加强流动性管理，扩宽资金来源渠道，强化竞争力，就必须加强金融产品创新，以客户为中心定制个性化特色产品和服务，走差异化经营道路，影子银行是其中的一种选择。进一步讲，利率市场化的推进又会压缩高杠杆、高风险及不规范的影子银行业务，有助于优化资金资源的配置，并为金融产品创新营造市场化环境。牛顿第三定律在金融领域被验证，作用力与反作用力互现。

二、同业范式迁徙

既然影子银行非因，流动性传导机制又呈现矩阵式交互特点，那么同业理财触发"钱荒"则明显"证据"不足，疑罪从无。不说理财，先以同业业务为例观察中国银行业市场化业务的演进。与传统商业银行以信用为基础迥然不同，同业业务的特点体现在市场化上，特别是其突出的交易特性。

第一，交易性。同业的负债是为资产业务而对应出现的，而资产是可交易并且必须交易的。同业的资产不是为持有到期的，而是要准备随时卖出、随时调整的。在叙做同业资产时必须检验其可否交易，若交易性不足，则不是合格的同业资产。

第二，市场依托性。既然同业是金融市场类业务，是交易类业务，那么对市场的依赖性必然很强，即便在中国这样初生发育的资本市场环境下。市场是不以人的意志为转移的，市场永远是正确的，并且是信息的集大成者，没有任何一个单一机构能如市场般处理大数据，也就没有任何一个单一机构可以预测市场走势。市场是有年景的,特别是对同业而言,某一年好、某一年不好是常态,不能期待同业业务是一个永续增长的业务,因此其利润一定是零基预算而非增量预算。

第三,高流动性。同业应是高流动性负债和较高流动性资产的组合,流动性是同业业务的灵魂所在,一旦同业业务流动性下降,特别是资产流动性下降,则同业生存与发展的基础就会出现问题。

第四,利率敏感性。由于是市场化、交易性的业务,同业对利率变化很敏感,并且能通过市场流动性的变化感知短期内的利率变化趋势。一旦利率变化形成市场共识,则会引起同业相关产品的价格升降,而且这个过程很短。

第五,资产负债缺口存在的天然倾向。同业不可能没有资产负债的期限缺口,甚至不可能没有资产负债的数量缺口。常态看,商业银行传统业务由于存贷比管理是负债贡献、流动性溢出部门,而同业是负债吸纳、流动性消化部门。金融交易产品有买卖价格,若没有缺口,则同业业务就没有盈利模式。但数量缺口过大影响到资源配置,甚至挤占信贷资产的增长空间(主要指占贷款规模的同业资产),期限缺口过大则暴露于利率风险、流动性风险的巨大不确定性中。

第六,交易的大额度与大规模。由于交易对手是专业投资者,同业交易频度高,单笔交易额大,整体交易规模的伸缩能力也非其他业务可比。与此对应,一旦有风险,则数量级也较大。

第七,创新性强。同业始终处在金融创新的最前沿,一定程度上领先于监管并通过监管套利→监管规范→再套利→再规范的路径促进金融市场的发展。但是,确实存在监管规范后原有同业产品瞬时消失的情况,这种不确定性是金融创新与生俱来的特点。

第八,分散性与平衡摆布。同业的负债来源和资产运用无论在交易对手、产品种类、期限、渠道上都应尽可能分散,避免集中度过高。过度集中会在市场逆转时导致资产处置难度几何级数地跃升,造成流动性困局甚至引爆整体流动性危机,况且同业业务的量较大,任何变化对银行的冲击都足够大。

第九,对合格专业人才队伍的依赖。同业的人均产出很高,但同时也要求人才队伍是专业且高度市场化的,人数多少不是问题,关键是同业人员必须懂市场、懂产品、懂风险、懂创新。而这样的团队既难以建立,也难以稳定。

近年来，同业业务的范式在变化，而且是行业性的变化，其迁徙的轨迹是：从流动性补充部门变为利润中心，利息收入和中收同步增长且规模逐年上台阶；从"偏安一隅"到"登堂入室"，原来属二线前台部门而现在是一线前台条线；从"小不点"到"大块头"，中小股份制商业银行同业资产占比普遍超过20%，极致者达三分之一；从银行间业务到类信贷业务，同业的"老三样"（拆借、存放和票据）式微，"新三样"（买入返售、同业代付、信托受益权转让）上位，类信贷化彰显存贷比管理下的重点转移；从表内到表外，受制于风险资产的约束，同业资产向表外腾挪，扭曲了数据，模糊了资产性质；从"躺着赚钱"到"躺着中枪"，流动性冲击来袭时，同业业务的速生戛然而止，并受到"非过错"的过错指责。

三、同业业务成功归因

"失败乃成功之母"，前提是明白为什么失败以及如何避免"第二次踏进同一条河流"。这是常规的思维定式。不明白为什么失败是可怕的，比它更可怕的是不知道为什么成功，莫名其妙、糊里糊涂的成功危害性更大。因此，同业业务"浴火重生"之前必须先归因成功的要素。

第一，宏观经济环境正向。全球金融危机以来到流动性冲击之前，中国实施积极的财政政策和稳健的货币政策，货币供应量增速在两位数水平，经济上是加杠杆，至少不是去杠杆，金融上是货币政策中性特别是流动性中性，对同业业务而言，扩张的经济和适度的货币是适宜生长的土壤。

第二，中观市场环境正向。一方面，存贷比和信贷规模管理使银行有动力通过表外叙做类信贷业务满足实体经济的资金需求，同业资产以"另类"的方式加速扩张，同业负债也水涨船高；另一方面，市场利率适中，流动性较充足，大银行同业占比较小，成了市场资金的"水龙头"，构筑了同业业务期限错配的市场基础。

第三，微观激励机制到位。同业业务非传统主流，在存贷业务占绝对主导地位时居于辅助性地位，基数低，上台阶难度小。加之银行由规模导向转为规模、利润双导向，同业业务节约资本占用，低耗风险资产，又同时产出利息和中收，与商业银行增量激励、风险调整后的利润激励高度契合，微观主体加大力度发展同业业务是应然也是必然之举。

第四，人才储备进入产出期。金融市场类业务的核心竞争力在人，随着银行市场化程度的提高，金融市场人员的培养、储备和扩充取得了长足进步，这部分人兼顾信用风险和市场风险，左手负债右手资产，同时具有资产负债的交易能力。同业业务壮大的人力基础即在于此。

四、硬约束环境下转型

时至今日，上述条件基本用尽，市场没有留更多的余地，激励机制也没有更大的空间，同业业务拐点来临。

第一，规模瓶颈显现。中小股份制商业银行同业业务规模依然很大，若再增长会导致资产负债表失衡；国有商业银行即便想赶上同业业务快速发展的"末班车"，银行间市场深度和广度的不足显然无法提供有效支撑。加上《巴塞尔协议Ⅲ》的实施，同业业务监管规则的出台，以及表外业务的规范和回表，商业银行同业业务的规模只有向下调整的可能，而不是向上。

第二，流动性压力趋增。同业业务的期限错配有一个"度"，过之犹不及。在市场中性、流动性宽松时流动性风险不会显现。一旦逆转，同业业务过度的期限错配不仅殃及自身，而且会波及银行甚至引发系统性风险。流动性覆盖比率和净稳定现金流比率双向加压，流动性环境已经质变。

第三，资产负债结构不合理。同业负债以七天、十四天为主，同业资产期限较长，且长期限资产占比大，甚至有三年左右的资产。一般而言，同业存放等短期限资产占比应在30%左右，而市场的均值达不到，有的银行该比例不到20%，流动性风险暴露，这相当于把资产和负债人为撕开了一个口子，并且越撕越大，到一定程度，想黏合回来都难。

第四，高收益资产集中度高。同业业务负债来源和资产配置的分散原则是内生的，而现在商业银行同业资产过多地集中在信托受益权转让等高收益资产上，资产刚性强，拆解难度大，市场承受力也有限，信用风险非对称暴露，而同业业务的看家本领是交易能力和市场风险管理，并非信用。

第五，市场风险波动剧烈。同业业务单笔规模大，整体规模也大，市场风险指标的波动更大。举例而言，若一家银行同业资产5,000亿元左右，DV01是5,000万元，那么市场利率升1个基点，则损失5,000万元，市场利率升1个百分点，则损失50亿元。如果以前同业业务损益对银行的冲击是"鸡蛋碰石头"，那么现在就是"行星撞地球"。

第六，操作风险事件也有发生。同业业务是流程和文本驱动的，操作环节多，制式合同多。银信、银保、银证均有涉猎，再加上其他类信贷业务，产品复杂，对法律文件的要求高，操作风险凸显，管理难度极大。

第七，利润增长惯性扭曲盈利模式。银行同业利润占比逐年提高，并且形成路径依赖，一味延长资产期限，导致巨大的期限错配缺口难以在短期内修复。

同业业务之"罪"是金融体系市场化进程中的伴生物，严格地讲是规范之前的不规范，那么同业业务之"罚"只能是加快市场化进程，让市场的力量在同业业务规范发展中起"决定性作用"。譬如，回归本源，以市场化的资产负债建构同业业务，配合经济去杠杆减少类信贷业务占比；压缩资产负债缺口和期限缺口，以新资本监管规定真实反映业务本质，强化资本和风险资产的刚性约束；透明化表内、表外业务的处理规则，以实质风险承担为标准精确区分资产类别，让"抽屉协议"放到桌面上；激励机制市场化，同业指标中性设置，盯住市场平均收益率水平，以 benchmark（对标）而非静态高增长率的方式进行考核；资产负债实现集约化管理，建立头寸概念并集中管理头寸，头寸应同业务指标一样下达给经营机构；负债管理要有优先度，流动性管理指标要内嵌到负债管理中，以负债规模和结构定资产规模和结构；优化资产结构，增加流动性强的市场类资产，存量信托受益权转让等业务的基础资产的信用风险要进行评估量化并纳入大的信用风险管理框架内；整合金融市场类业务，形成统一的交易平台、投资平台和代客平台，市场化人员的配置要跟上。以上难免有遗漏，因行而异，因市场而异，不再赘述。结论是，同业是市场业务，"改造"同业肯定要用市场化手段。

同业业务"罪与罚"被证伪，一切都会过去，"但一切都不会不留痕迹地过去"（契科夫语），时间会把失败变成礼物，窃以为流动性冲击不仅不会抑制同业业务的发展，反而会助力同业业务乘市场化之东风，以稳定且优雅的姿态转型。

银行目标异化的现象与校正①

银行作为现代企业的重要组成部分，目标自然而然是其规划、发展的标尺。银行的目标横向有业绩、监管、风险、社会责任四个维度，纵向是在动态经济环境中平衡短期与长期利益，银行的目标具有激励和约束双重性格。

为什么要设定目标？从单向思维来看，目标的设置激发人的动机、引导人的行为，使个人目标与组织目标密切关联，以激励行为者的积极性、主动性和创造性。从多向思维来看，目标是解决人与工作、组织与环境的匹配问题，解决人的多方向行为路径，如工作价值观、职业发展、工作责任心、组织认同和对社会的态度等。综合来看，科学的激励目标能够较好地使行为者实施动态过程最优控制。

在市场经济的版图中，银行的作用之大，"现代经济的核心地位"之彰显，隐秘地放大了银行的系统性自戕，特别是银行的目标出现了异化、迷失，使银行服务经济和服务社会的主线跑偏。

异化现象一：唯业绩化。银行的组织形式多为股份制公司，股东价值的最大化应是核心目标之一，但现实是，"之一"变成了"唯一"，过分强调股东价值最大化激发出过度的"动物精神"，唯业绩化甚嚣尘上。目标简化为指标 ROE（净资产收益率）、RAROC（风险调整资本收益）、EVA（经济增加值，指从税后净营业利润中扣除包括股权和债务的全部投入资本成本后的所得）等被不断强化。2012 年，中国 17 家上市银行 ROE 为 20.40%，美国银行业 ROE 约 8.89%（根据美国联邦存款保险公司 FDIC 统计）；而 2012 年中国工业企业税后 ROE 约 10%，美国工业企业税后 ROE 约 16.9%；两者相比，悬殊颇大（图1、图2、图3）。银行对经济的促进让位于单纯的利润，股东利益凌驾于综合目标之上，个体经济回报置于经济整体良性发展之前。

---

① 本文写作于 2013 年 12 月。

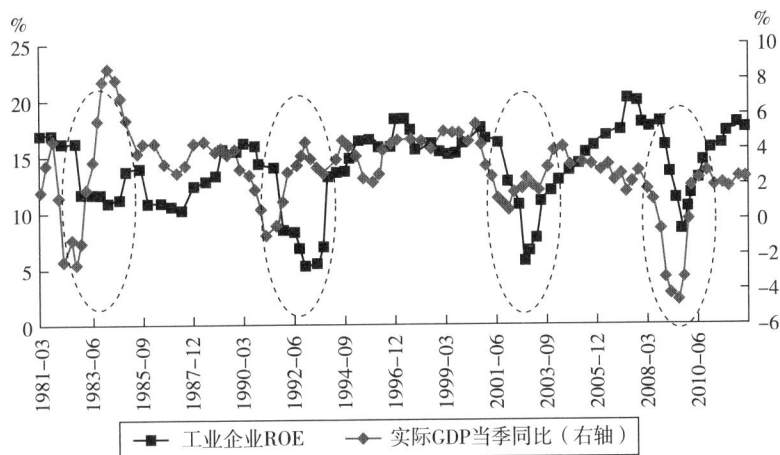

图1 美国工业企业税后 ROE 与实际 GDP 同比走势

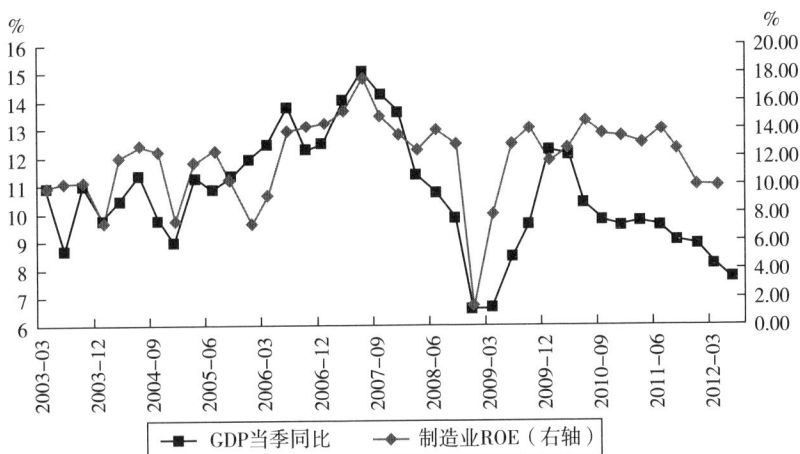

图2 中国工业企业税后 ROE 与实际 GDP 同比走势

异化现象二：规模出英雄。经济生态系统应该是"适者生存"（Survival of the fittest），而银行体系却是"大而生存"（Survival of the fattest），甚至是"大而不倒"。根据 FDIC 统计，美国银行业资产由 2000 年底的 74，628.98 亿美元增长到 2013 年中的 144，051.55 亿美元，年化增长率约 5.66%；美国银行数量由 2000 年初的 10，222 家降到 2013 年中的 6，940 家。根据银监会统计，中国银行业资产由 2003 年底的 27.66 万亿元增长到 2013 年中的 141.34

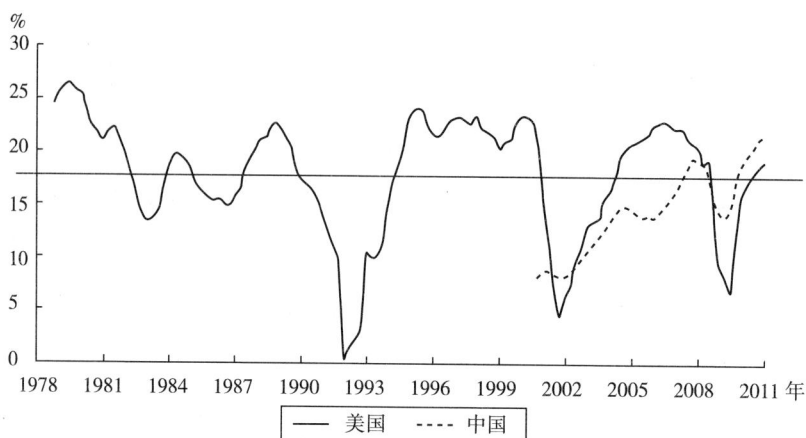

图3　中、美制造业税前 ROE 走势对比

（资料来源：CEIC，申银万国证券研究所）

万亿元，年化增长率约 19.13%。总体趋势是小的想变大，大的要更大，再大也不嫌大。结果是植根社区、服务农村、贴近中小企业的银行无论在数量上还是产品上均无法匹配，金融深化"留白"过多。

异化现象三：宏观目标本末倒置。货币政策方面，银行游离得更远。通货膨胀率本应是控制性目标，如不超过 2%，否则会运用加息等从紧的货币政策。而现在，中央银行把利率压在畸低的位置，并且大量地发行货币，反其道而行之旨在推高通货膨胀率，日本安倍经济学更是无所不用其极，货币政策目标不是控通胀而是推通胀，不达 2% 不罢休。通货膨胀是经济运行中的负效果，不是追求的目标，就如战争中的伤亡率，应该越低越好，切莫舍本逐末。

异化现象四：技术至上主义。银行在科技和数据方面始终高歌猛进，走在电子化和网络化的最前沿，技术上甚至可与军工业媲美。银行把本应是工具的技术当成目标，电脑程序力求复杂，量化工具力求全覆盖，交易速度力求最快，一切皆模型，一切皆金融工程化。CDS、CDO、CDO INDEX 等衍生产品层出不穷，高频、暗池（dark pool）等交易方式轮番登场。金融产品的目标是服务经济和满足大众需求，现在变成了自己的游戏，并且陷入了技术的黑洞。"数量分析应跟在思想之后"（艾柯夫语）言犹在耳，振聋发聩。

异化现象五：表外业务暗度陈仓。金融监管的加强和金融技术的提高使得银行的表内、表外腾挪术有了必要性和可能性。银行绕开"正面战场"的货币信贷结构性调整政策,"出奇兵"于同业业务,大规模扩张表外资产以突破贷款额度限制,大量叙做"通道类"业务以增加中间业务手续费收入推高社会融资规模。2009—2012 年社会融资规模均值达 14 万亿元,是 2002—2008年均值的两倍,2013 年 1—8 月社会融资规模已达 12.54 万亿元,全年或再创新高。如此大规模的社会融资,在实体经济领域的负面效果是一些企业僵而不死,结构调整步伐缓慢;在金融领域的负面表现是"钱套钱""货币空转"、优势企业过度融资,"二传手融资""过桥融资"盛行。

异化现象六:脱实向虚。银行目标的实现机制要通过实体经济,即以符合实体经济的金融产品和服务强化资源配置能力和提升经济运行效率,金融被注入实体经济肌体中,其效用应反映在实体经济的结果里,而非独立运行、自主产出。更直白地说,银行的赚钱效应是实体经济赚钱效应的一个部分,分享整体经济成果,而不是源于金融体系自身。但是,以华尔街为渊薮的银行逐渐脱离了实体经济的真实需求,以复杂的金融工具为载体,自创资产负债,自创流动性,自创交易,形成自我循环、自我实现的独立系统。比如住房按揭贷款是基于住房融资需求,MBS 基于住房按揭贷款的流动性需求,这样的金融产品是有实需的;而 CDO 则基于加强 MBS 的交易性,合成 CDO 完全是为交易而交易了,这样的金融产品是脱离实需的。

另一个极端是过度服务实体经济,用超量的货币漫灌经济,用不同"脸谱"的贷款为企业过度融资,如同业理财之类信贷业务等。其实有被过度服务的,就有服务不足的,一边是大企业资金"水浸",另一边是中小微及农村金融"贫血","冰火两重天",这也是脱离实需,只不过变了一种方式而已。

异化现象七:薪酬伪市场论。银行的利润在逐年上台阶时,银行家的薪酬也水涨船高,更滑稽的是,即便是处在金融危机之中,银行一边在亏损,另一边在支付巨额的监管罚款,而银行家依然言之凿凿,以市场化为借口,捍卫高薪的所谓权利,结果是引发了大众对银行家群体的道德笞伐,"占领华尔街"也就可期而至了。

这里拿医生与银行家做个类比,医生的职业目标是治病救人,更高的目标是"悬壶济世";银行家的目标是通过资金的配置提高经济运行效率,更高的目标是经济的持续健康发展。但现状是,医生的目标迷失了,忘却了"希波拉底誓言",转而以盈利性为目标,甚至为追求经济效益不惜过度医疗、过度诊治，出现了"以药养医"和"贿赂门"等怪现象。银行家不遑多让，创造出奇怪且复杂的产品导致实体经济的使用者损失巨大，漠视实体经济真实需求，重复提供产品，重复提供融资，贷款"一菜多吃"，层层"剥皮"，互相增加收益抽血企业肌体，显然这些是银行版的过度医疗。

既然银行目标异化呈现加速态势，那就必须予以校正，以长远计，把倾斜的轨道调平，使迷失的银行回到正轨。

价值观方面的校正：目标体系化、长效化并使之定调企业文化。目标不是单维度、单向的概念，而是价值（value）、愿景（vision）、目标（goal）、目的（target）和指标的合体，由上到下，由虚到实，由价值观到具体行动，层层细化，层层落实。不能局限于业绩目标和财务指标，而是要使目标的价值和愿景表达更为充分，克服目标短期化。银行的目标不能偏离于其价值观，"伟大的企业"不是仅仅以财务数字和货币来衡量的，而是以其对经济社会的贡献来定义的，蕴含价值观信息的目标要融入企业文化之中，"拜金主义""唯业绩"肯定是与文化不相契合的。

行为方式方面的校正："在商不言商"→"在商言商"→"在商不言商"。中国的银行脱胎于计划经济体制，官本位色彩较重，"在商不言商"依然存在。因此，以股份制改造和上市为契机，银行强调"在商言商"的角色转换，制定了一系列市场化程度高的商业目标，实现了与市场接轨和商业化运作。而未来要再次升级到"在商不言商"，第一个"商"是广义的"商"，包括经济、社会、文化、生态的"商"，是经济责任和社会责任兼顾的"商"，第二个"商"是狭义的"商"，仅指经济意义上的"商"。因此，银行要行广义的"商"，摒弃狭义的"商"，"在商不言商"旨在让银行的目标更加高远，更关注"钱"之外的效益。

激励机制方面的校正：薪酬挂钩长效目标并避免过度货币化。行为主义经济学认为，决策者的偏好是多样的、可变的，其偏好经常在决策过程中才形成，决策者对所有可得到的信息进行系统分析，面对众多选择作出尽可能好的决策。因此，在银行目标异化校正的过程中，目标本身的重要性反而小于激励机制和过程监督机制的重要性。如银行内部委托代理关系复杂，必须利用过程控制保证各业务单位和各级人员形成"合力"，避免机会主义行为给银行稳健发展、长期利益造成伤害。科学的激励机制和过程最优控制可将短期利益与长期利益、局部利益与整体利益紧密地有机结合，避免激励机制短期化和过度货币化。

　　欧盟规定银行业以现金形式发放的红利不得超过总额的30%，数额特别巨大的限制在20%以内，从2014年开始，红利的发放取决于银行的投资表现，红利不得超过固定薪酬的1倍，经股东同意最高不超过2倍；美国也用"限薪令"整治华尔街"肥猫"，对那些接受政府救助的企业，禁止其给高管的奖金超过总薪酬的1/3；美国政府和监管机构甚至考虑包括动用美联储和美国证券交易委员会的权力，限制银行向员工不当支付薪酬的能力以及进行道德劝诫等。

　　银行行为异化一定程度上属于"正确地做事"的范畴，程序正确和表象正确的合成结果是长期效益和社会效益的减损，是方法论的扭曲；而银行目标异化的校正属于"做正确的事"的范畴，是价值观的回归。无疑，"做正确的事"永远比"正确地做事"重要。

第六篇

实体经济之惑与制造业的体系跃迁

　　实体经济的困境原因不仅在于金融体系脱实向虚，其他的内因外因也很多，最根本的是经济范式已然转换，实体经济转型甚至重塑迫在眉睫。数字经济时代科技的作用愈发突出，科技全面渗透经济的各个环节，成为现代经济运行的血液。任何一个公司绝不可能脱离科技成为新型现代企业。即便是生活服务业如街边的小作坊，也要考虑使用二维码让支付更便捷。新经济是生产环节和消费环节的重合与同步发生，是服务特别是生产性服务可贸易化率提高，是企业规模化速度加快。

　　至于要解决融资难、融资贵，特别是制造业可贷款性、可融资性弱的问题，一是要让市场发挥决定性的作用；二是要培育发展多元化的金融机构；三是要发掘数据资产价值，运用大数据平台等处理结构化数据和非结构化数据，以全周期数据管理一定程度缓解缺乏物理抵质押资产的贷款瓶颈制约；四是要建设多层次资本市场；五是除了贷款为主的产品组合，银行还需发展多种融资便利组合；六是监管机构须走出旧有舒适区，提升数字化监管能力。

　　制造业发展面临更多的未知，必须进行更艰难的选择。传统的制造业优势逐渐被劳动力成本更低的新兴经济体侵蚀，而国家间竞争又让供应链脱钩、科技脱钩等甚嚣尘上，制造业再岸化（reshoring）以及供应链再造甚至替换均有相当的热度和拥趸。考虑智能制造和工业互联网等科技因素，全球制造业的彻底板块化、分割化是小概率事件，关键在于中国制造的韧性、可靠性、效率等聚合而成的价值创造能力，必要的体系跃迁须加快布局，但源自全产业链综合优势的自信也须坚定，更何况巨大的市场需求是制造业升级和模式转换的"定心丸"。

本篇内容主要包括实体经济和虚拟经济关系、企业部门影子银行业务、去产能以及供应链和制造业的系统性转型等。

金融与实体经济正反合[①]

在论及金融与实体经济的关系时，不知为何"正反合"一词跃然纸上。"正反合"是黑格尔的哲学思想，即通过"正题""反题"到"合题"的"三段论"实现逻辑思维的辩证性。哲学是形而上的，经济活动是形而下的，不过两者之间定然相通，或许金融与实体经济的关系就与哲学的"正反合"相契合。

经济的最初形态是实体，供给和需求都是实体性的，实体经济的需求传导至经济实体，从而进行生产及扩大再生产。对实体经济运转更高的效率要求催生了金融中介，以金融机构为纽带形成专业服务体系来满足实体经济的投融资需求，金融机构的负债是社会闲置资金，进入实体经济后相应形成资产。按理说这个循环不断往复即可，只不过循环各节点的参与者不断变化，体量也越来越大、方式推陈出新。历史的逻辑是，金融机构存在之本在于促进实体经济发展，在于提升实体经济的运行效率，最终提高人类的福祉。但问题是供给会自动产生需求，既然相对独立的金融体系应运而生，金融机构自身的扩大再生产就独立于实体经济循环之外，并逐渐形成并遵循其自身规律。若实体经济和金融经济二者循环的交集大，则金融体系支持实体经济的效果会比较显著；若渐行渐远，交集变小，则会出现一边是实体经济融资难，另一边是金融体系"水浸"，本应配置到实体经济的资金在金融体系内自我循环的情况。现实很骨感，如"墨菲定律"一样，越不想发生的越会发生。为实体经济有效率地配置资源应该是金融的"最高革命纲领"，但金融自成体系后作用力越来越大，自身发展的动能十足，单纯依靠存贷利差很难获得超额财务产出并建立比较优势，于是两个趋势应运而生，即资本市场化和投资银行化（"两化"），金融中介以资金为中心的资源配置功能反而退位到"最低

[①]　本文写作于 2015 年 10 月。

革命纲领"。当然，金融在电子银行、清算结算等领域的发展符合服务实体经济的大方向，并不是改变航道，特别是其利用"互联网＋"、大数据、社交网络等颠覆性的创新技术，正在重塑更高效、更便捷、更个性化、更符合客户需求的金融服务体系。但是，"两化"的路径选择确有偏航之嫌，而危机更表明，本应在实体经济陷入困境时施以援手的金融体系反而成了危机的"始作俑者"甚至危机本身，"两化"之弊一定要反思。

其一，资本市场化变形为市场资本化。资本市场是平台，是工具，本应被实体经济所使用，却"化"工具为目的，成了自我交易和自我实现的外化体系。无论金融工程、衍生工具、量化对冲还是程序化交易，资本市场化的要义是提高银行资产负债的可交易性，在利差基础上进一步提高手续费收入特别是交易性收入的占比。但金融工具的交易机制是建立在合格投资者概念之上，交易是复杂玩家之间的活动，真正实体经济参与其中的可能性不大，广大储户更是难窥其真容，传统的实体经济与金融体系的互动，变成了名为产融互动、实为产融互动之外存在一个规模更大的融融互动，产融互动日渐式微，融融互动喧宾夺主。根据麦肯锡全球学院的研究，1990 年全球金融资产规模为 12 万亿美元，名义 GDP 为 10.1 万亿美元，二者大体相当；2007 年全球金融资产总量达到 194 万亿美元，名义 GDP 仅为 56.8 万亿美元，前者是后者的 3.24 倍；全球金融危机后，金融资产急剧缩水，与 GDP 之比仍为 3.06 倍；各国相继实施量化宽松政策之后，金融资产总量上升速度明显快于实体经济。虚拟经济（金融是主体）与实体经济的比值远高于现有的统计数据，虚拟经济悖离实体经济的速度也远快于基于数字计算出来的值，虚拟经济自我循环、自我实现乃至自我毁灭在经济危机的进程中渐次上演，资本市场化的助推作用不可小觑。

金融机构增加交易性收入的结果就是金融体系的复杂性迅速跃升，"军备竞赛"愈演愈烈。以前金融从业人员是经济、金融专业居多，而现在从业人员越来越多的具有数学、物理、计算机和法律背景，于是黑池交易（Dark Pool）、高频交易（High Frequency Trading）、自营交易公司（Proprietary Trading Firms）、商品交易顾问（Commodity Trading Advisors）粉墨登场并且占据了市场交易量的大部分。高频交易将技术发展到极致，以接近光速的交易速度在瞬息万变的市场中获利，并运用 Spoofing（愚弄下单）、Layering（分层下单）、Front running 和 Pinging 等尚无通用译名的技术博取价格的"时间差"，其交易价格与证券的内在价值、实体企业的价值并无本质联系，其自我循环自我实现的虚拟性不断加强，逐渐偏离资本市场价格发现这一基本功能，也渐渐脱离了金融机构满足实体经济投融资需求的初衷。实体经济需要高频交易吗？答案显然是否定的，即便该类交易美其名曰可以更好地发现价格，并增强市场流动性，对于实体经济而言，大体可接受的资金价格和有效支持其生产的资金市场流动性已经足矣，无须精准到分毫，也无须流动到湍急。事实是这些交易发现的是毫秒间的价格偏离、支持的是金融交易者自身需要的超常流动性，与实体经济何干？金融危机后，银行类金融机构从资本市场局部撤退，高频交易等成了市场流动性的"救星"。2014 年 10 月 15 日，美国国债收益率出现"闪电崩盘"（Flash Crash），15 分钟内 10 年期国债收益率暴跌 33 个基点，其中 70% 的交易是自营交易商所为，推手恰是这些"市场新宠"。市场大幅波动时银行全面回退，市场上只留下自营交易商彼此互搏，演算程序对阵演算程序，其交易占比由常态不足 6% 上升至约 15%，非但没有发现有效价格，反而加剧了价格波动，本该静水深流的流动性成了激流暗涌，此类交易者的负外部性可见一斑。

这又引发了另一个问题，或者说更具体、更现实的问题，并且在当下的语境中有极强的针对性，即卖空机制（特别是指数期货）存在的必要性。远期买卖是实体经济锁定价格未知的真实需求，但这种锁定价格的套保需求可以用最为平实的远期或期货/期权解决，根本用不着那些名目繁多、反复衍生的所谓解决方案。裸卖空和高频交易就更是赤裸裸的套利、投机，当然不能说不允许，但切不可干着强盗的勾当却打着人道的幌子，美其名曰"价格发现""流动性改善""提升资源配置效率"等等。"股指期货是不是股灾的罪魁祸首"，这个问题问错了，更准确的问题是"我们为什么需要股指期货"，若答案是肯定的，接下来的问题是"我们需要什么样的股指期货"和"如何规范股指期货"。这里股指期货只是一个代词，可代表所有金融衍生品甚至金融产品。若交易的目的是自娱自乐，不伤及实体经济和一般老百姓时，交易可以是俱乐部式的，比如野外生存挑战类的活动，有钱有闲有追求者均可参与。但若交易波及其他市场参与者并且产生巨大的负外部性时，就不能在出事后两手一拍地说"风险自负""买者需谨慎"（Caveat Emptor）之类的市场经济的"经典语录"了。

简而言之，交易的目的是增强交易品的再生产，最终通过金融资源的有效配置扩大并活化实体经济的有效产出。因此，交易工具设计的原则是保值增值、交易成本适度、简单直观和信息透明，若交易工具远离原材料，即债券、外汇、股票、贷款等基础产品，并且经过反复中介化和反复衍生化，那么该类交易工具的设计初衷肯定无法准确表达，充其量就是"为交易而交易的产物"，是纯粹的交易工具，其目的是为交易者赚钱，满足实体经济投融资需求已很牵强，更遑论科学配置资源。资本市场特别是股票市场意见表达的方式和路径很多，最简单有效的是"用脚投票"，即不买或者卖掉持有的证券，这种方式在良好的信息披露制度下是最行之有效的，集成后的结果能达到选优汰劣的目的，真不用设计复杂的卖空产品甚至卖空机制。卖空产品或许是需要的，但一定是简单直观的，卖空机制大可不必，何须构建什么机制化卖空、体系化卖空？另外，卖空活动大行其道时，往往是信息混乱、信息不对称、谣言盛行之时，所以，给卖空者以信息发现的标签更是张冠李戴。资本市场的高度复杂化本身就蕴含着巨大风险，特别是道德风险，Libor（伦敦同业拆借利率）操纵案即是一例。作为国际金融市场资金价格的风向标，Libor 在相当长的时期内被大面积暗箱操作，前台作奸犯科者是有影响力的交易员，而幕后是国际顶级金融机构。无独有偶，外汇市场也被国际大行操纵，为此 9 家国际银行已被美国等国司法机构罚款 200 亿美元。以上的交易行为是在发现价格吗？是在向市场注入流动性吗？答案显然是否定的。

资本市场化在银行类金融机构的表现是资产证券化的过度使用和资产负债表的高杠杆。银行资产一定程度的证券化有利于优化资产负债表结构，缓释资本金，增强资产的交易性和流动性，从而释放更多的资金更好地支持实体经济。但是，次贷危机前的银行是"一切皆证券化"，通过资产证券化加杠杆远超合理限度，风险管理全靠贷款组合的分层设计、外部评级和抵押品保障，证券化工具不断翻新，MBS（住房抵押债券）还不够，又生产出 CDO（抵押债务凭证）、CMO（抵押按揭债务凭证）、CLO（抵押贷款债务凭证）等，上述金融工程的产成品均有存在的必要，但是存在不等于"无处不在"，过度使用以及让非合格投资者大量购买显然有悖"审慎经营"的原则。

资本市场是提高资金配置效率的机制和平台，其效益体现在实体经济的投融资需求得到更及时、更适宜的满足，而非反向攫取实体经济的财富。全球金融危机展现的恰恰是最坏的情景，资本市场化变异为市场资本化，资本控制市场，资本操纵市场，资本在金融体系自循环，甚至实体经济的资金也到资本市场"淘金"，而真正需要资金"活水"的实体经济却持续大旱，金融与实体经济的有机联系被割裂了。

其二，投资银行化陷入"代理人困境"。无论是商业银行还是投资银行，无论是全球银行还是区域银行，无论是综合类金融机构还是专业类金融机构，发展投资银行业务甚至转型为投资银行一度成为患有"共识缺乏症"的金融业罕见达成的共识，背后的逻辑是投行业务利润率高，有利于提升股东价值，当然更重要的是薪酬水平是传统商业银行无法比拟的，投资银行化一度领风气之先。投资银行从事证券承销发行与交易、企业重组、兼并与收购、风险投资、项目融资等活动，乍看起来是技术含量和专业化兼具的"高大上"，但投资银行盈利模式是什么，如何为客户增值呢？

投资银行的功能在于价值发现、管理提升、公司治理优化、成本节省、优化资源配置等。若是以 IPO（公开上市）为主轴的投行业务，其实质是一种金融服务，是很程序化、规范化的，即便前期利润率畸高，随着新竞争对手的出现和操作流程化，其收益率很快就"泯然众人矣"了，不应再获取超额回报。若是以价值发现、管理提升、公司治理优化、成本节省、优化资源配置等财务顾问为主轴的投行业务，悖论是身在具体产业中的亲力亲为者会比服务于自己的投资银行家对本产业更"后知后觉"吗？即便投行宣称自己有庞大的行业数据库、甚至跨行业数据库和案例，但信息爆炸的今天，信息独享而产生的超额利润也就是说说而已，是否真正存在还要画一个大大的问号。其实，投行赚钱的方式是项目获取（Deal Sourcing），本质是对某类资源的垄断，特别是网络资源（Networking），其差异化的竞争力在于所谓的综合实力，包括资本、规模、研究等，最终都会反映在项目的获取能力上。当然，在特定领域，不同的投行具有不同的专有技术（Know‐how），并且项目执行力也不同，但不论投行怎么讲故事，关键不在于如何为客户设计故事情节，也不在于如何讲得绘声绘色，而在于得到讲故事的机会和授权。因此，投行业务资源的分配肯定是"前重后轻"，营销和竞标阶段倾注全力，执行和维护阶段程式化运行即可，而后一阶段似乎对发行人和被服务对象作用更大。

投行业务或许是为实体经济而生，但却是为金融机构提升利润而长，其业务模式是典型的供给创造需求，并且自我复杂化的供给催生或迫使实体经济的使用者产生更复杂的需求。投行业务与实体经济黏合不坚固的症结是代理人难题（Agency Problem）。企业存在代理人难题，作为代理人的管理层与作为所有者的股东在利益上是不一致的，管理层普遍存在为满足自己的短期利益而放弃股东长期利益的内在冲动，如何设计兼顾二者利益的激励机制尚未真正破题。金融是第二性的，是服务于经济的，是中介，也就是经济主体的代理人，因此金融服务的供需双方之间也存在代理人难题，金融机构的利益最大化还是被服务主体的利益最大化抑或两者平衡兼顾是必须先回答的问题。现实中，金融的利益往往被摆在前面，特别是投行业务，超额回报几乎成了其标志。另外一层的代理人难题是投行和被服务主体管理层的利益相容与两者和被服务主体股东的利益不兼容导致的困境，投资银行家与管理层能够达成一致，以兼并收购重组上市等方法实现所谓的"股东价值最大化"，不过表达股东价值的是管理层或有影响力的机构投资者，不能代表最大多数的股东，也不会代表中小股东，而投行只盯着"关键少数"，最终实现的也只是少数人的利益。在此过程中，投资银行亦追求复杂，财务顾问成了巨大的黑盒子，交易结构愈发繁复，像天书一般，因而获取巨额手续费也就在情理之中了。投行服务源于经济主体内生的需求，若反其道而行之，经济主体的真实需求无法落地，并且会被投行牵着鼻子走，兼并收购，分拆出售，再兼并收购，再分拆出售，不仅要向投行多次付费，财务损耗巨大，而且组织结构不断变化，无法聚焦主业、专注创新。必和必拓和美国在线时代华纳走的就是这样的弯路，先成就史诗级的合并，再上演史诗级的分拆。显然，投资银行化仍然是金融凌驾于实体经济之上，忽视经济的真实需求，自循环地创造复杂昂贵的金融产品和服务，因此必须改弦更张，重新回到助力实体经济发展的道路上。

金融与实体经济，正题是金融源于实体经济的需求并服务于实体经济，反题是金融自身的发展逐渐与实体经济疏离并自我循环，合题是金融在更高的发展水平上更好地服务于实体经济。匡正金融与实体经济的关系，需要摒弃以复杂化为掩体实现金融自身利益的最大化，应该追求"多快好省"地产出金融产品和金融服务，直观高效地促进经济发展。金融本该很简单、很美，更应该非暴力、非颠覆，简单的金融完全可以成就实体经济的价值，同时实现自我。

企业部门参与影子银行业务机制
及社会福利损失模型分析[①]

（第二作者盛宏清、第三作者马岩）

一、引言及文献综述

近年来，随着国内金融实体与金融活动的多元化与繁荣，游离于商业银行体系之外的信用中介活动日趋活跃，"影子银行"成为各界关注的焦点。我们注意到，在近年来"野蛮"生长的影子银行体系中，除了商业银行、证券公司、信托公司等金融中介之外，具有融资优势的企业部门也扮演着十分重要的角色。所谓融资优势企业，是指利用其自身在国家、市场及行业中的特殊地位，能够通过银行信贷、债券发行、股权融资等传统渠道筹集较低成本资金的企业，典型代表是国有企业。该类企业为了享受金融市场的投资便利与高额回报，有动力将其募集超过自身主营业务需求的那部分"超募资金"，通过银行理财、券商资管、信托融资、委托贷款、表外商业汇票和地下融资等形式投入"类金融业务"，获取投资收益，成为影子中的"影子银行"。

"影子银行"这一概念最早由 Paul McCulley（2007）提出，指那些在商业银行体系之外行使类似银行职能的各类金融机构及其从事的各类金融活动，后经纽约大学经济学教授 Roubini 完善为"影子金融系统"（Shadow Financial System）。2008 年金融危机后，影子银行引起了各界高度"关注"。IMF（2008）、FCIC（2010）、Geithner（2008）、Pozsar et al.（2010）及 Schwarcz（2012）等机构和学者从不同的角度定义了影子银行，但遗憾的是，至今各界对"影子银行"

[①]　本文写作于 2013 年 6 月。

的界定仍未统一和明晰化。西方国家的影子银行业务是基于金融工程和衍生工具，以证券化、回购组合等方式生成新的交易工具，是金融市场发展到一定阶段的产物；而中国的影子银行业务是在金融市场化程度不高、正规金融资源不足的情况下，为规避监管以满足投融资需求的产物。因此，本文倾向于采用金融稳定委员会（FSB，2011）从广义角度提出的"影子银行"定义，即指游离于传统银行体系之外的信用中介实体与信用中介活动，业务包含银行理财、券商资管、信托融资、委托贷款、表外商业汇票和地下融资等，参与主体主要是商业银行、信托公司、证券公司及企业部门等。

国内外学者关于影子银行对经济、金融影响方面的研究主要集中于其高杠杆运作对金融系统性风险的影响和作用机制、影子银行对货币政策效果的影响等方面。在影子银行高杠杆与金融系统风险的关系研究方面，Baily et al.（2008）认为，由于信息不对称的存在，影子银行的高杠杆操作增加了金融市场流动性的脆弱程度，而且这些行为大多是规避正规金融监管体系的应激性动作，容易放大系统性风险，进而威胁金融体系稳定。Rosen（2009）指出，2008 年的金融危机暴露了金融系统诸多缺陷，而这些缺陷大部分与影子银行系统发行的金融工具尤其是资产证券化有关。Hsu & Moroz（2010）认为，影子银行体系的"挤兑"是次贷危机向整个金融体系蔓延的一个非常重要的原因。在影子银行与货币政策的关系研究方面，王增武（2010）以银行理财产品市场为例，指出影子银行体系的诞生模糊了中央货币政策的窗口指导口径，放大了市场的货币供给量。Andrew Sheng（2011）提出将"M5 = M2 + 影子银行体系"作为新的货币供应量衡量标准，并通过大量数据证明影子银行加剧了货币政策的复杂程度，增加了系统性风险。李波、伍戈（2011）认为影子银行及其信用创造功能对货币政策形成诸多挑战，并详细阐述了影子银行是通过非正规金融渠道与正规金融系统渠道的互动反馈机制对货币政策产生系统性影响，对货币政策调控目标形成重要挑战，直接冲击货币政策工具的效力，加大了货币政策对资产价格调控的难度。

然而，目前的文献研究对于由市场垄断、信贷规模控制、银行盈利模式固化、国有企业考核机制单边倾向、金融系统单极化等因素所引发的融资优势企业运用其"超募资金"参与类金融业务，特别是国有企业充当资金"二传手"的机制渠道，以及由此造成的社会福利损失还欠缺理论和数据的翔实分析。因此，本文尝试在这些方面进行有益补充。在分析经验数据及企业参与机制的基础上，本文建立企业融资难度系数与社会福利损失的数量化模型，从理论和经验上分析融资优势企业运用其"超募资金"参与影子银行业务的机理，同时剖析这些影子中的影子银行业务造成了整个社会的福利净损失。

二、企业参与类金融业务的数据分析

（一）上市公司参与类金融业务的规模估算

本文首先以 2,448 家上市非金融公司为样本，据其 2000—2012 年公开披露的相关财务数据构建指标，估算所持类金融资产的规模及收益情况。本文选取非金融上市公司的交易性金融资产、买入返售金融资产、可供出售金融资产、持有至到期投资、发放贷款及垫款五类科目的年末余额之和作为其类金融资产规模的估算指标。同时，定义类金融资产报酬率为企业一定时期内获得的类金融投资报酬与类金融资产平均总额的比率，计算公式为：

类金融资产报酬率 ＝（投资净收益 － 对联营企业和合营企业的投资收益）/
平均类金融资产规模

其中，

平均类金融资产规模 ＝（期初类金融资产规模 ＋ 期末类金融资产规模）/2。

统计结果如表 1 所示。上市非金融企业所持类金融资产规模自 2000 年以来总体呈现上升趋势，由 2000 年的 376.57 亿元升至 2012 年的 2,243.12 亿元，翻了将近 6 倍。从类金融业务报酬率与其自身总资产报酬率（ROA）比较来看，类金融资产报酬率远高于总资产报酬率，且类金融资产报酬率在 2008 年触碰相对低谷 25.25% 后，近 5 年来又呈现出稳步上升趋势，2012 年达到 35.94%。相比之下，同期的总资产报酬率（ROA）基本稳定在 5.11% ~ 7.36%。

表1　上市非金融企业的类金融资产规模及报酬率

年份	类金融资产规模 （亿元）	类金融资产 报酬率	总资产 报酬率（ROA）
2000	376.57	—	—
2001	390.94	28.96%	5.93%
2002	351.38	24.57%	5.73%

续表

年份	类金融资产规模（亿元）	类金融资产报酬率	总资产报酬率（ROA）
2003	473.50	31.30%	7.33%
2004	250.55	23.91%	8.94%
2005	188.45	46.31%	8.55%
2006	816.86	51.01%	8.91%
2007	2,427.01	38.72%	10.12%
2008	1,014.32	25.25%	5.68%
2009	2,032.08	30.85%	6.18%
2010	2,125.09	29.40%	7.36%
2011	1,882.49	40.47%	6.56%
2012	2,243.12	35.94%	5.11%

资料来源：Wind 资讯，经计算整理。

除了传统的债券、股票、基金、信托等投资，近年来上市非金融公司开展委托理财和委托贷款的规模增长尤为显著，本文以 2011 年沪市上市公司数据为例说明。2011 年沪市上市公司委托理财开展情况如表 2 所示，委托理财期末余额为 171.20 亿元，全年借方发生额 1,180.603 亿元，贷方发生额为 1,248.43 亿元。尽管年末余额比 2010 年末委托理财余额有所下降，但其间发生的借贷额比 2010 年（2010 年借方发生额 790.17 亿元、贷方发生额 559.16 亿元）均有大幅增长。从参与委托理财的公司类型来看，地方国企与央企的理财规模远超其他类型的上市企业，在年末余额总量中的占比达 78%。

表 2　2011 年沪市上市公司委托理财规模统计　单位：亿元

公司类型	期初余额	借方发生额	贷方发生额	期末金额	规模占比
地方国企	208.62	733.96	832.22	110.35	64.46%
民营企业	25.97	297.23	287.26	35.93	20.99%
央企	4.30	143.95	124.92	23.33	13.63%
外资企业	0.15	5.46	4.03	1.59	0.93%
合计	239.04	1,180.60	1,248.43	171.20	100.00%

资料来源：根据《沪市上市公司 2011 年委托理财和委托贷款情况分析》（上海证券交易研究所资本市场研究所年报专题小组）数据整理。

上述公司 2011 年委托贷款开展情况如表 3 所示，委托贷款余额为 1,087.54 亿元，相比上年末增长 69%。其中，上市公司与关联类公司开展的委托贷款业务比重高达 87.64%，贷款利率在 4%～7% 左右；而与无关联类第三方公司开展的业务占比 12.36%，大部分贷款利率超过了 10%。

表 3　2011 年沪市上市公司委托贷款规模统计　　　单位：亿元

与上市公司的关系	期初余额	借方发生额	贷方发生额	期末金额	规模占比	贷款利率
有关联类	571.26	714.94	333.08	953.11	87.64%	4%～7%
无关联类	72.57	145.2	83.35	134.43	12.36%	大部分超 10%
合计	643.83	860.14	416.43	1,087.54	100.00%	——

资料来源：根据《沪市上市公司 2011 年委托理财和委托贷款情况分析》（上海证券交易研究所资本市场研究所年报专题小组）数据整理。

注：与上市公司有关联类包括：上市公司控制的全资、控股公司，上市公司参股、合营、联营公司，以及其他上市公司关联类公司。

从上述样本的数据分析不难看出，上市非金融公司在金融市场开展类金融业务的金额和频度均有显著增加，主业空心化显现出一定的普遍性。

（二）企业开展类金融业务的全口径规模估算

我们进一步从全社会融资总量及其分项数据的全口径数据估算企业超募资金参与类金融业务的规模。如表 4 所示，企业通过银行贷款、债券融资及股票融资三类传统渠道获得资金的规模占比逐年减少，由 2002 年的绝对占优 96.81% 降至 2012 年的 67.90%；相比之下，通过委托贷款、信托贷款融资的比例明显上升，从 2002 年的 0.87% 攀升至 2012 年的 16.31%。

表 4　企业参与类金融业务的超募资金规模估算　　　单位：亿元

年份	社会融资总量	银行贷款	企业债券融资	股票融资	委托贷款	信托贷款	传统融资占比	委托/信托贷款占比	企业超募资金规模估算	企业超募资金规模占比
2002	20,112	18,475	367	628	175	——	96.81%	0.87%	158	0.78%
2003	34,113	27,652	499	559	601	——	84.16%	1.76%	541	1.59%
2004	28,629	22,673	467	673	3,118	——	83.18%	10.89%	2,806	9.80%
2005	30,008	23,544	2,010	339	1,961	——	86.29%	6.53%	1,765	5.88%
2006	42,696	31,523	2,310	1,536	2,695	825	82.84%	8.24%	3,003	7.03%

年份	社会融资总量	银行贷款	企业债券融资	股票融资	委托贷款	信托贷款	传统融资占比	委托/信托贷款占比	企业超募资金规模估算	企业超募资金规模占比
2007	59,663	36,323	2,284	4,333	3,371	1,702	71.97%	8.50%	4,225	7.08%
2008	69,802	49,041	5,523	3,324	4,262	3,144	82.93%	10.61%	6,037	8.65%
2009	139,104	95,942	12,367	3,350	6,780	4,364	80.27%	8.01%	9,157	6.58%
2010	140,191	79,451	11,063	5,786	8,748	3,865	68.69%	9.00%	10,579	7.55%
2011	128,286	74,715	13,658	4,377	12,962	2,034	72.30%	11.69%	13,090	10.20%
2012	157,600	82,000	22,500	2,508	12,800	12,900	67.90%	16.31%	20,550	13.04%

资料来源：Wind，经计算整理。

注：其中第6列"传统融资占比"，是指银行贷款、企业债券融资及股票融资三项之和占社会融资总量的比例。

考虑到委托贷款及信托贷款的数据包含个人参与的部分，我们根据经验假设企业参与的部分在整体委托贷款业务的占比为90%、在整体信托贷款业务的占比为70%，由此推算出企业超募资金参与类金融业务规模的估算数据。可见，企业超募资金规模大幅增加，2012年为20,550亿元，是2000年的130倍。超募资金在整个社会融资规模中的占比从2002年的0.78%激增至2012年的13.04%，发展势头之猛不容小觑。

（三）信贷指标与实体经济指标的背离

进一步，我们将2013年第一季度信贷规模数据与反映实体经济运行状况的工业用电量、铁路货运量、工业增加值数据进行比较。第一季度信贷扩张明显，人民币贷款增加2.76万亿元[①]，同比多增2,949亿元，尤其3月人民币新增贷款达到1.06万亿元，同比多增515亿元。然而同期反映实体经济增长情况的数据却没有出现对应增长。相比之下，第一季度实体经济指标数据惨淡：全社会用电量累计1.21万亿千瓦时，增速比上年同期回落2.74个百分点，其中3月增速比上年同期回落约5.05个百分点；铁路货运量累计9.94亿吨，增速比上年同期回落5.63个百分点，其中3月同比降低2.45%，增速

---

① 数据来源：Wind。

比上年同期大幅回落 7.88 个百分点；工业增加值第一季度同比增速减少 2.10 个百分点，其中 3 月增速减少 3.00 个百分点。从上述数据来看，信贷指标激增与实体经济走势存在明显的背离，增量信贷并没有完全进入实体经济，而是在影子银行空转。

（四）企业参与类金融业务的机制分析

无论是上市非金融公司的样本数据，还是社会融资规模的指标反馈，亦或是新增贷款与实体经济的指标背离，都印证了企业有大量超募资金留存在影子银行体系。货币超量发行与融资布局失衡是企业开展类金融业务的重要诱因。在当前的金融体制和宏观调控制度下，货币超发持续累计导致实体经济总量过剩，经过商品和货币的循环后，在货币分配领域直接体现为过剩企业缺乏货币，与之相对的是，热点领域、垄断性领域、大宗商品领域等会集中过多货币与资本存量（刘珺，2012）。反过来，拥有货币和资本优势地位的企业能够进一步从社会融资新增量中取得更多的诸如信贷、债券、股票等融资权利和金融资产。在金融企业的盈利增长不断被强化的环境下，所有机构包括实体经济都希望将部分"超募资金"投入银行理财、委托贷款、信托融资等类金融业务领域，通过对接融资劣势企业的融资需求获取较高回报，从而在监管薄弱的影子银行体系中有动力充当资金"二传手"，成为影子中的影子银行。

三、福利损失的理论描述和数量刻画

由于存在垄断和限制，国内各类企业在融资市场上的地位是不平等的。一些具有融资优势地位的企业，特别是大中型国有企业，为达到利润最大化，利用其自身的优势地位通过信贷、债券、股票等传统方式获取廉价资金，同时向如中小民营企业等融资劣势企业提供部分"二传手"资金，从中赚取价差，由此导致金融资源错配，资金价格扭曲，政策传导失效等社会福利（效率）净损失。下面，我们构造模型来刻画企业融资地位不平等而造成的社会福利损失机理。

（一）理论描述

假设 1：一个经济体中存在两类企业：融资优势企业（代表为国有企业，

s) 和融资劣势企业（代表为民营企业，p），企业创造的社会福利即为其单位产品生产函数：

$$y_i = A_i k_i, \ i = s, p \tag{1}$$

其中，A_s、A_p 表示国有企业和民营企业所需的技术水平；k_s、k_p 表示国有企业和民营企业生产单位产品的资本投入。

假设 2：两类企业初始均无资本投入，所需资本均为银行信贷融资，且银行信贷规模一定，假定为 $\bar{k}$，它是国有企业和民营企业融资规模即资本投入之和，故满足：$\bar{k} = k_s + k_p$。

假设 3：企业使用资金的成本由两部分构成。一部分是所有企业共同承担的社会融资成本，设社会平均融资利率为 r，则企业该项成本可表示为 rk_i，$i = s$，p。另一部分是国有企业和民营企业各自承担的融资成本，本文定义企业融资难度系数为 θ_i（$i = s$，p），不失模型思想一般性，假设该项融资成本为单位产品资本投入 k_i（$i = s$，p）的"二次函数型"[1]，即 $c_i = \dfrac{1}{2}\theta_i k_i^2$，$i = s$，$p$。

假设 4：社会平均融资利率 r 与企业融资难度系数 θ_i（$i = s$，p）呈正相关，即，

$$\frac{\partial r}{\partial \theta} > 0, \ i = s, p \tag{2}$$

1. 国有企业不参与类金融业务

在国有企业不参与类金融业务的情况下，国有企业和民营企业的单位产品利润水平为：

$$\pi_i = A_i k_i - r k_i - \frac{1}{2}\theta_i k_i^2, \ i = s, p$$

由最优利润一阶条件，可得：

$$\frac{\partial \pi_i}{\partial k_i} = A_i - r - \theta_i k_i = 0, \ i = s, p$$

得：

$$k_i = \frac{A_i - r}{\theta_i} = \frac{A_i - r}{\theta}, \ i = s, p$$

---

① 选用 Robert S. Pindyck 和 Daniel L. Rubinfeld《微观经济学》（第七版，中国人民大学出版社，2009 年 6 月）中的模型假设思路。

从上述等式可以进一步得到如下关系：

$$\frac{\partial k_i}{\partial r} < 0, \ i = s, p \tag{3}$$

$$\frac{\partial k_i}{\partial \theta_i} < 0, \ i = s, p \tag{4}$$

结合式（1），可得

$$y_i = A_i k_i = A_i \frac{A_i - r}{\theta_i}, \ i = s, p$$

即

$$\frac{\partial y_i}{\partial \theta_i} < 0, \ i = s, p \tag{5}$$

由式（2）至式（5），可得企业融资难度系数（θ）、社会平均融资利率（r）、企业单位产品的资本投入（k）及企业单位产品生产函数（y）之间的作用机制关系，见图1。企业融资难度系数越大（$\theta\uparrow$），则社会融资平均成本越高（$r\uparrow$），相应地企业单位产品资本投入及企业融资减少（$k\downarrow$），同时社会产出缩水（$y\downarrow$），即造成社会福利整体下降。

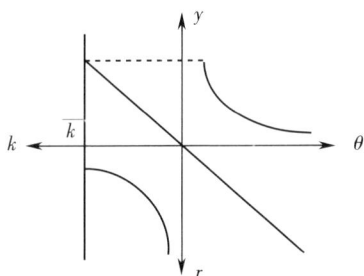

图1　企业融资难度系数与相关变量的作用机制关系

2. 国有企业参与类金融业务

在国有企业参与类金融业务的情况下，设国有企业和民营企业的融资规模为 k_i'，$i = s$，p，且国有企业获得信贷融资 k_s' 后运用于类金融业务的比例为 δ，$0 < \delta < 1$。整合社会的信贷融资规模依然为固定值，设为 $\bar{k}' = k_s' + k_p'$。由于国有企业参与类金融业务导致民营企业融资难度系数上升，因此整个社会平均融资利率进一步上升，即 $r' > r$。设国有企业开展类金融业务收益率为 r^*，显然，$r^* > r' > r$。

此时，国有企业的利润除了包含主营业务收益，还包含开展类金融业务的收益，即

$$\pi'_s = A_s(1 - \delta)k'_s + r^* \delta k'_s - r'k'_s - \frac{1}{2}\theta_s(k'_s)^2$$

$$= \left[A_s k'_s - r'k'_s - \frac{1}{2}\theta_s(k'_s)^2 \right] + \delta(r^* - A_s)k'_s$$

可见，只要类金融业务收益率 r^* 高于国有企业主营业务技术效率，国有企业为获取更高的利润回报，就更有动力参与其中。

求国有企业利润的一阶导数，可得：

$$\frac{\partial \pi'_s}{\partial k'_s} = A_s - r' - \theta_s k'_s + \delta(r^* - A_s) = 0$$

即

$$k'_s = \frac{A_s - r' + \delta(r^* - A_s)}{\theta_s}$$

上式表明，类金融业务收益率越高（$r^* \uparrow$），国有企业以低廉成本获得信贷融资转而参与类金融业务的比例就越高（$\delta \uparrow$），则其信贷融资需求就越大（$k'_s \uparrow$）。在社会信贷规模一定的前提下，民营企业获得的信贷融资数量就越受到挤压，融资难度越大。

再看民营企业。在银行信贷融资规模 k'_p 无法满足生产需求的前提下，民营企业还会从国有企业的类金融业务中获得一部分高成本资金继续投入生产，此时其利润函数表示如下：

$$\pi'_p = A_p(k'_p + \delta k'_s) - r'k'_p - \frac{1}{2}\theta_p(k'_p)^2 - r^* \delta k'_s$$

$$= \left[A_p k'_p - r'k'_p - \frac{1}{2}\theta_p(k'_p)^2 \right] + \delta A_p k'_s - \delta r^* k'_s$$

$$= \left[A_p k'_p - r'k'_p - \frac{1}{2}\theta_p(k'_p)^2 \right] + \delta(A_p - r^*)k'_s \tag{6}$$

$$= \left[A_p k'_p - r'k'_p - \frac{1}{2}\theta_p(k'_p)^2 \right] + \delta(r^* - A_p)k'_p - \delta(r^* - A_p)\overline{k'} \tag{7}$$

由式（6）可以看出，只要民营企业的主营业务技术效率 A_p 足够高，为了扩大企业利润，仍会以较高成本 r^* 通过国有企业的类金融业务融入"二传手"资金投入主营业务生产。

由式（7）求民营企业最优利润的一阶导数，可得：

$$k'_p = \frac{A_p - r' - \delta(A_p - r^*)}{\theta_p}$$

上式再次验证，国有企业以超募资金开展类金融业务在其融资总额中的占比越高（$\delta\uparrow$），民营企业信贷融资规模就越受挤压（$k'_p\downarrow$）。

在这种情况下，我们设整个社会的福利损失为 Δy。根据式（4），已有 $\Delta y < 0$，且

$$
\begin{aligned}
\Delta y &= y' - y \\
&= \left[A_s(1-\delta)k'_s + A_p(\delta k'_s + k'_p)\right] - \left[A_s k_s + A_p k_p\right] \\
&= A_s(1-\delta)k'_s + A_p\left[\delta k'_s + (\overline{k'} - k'_s)\right] - A_s k_s - A_p(\overline{k} - k_p) \\
&= A_p(\overline{k'} - \overline{k}) + (A_s - A_p)\left[(1-\delta)k'_s - k_s\right]
\end{aligned}
\tag{8}
$$

其中，

$$\overline{k'} = k'_s + k'_p, \quad k'_s = \frac{A_s - r' + \delta(r^* - A_s)}{\theta_s}, \quad k'_p = \frac{A_p - r' - \delta(A_p - r^*)}{\theta_p}$$

$$\overline{k} = k_s + k_p, \quad k_i = \frac{A_i - r}{\theta_i} = \frac{A_i - r}{\theta}, \quad i = s,p$$

从式（8）不难看出，若国有企业的技术效率确实低于民营企业，其将超募资金用于开展类金融业务补充民营企业的生产投入，整个社会的福利损失还相对少些。反之，若国有企业的生产效率不低，同时充当资金"二传手"，整个社会的福利损失就更大。

（二）数据刻画

本部分用数据刻画来印证上述推导的两个结论。

依据以上理论推导，本文对社会福利变化进行估算：

估算式子：$\Delta w = A\left[(1-\delta) \times \dfrac{A - r'}{\theta'} - \dfrac{A - r}{\theta}\right]$

其中，选用全要素生产率（TFP）作为企业生产技术（A）的代理变量；平均社会融资成本（r）以温州民间借贷综合利率水平为参考进行估算；对于企业融资难度系数（θ），由于要考虑到不同类型的企业在融资时，其融资成本的高低本身就反映了各类型企业融资的难易程度，因此，本文考虑以社会平均融资成本与人民银行公布的 1～3 年中长期贷款利率的相对值作为企

业融资难度系数的代理变量，表达式为：

$$\theta = \frac{r - r_0}{r_0}$$

本文以 2000 年为基期。刻画结果如表 5 所示：

表 5　2000—2012 年社会福利变化估算

年份	全要素 生产率 （A）	社会平均 资金成本 （r）	基期社会 资金成本 （r_0）	融资难度 系数 （θ）	基期融资 难度系数 （θ_0）	福利变化 （Δw）
2000	0.7878	0.072	0.059	0.204	0.204	0.00
2001	0.7883	0.083	0.055	0.498	0.204	-1.61
2002	0.8035	0.082	0.055	0.497	0.204	-1.56
2003	0.8330	0.085	0.056	0.529	0.204	-1.55
2004	0.8669	0.103	0.058	0.791	0.204	-1.88
2005	0.9170	0.117	0.061	0.933	0.204	-1.93
2006	0.9873	0.145	0.070	1.087	0.204	-1.94
2007	1.0798	0.157	0.061	1.572	0.204	-2.07
2008	1.1326	0.173	0.065	1.678	0.204	-2.05
2009	1.1916	0.191	0.050	2.802	0.204	-2.28
2010	1.2694	0.234	0.057	3.098	0.204	-2.27
2011	1.3271	0.244	0.078	2.134	0.204	-1.99
2012	1.3986	0.211	0.072	1.924	0.204	-1.81

资料来源：中国人民银行网站，Wind 资讯，国研网统计数据库。

注：本文假定影子银行业务所造成的企业融资资金漏出率为零，即 $\delta = 0$。

本部分表 5 说明，在过去 13 年的一个经济周期中，由于国有企业和民营企业在融资市场的融资地位出现分化，融资优势企业充当了一部分资金的"二传手"，社会整体融资成本呈现上升趋势，市场中的融资劣势企业融资难度总体上升，最终社会福利损失也呈现总体上升趋势。

（三）企业融资难度系数的扩展分析

不同类型企业在金融市场的融资难易程度 θ 主要取决于以下五个要素：国有企业垄断地位（x_1）、国有企业考核机制（x_2）、监管层面的信贷融资规模控制（x_3）、银行盈利模式（x_4）以及社会融资结构（x_5），融资难度系数是上述要素的函数：

$$\theta = f(x_1, x_2, x_3, x_4, x_5)$$

下面，我们对影响融资难度系数的五个要素给出定性分析。

1. 国有企业垄断地位。国有企业由于有国家或地方政府的信用作隐性担保，同时体量巨大、实力雄厚、掌控着事关"国计民生"的资源，因此，相比民营企业风险级别更低，受到商业银行等金融机构的格外"青睐"，占据低成本融资的垄断地位。而相比之下，民营企业，特别是中小民营企业，在社会融资总量中的占比和地位一直较低，融资成本相对较高。

2. 国有企业考核机制。国有企业一直以财务效益作为考核评价的核心因素，造成企业注重短期绩效而忽略长远发展，甚至有时以让渡长期效益为代价。在近年实体经济增长趋缓、影子银行业务高速发展的背景下，国有企业更有动力以其"超募资金"开展类金融业务获利，推升融资劣势企业的融资难度。

3. 信贷融资规模控制。根据国民经济增长水平和宏观调控的需要，央行实行信贷规模的总量控制。在有限的信贷规模下，市场机制驱动力往往使信贷服务向有话语权的大型国有企业聚集，大型国有企业的信贷需求优先得到满足，而广大的中小民营企业则不得不在资金链断裂的风险下求助信托融资、民间借贷等高成本非常规渠道，强化了分化及排斥效应。

4. 银行盈利模式。商业银行要求实现安全性和盈利性的平衡，因此，出于对坏账风险的严格控制，银行有提高客户门槛、倾向于服务金字塔中上层企业的内在冲动。信贷服务存在明显的二元化特征，即明显偏好国有大中型企业，较低信用质量和信用等级的中小民营企业则很难同等对待。

5. 社会融资结构。我国间接融资比例畸高。2012 年，新增本外币贷款占社会融资总量的57.9%，而企业债券净融资及非金融企业境内股票融资的占比仅为14.3%和1.6%[①]。金融领域在结构、品种和规模上均未形成透明的、有效的多层次市场，无法真正实现与各类企业地位相匹配的融资对接。

四、结论与政策建议

企业部门类金融业务的数据分析及数量模型表明，在当前的金融市场环

[①]　数据来源：Wind。

境下，国有企业等融资优势企业利用其有利地位取得廉价资金，同时在类金融业务较高回报及利润考核指标的内外部双重驱动下，将"超募资金"投入银行理财、委托贷款、信托贷款等影子银行业务。融资优势企业的这种行为模式增加了融资劣势企业的融资难度，扭曲了市场资源的配置效率，造成了社会生产的效率损失，由此导致整体社会福利的显著下降。融资优势企业的市场垄断程度越高，参与影子银行业务的动力越强，在整体信贷规模有控制、社会融资体系不完善、银行贷款选择有偏好的金融背景下，融资劣势企业的融资难度便越高，社会生产效率及社会整体福利的损失就越重。同时，大量资金没有进入实体经济而是在影子银行体系空转、游离于政策法规监管之外，势必影响监测指标的精确程度，既增加了宏观政策的制定难度，也使得宏观政策的实施效果大打折扣，这将导致资金配置效率的进一步扭曲，社会福利的进一步下降。

政策建议如下。其一，构建多层次的资本市场是金融改革深化的关键。构建多层次资本市场，搭建合理的社会融资结构，改变间接融资比例过高的畸形状况，通过大力发展债券市场提高直接融资在社会融资规模中的比重，特别是加强企业债券市场的厚度和深度建设，真正实现直接融资市场与各类企业的无缝对接，引导资金资源向高效率部门配置，解决融资优势企业利用"超募资金"充当"影子银行"的问题。其二，推进市场经济发展是摆脱"国企考核陷阱"的唯一途径。只有积极推进市场经济发展，推动国有企业建立市场地位、功能作用、同业比较等综合效率指标考核体系，而非单纯的利润考核体系，确保国有企业"心无旁骛"，理性开展与其主业发展速度相适应的融资，专注于主业经营。

参考文献

［1］梅东州，龚六堂. 经常账户调整的福利损失：基于两国模型的分析 ［J］. 管理世界，2012 （4）：17－26.

［2］韩朝华，周晓艳. 国有企业利润的主要来源及其社会福利含义 ［J］. 中国工业经济，2009 （6）：33－46.

［3］李建军. 中国未观测信贷规模的变换：1978—2008 年 ［J］. 金融研究，2010 （4）：40－49.

［4］李扬. 影子银行体系发展与金融创新 ［J］. 中国金融，2011 （12）：31－32.

［5］李波，伍戈. 影子银行的信用创造功能及其对货币政策的挑战［J］. 金融研究，2011（12）：77 - 84.

［6］刘珺. 金融论衡［M］. 北京：中国金融出版社，2012.

［7］游春. 中外影子银行体系的运作机制辨析［J］. 海南金融，2012（6）：59 - 62.

［8］黄益平，常健，杨灵修. 中国的影子银行会成为另一个次债［J］. 国际经济评论，2012（2）：42 - 51.

［9］张宇，张晨. "国有企业垄断论"的谬误［J］. 政治经济学评论，2010（1）：90 - 104.

［10］周长青. 沪市上市公司 2011 年委托理财和委托贷款情况分析［N］. 上海证券报，2012 - 08 - 09.

［11］张占东，张铭慎. 市场势力、煤电矛盾与潜在福利损失：来自上市公司的经验证据［J］. 产业经济研究，2011（1）：21 - 30.

［12］罗亮森，刘海东，李东泽. 中小企业融资现状分析：基于济宁市中小企业融资情况的调查［J］. 中国金融，2011（12）：86 - 87.

［13］吴延兵. 国有企业双重效率损失研究［J］. 经济研究，2012（3）：15 - 27.

［14］黄亚生. 经济增长中的软硬基础设施比较：中国应不应该向印度学习？［J］. 世界经济与政治，2005（1）：64 - 70.

［15］Nersisyan & Wray. The global financial crisis and the shift to shadow banking［R］. Levy Economics Institute Working Paper，2010：1 - 30.

［16］Markus K. Brunnermeier. Deciphering the Liquidity and Credit Crunch 2007 - 08［J］. Cambridge：National Bureau of Economic Research，2008（2）：1 - 33.

［17］Acharya & Richardsos. Causes of the financial crisis［J］. Critical Review，2009，21（2 - 3）：195 - 210.

［18］Pozsar et al. Shadow banking［R］. Federal Reserve Bank of New York Staff Report，2010.

［19］Gross Bill. Beware our shadow banking system［J］. Fortune，2007（11）.

［20］Geithner.，Timothy F. Reducing Systemic Risk in a Dynamic Financial System［R］. Federal Reserve Bank of New York（2008 - 06 - 09）.

［21］Steven L. Schwarcz. Regulating Shadow Banking［R］. Inaugural Address Boston University Review of Banking & Financial Law（2012 - 02 - 24）.

［22］Richard J. Rosen. Too much right can make a wrong：Setting the stage for the financial crisis［J］. SSRN Electronic Journal，2009（11）.

［23］Andrew Sheng. The Erosion of U. S. Monetary Policy Management Under Shadow Banking [C]. Thailand: International Conference on Business and Information, 2011.

[24] FCIC. Shadow Banking and the Financial Crisis [R]. Preliminary Staff Report (2010 - 05 - 04).

[25] FSB, April12, 2011a, "Shadow Banking: Scoping the Issues", www. financialstability board. org/list/fsb_ publications/index. htm.

[26] FSB. Shadow Banking: Strengthening Oversight and Regulation [EB/OL]. (2011 - 04 - 12). www. Financial stability board. org/list/fsb. publications/index. htm.

[27] Paul McCulley, Teton Reflections. PIMCO Global Central Bank Focus [EB/OL]. http://www. pimco. com/EN/Insights/Pages/GCBF% 20August - % 20September% 202007. Aspx.

[28] Jason Hsu, Max Moroz. Shadow Banks and the Financial Crisis of 2007 - 2008 [EB/OL]. http://papers. ssrn. com/sol3/papers. cfm? abstract_ id = 1574970.

[29] Baily, Martin Neil, DW Elmendorf, RE Litan. The Great Credit Squeeze: How It Happened, How to Prevent Another [C]. Brookings Institution Discussion, 2008.

[30] Tobias Adrian, Hyun Song Shin. The Shadow Banking System: Implications for financial Regulation [R]. Federal Reserve Bank of New York Staff Report, 2009.

去产能的辩证思维①

　　"三去一降一补"定调2016年中国经济社会发展，"去"字诀领衔，其中"去产能"唱主角，可见其重要性非同一般。"去产能"之产能是过剩产能，而产能过剩似乎越来越频繁地成为现代经济的痼疾。

　　在三次工业革命之后，产能过剩已非阶段性、行业性，而是常态化、全球性的现象了，而中国的产能问题更是形格势禁。让数字来证明：2015年，中国粗钢的产能利用率为67%，而全球平均粗钢产能利用率为69.7%；中国煤炭行业的产能利用率为65.8%，全球煤炭行业平均产能利用率不超过74.5%；中国原油加工行业的产能利用率为65.5%，全球原油加工行业平均产能利用率约81.8%。在现代经济的语境下，产能不足是例外，产能过剩是常态。原因何在？

　　首先是技术必然。技术进步使得任何产品的生产曲线极度陡峭，从研发到量产直至形成积压用时极短，从饱和到退出也十分迅捷，产品和服务的生命周期由过去缓上缓下的相对平滑曲线变异为急上急下的尖顶形状折线，临界规模（critical mass）轻松一跃即可跨过，达到规模经济（economies of scale）的难度大大降低，而范围经济（economies of scope）的扩展亦越来越快。所以，任何产品或服务一旦实现供给，并且对应创造出一定的需求，那么在技术的推动下，加速供给并超越需求便是自然而然的事，达到过剩也只是个时间问题，并且是个"短时长"的时间问题。"供给自动创造需求"的萨伊定律被"新需求自动抛弃旧供给"的新定律不断挤压，泛泛的供给瓶颈已是历史，而动态链接不断变化的需求才是供给侧的出路。

　　其次是资本使然。资本是逐利的，并且逐利的资本俨然精确差异化地定位在产品和服务生命周期的几乎每个阶段。作为生产力要素的资本也有其发

---

　　①　本文写作于2016年7月。

展轨迹，21 世纪之前常呈现稀缺的状态，对资本的争夺十分激烈，所以，"资本来到世间，从头到脚，每个毛孔都滴着血和肮脏的东西"（马克思语），彼时资本的作用远在人力等其他生产力要素之上。随着金融市场特别是资本市场的发展，资本的形态和量都有了极大程度的提升，除广义的直接融资和间接融资之外，资本以天使、VC、PE、基金、众筹等方式嵌入任何产品和服务的生命周期的关键节点上，使有需求、有市场的产品和服务在任何时候都便利地获得资本的眷顾，例如 2014 年小米科技完成 11 亿美元的融资，近日滴滴出行完成总额 45 亿美元的股权融资，Uber 从成立至今已多轮累计募资超100 亿美元等。资本是有乘数效应的，一旦资本助力企业，那么其产能从零到过剩也就无须耗时太多了。同时，兼并收购（M&A）这一资本杠杆也是产能削减的利器，在垂直一体化和水平一体化的大框架下，M&A 把协同效应（synergy）置于中心地位，而协同效应的对立面就是重复产能引发的重复成本。现今的 M&A 体量愈来愈大，动辄上百亿美元，如 Actavis 以约 250 亿美元收购森林实验室公司（Forest Laboratories），皇家壳牌集团以约 530 亿美元收购英国天然气集团，百威英博斥资 680 亿英镑收购 SABMiller，中国化工计划以约 430 亿美元收购瑞士先正达（Syngenta）。资本介入不断创造巨无霸，而这种类型的 M&A 本质上是资本推动下的去产能，当然其中也不乏结构调整（structural adjustment）的考量。

最后是买方市场使然。伴随着市场经济下商品的数量增长、种类增多，以及消费者的日益成熟，在基本需求得到满足后，人类的需求进入差异化乃至高度差异化的阶段，差异化的需求是非结构的、重体验的，而与之对应的量身定制的供给往往是小批量的，与现代化大生产之间的矛盾日益凸显，产能过剩必然生成。其实，全要素生产率的进步使产能过剩的发生成为必然，这是人类日益增长的物质文化需要得到满足的结果，进步的副产品便是产能过剩，正如人类营养状况改善的同时伴随肥胖症一样，现代经济社会中类似悖论着实不少。

那么，进入新经济后，产能过剩是"昨日之日不可留"，还是"今日之日多烦忧"呢？互联网经济或共享经济是新生事物，主要体现在精准性、小批量性、减总量性、去中介化、去中心化、交互式等方面，其对 GDP 的作用一定程度上是减 GDP、减总量的，同时人工智能、物联网、绿色革命将激发新的创新，必然会造成持续的产能过剩，当然是传统产能，是旧产能，所以不断地去产能、再不断地创新是新经济的趋势性特征，不可逆转。

中国的产能过剩与上述趋势关联，但也有自身的"中国特色"。其一是政府主导下的羊群效应，投资者会对产业政策产生一致预期，导致某些行业短时间内成为众多投资者的集中目标；其二是地方政府盲目追求 GDP 和规模，利用政府本身在土地、财政等领域的特有优势，诱导和要求地方企业加大投资，导致大量重复建设；其三是房地产行业在经济发展中的支柱作用被透支，进而带动钢铁、化工、水泥、玻璃等行业的过剩产能无法及时出清，反而越减越多，越去越留，继续走强；其四是地方保护主义之下的政府干预进一步提高了退出壁垒，市场主体的主动退出或市场主导下的被动退出受到干扰，形成了"产能过剩→政府补贴→产能过剩加剧"的恶性循环。

去产能的逻辑到底是什么？"三去一降一补"是宏观顶层设计，但去产能仿佛是一个微观和中观层面的问题，而非宏观问题。从单一企业的角度而言，若生产了"适销不对路"的产品，也就是其产能是市场所不需要的，自然要被去掉，你不主动去就通过市场的力量迫使你去，极端的结果就是破产，而关于破产的一系列制度设计是市场经济的基本组件。如果说产能过剩不是指企业，而是指一个行业，那么以市场的力量使其主动去抑或被动去均是可以的。比如美国的页岩油气行业，在油价高企时，遍地都是钻井和巨型的作业平台，但一旦油价跌到 30 美元以下时，市场的力量从多个方向发力：其一是成本端，即由于油价低于压裂生产（fracking）的成本，多生产意味着多亏损，一些页岩油气权重大的公司，包括 Anadarko、Comstock 及 Petroquest Energy 等均出现了负现金流，其页岩油气的产能抑或停止，抑或废弃，新增产能更是小概率事件；其二是投资端，即任何的资本支出（CAPEX）在财务上都是不经济的，边际收益低于边际成本，甚至无法达到盈亏平衡点，于是只能下马或束之高阁，据《华尔街日报》数据，美国超过 30 家能源企业最近平均削减预算近 50%，比 2015 年收缩大约 360 亿美元，没有 CAPEX，则页岩油气新增产能就无从谈起；其三是竞争对手端，即拥有易于开采资源的或技术更先进的生产者虽然旧日繁荣不再，但仍能勉强维持，页岩油气对立面的传统产油国（如沙特阿拉伯等）还以低油价为武器打击美国的新贵们，结局是 Pyrrhic victory（付出极大代价而获得的胜利）的竞争使高成本页岩油气产能加速度收缩，如 SandRidge Energy 和 Goodrich Petroleum 正面临破产，Halcon Resources 和 Exco 能源公司或许会亦步亦趋；其四是资本市场端，即竞争力低下的生产者无论是发行股票还是债券均举步维艰，存量债务的收益率陡增而续作的成本畸高，新的现金流无法从市场上以适宜的成本获得，财务状况捉襟见肘，例如美国戴文能源公司的债务/现金流比超过21，而美国西南能源公司的债务/现金流比也超过17，Halcon Resources 发行的高级无担保债券的收益率从2015年5月的14%飙升至同年8月的27%，2012年 Goodrich Petroleum 发行的债券票面利率8.875%，2015年8月其收益率甚至达到了58.66%，页岩油气企业发行的债券几乎都处在垃圾债区间；其五是地缘政治端，即欧佩克组织坚决捍卫其产量和市场份额，"限产保价"的措施就是不出手，只为逼美国的新生企业们关门，《华尔街日报》2016年2月29日报道，沙特阿拉伯石油矿业资源大臣在美国休斯敦告诉一众能源企业高管，只有在低油价迫使成本高的油企停产后，市场供应过多的问题才能得到解决。上述力量合成之后的结果是相当比例的页岩油气企业或者倒闭，或者被兼并，或者主动收缩产能，行业整体的去产能虽然血流漂橹，但出清效果不错，从油价的反弹和新技术的出现便可见一斑。那么，镜鉴国际经验，中国的"去产能"如何行稳致远呢？

　　首先，去产能准确地讲是个"中国现象"，"de"（表否定的前缀）和"capacity"（产能）合成一词不合乎语法规范，并且没有与之对应的词源和概念，经济学上也只有"overcapacity"（产能过剩）勉强与之对应，产能过剩在西方是企业或行业问题，而在中国却升级为经济总体问题。即便视其为全局性问题和综合性安排，去产能的任务也应交给市场和市场主体，让微观主体和中观市场起决定性作用。其次，产能过剩恰恰是中国经济的市场化程度不够所致，从上而下的一窝蜂投资以及招商引资的"大干快上"人为地制造出没有需求支撑的产能，而这些产能的经济逻辑几乎是建立在超发货币、廉价劳动力和环境污染等成本外部化的基础上，况且还有地方政府"GDP至上"背景下的减免税收、土地供应等非市场化政策的刺激，所以去产能工具箱中政府职能回归本位是重要一项，政府应专注于建立有利于科技创新的规则以及基础设施（包括制度性的基础设施），让基于市场的企业家精神真正主导经济活动。最后，正常的产能过剩问题的解决与其产生一样，是一个渐进的过程，要去产能也是有去有增，边去边增，去的是没有需求对应的产能，增的是升级或创新的产能，企业的优胜劣汰和行业的优胜劣汰会使产能逐步达到均衡，当然产能均衡是动态的，是总量和结构不断变化的。解剖一只麻雀来说明去产能问题。在目前诸多钢铁制造商亏损严重并寻求出售厂房及设备时，奥地利的 Voestalpine 却计划投资近 3 亿欧元在 Kapfenberg 新建一座钢铁厂。通过专注于高附加值钢材，Voestalpine 成功抵御了近年来钢材产品价格下跌的冲击，截至 2016 年 3 月底，尽管其净资产回报率由上一财年的 10.0% 略微下降至 9.2%，但年度净利润规模增长了 1.2%，达到 6.02 亿欧元，是全球产能过剩的钢铁行业中的异类。可见，去产能不是绝对的，也不是线性的。

既然产能过剩是必然，那么去产能就会"永远在路上"，并且一定不是泾渭分明的开关运动，去则关，不去则开。中国的去产能切忌搞成足球比赛的上下半场，上半场建，下半场去。去产能应该是中国经济强身健体的大计，而非简单的减肥，唯有此立意，才是去产能的辩证思维，才符合供给侧结构性改革的要义。

融资难映射实体经济困局①

在稳健的货币政策框架下，在央行降准降息增加市场流动性的背景下，围绕"三农"和中小微企业的"融资难""融资贵"问题是否好转了呢？

从融资利率来看，金融机构对小微企业贷款利率普遍采用基准上浮20%～30%，再加上担保费、资产评估费、财务顾问费等隐性成本，小微企业实际融资成本普遍在10%以上。民间借贷利率则更高，以温州指数（即温州地区民间融资综合利率指数）为例，其2012年以来持续居于20%左右的高位。债券收益率也没有明显下降，Wind资讯数据显示，BBB+级企业债券收益率在过去几年里持续上升，到2015年第一季度仍在12%以上。可见，流动性的宽裕并没有带来融资成本的显著降低。

从信贷量来看，央行《2015年一季度金融机构贷款投向统计报告》显示，"三农"贷款增速减缓，小微企业贷款存量占比有所下降。2015年一季度末，"三农"本外币贷款余额29.36万亿元，占金融机构贷款总量的32.08%，存量占比较上年末下降0.41个百分点，其中农户贷款、农业贷款增速分别较上年末低2.3个和1.2个百分点。小微企业贷款余额占企业贷款余额的30.2%，占比较上年末低0.2个百分点。一季度小微企业贷款增量占企业新增贷款的26%，比上年同期低4个百分点。至于股票与债券融资，小微企业占比就更低。这与中小微企业GDP贡献率超过50%、解决80%以上劳动力就业的现状并不匹配。

至少从数字上看，融资难题痼疾依旧。

融资是金融机构特别是银行体系配置资源的职责所在，直观上融资难题的板子理所当然应该打在金融机构的屁股上。但是，诸多现实问题无法回避：一方面，中国货币供应量是充裕的，流动性整体水平甚至可以说是过剩的。

---

① 本文写作于2015年7月。

2014 年年末中国广义货币（M2）余额 122.84 万亿元，是 GDP 的 1.94 倍，而美国同期只有 0.67 倍。随着中国 GDP 增速的下降，预计未来货币供应量增速也会下降，但可能仍是两位数。另一方面，银行存量信贷资产质量出现恶化，2015 年一季度末商业银行不良贷款余额达到 9,825 亿元，不良贷款率 1.39%，较上年末上升 0.15 个百分点，拨备覆盖率为 211.98%，较上年末下降 20.08%。不良贷款余额不断攀升，导致银行放贷更为谨慎。金融机构不仅具有资源配置职能，同时也具有风险管理职能，"银行惜贷"本质上是一种风险防范行为，是通过风险的预先识别和主动避让防止资金进入竞争力不强的行业和企业，微观层面上降低银行潜在的资金损失，中观层面上发挥市场汰弱的功能，宏观层面上与经济结构调整政策同向发力。在当前经济下行、中小微企业普遍不景气的情况下，"惜贷"积极的方面是一定程度上起到了防止实体经济风险向金融体系蔓延的"防火墙"作用，同时以"断奶"的方式促进落后和过剩产能升级转型。

归根结底，"融资难"和"融资贵"只是表象，银行亦不是"病灶"，其实质反映了中国经济结构和经济转型存在的问题以及实体经济所面临的困境。

实体经济的存量结构不佳。在过去 30 年的投资驱动型增长模式下，过度投资、重复建设带来了大面积的产能过剩，投资除基础设施外，相对集中于钢铁、煤炭、水泥等行业，导致服务业、新兴行业缺血，产业布局"逆向选择"，国民经济呈现结构性"超重"的特征，加剧了资金饥渴和投资依赖，创新驱动和转型发展的"轻盈"渐行渐远。过剩行业大量吞噬资金，在扭曲产业结构的同时扰动了货币政策效果，中小微企业融资的可获得性愈加孱弱，"好企业不缺钱，坏企业不怕高利率"的怪相几乎摧毁了资金的价格机制，资金流向与产业布局优化相互背离，融资难题的经济结构症结归因于此。

经济发展中政府与市场边界不清。政府职能存在越位、错位、缺位，不适应经济发展的需要。对于市场解决不了的问题，需要政府创造良好的发展环境和提供优质公共服务，以引导和促进等非行政方式让市场更好发挥作用，而非政府"取市场而代之"。但是，在具有全局性、导向性、补偿性、扶植性的特定领域和特定阶段，政府应该当仁不让。从发达国家经验看，"三农"和中小微企业融资多是政府主导，政府通过为中小企业立法、提供融资担保、设立中小企业专项投资基金等一揽子政策措施，有针对性地释放支持"三农"和中小微企业的强烈信号，一旦政府身在其中，其他市场参与者自然敢于跟进也愿意跟进，VC 和 PE 在融资链条的前端，银行则在中后端，各自准确定位，发挥应有的作用。必须明确，银行不可能在前端，更不可能照单全收政策性义务。对于战略型产业，亦不能完全依靠市场，欧美对于战略产业无论民营还是国有，政府多通过运用财政拨款等手段积极支持，因势利导且旗帜鲜明。新结构经济学主张，有效的市场和有为的政府共同发挥作用，才能构建起经济持续发展的基本机制。在"三期叠加"的关键时期，"三农"和中小微企业的融资需求，以及与新技术和新产业相关的基础科学特别是面向行业的共性技术的突破，尤其需要政府以产业政策和财政政策等手段集中资源，引领并与市场主体共同实现技术创新和产业升级，以增量创新减重存量负载，使稳经济和调结构行稳致远。

实体经济的发展方向不明。对比"德国工业 4.0"和"中国制造 2025"，前者以物联网和制造业服务化为主轴，目标是实现"绿色"的智能化生产，将生产中的供应、制造、销售信息数据化、智慧化，重组再造生产制造体系；后者旨在融合信息化和工业化，聚焦智能制造和工业互联网，积极发展服务型制造和生产性服务业。两者路向虽一致，但中国长期采用投资拉动经济增长的模式，大量金融资源或被重工业虹吸，或通过表外腾挪进入房地产和虚拟经济，资金空转情况严重，实体经济承载发展和转型的部分却投入匮乏，面对经济新常态和第四次工业革命，路标尚不清晰。需要什么样的制造业，制造业怎样先进，又如何高端；生产性服务业如何增加比重，服务业如何现代化、智能化；科技的突破口是什么，技术的制高点在哪里；这些问题都需要解答。至少从银行的角度看，无法准确判断哪些行业企业代表未来，哪些行业企业具备核心竞争力，哪些行业企业只有比较优势。于是，银行退而求其次，减少向实体经济贷款，特别是收紧"三农"和中小微企业融资，融资难题反映的是银行不确定哪些企业现在好，更遑论将来好，至于实体经济是否"知己"，知现在也知将来，好像也没有站得住脚的答案。

实体经济核心竞争力不足。绝大多数制造业企业长期处于国际产业链的低端，劳动密集型、资金密集型、山寨化、同质化、价格战是通病。目前，驱动中国经济增长的人口红利趋于消失，经济下行更使核心竞争力不足暴露无疑。作为第 77 个国际互联网大家庭的成员，中国正以互联网大国的姿态向全球互联网技术的领导者和重构者迈进，但由大到强长路漫漫，即便出现了世界级的互联网"巨无霸"企业，其优势也在应用端和市场端，而非关键技术、核心组件和行业标准。与之对应，实体经济中达到互联网行业类似影响力的企业更是寥寥无几。按照新经济增长理论，知识积累、技术进步和人力资本积累是经济增长持续和永久的源泉与动力，这些要素不能一蹴而就，需要经过系统性、长期性的积累。设若实体经济的类似要素不足，核心竞争力自然不显著。资金是追逐技术、人才等竞争力要素的，融资难题反映的是主体的问题、目标的问题，而非客体的问题、手段的问题，具备国际竞争力的企业不缺资金并且成为银行争夺的对象即是明证。

民营经济的企业家精神不够。首先，民营企业存在"真假之分"，很多民营企业是资产非市场化再分配的产物，是国有资产"变性"的结果，并非源于创业或家族继承，究其根本并非真正的民营；其次，民营企业家存在身份危机，其中不乏"官督商办"的时代变种，身份标识变了，行为方式、思想观念、能力素质却没有根本性转化，结果是自觉不自觉依附官员，分食垄断利益和寻租所得，纯经济行为的产出乏善可陈，科技创新的回报更是罕见；再次，民营企业的竞争力来源权力导向明显，植根于技术、管理、人才、效率的比例不高，与各种权力对接的现象不少，多数民企创新能力薄弱，鲜有技术领军者，普遍小、散、弱，逾1,500万家民企中跻身世界500强的不足十家；复次，民营企业行业选择套利重于创业，多集中于产能过剩行业、房地产、贸易、流通等领域，乐于多快好省的盈利模式，难以执着于起步的苦活、守成的累活和研发的脏活；最后，民营经济的源问题自然归结于企业家精神匮乏，技术经济学代表人物熊彼特提出，"企业家精神的创造性破坏才是创新的来源，而创新才是经济发展的根本动力"。企业家精神勃发于市场，并依托市场转化为经济活力，一旦企业家精神的作用力场形成，资金定会如影随形，如期而至。

综上所述，政府须简政放权，为市场主体松绑减负，在宏观政策、产业政策和专项支持上"有所为"，在资源配置上"有所不为"，让市场真正发挥决定性作用；实体经济在去产能和去杠杆过程中须突出科技导向，捕捉现代产业的线索，占据技术的制高点和行业的话语权；市场主体特别是"三农"和中小微企业须苦练内功，勇于创新，在充分的市场竞争中汰劣存优；金融机构须以创新的市场化手段和多层次的资本市场体系进一步拓宽"三农"和中小微企业融资渠道，使其能够平等享有金融资源。融资难题指向银行只能找到部分答案，最优解或者满意解在并且只在实体经济自身，只有破解实体经济的结构性和技术性壅塞，资金之水方能畅通流动。

股指、供应链脱钩与疫后制造业体系跃迁①

新冠肺炎（COVID-19）疫情是典型的"黑天鹅"事件，发生、发展乃至消失以及影响的广度、深度和烈度等均存在诸多未知。其甫一暴发，武汉、湖北和中国旋即成为世界焦点，围绕中国的质疑、关切、研判包括支持纷至沓来。与2003年的SARS类似，仿佛这又是一个"中国故事"抑或中国问题，即便与其他国家相关，也仅仅是全球公共卫生领域协调和应对等方面的直接相关，以及对有关经济体经贸影响等方面的间接相关，且前者更为显著。所以，新冠肺炎疫情与全球经济的关系似乎主要集中在中国经济放缓对全球增长的影响和中国供应链失速对全球供给的冲击两个维度上。

更为吊诡的是，发达经济体资本市场表现在2月中旬之前，几乎未受到新冠肺炎疫情的实质性影响，特别是美国股市，道琼斯工业平均指数、标普500指数和纳斯达克综合指数是一个历史新高接着一个历史新高的竞赛模式（图1），而与之相反，中国股市2月3日春节假期后恢复开市首日即跌近8%（图4），两相对比，丝毫没有"环球同此凉热"的景象。于是，一种论调悄然而至：股市是经济的晴雨表，股指一定程度上反映一国经济的大体状况，那么由于新冠肺炎疫情，中国经济特别是制造业相当程度停摆而全球主要经济体股市照涨，说明中国对全球供应链的作用不再重要，中国供应链的不可替代性在快速衰减。与此一脉相承且更极端的表述是，发达经济体资本市场的表现说明其谋划已久的与中国供应链脱钩的战略已付诸实施并取得阶段性成果，美国资本市场的"长牛"和"大牛"对应的是与中国脱钩而启动的供应链迁徙和制造业回归"图穷匕见"，中国的全球产业链分工优势已逐渐式微。

似是而非的观点其实不值一驳，况且往往等不到基于事实的"理不辩不

---

① 本文写作于2020年3月。

明"，事实本身就已经证伪其逻辑和结论。1月17日之前，美股对疫情反应相对平静，在1月20日至1月31日疫情暴发期，仅向下调整3%左右，并在之后反弹近5%予以修复。但2月21日之后，新冠肺炎疫情进入全球恐慌期，美股开始出现明显下挫，3月9日、3月12日和3月16日标普500指数两周内三次触发熔断机制，并且大涨大跌，复跌复涨，巨幅波动。大体同一时间段，与美国股市涨跌平行发展的是新冠肺炎疫情的"中国篇"进入下半场，而全球性大流行却起势并形成，中国以外的感染人数增量远超中国，存量也超过中国。从全球公共卫生的角度而言，任何一种新的病毒、任何一次大流行病，都是全世界需要共同面对的挑战，任何国家都无法置身事外，历史已经反复证明大流行病传播的广域性和无差别性以及人类共克时艰的必要性和紧迫性；从经济全球化的角度而言，经济体之间的联系越来越紧密、越来越复杂、越来越多元，特别是大国之间，人为割裂的结果只能是"伤敌一千、自损八百"，而所谓的国家安全和经济安全不仅无法通过所谓的脱钩实现，而且会引发国家间非理性竞争，使安全形势进一步恶化。是故，美股前期的繁荣无法证明中国"被脱钩"，而美股后期的技术性熊市也不是中国供应链坚不可摧的佐证。资本市场有其自身的发展逻辑，与全球供应链之间弱相关，并

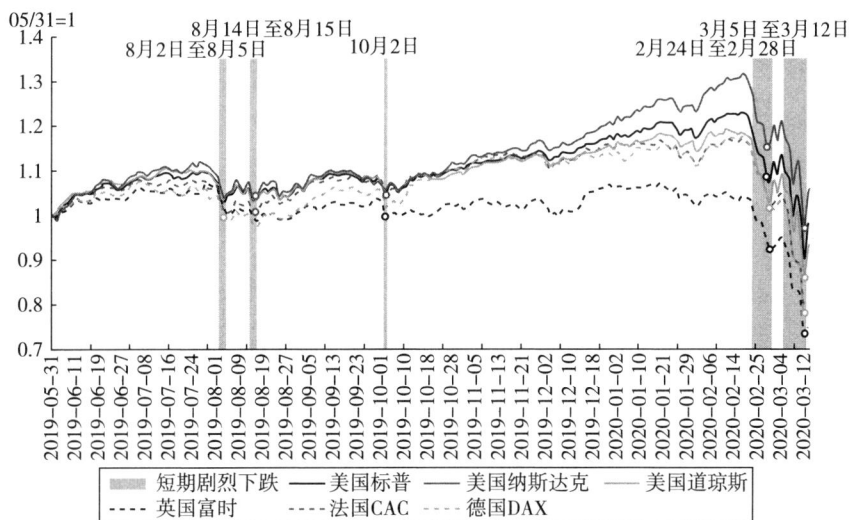

图1　美国标普500指数、纳斯达克综合指数及欧洲主要股指2019年6月至今走势

（资料来源：Bloomberg）

且存在跨时误差，即前者的表现对后者的影响时间上不同步甚至没有规律性时滞，固化二者联系缺乏理论和实证支持，特别是美国股指与中国供应链脱钩问题更是"转折亲"关系，连"远亲"都算不上。何况，数字经济时代资本市场和全球供应链之间的关系与工业经济时代迥异，以资本市场表现判断供应链紧密程度无疑是缘木求鱼。具体解析如下。

第一，与供给相比，需求是更重要的经济变量。到工业经济时代后期，生产已经不是经济发展的瓶颈制约，生产能力的系统性改善始终保证了供给的充足，排除技术垄断以及非经济因素，基础产品、初级产品、复杂产品、精密仪器等的供给大概率是产能冗余而非产能不足。数字经济时代，智能化、信息化以及 3D 打印等新技术更是极大地释放了生产活动的潜力，供给从来没有在效率、能力和质量上如此自如，而有效需求的焕发和创造反而成为难题。无论是逆周期宏观调节，还是供给侧结构性改革；无论是财政政策的减税，还是货币政策的量化宽松，其终极目标是需求，即如何更好地提振需求，更好地满足需求。资本市场虽然未必是气象科学意义上的"经济的晴雨表"，但作为核心资金配置平台，基本能够反映经济的结构化特征和一般性趋势，鉴于供给和需求关系的变化，经济的供给侧内容不是资本市场特别是股票市场关注的重点，对供应链调整的解释能力也不强，更遑论预测。

第二，全球经济的通缩主题压抑传统制造业的价值创造。目前，全球特别是发达经济体增长都在放缓，并且部分出现衰退迹象。美国 2019 年的 GDP 增速为 2.3%；日本 2019 年第四季度 GDP 创下逾五年来最大萎缩，全年增速 0.8%；德国上年 GDP 增速仅为 0.6%，不到 2018 年的一半，其中第四季度增速为零；中国和印度上年的 GDP 增速分别为 6.1% 和 4.9%，处于近十年来的低位水平（图 2）。需求端减速联动供给端减速，进而导致整个经济增长乏力，通胀反而成了可遇不可求的宏观经济目标。美国和德国 2019 年的通胀率分别为 1.8% 和 1.4%，处于近三年来的低点；日本上年的通胀率为 0.5%，持续疲软；中国和印度上年的通胀率分别为 2.9% 和 3.7%（图 3）。科技创新的迅猛发展使得生产者的议价能力下降而消费者的话语能力上升，资本市场赋予生产相关因素的估值不高，而从市场需求反向赋值于科技变成新范式，全球供应链在相关资本市场的市值表达有限，即便是高科技企业带动的供应链生产企业，利润率的更大份额以及相应的市值也归属核心科技企业而非生产企业，所以，供应链直接与资本市场的重叠面积并不大。

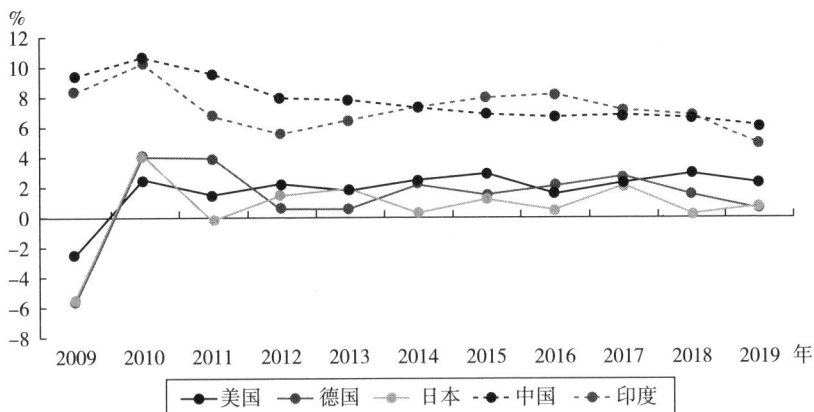

图2　美国、德国、日本、中国、印度近十年 GDP 增速

（资料来源：EIU）

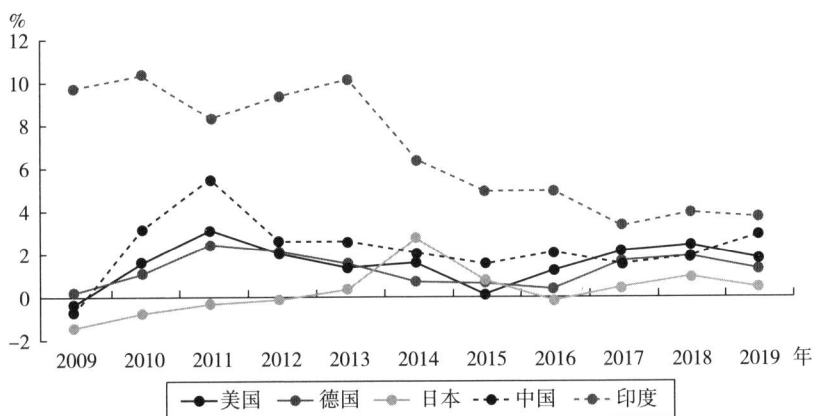

图3　美国、德国、日本、中国、印度近十年 CPI

（资料来源：EIU）

　　第三，资本市场的表现与经济增长特别是制造业并不直接相关，即便是具有一定的相关性，时间上也不同步。金融与经济本有时滞，资本市场与经济增长之间更是如此，并且因经济体产业结构、经济体量不同而时滞有长有短，根据资本市场的阶段性涨跌直观推定经济表现的优劣缺乏严谨性和科学性。在新冠肺炎疫情期间，中国资本市场表现出一定的抗跌性（图4），这既不代表中国股市是全球"安全港"或价值洼地，也无法昭示中国经济将在疫情后实现 V 形增长，更不能解释为世界经济永远高度依赖"中国制造"。同理，即便全球资本市场在中国抗击新冠肺炎疫情期间不降反涨，也不代表"中国制造"就无足轻重，股市的实际走势已经证明新冠肺炎疫情全球大流行对经济的巨大影响特别是对全球供应链的巨大冲击。

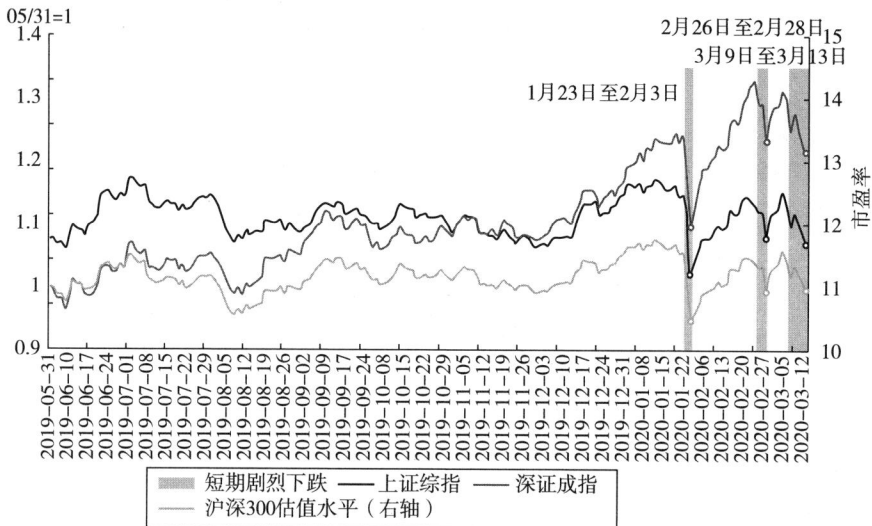

图 4　中国股市主要指数 2019 年 6 月至今走势

（资料来源：Wind）

第四，具体到美欧资本市场，其表现与制造业的整体关联性不断趋弱。美欧资本市场的结构体现后工业化时代特征，即指数占比大的是科技类高质量和成长型股票，而非制造业、工业等周期型股票。美国股市作为标杆，除市值和指数的具体表现之外，其结构所反映的科技驱动经济的特点更为明显，高科技巨无霸（Big Techs）上市公司成为股指成分股的主体，充分说明数字经济的驱动力主要来自于科技创新而非制造业能力，科技企业不仅作为个体和板块独立存在，如纳斯达克的 FAANG（脸书、亚马逊、苹果、网飞、谷歌，若加上微软则多一个 M），而且无所不在地赋能和使能其他产业和企业，使得科技的作用发挥到极致。纳斯达克指数的构成反映这一趋势（图 5），摩根士丹利美国指数（MSCI US，图 6）的构成变化更是体现出数字经济的质变。所以，洞悉美欧资本市场的科技导向，能更客观地认识其与供应链之间的相互作用。

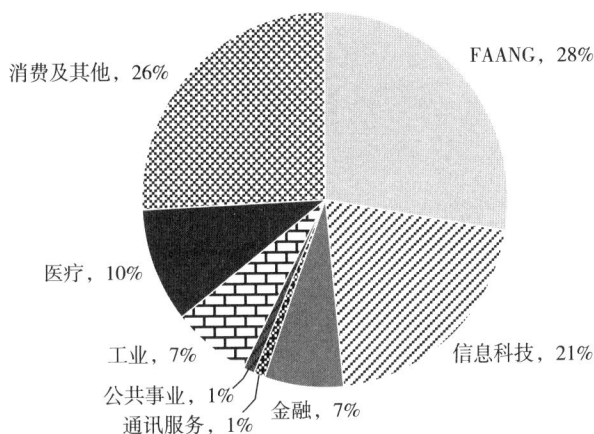

图5　纳斯达克综合指数成分股行业占比

（资料来源：NASDAQ）

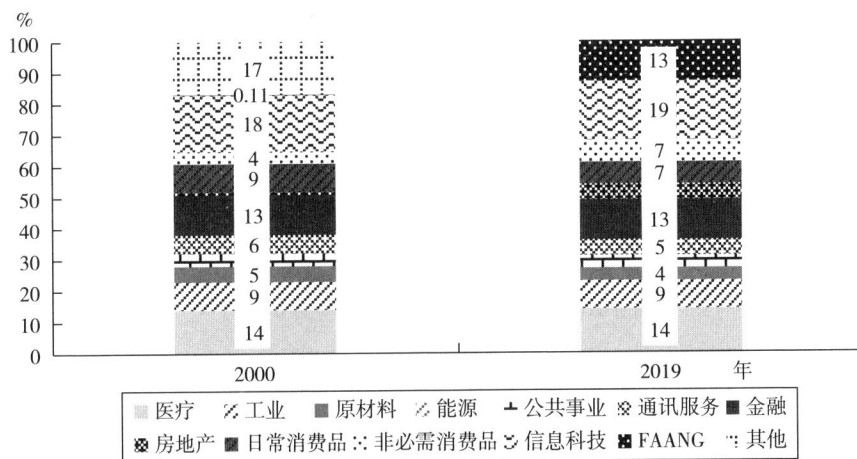

图6　MSCI US 美国成分股行业占比变化

（资料来源：Bloomberg）

　　第五，国民经济中产业占比变化与资本市场结构相互映射，以制造业为主的工业基础作用犹在，但占比已大幅低于服务业。在数字经济的背景下，美、欧、日经济中第二产业占比很低，服务业占比很高，中国和印度也遵循这一规律（图7）。资本市场作为资源配置的核心要素平台，自然反映这一宏观经济的趋势性特征。新冠肺炎疫情对经济的冲击集中在制造业、餐饮、零售、旅游和航空等领域，其对全球供应链的冲击力分布上制造业是主要承压领域，对供应链的破坏性作用又集中在制造环节和物流环节。作为经济的基石，制造业具有相当的战略重要性，但价值最终体现不是最大。当前，传统制造环节的价格占比正在下降，而无形的技术和专利等的价值占比日益上升，汽车等主要制造业门类更是如此。制造业在国民经济和资本市场的占比有限，所以美欧股指狂泻并不是供应链断裂的资本市场反应，而是疫情对经济发展影响的不确定性、经济周期后期的衰退预期甚至不精准的宏观经济政策和大幅下挫的油价使然。

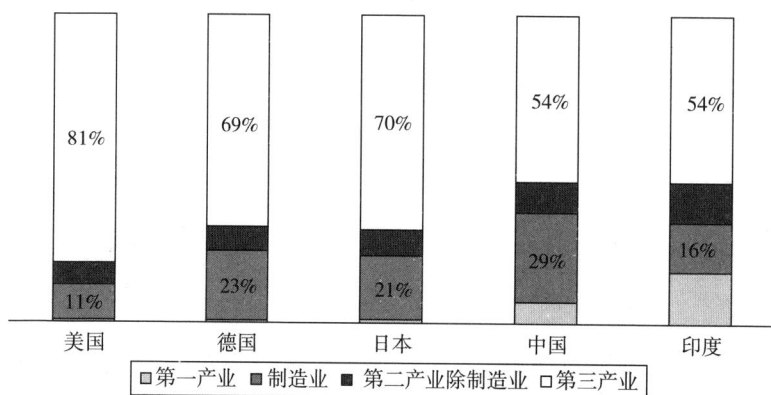

图 7　美国、德国、日本、中国、印度 GDP 产业占比

（资料来源：Bloomberg，国家统计局，Haver）

　　显然，美欧股指无法解释中国供应链在全球产业分工体系中的位置和作用，更无法得出中国供应链优势被高估或中美供应链是否脱钩的结论，同理，认为中国对全球供应链影响不大也不符合事实。新冠肺炎疫情对全球供应链的影响以一定机制传导到美欧股市，但并不直接反映在指数上，如果不是这样，则表明资本市场的发展严重滞后于经济转型，而要素市场还停留在工业化时代而非数字化时代。

　　的确，在新冠肺炎疫情暴发后，中国采取的严格隔离政策使供应链或供应链重要节点暂时停顿，而中国供应链的"稍息"则导致美、欧、日、韩工厂等中国零件、美欧商场等中国商品、美欧产品等中国购买，由于中国的断链而引发全球供应链的系统性失灵，至少是危机状况下对中国供应链重要性的背书。中国经济体量大、基础设施完备、产业链齐全、配套能力强等优势短期内很难被取代，但即便不考虑新冠肺炎疫情因素，产业链和供应链提升和跃迁的紧迫性也真实存在。如果不能加紧提升供应链的科技维度，在关键技术上尽快掌握主动，那么，即便短期内不可替代，也难以避免中长期产业链和供应链本身被彻底淘汰和置换的可能性。新冠肺炎疫情是对全球经济和供应链极端情景下的"压力测试"，对中国而言，至少在供应链体系跃迁层面有如下启示。

第一，基于科技创新的供应链体系优化。智能制造、工业互联网等是大方向，其中结合3D打印和远程控制的远程制造是制造业的"远程办公"，进一步强化科技对供应链的主导作用是发展的必然。

第二，供应链柔性设计与应激能力建设。制造业的实时管理（Just-in-time）是以效率为目标的零库存、零冗余设计，但供应链必要的柔性和弹性是应激能力的关键。原先追求的紧致耦合危机时暴露出相当的脆弱性，而结合新技术进一步提升供应链的非紧致耦合是兼顾效率和安全的重要课题。

第三，供应链的区域微循环和内化。供应链的长短取决于诸多因素，但自成系统的区域微循环供应链有无可比拟的优势，供应链内化的过程可以是本地内化，也可以是延伸到所在国的境外本地化，目的是有效缩短供应链半径、形成同心圆结构的供应链布局，并与都市圈和城市群建设的城市化进程相契合，减少不必要的大规模人员迁徙，使供应链与一定区域经济的结合度更高。

新冠肺炎疫情终会过去，而错误逻辑不要再继续，不浪费危机的主观自觉应该驱动科学理性的思考，为疫后中国供应链体系跃迁谋而后动。

Will the Trade War Lead to US-China Decoupling[①]

The concept of decoupling is mostly used in physics, meaning to eliminate the interrelationship. However, given the rise of unilateralism and anti-globalism, the occurrence of decoupling in economics and politics has tremendously increased, especially in the context of the Sino-US trade tensions. Its footprint starts from trade in goods, to supply chain and value chain, and now even extends to technology and innovation.

Modern trade is conceptually based on the comparative advantage theory. Supply chain underneath the trade activities is presumed to be linear in the industrial setting, where the vertical division of labor prioritizes the horizontal interactions. In theory, the main nodes of supply chain can be dismantled and reorganized if necessary. However, factoring in the replacement cost and infrastructure readiness, the countries on the key nodes of supply chain are in reality irreplaceable, at least for the short-to-medium term. Given the complexity of interconnections, even the decoupling of trade in goods may not necessarily deliver the expected result. This has been clearly demonstrated by the numbers since the tariff raise by both the US and China. The shape of supply chain is determined by the flows of goods and services, but its nature hinges on the comprehensive competitiveness, the scientific organization of the total productivity factors in particular. On the surface, the decoupling of supply chain seems to be replacing a country on a certain node, while in essence it represents a transfer of manufacturing capabilities in totality. The bottlenecks are not merely cost and efficacy, the depth of skilled labor and the

---

① 本文写作于 2019 年 11 月。

completeness of infrastructure can be a humongous deterrent as well.

Things are quite different for value chain, which is a more intertwined matrix or a system per se, composed of multiple dimensions of multiple supply chains. Any node, a single chain or even several chains themselves may be replaceable, but the matrix structure is far more difficult to delink. Thus transferring value system is no less than rebuilding it from ground zero. For example, China has established one of the most comprehensive supply chains and value systems, possessing sufficient manufacturing capability to cover the very low end to the very high end without any apparent weak links. Once the system is up and running with tightly-woven counterparty interactions, the map of the international value system is broadly dispersed and sophisticatedly synchronized. Minor adjustments and upgrades may be required from time to time, but abandoning key components would be as challenging as to redesign and reconstruct the whole architecture.

Technological innovation in the industrial age was more or less linear breakthroughs on the dimensions of points and planes. The division of labor in the production process was well defined based on time, flow of parts and product forms. In contrast, technological innovation in the post-industrial era has taken the methodology of iteration and systematic integration. Data is the new vehicle for constructing the linkages and interconnections within the system. Unlike physical goods, digital assets can be produced and delivered at the same time, a speed that defies almost all traditional assumptions. The rapid development of technologies like 5G, big data and artificial intelligence will leapfrog further once the quantum computing makes the expected breakthrough. The aforementioned innovations are impossible to be achieved independently, especially taking the need for vast application scenarios into consideration. "Science without borders" is no longer a simple initiative but a reality. The size, scope and types of China's dataset make it a perfect place for trials and applications of any newly-emerged technologies, the gravitation of which is hard to ignore. It is not merely about market, but significantly more about astronomical amount of data involving immense experiences and behaviors of consumptions. As a result, the burgeoning new economy and the nature of technological cooperation render technological decoupling to be even less possible.

The effects of technological innovation can only be strengthened and improved through cooperation, not only for the sake of economic benefits, but also for the greater good. The rationale behind is that in the tech world there is never any bottleneck on the supply-side, demand-side is what really matters.

The new era named the Fourth Industrial Revolution is mainly presented in the forms of the digital economy, geek economy, shared economy and so on. The paradigm has been shifted dramatically, much like a genetic mutation to a more advanced height. The newcomers such as IoT, AI, cloud, and crypto-currency among other disruptive technologies make the world economy more virtual and digital and the economic ties among nations much more endogenous. In spite of the many disputes between major economies, the decoupling card may not help anybody to win. The trump card is somewhere else.

制造业的"过往"与"序章"①

"一切过往，皆为序章"。这是莎士比亚剧作《暴风雨》中的一句话，其中文翻译似乎更具有一种深邃和简约的平衡之美，所以，被高频率地用在大时代交替之际和大叙事更迭之时，传播在未知中积极应变并不断进步的正能量。中国在变，中国经济也在变，在稳定中实现高质量发展是变化的主基调，而制造业如何应变甚至主动求变关乎经济转型能否成功，因此，须科学地总结"过往"并正确地开幕"序章"。

中国的制造业之"大"已然成为事实，发展轨迹与 GDP 全球占比变化基本一致（图1），速度和比例均长期保持高位，印证了中国在全球化进程中所获的裨益和所做的贡献，特别是对世界经济增量的贡献。经济全球化是基于比较优势理论的全球分工体系再造，中国以人口红利、开放效应、改革动能、环境成本以及勤劳与效率兼具的国民性，实现了国民经济长期高速增长，制造业是其中的主力军。

经历若干经济周期，中国制造业逐渐呈现出以下主要特征：

第一，在国民经济构成中占比高、作用大。与主要制造业大国相比，中国制造业在国民经济中占比较高，并长期处在较高的比值水平（图2和图5，图5在更长时间维度数据源基础上估算）。美国、日本和德国的制造业占比从20世纪后期开始进入下降通道，美国下降曲线的坡度更陡，日、德占比较稳定，而中国则一直维持较高比值。德国工业4.0和美国制造业回归虽一定程度上缓释甚至改变了单边下降的轨迹，但趋势的根本逆转尚未出现，从而使中国制造业的相对指标更像是一个异常值，并且是唯一的异常值。数字直接体现经济模式的表观特征，本质上是中国融入世界经济循环的切入点选择了出口导向为主和进口替代为辅的组合，立足资源禀赋条件和国际分工需求，

---

① 本文写作于2020年2月。

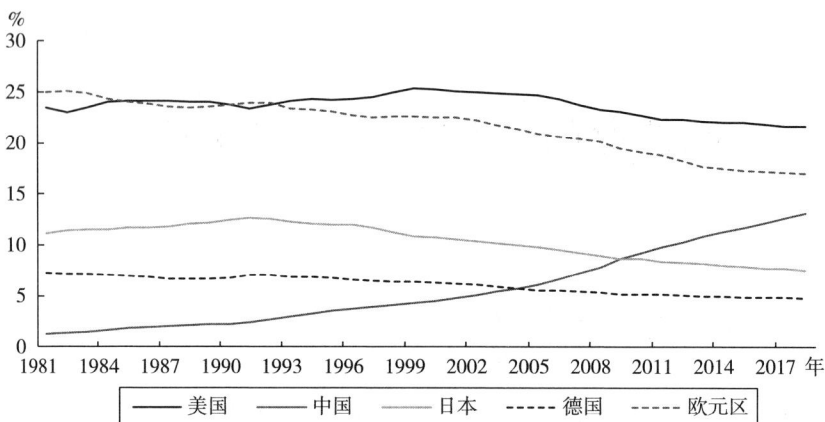

图1　主要经济体全球 GDP 占比（以美元计价）

（资料来源：世界银行）

合理甄别国内经济的基础产业和国际竞争的优势产业，以生产促进增长为实现路径，显然制造业规模和速度的同步高速增长符合该基本逻辑。

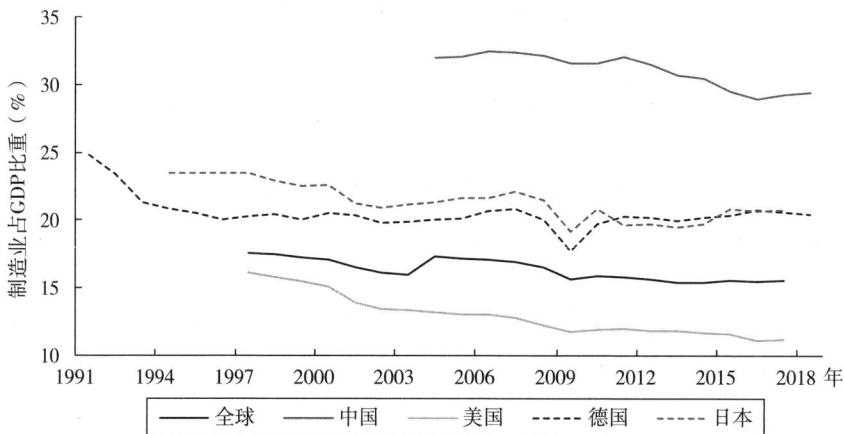

图2　主要经济体制造业占 GDP 比重

（资料来源：CEIC）

　　第二，"三产"结构变化与"世界工厂"地位相呼应。与新兴工业化国家的发展路径类似，中国产业结构变化的主线是第一产业比重持续下降、第二产业比重稳定以及第三产业比重持续上升（图3），第一、第三产业之间的喇叭口越来越大。20 世纪 70 年代初到 80 年代中期中国处于工业化初级阶段，第二产业比重超过第一产业，第一产业比重仍然高于第三产业；20 世纪 80 年代中期以后，第三产业比重超过第一产业并加速上行，第一产业增加值在 GDP 中的份额直线下降，第三产业增长对经济增长的贡献率稳步提升；2012—2013 年第三产业接近并超过第二产业占比，成为经济增长的主驱动力。这是工业化和城市化共同作用的结果，虽然服务业的作用愈来愈显著，但占国民经济相当比例的第二产业特别是其中主体部分的制造业，才是经济赶超这盘棋的"眼"，制造业融入全球产业体系和价值链是"中国制造""世界工厂"的实践起点，经济增长的稳定性和可持续性源于制造业的做大和做强。

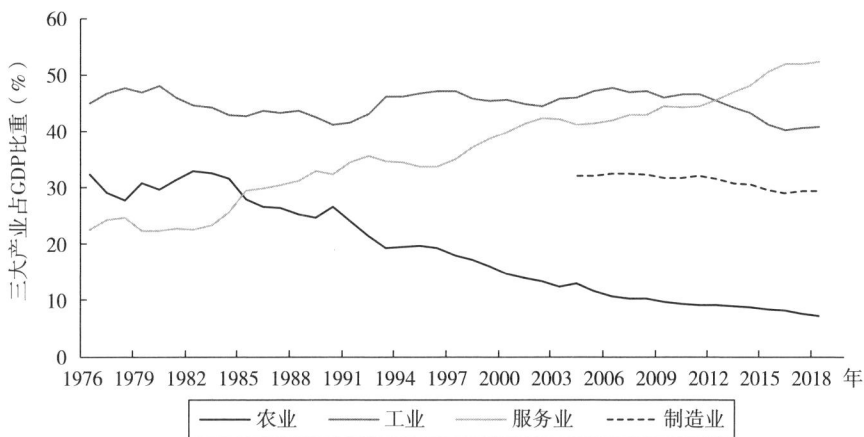

图 3　制造业占比和"三产"的占比变化

(资料来源：CEIC)

　　第三，制造业体系完整，全产业链具有体量上和系统性上的一体化优势。中国第二产业门类齐全，基本实现了供应链的全链覆盖（图 4）。其中，作为第一大类的机械设备制造业主导地位不断强化，电子通信设备、电气机械、交通运输设备等子行业占有较大比重，且占比升幅较大；消费品加工业比重先升后降，与消费者的消费结构变化相关，由开始的服装、食品向汽车和房地产转移；基础金属和金属制品相关行业的快速增长来自消费升级和城市化的拉动效应，同时亦对国内能源消费形成一定压力。全谱系的工业特别是制造业强化了中国在全球分工体系中的不可替代性，即便在贸易摩擦等极端情境下，部分供应链节点或许可以实现转移和迁徙，但整条供应链的转移和迁

徙不是没有可能，而是重置成本和替代成本之高使之几乎不可能完成，中国
制造业的成色恰恰在于"大而全"。

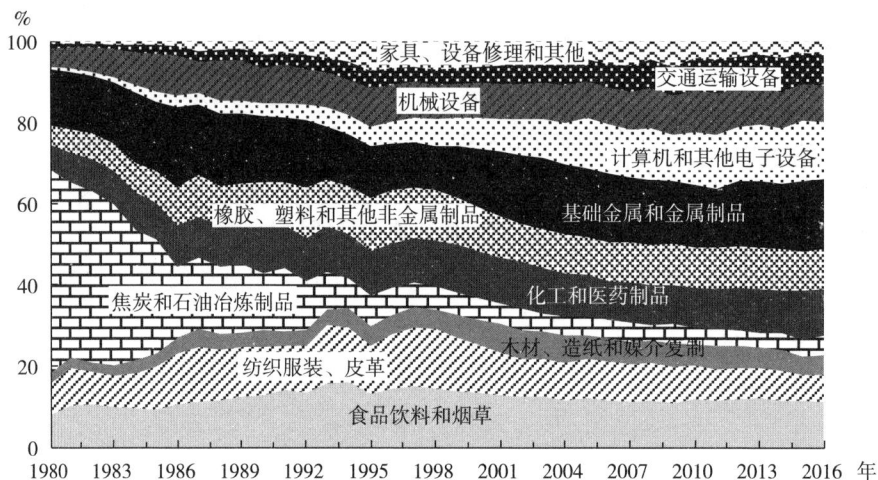

图4 制造业组成及结构变化

（资料来源：Conference Board）

第四，制造业核心竞争力的支点逐步由量向质转变。工业化早、中期的
竞争基于土地、人力、资本要素的投入和产出，作为后发者，中国以美欧等
发达经济体为榜样"萧规曹随"，再赋予必要的存量优化和增量创新，"拿来
主义"加取舍出新，结果是实现了在传统制造业领域的"青出于蓝而胜于
蓝"。进入"第四次工业革命"时代，全要素生产率成为生产力的核心，科技
创新成为决定性生产要素，并且赋能或使能几乎一切产业。中国制造业的科
技含量提升明显，据统计，2019年中国制造业企业500强研发费用总规模达
到7,110.87亿元，研发强度2.14%，实现"三连涨"，与美、日、德、法的
国家平均数接近。高铁、通讯设备、工程机械、无人机等行业无论是研发还
是制造均具有国际领先的竞争力，相关技术专利的增加不仅体现在量上，而
且反映在质上。

第五，制造业发展瓶颈凸显。近年来，中国制造业持续承压，制造业企
业盈利能力整体下降，经济向高质量转型无形中更加剧了这一趋势。与德国
和日本相比，中国制造业增加值在国民经济占比有所下降（图5），经济"脱
实向虚"倾向未有实质性扭转。具体表现在，成本优势不再，劳动力、环境

等边际成本趋升，如服装加工业向东南亚的外迁等；关键技术短板"卡脖子"，"缺芯少魂"制约产业突破，如集成电路和操作系统以及精密制造"工业母机"受制于人等；相当比例的企业主业利润率向盈亏平衡点趋近，非主业多元化甚至依赖类金融业务维持盈利的现象并不鲜见，如制造业涉足房地产和理财并对二者的收益产生"依赖症"等；高端有效供给尚不充足，对需求变化的适应和对接能力有限，如小到吹风机、大到矿山重型运输车的国外品牌崇拜等；对数字化和绿色转型准备和投入不足，制造业的数字化含量和绿色指标不理想，如工业互联网应用案例虽有增长但绝对量仍然匮乏，单位能耗有所下降但相比发达经济体仍然较高等；更重要的是，对于大数据、人工智能（AI）两大创新的科技方向、核心技术和规则标准尚缺乏清晰认识和可操作方案，偏重应用的旧模式未必适用于依托原创的新经济。

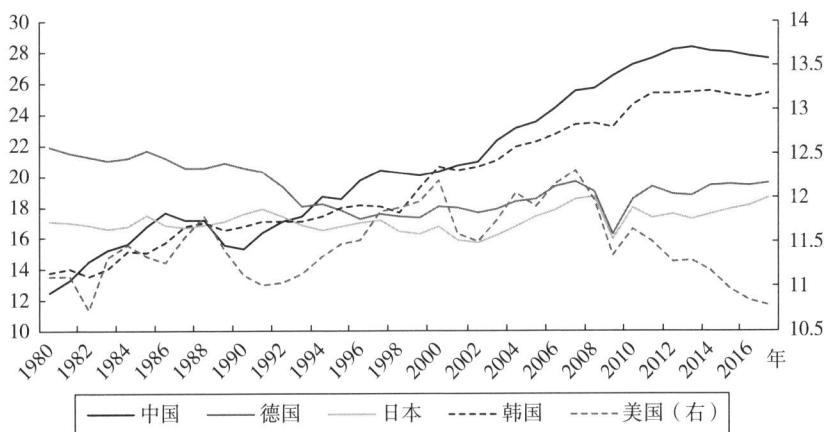

图5　主要经济体制造业增加值占 GDP 比重

（资料来源：Conference Board，IMF）

中国制造业进入了新的发展阶段，在革故鼎新之前，至少有三大谜题需先行释义。

其一，制造业的价值创造对新经济还那么重要吗？产品生命周期的哪个环节创造最多的价值历来存在争议，两大曲线更是分庭抗礼（图6）。台湾企业家施振荣的"微笑曲线"认为，曲线左右两侧的研发和品牌营销工序附加值高，利润空间大，而曲线中间弧底位置的加工、组装、制造等工序技术含量不高，价值低；日本索尼中村研究所中村末广的"武藏曲线"认为，最丰厚的利润源在"制造"环节而非其他，与"微笑曲线"相反的拱形曲线是及时且必要的勘误。孰是孰非没有"一刀切"的标准答案，但显而易见，任何一个明显的短板均会导致价值创造能力的弱化甚至丧失，制造环节至少不应成为短板。以芯片为例，中国在封装环节有一定优势，设计上的缺项正在补齐，而制造环节相对落后，导致芯片行业成为经济的一大痛点。因此，即便在信息化和智能化的"双轮驱动"模式下，制造业的价值依然存在并且不可或缺。

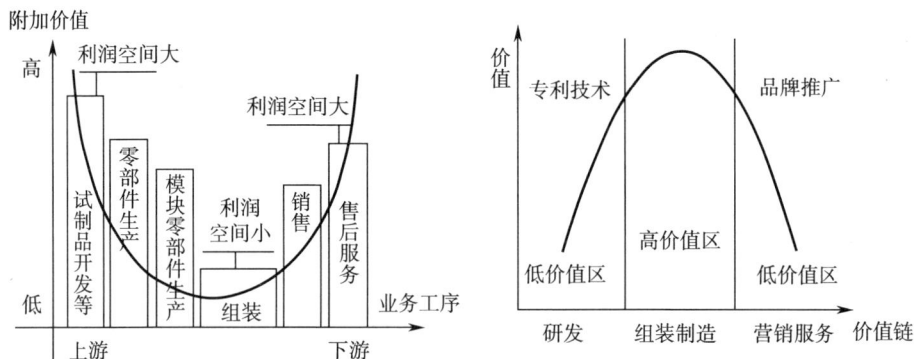

图 6　微笑曲线（左）和武藏曲线（右）

其二，制造业比重下降是一个全球趋势，但到底是统计方法对新经济分类的滞后核算使然还是真的制造业式微？现在，产业几无边界，生产性服务业或服务性制造业均双向甚至多向进入原不属于自己的领域，既定方法生成的统计数字存疑难以完全避免，其中两个维度的深刻变化使统计问题尤甚。

一是生产消费活动中的工作承担出现转换甚至倒置。Astra Taylor 提出"人造自动化"（fauxtomation）的概念，即科技引发的自动化实质上并未减少工作总量，而是变换了工作承担主体，甚至工作总量在增加，但由于对工作稳定性的担忧，使诸多环节的工作被生产者和服务者转换成无报酬工作或被消费者主动承担，前者如无偿加班，后者如无须银行柜员介入的网上支付。该自动化不像工业时代是一种绝对意义上对劳动力的物理替代，而是把生产和服务流程在供给者和消费者之间进行了工作量的再分配，消费者承担更多的工作，且无法货币化，统计数字亦无法全部准确捕捉。如 Diane Coyle 的"自住型数字媒介"（do‐it‐yourself digital intermediation）所描述，中介环节如保险经纪、房地产经纪等活动，由消费者借助网上平台和数字化应用完成，智能移动终端使得工作和生活"你中有我，我中有你"。制造业贯穿经济活动始终，自然受到该趋势的影响。生产者和消费者角色重叠使部分制造业产值隐性化，制造业和服务业交叉领域的吸纳度更深，对相关统计数字的扭曲更强。

二是无形资产化的制造业比例显著增加。即便是产出物理产品的制造业领域，无形资产比例的上升亦是不争的事实。据相关研究，2015 年美国标准普尔 500 指数上市公司无形资产价值占比超过 80%，价值的来源和体现与传统经济模式迥然不同。共享经济和数字经济使产品和服务的实体部分和虚拟部分难以区分，如特斯拉的电子中控系统与电动汽车以及 3D 打印的控制程序与成品制造等，前者是数字化流程，后者是物理化流程，前者的价值高于后者。因此，现代的生产和制造越来越柔性化、虚拟化、信息化、数字化、智能化，生产效率的提高也越来越向非实体的部分倾斜，部分非实体的制造业数据或者无法反映在最终统计数字中，或者包含在电商等面向终端服务的平台数据里，制造业数据一定程度被低估。

其三，在长期高速的增长之后，中国制造业是否有再上新台阶的潜力？从制造业劳均实际增加值所反映的自身生产效率来看，主要制造业大国中、美、德、日的制造业效率都经历了较快增长，其中中国的增长趋势最为强劲（图7）；与其他国家横向比较来看，中国制造业生产效率仍处低位（图8），与德、日的差距在四倍左右，与美国的差距在八倍左右，进一步增长的空间巨大，继续成为经济主要动力的基础仍然坚实。另外，电商的发展对制造业的正向作用大于反向作用，一则是电商渗透率依然很低，2015 年至今，工业品类 B2B 电商线上交易量年复合增长率 30% 左右，但与工业品产业增加值 28 万亿元相比，渗透率仅 2% 上下，随着规模效应、精准营销、链式服务、金融内嵌、数字化赋能等发挥作用，渗透率高速增长的潜力巨大；二则是电商激活数量众多的中小企业，工业品类 B2B 电商快速发展，2019 年上线交易达 7,000 亿元规模，阿里巴巴 1688 平台吸引上线的采购企业达 2,800 万家，相较 2016 年实现两倍以上增长。中国目前网上零售的规模全球第一，比随后的 10 个市场总和还大，远超第二位的美国（图9）。生产者与电商的结合是一种双向循环机制，极大地拓展了产品交付的广度和深度，最大生产国合并最大消费国的角色必然推升中国的消费，并以更快速度推升电商销售额并惠及制造业。

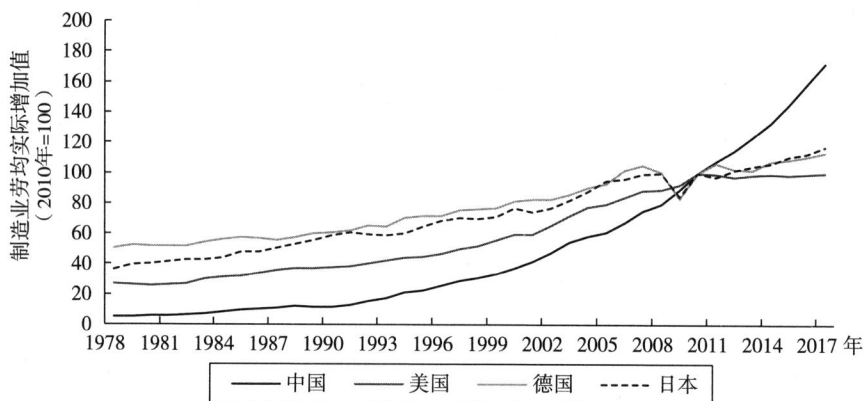

图7 制造业劳均实际增加值趋势比较

（资料来源：Conference Board）

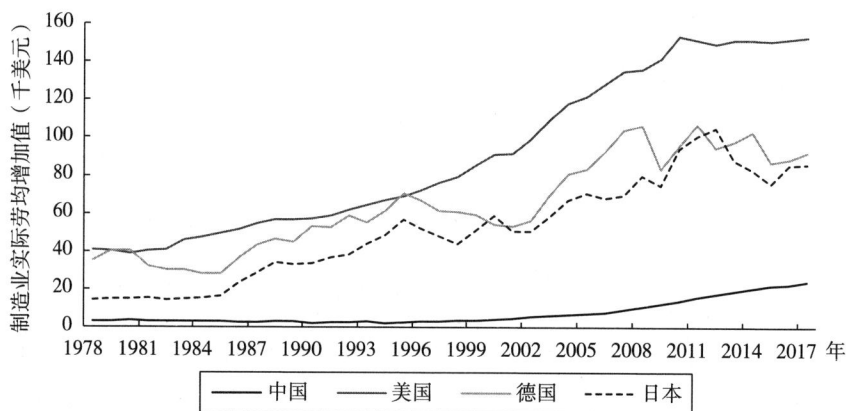

图8 制造业劳均实际增加值跨国比较

（资料来源：Conference Board）

在以数字化为主要特征的新经济中，对制造业地位作用和发展潜力的质疑正反两面均指向一个本质问题，即如何通过科技创新赋能或使能制造业实现核心竞争力的重构，并继续发挥国民经济主引擎的功能。以下三大主题基本勾勒出大致方向：

其一是科技的第一性和全面性。科技不再仅是生产要素之一，而是发挥决定作用的要素，科技企业立于科技，其他企业也须立于科技，或者说所有

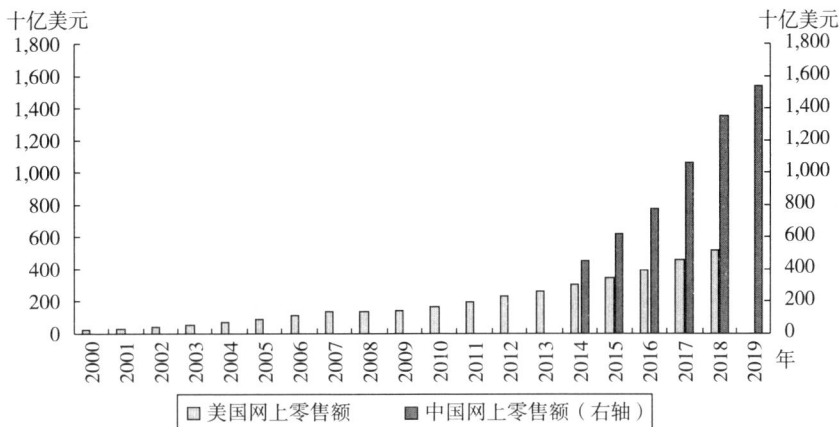

图9　中国、美国网上零售额比较

（资料来源：CEIC）

企业都一定意义上是科技企业，"无科技，毋宁死"，科技成为第一性的要素投入，同时也是全面影响所有产业和产业所有方面的第一要素，制造业更是如此。

其二是与虚拟经济融合的必要性和必然性。不要囿于"工业革命不得不等候金融革命"（约翰·希克斯语）的争论，不要陷入金融过度发展对实体经济不利的抱怨，不要拘泥于对融资难、融资贵问题的苛责，制造业需要换位思考，主动与金融等虚拟经济部门加速融合，在制造思维上嫁接金融思维，不是转行做金融，而是联动资金流、风险定价等金融因素以反哺主业，并实现主业的高质量发展。

其三是ESG（环境、社会责任和公司治理）等非财务指标的"内化于心，外化于行"。制造业的盈利能力仍然是主要考量，但ESG等社会性、治理性指标已不再是可有可无或者锦上添花，而是企业价值的有机组成部分。制造业产成品的价格中，既有传统生产要素的成本，也有碳排放等的外部性成本；制造业企业的市场价值中，既有财务价值，也有社会责任和公司治理结构等对应的价值因子。制造业的可持续发展是兼顾内化的竞争力和外化的影响力的进程，也是展示科技驱动下更好"经济人"和更好"社会人"的进程。

最为重要的是，在数字经济时代，在"一切皆互联""一切可共享"和"一切可租用"的语境下，任何生产能力、计算能力、运输能力、设计能力等都可外包，任何产品、服务、基础设施和办公场所等均能分享，所以，核心竞争力不是纯粹意义上的生产和制造，而是系统集成能力。规模效应（economies of scale）、范围效应（economies of scope）和生产率（productivity）须植根于系统集成能力，并加入信息效应（economies of information）和数据效应（economies of data），使之迭代衍进，形成数字化的动态系统集成能力体系。唯此，中国制造业的"序章"方能成为新的华彩。

GDP Growth Target Should
Be Maintained Whatsoever[①]

In normal time, a 6. 1% GDP annual growth rate should be celebrated given the matureness of the modern economy. But surprisingly, as China's 2019 figure, although being well predicted, it is recorded as the lowest reading since 1990 and represents a dramatic underachievement even in the background of the continuation of the Sino-US trade tensions. The euphoria towards this not-so-shocking deceleration is at least two folds, one for the reassurance of the US dominance in the world economic order, and the other for the prescience of the major correction, if not the collapse, of China's "unsustainable" economy. Unlike solving a simple equation, the root cause of China's economic slow-down is poles apart from the views presented by many alleged China watchers. It has more to do with the transformation of an export-oriented and investment-led model to a technology-and-innovation-driven one, than with the mere adjustment of a generic development path. Being a second-mover and a rule-taker, China is quite used to filling the ready shoes of the leading economies, the US in particular, in market economy principles, managerial practices, resource allocation rules and technology applications etc. The traditional productivity factors have all been utilized efficiently in diverse industries, especially in the export-related manufacturing sector. Adding the hardwork to the demographic dividend, the high speed growth China achieved over the decades is a logic result. But upon stepping into the C-suite as the second largest economy, the reciprocity loop is more or less redirected backwards. As a result, China is suddenly on the giving side of multilateral rules and frameworks regarding trade, technology

---

① 本文写作于 2020 年 2 月。

exchange, cross-border investment and even ESG. As the overtaking strategy conveniently adopted in the past stops functioning properly, China needs to build up the core competence and competitiveness without too much reliance on external demands and overseas markets, and assume the role as one of lead-contributors of new technologies and high principles. Actually, China is doing just this right now.

From the global perspective, China has constantly been producing the biggest proportion of the world GDP growth. According to the IMF, China contributes on average 34% of the incremental global GDP from 2009 to 2018. Even in 2019, with its 6.1% growth rate, China still delivers over 30% of the world's economic increase. Therefore, holding back the main growth engine of the world economy through means like tariffs, technology transfer restrictions or investment curbs, is not a wise move. Further coupling instead of decoupling of China's supply chains, industrial chains and value chains with the global system will enable China's deeper involvement and participation and thus can better mitigate the recession risks. The made-in-China products and infrastructures with cheaper costs and higher efficiencies may steadily fill the gap between the potential growth and the realized one, and prop up the sliding economy by effectively intertwining in the global division of labor based on the rules.

Unfortunately, the whole process is now being threatened by a sudden public health disruption. Before the release of the 2019's figure, a new coronavirus was found in the central China's city of Wuhan and soon developed into a severe epidemic. It is way beyond the capability of economic analysis to quantify the impact of the wide-spread disease on the GDP growth at this point, due to the uncertainty of its severity and duration. Thus, a moderate mid-single digit growth rate is seemingly well justifiable if the carryover effect of a big GDP base is also factored in. However, it doesn't mean whatever a low GDP growth can be taken at discretion, and the rate of 6% or slightly above in year 2020 should be pursued proactively. More importantly, the pessimism arousing from the double whammy of the loss of the high speed of the economy and the public health emergency should be counterbalanced with logical thoughts and concrete measures in due course.

Firstly, the effect of an epidemic on the GDP growth hasn't demonstrated any clear and robust pattern. In retrospect, when the SARS epidemic broke out and stayed rampant in 2003, the ensuing economic impinge was forecast to be drastic, but the GDP figures turned out to be 9.1% in 2002, 10% in 2003 and 10.1% in 2004. Therefore, the real driver behind the growth is the demand derived from export, investment and consumption, with the consumption being the structural focus. How to invigorate the economic potential holds the key to prosperity.

Secondly, undershooting the growth rate below 6% is neither being realistic nor serious academically or practically, and a higher growth rate doesn't mean that the interventionism and the state capitalism are preferred in contravention of the well-established economic theories. In fact, it is all about the expectation, which works as an indispensable element of the modern economics theories, if not at the core. In practice, a stable expectation of the economy has tremendous correlation with employment, CAPEX investment, consumption and social wellness. China is bound to wean its economy off the overdependence on exports and infrastructure investments, and switch more emphasis towards consumptions to absorb the manufacturing overcapacity. Without the trust derived from a stable expectation of the economy, how could the general public willingly spend on the future earning capability with confidence, particularly after the coronavirus epidemic? The supply-side structural measures are directly linked to the demand, and the demand is hugely influenced by the expectation. The firm commitment to the 6% growth rate can surely reinforce the expectation which is extremely needed at this critical juncture. This is not psychology, but behavioral economics, the robustness of which has been tested and verified.

Thirdly, the figure of 6% itself can't go too far without the workable solutions, and China still has many policy measures in the toolkit even taking the cyclicality and aging issues into account. On the fiscal side, the tax reduction, which amounted close to RMB2.4 trillion in 2019, continues to effect positively, the special bonds issued by the local governments is estimated to reach RMB3 trillion this year, the special expenditure on the coronavirus treatments and the post-epidemic recovery is arranged timely, and there is still about 0.2% room to maneuver under the 3% upper limit of the fiscal deficit. On the monetary side, the commercial banks' reserve ratio was lowered down to release RMB800 billion in January, the RMB1. 2 trillion liquidity was injected into the market on February 3, the first workday after the Spring Festival, the benchmark Loan Prime Rates were cut by 5 to 10 basis points respectively on February 20, and the further lowering of the reserve ratio and the interest rate are clearly on the agenda. Since the market economy is also the norm China has been taken, the government as one of the market participants, should not be shy of stimulating the economy through designated policies. The market economy is never a government-free form, and won't be that way in the digital economy either.

中小微及农村金融的困境
与银行体系的结构性缺陷①

中小微及农村金融的困境源于以下三点：资金的可获得性、风险的可管理性及信息的质量。资金获得是结果，风险管控是过程，信息质量是前提条件，而且，信息质量是重中之重。信息质量的本质要求是信息对称，信息不对称会造成猜忌，提高博弈成本，削弱信息质量，腐蚀信用价值，由此，中小微金融的困境主要是信息不对称造成的信用缺失。

信息不对称理论认为，在市场经济活动中，各类人员对有关信息的了解是有差异的：掌握信息比较充分的人员，往往处于比较有利的地位，而信息贫乏的人员，则处于比较不利的地位；市场中卖方比买方更了解有关商品的各种信息，掌握更多信息的一方可以通过向信息贫乏的一方传递"可靠"信息而在市场中获益；信息占有优势一方经常会作出"败德行为"和信息占有劣势一方面临交易中的"逆向选择"，因此，必须设计最优的市场机制方案来防止信息不对称问题带来的"市场失灵"。由于人的经济行为在很大程度上是人的心理活动的反映，而交易双方的信息不对称正是由于人们心理活动的"屏蔽性"造成的。

信息中的公开信息并不是最关键的，财务、市场、行业信息均有一定的方式可获得、可分析，但最为重要的是非常规性信息。非常规性信息是指不定期从不同渠道获得的信息，其随机性较大，如从社会交往、公共活动、新闻媒体及一些突发性事件中获得的信息，这种信息的系统性不如常规信息，但时效性和深度价值超过常规信息。诸如某些银行总结的"三品"（人品、产品、抵押品）和"新三表"（水表、电表、海关报表）的价值就超过"老三表"（资产负债表、现金流量表、损益表）。而这些非常规信息有极强的地域

---

① 本文写作于 2013 年 9 月。

性，又极具个性。如果是这样，服务这些客户的金融机构就应该是区域性的、社区性的，熟悉客户，熟悉当地市场，并且组织结构为单元制或至多两层的"管理行——经营行"格局。只有这样，才能合理布局专业化的管理半径和服务半径。

姑且将上述"理论"叫做"非常规信息金融学"。这其中的道理与费孝通先生说的"乡土中国"一脉相承。在组合成"乡土中国"的千千万万典型的"熟人社会"的生活社区里，人们特别讲究社会传承，讲究"熟人社会"中的人际关系，讲究有别于"人治"和"法治"的具有乡土气息的"礼治"，而且，人们天天在一起摸爬滚打，熟悉相互的心理、脾气和家底，渐渐地，"熟人社会"也因此而潜移默化成一种"自动知晓非常规信息"的社会秩序，在这个秩序中，非常规信息并不需要严格的统计报表，大家凭良心办事，不会因为一时的"私"而丧失在这个群体中长时期累积的信用口碑。

如此的土洋结合的"乡土中国非常规信息金融圈"很适合孕育小微金融、村镇金融、社区金融等机构，而如此的乡土中国小微金融的星星点点又完全可以成为全国性金融大厦的小石子。

我们不妨梳理一下美国的做法。在美国，商业银行大体分为五个层次，按经营规模由大到小依次是跨国银行、全国性银行、超级区域性银行、区域性银行和社区银行。社区银行都是些规模较小，资产不超过 10 亿美元的银行。根据 2012 年的数据，美国共有社区银行约 7,500 家，占商业银行总数的90%；员工约 26 万人，资产总额约 8,806 亿美元，负债总额约 8,000 亿美元，所有者权益 806 亿美元，分别占全美国商业银行的 19.1%、13.1%、13.2%和 13.5%。社区银行由于规模小，因而分支机构也少，2012 年平均为 3.6 个（含总行），最多的在 10 个左右，分布在当地，很少跨州经营。社区银行主要为小企业及个人小客户服务，决策灵活，服务周到，贴近客户。社区银行最大的优势是获取非常规信息。社区银行的员工通常十分熟悉本地市场，这对开展高风险的中小企业贷款十分重要。信息不对称程度相对大银行而言较小，风险识别能力较强，这使社区银行在对中小企业贷款中获得比大银行更大的安全盈利空间。社区银行在美国最大的优势恰好就是彻底的本土化，借用费孝通先生的概念即是"乡土美国"。

美国特色的社区银行不一定是我们的榜样，但也未必就不能有一丝一毫的借鉴。我国的金融机构多为"全国性"，至少是"区域性"，鲜有真正的本地银行，"社区银行"也是概念性的，只不过是商业银行扩充分支网点而冠之以的"新名头"。社区银行就是一个银行，服务于社区，也只服务于社区。若以此为标准，我国的金融体系的结构性弊端一目了然。每家银行都想办成全国性的、综合性的，每家都想扩大规模，提升影响，就连村镇银行都想增开分行，都想进城。而现在的综合化商业银行都强调集约化管理，客户、风险、信息等都实行"大集中""大数据""云计算"，若如此，从产品、资金、风险定价、授信管理如何整齐划一制订出既符合统一标准、又兼顾东南西北的中小微及农村金融服务方案呢？市场的本质是竞争，而竞争的前提是多元化和差异化。我们不能全部穿中山装，需要西装，需要运动装，也需要民族服装，而当农民下地干活时也需要土布装。

据此，又与中医有了一定的相互借鉴。中小微及农村金融服务与中医一样的道理是，中医国际化是个"伪概念"，草药具有地域性，其成分由独特的地理气候环境决定，而且人的生物特质也不一样。商业银行全部国际化以及全国性网络的构建，有悖于服务于中小微及农村金融的初衷。中医的本土性原理恰是中小微及农村金融发展及治理的药方。

不仅金融改革中的乡土牌没打好，而且目标设计也开始异化，致使银行体系出现结构性缺陷。不仅银行体系的层级结构不完善，而且激励机制也跑偏。

这里我们再次拿医生与银行家类比。医生的职业目标是治病，银行家的目标是通过资金的配置提高经济运行效率。但现状是，医生的长期或终极目标迷失了，人们似乎早已淡忘了神圣的"希波克拉底誓言"，一些医院为追求经济效益不惜过度医疗、过度诊治，从而就有了"贿赂门"（葛兰素史克即为一例）。以华尔街为代表的银行家有过之而无不及，不仅与实体经济隔阂日深，并且创造出了很多奇怪且复杂的产品使实体经济的使用者损失巨大。对于实体经济而言，华尔街的衍生品、结构性产品犹如一种"过度医疗"。在国内，商业银行对大企业的金融服务也有"过度医疗"的弊端。

矫正目标的异化势在必行。行为主义经济学认为，决策者的偏好是多样的、可变的，他们的偏好经常在决策过程中才形成，决策者对所有可得到的信息进行系统分析，面对众多选择作出尽可能好的决策。因此，在金融体系改革过程中，目标本身反倒显得不是很重要，操作性的激励机制和过程监督机制很重要。

金融危机爆发后，银行高管的薪酬安排被认为助长了过于冒险的投资行为，是酿成危机的因素之一。当银行高管们赚得盆满钵满后，政府却要动用纳税人的钱来救助陷入危机的银行，这引起了公愤。欧盟规定银行业以现金形式发放的红利不得超过总额的30%，数额特别巨大的限制在20%以内。同时，今后所有现金红利的发放都将取决于银行的投资表现，如果表现不佳，可以不予发放现金红利。美国奥巴马也用"限薪令"整治华尔街"肥猫"，对那些接受政府救助的企业，禁止其给高管的奖金超过总薪酬的三分之一。美国政府和监管机构官员正在考虑各种选择，包括动用美联储和美国证券交易委员会的权力，来限制银行向员工支付薪酬的能力，以及进行道德劝诫等。

银行高管的薪酬安排是激励机制的核心组成部分，如果核心部分跑偏，那么整个银行体系的激励机制也会走样，风险管理过程就会失去合理控制，最终的结构性缺陷就是必然。如此，合理安排银行体系的激励制度即是拿住了"蛇"的"七寸"。

第七篇

变异的危机和变化的危机管理

不确定性、风险乃至危机，由小到大，由非系统性到系统性，由局部到整体，由区域到全球，在范式转换（paradigm shift）和新范式下，风险和危机内容在变，结构在变，影响力度在变，甚至基因都在变。"黑天鹅"概念甫出时，其稀有性、不可预测性和影响的显著性基本上标识出新质风险事件的主要特征，而其后一群群的"黑天鹅"事件纷至沓来，"灰天鹅""灰犀牛"等也接踵而至，似有应接不暇之感。首先，新质风险大概率仍然不可知，如何发生、在哪里发生、产生什么影响以及烈度如何等至多是科学方法论指导下的预测；其次，风险和危机的传导机制从线性向非线性、从平面向立体转化，并且力度之大以及力度升级之快超出以往的经验和理论，特别是小的风险转化成大的危机不仅速度快，而且轨迹和方式难以有效预测；再次，复合危机发生的概率增大，经济、政治、社会、意识形态等合成危机成为主流，危机的导火索未必单一且难以溯源，如失业、增税等经济因素或腐败、操纵选举等政治因素，任何微小的事件、不及时的响应和不经意的应对都会导致难以估量的严重后果；最后，风险管理和危机应对须有新的方法论和体系，变"御敌于国门之外"的防御模式为缓释、降低和有效管理的共生共存模式，对信息特别是虚假信息的病毒式传播主动有效管理，强化大数据平台和人工智能等数字化工具，重视数据风险和网络风险，建设多维一体的数字化危机管理体系。

本次新冠肺炎疫情暴发是变异危机的一次典型例证。IMF 认为新冠肺炎疫情比大萧条以来世界所经历的任何事件都更为影响深远，并带来前所未有的挑战，预计 2020 年将有超过 170 个国家出现人均收入负增长，全球经济预计萎缩超过 3%。新冠肺炎疫情暴发叠加资本市场巨幅波动和多次熔断、OPEC 与俄罗斯石油减产协议破裂、美国发生暴力抗疫活动等，一定程度上展示了变化危机的新特征，而主要发达经济体特别是美国的危机应对也体现了危机管理的变化。就金融市场和宏观政策而言，危机的非线性传导转化和迅速升级，使得美联储不得不迅速作出反应，出台政策与危机演进形成迭代，政策广度、力度远超 2008 年和市场预期。传统的降息、货币互换和限量量化宽松逐步动态调整升级至无限量量化宽松，以缓解全球美元短缺和降低美元融资成本；表外流动性政策工具花样翻新，包括商业票据融资机制（CPFF），一级交易商信贷便利机制（PDCF）和货币市场共同基金流动性工具（MMLF），其中一级交易商信贷便利机制（PDCF）明确了其短期融资纳入商业票据、市政债和股票作为抵押物，以进一步为银行，特别是中小银行，以及大型企业解决短期流动性枯竭问题；信用市场政策则拓展至定期资产抵押证券贷款工具（TALF）、一级市场公司信贷融资（PMCCF）和二级市场公司信贷融资（SMCCF），直接为信用市场提供支持，直接受益的不仅有信用市场的投资者，更包含发行投资级信用类债券的企业，该计划还进一步动态扩大规模和范围，纳入了可能因疫情评级降至投资级以下的"坠落天使"（Fallen Angels）；此外更全面的中小企业支持政策包括针对中小企业的大众企业贷款计划（Main Street Lending Program）和薪资保护计划（PPP），以及针对地方政府的市政流动性便利（MLF），直接为州政府和中小企业提供贷款。美国财政部也出台了高达 2.6 万亿美元的刺激计划。救助政策的国际竞赛已然揭幕，但何时谢幕，是否有返场（encore）却不得而知。

本篇内容主要包括危机的变化趋势、危机观再造以及一体化危机管理体系建设等。

危机衍进的不同轨迹①

近期发生的欧美债务危机的深度发展、阿拉伯地区的社会政治动荡和美国"占领华尔街"等事件，从一个新的角度观察，可以发现，以发达程度不同，危机衍进也呈现出不同的国别轨迹。

发达国家的危机基本肇始于经济领域，民主法制的积淀使得国家体系相对稳定，公民的关注点集中在经济上，诸如养老、社保、税收、就业，若处理得当，经济问题的传染性会被遏制，反之则激化为社会矛盾，引发动荡甚至危机。这是美国的情况。

而英国呢，由于经济问题没有很好地得以解决，特别是"迷惘一代"的年轻人，生活因失业而陷入泥沼，危机的轨迹由经济开始，蔓延到社会领域，演变成社会危机。

日本的情况比较典型，"失去的十年"使得经济危机在黑暗漫长的隧道中难觅曙光，所引发的却不是社会的动荡，而是政治危机。从泡沫经济破灭至今的30年间，日本更换了19位首相。政治体制的公信力丧失殆尽，而重拾政治信心又非一朝一夕，等待的时间不知要多久。

既然发达国家的危机相对而言较好地控制在一定范围之内，那么发展中国家的情况呢？

阿根廷2000年前后的危机是由财政债务危机引发，汇率金融危机引爆，经济、社会、政治危机缠绕的合成式危机，危机中"贝隆主义者"基什内尔上台打出"民生牌"才稳住乱局。

1997年亚洲金融危机引发了韩国国内的一系列经济、金融、社会和政治问题，经济金融危机蔓延至社会领域，罢工与示威活动成了韩国人生活的一部分，政治上的动荡也时有发生，与朝鲜关系的热热冷冷背离了金大中的

---

① 本文写作于2011年10月。

"阳光政策",显示了政治上的不自信。

2011年爆发的埃及和突尼斯等国的危机,根子是经济,导火索是社会问题,然后矛头指向政治,指向民主诉求与独裁统治,国家陷入动乱之中。

对于发展中国家,经济危机、金融危机与社会危机、政治危机往往交织在一起,难以判断谁是因,谁是果。但依稀可以观察到的是,发展中国家的危机衍进轨迹依市场化、民主化程度的不同而不同。

韩国的危机基本源于经济危机,进而向社会、政治领域溢出;阿根廷的危机难以区别经济、社会或政治的边界,多重因素杂糅其中,"你中有我,我中有你";而埃及、突尼斯等国家的危机完全是倒置的,经济上的危机,使最突出的社会矛盾成了决堤之蚁穴,反而喧宾夺主,把政治、社会的改革甚至革命置于经济之前。

研读危机的衍进轨迹,对我国的危机管理启示颇多:

第一,不要认为中国不会发生经济危机。若经济转型未果,经济增长严重失速,外汇储备过度贬值或多元化无果,通胀控制失度,再叠加房地产、地方债务等问题,则可能会出现金融体系的运转失灵,经济危机出现的概率会显著增大。

第二,不要认为中国的危机一定会始于经济领域。作为发展中经济体,历史经验告诉我们,若社会保障、就业、公平问题处理不好,城市化进程中"人口城市化"没有跟进"土地城市化",危机就有可能从社会领域爆发。近期社会矛盾的激化,群体性事件的连续发生诠释了这一点担忧。危机管理的综合观和整体观必须重塑。

第三,危机管理应该是国家战略的重要组成部分。危机管理既要向内看,以民生促稳定,以发展促和谐;也要向外看,防止"美元陷阱",堵住输入型通货膨胀和意识形态侵蚀。危机管理应该是一体化的,对内,经济、社会、政治三位一体;对外,军事、外交、经济"涵三为一"。

第四,千万不要忽视点滴的触发事件。现代媒体把世界变小了,把任何事件的影响放大了,危机管理一定要关注哪怕是特别小的事件,无论是经济的、社会的、民生的、政治的,危机也会有"蝴蝶效应",危机也有"黑天鹅"现象,从小事到全局的贯通式危机管理意识要坚定地树立起来。

金融危机的否定之否定[①]

——兼议中国衍生品市场发展的突破口选择

后危机时代重提金融衍生品的发展问题，不仅需要智慧，识别良莠的智慧；更需要勇气，断臂再战的勇气。全球金融危机启动了金融市场的"去杠杆"、实体经济的"去库存"和经济结构的"去产能"，也鼓躁起了一股极端化的"修正主义"，即否定市场经济，妖魔化金融衍生品并全面质疑西方的经济模式。越是大事件，越是大危机，越需要理性，越需要冷静，而要做到理性、冷静也最难。"每临大事有静气"，或许正是由于几乎没有人能真正做到，才成为了很多人的座右铭。

剖析金融危机成因以及衍生品在其中的负作用，至少在三方面要体现反思的深刻性和专业性，而不仅仅是口号式的鞭笞和批判：

第一，金融危机的周期性因素和结构性因素。为什么2008年始于美国次贷违约的全球金融风波不叫周期或事件，而叫危机呢？当然其损失之大、涉及之广、冲击之重足以担得起危机这一称号，但也不乏在文字被污染的当代媒体"主题先行"的推波助澜。经济体系运行是生产力和生产关系作用的结果，其内在机制决定了周期的存在，即每过一定时间（按时间不同有基钦周期、朱格拉周期、库兹涅茨康德拉耶夫周期、熊彼特周期等），经济会经历繁荣、衰退（危机）、萧条和复苏，马克思也曾深刻阐述了资本主义经济危机的必然性、周期性和阶段性。可见，危机是经济周期中的一个阶段，由周期性因素引起的调整是不可避免的，甚至是必要的。正如人的生老病死和自然的循环往复一样。当然，此次全球金融危机有深层次的结构性因素，是全球经济失衡、贸易失衡、货币体系失衡集中而剧烈的爆发（关乎政治、军事、文化自不必说，在全球化下几乎没有单纯的货币现象或经济事件）。从严格意义

[①] 本文写作于2010年12月。

上讲，结构性因素引发的金融市场崩塌和哀鸿遍野才是真正的危机。如此对危机进行了"二分法"后，应对危机的着力点也就不言自明了：调整结构、重回均衡，当然均衡永远是相对的。

第二，对虚拟经济的驾驭能力也存在"非理性繁荣"。货币是最大的虚拟经济，当人类创造了货币，经济虚拟化的车轮就难以停下来了。虚拟经济之本是实体经济，是人们的真实需求。但是自进入新世纪，当核心货币的利率降到几乎为零的水平时，虚拟经济的发展就呈现脱缰之势，资本追逐高风险、高收益，在投资乘数和货币乘数的作用下，流动性创造空前高涨，到了美国次贷爆发之时，虚拟经济规模远超实体经济，是实体经济的十倍甚至更多，虚拟经济呈现出自我创造、自我实现、自我发展、自我毁灭的"自循环"，既忽视实体经济的需要，且反过来无端创造需求，一旦市场发生急剧的逆向调整，则立刻成为重创实体经济的"大规模杀伤性武器"①（巴菲特语，指CDO、CDS等衍生品）。由于虚拟经济杠杆倍数大，因此十分之一甚至更小的负值变化就会把整个经济拖入泥潭。人类在创造虚拟经济特别是虚拟程度最高的金融衍生品时，似乎"一切尽在掌握"，随着加速度运动超出预期，其驾驭能力愈来愈显示出不确定性，再加上人性本身的贪婪和以吹大价格泡沫满足贪婪的路径选择，虚拟经济就成了"灯下黑"，监管之缺位、错位、失位纷至沓来。不得不承认，人类创造出了自己无法完全驾驭的事物，金融衍生品是一例，兴许基因工程及其他会成为第二例、第三例。可见，创新是社会进步的动力，但创新首先应在人类的认知边界和管理阈限之内。

第三，盲目迷信模型的机械论是方法论的倒退。"做正确的事"永远比"正确地做事"重要②，因为前者是价值观，后者是方法论；前者是纲，后者是目。对金融工程的认识也概莫能外。可是，不知从何时起，金融工程与火箭科学一样被摆上受人膜拜的神台，没有人质疑，没有人挑战，成了金融经济领域的最前沿显学，教育领域也随声附和，仿佛没有金融工程专业就不能成为名校。于是，与之相关的"模型化运动"开始了。在金融界，一切须模型，一切皆模型；在学术界，专业期刊的文章要能找到一篇没有方程、没有数据列表的，简直是一大幸事。金融淹没在了模型和方程之中。但仍有特立

---

① 沃伦·巴菲特语. 金融衍生产品是"大规模杀伤性武器"。
② 彼得·德鲁克. 有效的主管 [M]. 1966.

独行的清醒者在呐喊，"至少对我来说——数量分析要跟在思想之后——量的分析只是证明思想，……'建模'乃是一种疾病，毁了商学院许多人才"①，管理学大师艾柯夫（Russell Ackoff）这种刺芒之声才真正体现科学精神。在现代金融中，所谓的金融工程和"模型化"使世界迷失了，宁要"精确的错误"不要"模糊的正确"②，"在貌似深奥的烟幕下掩盖着无稽之谈"③（康德语）。金融工程创造的衍生品确实复杂，但最复杂的并不是最难的，最难的是数据，干净、足够又不过度冗余的数据是建模的前提和基础，若数据不准，再好的模型也不会产生正确的结果，更遑论以此为准计算价格并指导市场活动了。在2009年1月，两位金融工程师德尔曼（Emanuel Derman）和维尔默特（Paul Wilmott）模仿《共产党宣言》发表了《金融模型师宣言》，并在最后的"希波克拉底誓言"中警示大家，"我没有创造世界，它并不满足我的方程"。160多年过去了，《共产党宣言》的预言又有了全新的版本——"一个幽灵，金融危机的幽灵，在全球游荡"④。

金融危机并没有否定市场经济的大方向，而是否定了脱离实际需求的无度金融创新和"为创新而创新"的过度复杂化金融工程，即便没有危机，这些没有增值效益的用于满足人类贪欲和虚荣心的活动，本就是应该否定和矫正的，否定应否定的事物，得出的结论是肯定的：继续发挥市场配置资源、发现价格的功能，以"实需原则"指导金融衍生品等创新活动，并配套适应于动态调控要求的、协调的全球监管体系。唯此，"否定之否定"的哲学智慧才能在金融危机后通过人类思辨的自我提升继续作用于实践的正向前进。

这是一种新的对全球金融危机的解读，至少廓清了宏观经济的周期律、中观市场的"虚""实"关系以及微观主体对新技术、新手段运用的科学态度，结论不言而喻：

第一，经济金融危机不可怕，只要我们知道要做些什么，从而能在新的高度上实现新的飞跃。

---

① 徐志跃. 做正确的事比正确地做事更重要——追思艾柯夫［N］. 21世纪经济报道，2010 - 01.

② 沃伦·巴菲特语："模糊的正确远胜于精确的错误。"

③ 康德语：任何哲学著作都必须阐述得通俗易懂，不然的话，就会在貌似深奥的烟幕下掩盖着无稽之谈。

④ 马克思、恩格斯，1848年，《共产党宣言》，"一个幽灵，共产主义的幽灵，在欧洲游荡。"

第二，虚拟经济是人类经济生活重要的组成部分，但其发展的原动力是增进人类的幸福，而非"为发展而发展"的泡沫制造。

第三，衍生品是重要的金融创新，金融工程是重要的金融技术，是人类智慧的阶段性结晶，关键不是做非好即坏的属性二分法，而是研究怎样运用以实现其价值最优。

第四，反观中国，金融衍生品的发展还处在初级阶段，争论"要不要发展"没有任何意义，要在怎样发展、选择什么领域突破上下工夫。

中国在金融衍生品市场实现"又好又快"的发展，突破口选择是重要中之尤其重要者：

第一，模式突破。对发达经济体系金融危机的经验借鉴，在模式上的启示是制度先行，要在产品及市场参与主体充分发展之前把制度基础打牢，避免"先污染、后治理"的环境库兹涅茨曲线效应出现，而制度的核心是对杠杆倍数、信息披露、清算及纠纷处理等规范，重点是对金融衍生品的高杠杆性、定价不透明性和风险的传染性等进行必要的事前管理和事后应对。

第二，原则突破。"前事不忘，后事之师"①，不仅对金融衍生品，即便对虚拟经济乃至任何创新，实需原则和简单易行原则都应得到体现和践行，否则，金融衍生品就会成为"沙中之塔"，随时有倾覆的可能。

第三，路径突破。由于人民币国际化是个渐进的过程，而衍生品发展又有其紧迫性，因此在路径上应"先外币后本币""先利率后汇率""先资产后负债""先机构后个人"，既有序推进，又避免过度震荡，降低市场在结构化变迁过程中的风险。

第四，监管突破。要突破监管只有行政监管的局限，建立行政监管、规律监管和自律监管"三位一体"的完整监管框架，特别是解决自律监管的"短板"。2007 年 9 月成立的中国银行间市场交易商协会是自律性组织的破冰，自我管理、自我约束、行业自律正在形成中。

第五，文化框架突破。国际上衍生品的文本以 ISDA 体系为主，而 2009 年 3 月 11 日推出的《中国银行间市场金融衍生产品交易主协议（2009 年版）》为中国衍生产品交易制定了统一的法律文本，不仅人民币衍生品交易，连外币衍生品交易也由这一"中国标准"予以规范，是金融市场基础性工作

---

① 出自《战国策·赵策一》."前世之不忘，后事之师。"

迈出的重要一步。

第六，产品突破。中国的社会融资结构与其他经济体不同，间接融资比例过高，2010 年上半年非金融机构信贷融资量占整个融资量的 80.6%[①]，信贷资产是中国金融市场最大的基础资产和原生产品，因此，信用衍生品生长的土壤最为广袤，以信用衍生品作为中国金融衍生品发展的突破口顺理成章。2010 年 9 月 25 日，《贷款转让交易主协议》签署暨全国银行间市场贷款转让交易启动仪式在上海举行，为后续信用违约掉期（CDS）等提供了制度和交易平台。衍生品是从原生品衍化出来的，原生品相当于原料，而中国信贷原料最充裕，由贷款二级市场交易为起点，再发展 CDS 等信用衍生品，并建立资产证券化市场，应该比选择利率和汇率衍生品更加实际，也更容易以点带面，实现衍生品的较全面发展。

第七，技术突破。主要是在全球金融危机后对集中清算、市值重估、资本充足率计算等技术因素的再认识和再设计。2009 年 11 月 28 日银行间市场清算所在上海成立，是技术平台建设的重要环节，为中国金融衍生品发展做了必要的准备。

金融衍生品对中国而言是全新的事物，加上后危机时代尖锐对立的争议性，使得定位如何发展的成本更高、难度更大、复杂性更甚。既然在价值观上明确构建金融衍生品市场是"正确的事"，那么，我们应该做的就是找到"正确地做事"的方法，选择突破口是方法体系的重要组成部分，希望所选择的是放弃应放弃的，而获得应获得的，毕竟中国金融深化处在关键转型期，"预则立，不预则废"。

---

① 中国人民银行货币政策分析小组. 2010 年第二季度. 中国货币政策执行报告［M］. 北京：中国金融出版社，2010.

互联网时代的同质化与风险共振[①]

互联网时代和物联网时代的共同特征是科技创新居于主导地位，是时代前进的决定性力量。在普遍联系的网络中，国别政策或许能够应对税收、贸易、就业等经济民生问题，甚至移民、反恐等国际敏感问题，但对日行千里乃至万里的科技创新所带来的深刻变化明显应接不暇。任何基于一时一地的政策，其效应在科技织就的全球系统内往往转瞬消弭于无形。

人类的发展史有言在先：凡事皆有两面性，既然有好的一面，就会有不好的一面，矛盾始终存在，只是以何种方式、何种程度相互转换并展现出来而已。那么，科技在显著增进人类福祉的同时是否会带来新的风险，包括已知的未知风险（known unknowns）和未知的未知风险（unknown unknowns）呢？风险属性和结构是否发生演变、嬗变甚至蜕变呢？

一、发展同质化与同质化发展

网络时代是人类历史长卷的"大写意"，技术和产品的创新由点到线，连线成面，组面成体，进而聚合为广袤的系统。变化成为不变的主题，变化无处不在，变化标识出时代的进步和进步的时代。新生事物形塑出以毫秒为单位的幻化以及差异的时空和人，让不同演绎到极致。变化的结果一定是今不同昔，但是否"异"百分之百定义新时代，而"同"无足轻重呢？始于细节的科技创新驱动大的潮流，形成大的方向，产生大的趋势，反而是"同"昭示全球性问题。"世界是平的"，网络时代的共性问题是相当程度的同质化，无论是发展的方式还是发展的结果。以下问题须共同且无区别地关注：

网络安全（cybersecurity）问题。互联网的元问题不仅是速度和效率，至少与之平行的是安全，技术安全、系统安全和信息安全，该问题与科技创新

[①] 本文写作于 2017 年 6 月。

同步同速，甚至比科技创新的速度更快。已知的网络战（cyberwarfare）已然水银泻地般无孔不入，如黑客攻击伺服器（索尼案例等）、盗取用户信息（雅虎案例等）、虚假新闻（脸书案例等）、售卖假货（天猫案例等）、植入病毒或恶意软件（木马Trojan Horse、勒索软件WannaCry等）等，而相对未知的"灰天鹅"或"黑天鹅"安全隐患更是蓄势待发，不仅危及网络基础设施的安全，瘫痪系统的运行，而且利用网络平台的漏洞攫取不当利益，干扰社会生活，在增加社会运行成本的同时不断侵蚀社会肌体。特别是在万物互联的情况下，点以及线的安全漏洞极易高速传播并引发整个系统的安全事故，结果是局部风险本身就是系统风险，二者几乎同时爆发，不分轩轾。信息"云"之后，信息安全的风险只会更加突出，无论是公有云还是私有云，有云的地方就会下雨，信息安全方面的"水滴石穿"或许只是时间问题。

系统强健性（system robustness）问题。无人驾驶的自动化进程已经启动，大量实验结果表明，理论上可证明的技术转换成实践中可运用的技术是"新时代的长征"，不可能"毕其功于一役"。如特斯拉（Tesla）的无人驾驶技术（driverless technology），不仅在现实中始终逡巡于智能驾驶（intelligent driving）、自主驾驶（autonomous driving）和自动导航（autopilot）之间，过程中还不时发生事故，所以实验室技术在人与人运动变化的互动场景中转化为成本适度的产品和服务的难度不可小觑；如脸书（Facebook）的信息真实性检核与过滤系统，无往不在的社交媒体滋生出"假新闻"的瘟疫，新闻和消息或许为信息，或许为噪音，或许为谣言，或许为谩骂和攻击，既然无"其言必信"，何来"其行必果"（《史记·游侠列传》语），是故脸书积极开发升级过滤工具并与第三方机构（如事实核查机构Correctiv、媒体新闻公司ABC等）合作以避免变成"假书"（Falsebook）；如淘宝和天猫防假货机制的升级优化，平台的覆盖面和延展度越好，其潜在的信用背书就越强，消费者的身份信仰要求平台内外兼修、秩序井然，去芜存菁是对系统的最基本要求。无论技术载体是平台或是汽车，集成系统的精确度强健性是前提，而达成这一目标的难度随着系统复杂程度的提升而不断提升。

系统性同质化问题。信息流动速度之快几乎是瞬间的，信息不对称的瓶颈在技术上几近解决，对称信息的获取能力已不是根本性障碍，信息本身的交换与共享在深度、广度、速度上已臻化境。但是，信息的质量特别是清洁度、准确性和真实性却难以在短期内真正达到"对称"，互联网时代的信息对称是真信息对称，假信息也对称，真假莫辨。信息的广域覆盖和高度对称之下，受众获得信息的内容基本相同，获得信息的时间基本同步，同质化殊难避免，与之高度相关的问题至少体现在：

第一，市场行为同质化、同构化、同向化。从众心理和羊群效应愈发显著，以金融市场为例，跟踪和模拟指数的被动投资（passive investment）渐成主流，不同类型的基金在投资者偏好变化的情况下，普遍向成本低、业绩稳定、风险适中的交易所交易基金（ETF, exchange traded fund）和指数基金（index fund）战略大迁徙，全球范围内投资模式的转换，导致基金与基金越来越相像，资金与资金越来越相像，投资逻辑相像，期限结构相像，收益目标相像，风险偏好相像。当然，根本原因是投资者在人口统计学上的结构同化，即主要经济体的人口老龄化，而与之相适应的养老金投资风格主导市场。金融市场如此，其他市场也概莫能外，农业、石油和大宗商品、钢铁等，均表现出周期性特点，而周期内的差异化不显著。

第二，产业同质化。尽管产业分工依然存在，产业链和价值链依然存在，但是不同产业以及价值链不同位置的市场主体的发展逻辑高度趋同，无非是物联网、智能化等，实体经济技术主导，生产和消费高度重合，制造活动从属于系统集成，产品和服务的营销场景化和OTO（online to offline）、O&O（online and offline），等等。产业分类的标准多元且发散，产业之间的界限更是模糊到朦胧的程度，产业整合的共性技术也高度集中在人工智能（AR, artificial intelligence）、机器学习（machine learning）、增强现实（augmented reality）、基因测序（genome sequencing）、机器人等领域。未来，产业划分的意义或许不复存在，实体与虚拟之分或许不再明晰，经济体系就像神经系统，广泛联系，交互作用。

第三，经济结构的分层同化。在世界经济版图中，虽然不同国家按经济发展水平和发展阶段处于不同层级，但是处于同一层级的经济体经济理论类似，经济政策类似，经济结构类似，经济结果也类似。发达经济体的主基调是再工业化、制造业回归、智能生产、网络化等，新兴市场国家的主基调是产业升级、结构调整、供应链跃升、绿色、民生等。世界经济逐渐层级化，而层级之间呈现一定的稳态，而突破所需要的力量在信息和技术的对称融合中被稀释消解，层级间位置互换的难度很大。

第四，政策趋同。在一定区域内或跨区域的国家集合体中，国别政策的差异越来越小，而相同政策在不同国家的执行以及相似政策在不同国家的采纳客观上产生了不同的"政策共同体"，当然也伴生"共同政策"的不同政策效果和政策瓶颈。前者如欧盟，且不说英国脱欧的余震犹存，即便是其中相对黏合度高的欧元区国家也面临货币一体化与财政国别化之间难以调和的矛盾；后者有代表性的其一如避税天堂国家（tax havens），以极低的税率辅之以便利的营商环境吸引外国企业落户，政策组合简单划一，几无差异，但目前受到国际社会反逃税避税的巨大压力；其二如北欧高福利国家，保障性极强的政策以高税率为依托，政策目标和具体措施颇为近似，但巨额公共财政负担的持续性存疑。

第五，社会阶层固化和社会流动性（social mobility）趋缓。人口结构老龄化已然不是个别现象，而是诸多国家面临的共同难题，并且负向迁移的趋势无减速迹象。目前超老龄国家（65 岁人口占总人口的 21% 以上）有德国、意大利、日本、希腊和芬兰，到 2030 年将达到 34 个。人口结构的同向变化导致很多国家在相对集中的时间窗口内同时面临人口红利消失或下降的困局，社会存量财富掌握话语权，增量财富又主要被精英阶层特别是技术精英获取和占有，普遍存在的现象是社会公平没有明显改善，收入差距进一步拉大，而阶层流动的路径上，不仅存在固有的障碍，而且新增了越来越智能化的机器，不同阶层人的相互替代很难，但机器对非精英阶层的人的替代已经不是科幻，而是必须直面的现实。

第六，文化趋同。在移动互联网的媒介作用下，文化符号东西交融，南北汇集，比如手游口袋妖怪（Pokemon Go）是日本任天堂和美国硅谷公司Niantic 的合璧之作，甫一出现，非风靡可以描述，简直成了一种全球范围内的社会文化现象，文化的全球化可见一斑。人可以存在于不同的物理空间，但在社交媒体营造的虚拟空间中，不同语言、不同肤色、不同国籍的人却使用一样的表情包、分享一样的网络语言，文化趋同成为时代特征。

二、共振风险和风险共振

网络时代"异"是表象，"同"是趋势。那么，从经济金融的角度如何把握时代风险的主线呢？共振是关键词。事物和发展方式的趋同在一定程度上会强化与之相关风险的共振特性，无论是内生风险还是外部风险，其发生、积聚、扩散、爆发一定会越来越多地出现共振现象。由于共振，风险的量级无论正负均会产生倍数效应。

　　网络时代的虚拟性映射到经济领域的表现是虚拟经济的"非理性繁荣"（Irrational Exuberance，罗伯特·希勒语），而金融是虚拟经济的"执牛耳者"，并且是前沿科技积极的创造者和实践者，管窥金融领域的风险共振效应、多维风险的全貌就能按图索骥。金融领域的共振风险和风险共振纵向分层与横向交互并存，以下运用"事件分析"（event study）予以概要说明。

　　宏观共振。国别政治事件和经济政策的外溢效应越来越显著，特别是大国。英国脱欧公投之后的英镑贬值、特朗普当选美国总统之后股债双牛的"再通胀交易"（reflation trade）、马克龙击败勒庞入主爱丽舍宫之后的欧元回升等，均非独立事件或独立结果，而是重大国际事件的长波共振，更需关注的是，特定国家或地区的事件，会在极短的时间内引起全球共鸣，形成潮流，宏观影响力的波及面甚广。

　　中观共振。2008 年全球金融危机之后，主要经济体中央银行心照不宣地实行量化宽松的货币政策，人为地向市场注入流动性并维持超低利率水平，欧洲央行、瑞士央行和日本央行甚至不约而同出台负利率的超常规货币政策。货币政策之于市场是子午罗盘，金融市场对此的反应是股债同频向上，结果相当于央行按照同一样式给金融市场进行了"整容"，主要金融市场的结构特征自然越来越像。宏观政策的趋同传导到中观市场产生共振，市场的牛熊转换、涨跌幅度等几乎循着一致的节奏，一旦出现逆转，下行风险的共振烈度或远超预期。

　　微观共振。在资本市场尤其是基金市场，被动投资或指数化投资已然成为潮流，囿于其固有的特征，该类基金的调仓和买卖集中在交易结束前半小时左右的时段内，以尽量保证持仓与基准的相对一致。这种单个基金的个体行为在交易模式上很快趋于相近，羊群效应（herding effect）产生，股票市场尾盘出现了"流动性微笑"（liquidity smile）的现象，对所投资股票价格的同向加力相当程度地扭曲了指数成分股的价格表达，弱化了市场价格发现机制的作用发挥。

　　心理共振。理性经济人假设是经济学分析人类经济行为的基础，完全理性是纯学术的条件设定，有限理性才是现实。既然理性有边界，那么心理作用对行为的影响就不能过于简单化处理。在金融领域，心理学的交叉跨界越来越明显，譬如"情绪指数"（sentiment index）在投资中的深度运用。市场参与者在推特等社交媒体上的对话，经数据挖掘和分析工具的结构化处理量化为指数，以反映市场的情绪导向。

进入 2017 年，比特币价格突破 2,000 美元大关，除供求关系和技术考量之外，更多是投资者的情绪使然，对现有货币体系的不信任，对保密性的高要求，对系统安全脆弱性的担忧，以及"物以稀为贵"的升值憧憬，多种心理因素同步发挥作用，以情绪共振的方式表达投资观点，呈现出的经济结果显然是非理性的，并且是方向相同的非理性。

监管共振。金融市场是相互联系的，不仅国内市场与国际市场，而且子市场之间（股票、债券、商品、期货等）也以资金为媒介高度相关甚至不断融合，因此，监管协调机制的建立和完善自然不可须臾缺位。微观金融监管的"大而不倒"（too big to fail）未平，中观和宏观层面的"太关联而不倒"（too connected to fail）又起，若监管者针对具体问题循旧例各自"对症下药"，或许短暂治标，但监管目标或难以实现，甚至由于监管共振而导致政策力度过大，加剧市场波动，形成负面预期，产生新的风险。

2017 年以来，为化解金融风险特别是去杠杆，监管机构连续集中出台一系列政策措施，银监会的"三违反、三套利、四不当"专项治理和防范"十大风险"，保监会的"一月十文件"（2017 年 5 月）加码"强监管、补短板、治乱象、防风险"，发改委等六部委联合发文规范地方融资，以及证监会的股市和通道业务规范新政，政策的数量不可谓不大，密度不可谓不高，但截至目前效果却不甚理想，究其原因，或许是监管者对监管共振的作用机制和烈度估计不足。若节奏力度合理，政策协调充分，则既可守住不发生系统性风险底线，又可对市场的长期健康发展有所助益。

世界进入"一切皆互联"的后真相（post - truth）时期，虽然同质化和共振性的问题已经提出，但最优解尚未求出，仅是勾勒出同质化效应的轮廓和风险共振性的大致模样，接下来有针对性地"趋利避害"就自然而然成为探索和再创新的动因。否定与修正的螺旋式上升仍是基本的发展轨迹，新技术、新工具仍在帮助人类直面问题和挑战，如区块链技术（blockchain），其共识算法和分布式记账使任何数据的记录和修改必须同步并留有痕迹，且保密性极强，或许可以避免伪造和篡改，重建信任，还世界以真相。

危机形态变异和危机管理重塑①

风险无处不在，无时不在，其出现不以人的意志为转移，极端表现形式便是危机。危机或是内生性、周期性的，或是外源性、突发性的，一定程度上不可避免。但鉴于其巨大的破坏力，溯源危机根源、研判危机轨迹、重塑危机管理机制、重构危机应对体系关乎全局，关乎稳定与发展，甚至关乎生存，全面精确地认识和管理危机需要新视角、新思维和新工具、新方法，而且必须建立在多维、全域、系统性和智能化的体系之上。

一、危机形态变异和衍进变轨

近两个世纪以来的大趋势（megatrend）是全球化、网络化和数字化，与之对应，危机产生、发展和衍进轨迹均显著变异，特别是：

第一，时间上的瞬时性、持久性或不确定性。危机爆发、持续和结束在时空维度上历史参照物少，相关性弱，危机衍进的规律性几乎"无规律可循"，如叙利亚危机。始于反对派武装冲突的局部危机，于 2011 年被引爆，旋即迅速蔓延，至今演变成旷日持久、不断升级且集大国角力、宗教冲突、地缘政治、代理人战争、难民问题等于一体的超乎预判的复杂危机，甚至是危机群，广度、烈度和时长难以归类为某种危机的既定模式。

第二，空间上的非关联性或相互作用的广域性。2008 年美国的次贷危机源于其特定的住房按揭金融业务，之后，跨地域蔓延引发欧洲债务危机乃至全球金融危机，"蝴蝶效应"的混沌学原理或可解释，但空间上的多向外溢和影响之深、影响之广远超之前的任何先例，美国次贷、欧债和全球金融危机的"三级跳"突破了地域边界，似乎全球化语境下的任何危机或多或少具有全球性影响。

---

① 本文写作于 2018 年 8 月。

第三，"黑天鹅""灰天鹅""灰犀牛"风险相互作用，形成危机的"加法效应"甚至"乘法效应"。"黑天鹅"是"不知道不知道的"，"灰天鹅"是"知道不知道的"和"不知道知道的"，而"灰犀牛"则是明显且规模大的风险。危机的"不可知性"在增强，不仅发生时间、具体内容、破坏性以及应对之策等，即便危机的形态也高度不可测，危机影响更是叠加甚至倍增，如叙利亚危机和欧洲难民危机的缠绕和连锁效应以及巨大的负外部性。

第四，数字世界"后真相"症候群。假新闻、旧新闻跨时逆向传播强化了"后真相"时代的诸多陷阱，诸多的社会群体性事件的导火索竟然是虚构、PS 或时空腾挪的文字、照片或视频，如近期的一系列"选战"，无论欧美还是发展中国家，"真的"假新闻不断引发危机级的社会事件；另外，非法获取隐私数据并高频度运用目标广告和定向推送，扰动并影响受众判断的事例也颇多，如剑桥 Analitica 利用脸书的海量数据影响 2016 年美国选举等。

第五，危机因子的多元化与衍进的非稳态。引发危机的因子不再是单一或单向度的事件，而是多源头、多维度相互影响、相互作用，且发展过程不循"由小到大，再由大到小"的轨迹，振幅和烈度几乎无法预期。如查韦斯之后的委内瑞拉危机，因子复杂多元，如经济方面的石油价格下跌、通货膨胀失控等，政治方面的"玻利瓦尔革命"式微、反对党起势等，社会方面的社会保障体系不堪重负、民众生活无着等，且危机时而缓和，时而激化，其间稳定状态转瞬即逝，危机升级转化为剧烈的社会冲突已然趋于常态化。

第六，危机发展的"群体极化效应"。一般而言，风险事件、危机初现到危机爆发存在一定时长，其"打开"是一个不断强化的渐进过程。而新的危机变异所呈现的是风险、危机到严重危机的"短平快"特征，具体表现为危机一旦出现，危机因素共同作用产生"群体极化效应"，在极短的时间内迅速使危机走向极端，任何缓释危机的举措即便"对症"，也未见得有时间实施，"一地鸡毛"难以避免，"无法收拾"也属常态。2010 年 12 月 17 日突尼斯小贩自焚是执法人员粗暴执法的社会管理问题，却立刻引发全国动乱，导致政府更迭，并进一步形成连锁反应，掀起所谓的"阿拉伯之春"，延绵至今，高危极端的状态仍在持续。

第七，危机判断的"证实与证伪两难"。理性预期不可能，危机前难以预判，危机时的容错时间和空间又是强约束，危机后几乎无法复盘，如马来西亚一马基金非正常资金往来与其选举结果之间的关联，二者之间的因果关系和相关性存在第一重不确定性，其间相关方采取的危机应对措施与危机走势存在第二重不确定性，最后的结果以及可能的演变轨迹存在第三重不确定性。理性预期学派经济学家小罗伯特·卢卡斯的关于欧债危机的观点或与此异曲同工，即欧债危机无法预测，即便预测准确，相关的应对措施会改变危机的走向，导致危机预测失误。是故，危机判断的理论复杂性和实践复杂性只会增加，且变化难以捕捉。

第八，风险共振与危机叠加。风险和危机不仅广域化、广谱化，而且时间和空间上的共振特征趋于显著，单一危机在特定区域爆发愈发鲜见，危机的政治、经济、社会、人文（特别是种族、宗教等）、自然等元素叠加共振，产生的冲击力和破坏力在时空维度上远非传统危机可比拟。如全球性的贸易冲突，虽未到危机的程度，但却是多元因素合成的结果，并且不时形成共振，波及面和烈度呈现升级的趋势。与此同时，应对危机的政策措施交叉作用和共振效应也成为施策的重要考量因素，政策制定者单一指向的部门决策很难奏效，若各自为政、政出多门，又可能形成预期之外的反向政策共振，使得危机化解之策催生新的问题甚至新的危机。

第九，科技推动下的新因素引发的新质危机。科技不仅改变生活，而且深刻地塑造人类的发展进程。与之对应的风险和危机，其内涵也已发生嬗变，而非简单的量变，至少是显著的量变向质变的迁徙，非常规、非对称、无接触、虚拟化、网络化、无主体甚至 AI 化（人工智能化）的新质危机渐次凸显。数据是新时代的石油，新质危机多与数据（特别是涉及个人隐私的数据）及相关算法有关，如"棱镜门"、伊朗核设施受到网络攻击、Petya 和 Wan-naCry 勒索软件及网络攻击等，不一而足，且以超乎想象的速度处在不断变化之中。

二、危机管理的体系化重塑

在全球化的国际格局中，没有纯粹的国别危机，任何国家的国内事件都会有外溢效应或连锁反应；同时，也没有纯粹的经济危机、政治危机、军事危机、外交危机或社会危机等，一般是"你中有我，我中有你"，是矛盾群、问题群和危机群，甚至是矛盾系统、问题系统和危机系统。因此，既有的危机管理机制需要升级，甚至重塑，以适应不断变化的内部因素和外部环境。

首先，危机管理机制设计图纸的"大模样"是"刚性原点、螺旋发展"的同心圆多维矩阵。原点是且只能是国家利益，国家利益是基，国家利益是锚，并且必须刚性锚定。围绕原点，三维立体建立针对不同危机的同心圆管理系统，如经济危机管理系统、社会危机管理系统等，不同的系统之间有交叉或重叠，甚至是大面积、深度的交叉或重叠。系统之间建立交互机制，既不是垂直为主的"条"，也不是水平为主的"块"，而是多维交叉的立体矩阵，一旦启动危机管理，相应系统间的信息共享、交换和反馈同步启动，危机管理措施的效果及外溢效应须由多个相关系统跟踪和评估。上阶系统和种系统承担其下阶系统和属系统的信息集成和最终决策，系统矩阵的信息流和决策流高度自动化、数字化并且趋向 AI 化，数据转化为信息从基于原则和逻辑向基于规则和算法（algorithm）递进，信息转化为决策从基于归纳和总结向基于推导和演绎跃升。摩尔定律（Moore's law）驱动的技术创新在算力和处理流程上全面支持复杂危机管理系统的运行，使危机管理矩阵的系统嵌套系统、循环嵌套循环得以实现，并且能够分层进行决策集成，可放可统，可分可总，成为高强度、高韧性的柔性组织系统。

其次，危机必须迭代管理和动态管理。基于历史经验，以前的危机模板具有一个从量变到质变的过程，基本循着导火索、爆发、扩散、加剧、消退、结束的轨迹，而现在的危机往往蕴含于稳定之中，是危机的稳定态，或是稳定的危机态。因此，危机预警系统不能单纯依赖明显的阶段性标志，必须建立多维变量和多元参数，且变量和参数非线性运动，因此与之对应的危机管理必须是迭代的、动态的。危机是发展的，其衍进或是发散或是裂变，迭代管理的重点是同时管理存量变量和增量变量，动态管理的重点是在运动中实施危机缓释和化解而非静止中"从容不迫"的处理，好似无数次的运动中移动靶射击，危机自身的风险与解决危机对策的风险并存共生，非动态迭代不足以应对。危机迭代管理的过程是动态推演的系统论，识别海量的内因和外因，处理海量的直接变量和间接变量，其间须解决类似风险外溢、交叉、传递和感染等一系列非常态问题，从而实现"从混沌到有序"。

再次，危机管理的数字化能力是核心要件。数据是数字经济的基本生产资料，同时又是基本消费品，围绕数字的生产和消费的活动趋于同步。危机的识别基于数据，危机的管理同样基于数据，而此数据非彼数据，是"大数据"，并且是真正的大数据。大数据不仅是量的概念，更重要的是质，而质的关键是相关性，包括直接相关和间接相关。非相关数据越多，生成噪音的概率越大，数据清洗（data cleaning）、数据挖掘（data mining）和机器学习（machine learning）的难度越大，准确率越低，必要性基础上的"足够"是建立数据库或数据湖泊继而运用大数据方法须秉承的原则。由于危机的复杂性在升高，与危机相关的数据量和复杂关联以更快的速度升高，特别是非结构性数据，比如社交媒体上的聊天、点赞、情绪表达甚至表情符等，所以须进行数字化并建立相应的处理模型。涉及危机的关联因素在识别、跟踪、捕捉、分析等环节要建立规则并设计算法，量化、因子化、参数化危机事件，针对不同层级、不同范围、不同领域的危机建模，在高置信度的前提下，借鉴金融市场动荡指数（the turbulence index）和情绪指数（the sentiment index）的方法论，编制相关的危机指数，更为直观地呈现危机发生的或然率和危机的烈度。

最后，危机管理要具备多元化的工具箱和组合使用危机管理工具的能力。现在的危机往往是多元复合型，危机因素林林总总，危机影响更是呈放射状，因此，危机管理工具箱必须包括应对政治、经济、社会、文化、自然等危机事件的工具。在互联网时代，信息和数字化工具尤其重要，危机中的任何人和物都是一个数据库，静止或移动的数据库，核心或边缘（edge data）的数据库，大数据、云计算、云储存等技术须在危机管理中充分有效运用。技术性工具的作用不仅仅局限于分析和处理，而且是相关工具的载体和平台。按照特定的领域，涉及不同性质危机的专业化工具自然是主角，如宽松的货币政策和积极的财政政策之于经济衰退危机，但是愈发重要的是领域跨界、功能交叉的工具和工具组合，其运用难度更大，效果评估更复杂，如舆情管理之于 P2P 平台爆雷引发的金融风险和社会稳定的多元危机。危机管理的工具箱不仅要"十八般武艺样样齐全"，而且组合工具的能力要跟上危机的新变化。危机管理是"组合拳"，并且是实战中调整、运动中优化的"组合拳"，组合能力直接关系到最终处理的效果，而顶层设计和统筹协调是子午罗盘，"救疗于有疾之后"的应对化解和"摄养于未病之先"的预先擘画二者一体两面、互为表里，形成连续的全流程、全方位的危机管理系统。

危机管理必须与危机形态的变化相适应，重要中之尤其重要者是一体化的危机观和危机管理体系，依托系统论和数字化科技实现化危为机。须谨记，毕其功于一役的思想不可取，危机寓于日常，非一日而成，化解危机自然非一日之功，真正有序、渐进、可控的危机管理，其作用力方向才是降低和化解危机而非产生新的危机。

结　语

经济金融在变化，本体在变，作为客体的研究方法必须驰而不息以趋之。"做正确的事"的价值理性始终居于"正确地做事"的工具理性之前，研究活动本身就是发现新的现象，总结新的规律，形成新的常识（common sense），而非陷入虚假信息（disinformation）和错误信息（misinformation），困于信息茧房（information cocoons），抑或沉迷于唯模型和算法的伪科学（pseudoscience）。常识，只有常识，是人类前进中的真正启蒙和教诲，而常识表面看起来都极其朴素，极尽简洁。少即是多（Less is more），简单就是价值。

经济学作为独立学科存在的价值本就存疑，而言之凿凿的预测功能长期无成功案例予以证明，退而求其次的解释功能也屡有绠短汲深之感。所以，经济学自身求变的迫切性和重要意义始终都在，而一切的好的变化都要达到实现一定价值的目标，都要作用于人类福祉的改善和提高，本书的努力方向便在于此。以上七篇内容涉及不同问题，方法多是基于统计数字和事件的演绎和归纳，亦有基于数据的建模，结论大多平实，几无"曲径通幽"的波折，唯望结论、建议到付诸实践是"天堑变通途"，哪怕只有寥寥数条的尺寸之功。既然肇始于新经济范式的非典型和非均衡的视角，且目标是价值发现和新的价值创造，那么以一篇较早之前关于价值认知的论文收官既是自然的衔接，也是针对该主题研究的应然和必然。具体如下，权当结语。

附 服务价值认知及相关因素的关联性研究[①]
——中外资银行客户的比较实证分析

(第二作者阎洪)

Service Value Perception and the Correlations with Its Antecedents:
an Empirical Analysis with Foreign Banks' Clients and Local Chinese
Banks' Clients Comparison

摘要： 加入 WTO 后面对外资银行的激烈竞争，中资商业银行必须从以往"卖方市场"的"供给型"心态向"买方市场"的"服务型"模式转化，必须把金融服务产品化并通过营销活动转移给客户，从而为银行创造经济价值。在服务向价值的转化过程中，客户如何认知服务价值及其关联因素就成为银行成功营销、获取收益的关键。本文以调查问卷和命题论证的定量方式，系统化地遴选出中国境内外资银行客户和中资银行客户两个样本，运用内部可靠性分析、因素确认分析、线性回归分析和结构模型等计量手段，比较论证服务质量认知、风险付出和企业形象等因素与服务价值之间的关联关系，分析服务质量认知的五个维度与服务价值的关联关系，测试企业形象在风险付出与服务价值间的中介角色，验证中、外资银行客户对核心服务和风险付出的认知机制是否一致。通过样本间的比较研究发现，服务质量认知无论在总样本中还是中、外资银行客户的分样本中都与服务价值正相关而且是影响价值认知最关键的因素，风险付出以企业形象为中介反向影响价值认知；在服务质量五个认知层面中，人员因素和系统因素成为服务价值认知的核心；中、

---

① 本文写作于 2004 年。

外资银行客户对核心服务的认知机制没有显著的区别，对风险的看法则不同。

关键词：服务价值；认知；风险；关联；比较

Abstract：Upon the WTO entry and ferocious competition from foreign banks, the Chinese commercial banks have to be transformed from product – oriented to customer – oriented and offer clients value – added services. In line with value concept, the correlations between perceived quality, risks, corporate reputation and service value need to be studied. The two sub – samples of foreign banks' clients and local banks' clients were drawn and reliability analysis, factor analysis, linear regression and structural equation modeling were employed to test the hypotheses of service value and its antecedents. The results indicate that perceived quality has significantly positive correlation to service value, risks are mediated through corporate reputation to influence service value, and two groups of clients perceive core service quite similarly and risks quite differently.

Key words：service value；perception；risks；correlation；comparison

一、引言

2002 年 4 月，一则爆炸性的消息迅速席卷中国金融界，让中资商业银行感到凛凛的"倒春寒"。爱立信（中国）南京公司突然宣布归还交通银行南京分行所有的未到期贷款，并将所有的账户和业务转到花旗银行上海分行，结束与中资账户行的关系。事件的起因是爱立信南京的保理业务（Factoring）申请没有获得交通银行总行的批准，导致其利用新兴金融产品优化现金流和财务报表的需求无法得到满足，因此，爱立信决定转换往来银行，改由外资银行协助其叙做保理等具有创新性的金融服务。该事件向市场发出了一个清晰的信号，如果中资银行不能为客户提供高价值的服务，客户特别是优质客户会毫不迟疑地选择外资金融机构取而代之，中资银行在业务上、市场上和客户资源上的垄断格局正逐步解体，市场经济大背景下的金融服务战已经展开。毋庸置疑，加入 WTO 后的中国金融市场发生了质的变化，中国承诺在短短五年的时间表内，外资银行允许全面进入本币、外币业务，并在地区和市场阈限上不再受任何限制，而对客户而言，则可以根据自身的金融需要自由选择国有商业银行、股份制商业银行、城市商业银行和外资银行等不同的金融机构办理业务，故中资银行不得不面对更为市场化的竞争环境，重塑内部架构和核心竞争力，以产品组合、分支网络、市场熟知度和服务质量等为客户提供高附加值的金融服务，以市场化的比较竞争优势开发并维系高忠诚度、高贡献度的客户群，提升中资银行金融服务的价值含量，最终实现巩固市场份额、创造经济效益的目标。

竞争、科技和文化等方面的演进要求服务业不断地强调客户日益复杂的需求，而客户对服务价值的认知就成为任何一个服务提供者必须着力提升的重要指标。客户的服务价值认知是公司改善运营并获取利润重要的竞争因素（Muffatto & Panizzolo，1995），服务型企业可以提供高价值认知的服务而获得竞争优势（Schmenner，1995），而客户对产品和服务的价值含量也日趋重视（Cronin et al.，1997）。那么，到底如何来把握服务价值认知这一概念呢？服务和产品在性质方面有重要的区别，产品通常是物理可知的、可观察的、可回复的、需求确定的、效用型的和非人格化等，而服务多是物理不可知的、需认知的、不可回复的、需求不确定的、心理型的和人格化等（Groth & Dye，1999），因此，一项服务最终的好坏和成败不取决于定量化的效果而取决于客户的评价，客户的评价本身是一个主观判断的心理活动，以经验和形象的认识和总结为主，而非以用途和观察的结果和效能为主。两个主要因素影响着服务价值认知的复杂性，其一是服务的全过程需要服务人员和客户的参与，因此使最终结果的连续性和可靠性难以保持；其二是服务价值由客户心理判断继而行为认可予以体现，从而使服务缺陷和失败的发现和更正十分困难（Hays & Hill，2001）。所以，服务提供者自始至终关心的问题是如何让消费者感受并充分认知服务内涵的价值因素，以便保持客户资源，构建客户忠诚度，吸引客户重复购买和使用服务。在服务价值的认知过程中，客户认为服务质量是极其重要的因素，对服务质量的高度评价一般会使客户正面认知服务价值并感到满意。但是，在实际的服务消费行为中，客户不是一一对应质量认知和价值认知，一项被客户认为质量很高的服务并不一定是客户认为价值高的服务，也不一定是客户愿意购买的服务，客户在使用服务过程中的付出或风险亦影响其对价值的认知，付出包括货币付出（成本）、非货币服务（时间和努力等）和风险因素，客户认为付出少且风险低的服务价值相应较高，反之，价值认知就较低。一般而言，客户是在计算成本和收益的基础上认知服务价值的，付出是成本因素，质量是收益因素，而在平衡两者关系的时候，企业形象往往是一个载体，把成本和收益的影响传输到服务价值的认知结果上，企业形象作为中介影响因素在价值认可中的作用显而易见。因此，进一步明晰价值认知和质量认知、付出以及企业形象等因素间的关联关系，对增加服务营销活动的价值回报继而扩大有效率的市场份额有所裨益。

作为大众服务业的重要组成部分，银行业对价值认知在营销中的作用更加重视。现代商业银行在高科技和成熟市场的大背景下，已经是在很窄的存贷利差里经营传统业务，利润增长的空间及其有限，而中间业务由于不占用资本金并以金融服务为主，逐渐成为银行业务创新的主要领域和业务新的增长点，中间业务便是以服务为导向的。为使客户对金融服务感到满意，高质量的服务和"以客户为中心"的理念是必不可少的（Heskett et al.，1990）。那么，对中国的商业银行而言，何种驱动力促使金融机构从产品和销售观念转向服务和营销观念并不断强调价值认知呢？第一，是客户的金融需求。目前，国际金融市场的衍生金融工具达到1,200多种，国际性银行的手续费收入超过经营性溢利的25%，而我国四大国有商业银行工农中建的同类比例仅分别为1.15%、0.9%、3.94%和1.08%（张静等，2001），在中国台湾地区，62%的消费者有信用卡，而大陆市场仅有1%的信用卡持有人，可见，在金融服务的深度和广度上，中国的金融机构与国际水平仍有相当距离，而消费者的金融需求尚未系统化地满足，金融服务的低质量和低价值是中资银行除不良资产外另外一个重要的瓶颈制约（Chen & Thomas，2001）。第二，是经济金融体制改革。市场化是金融体系建设的方向，而消费者是市场重要的参与者并最终以行动决定银行的产品和服务能否转化为经济价值，因此，金融改革在深化的过程中始终要把市场和客户的因素放在至关重要的位置上，并将价值的观念贯穿其中。第三，是外部竞争。在加入WTO五年后，外资银行将获得"国民待遇"而被允许经营对公、对私的本外币全部业务，在地域上也不受任何限制，意味着外资银行可以凭借先进的科技手段、完善的风险管理、多样的金融服务等核心竞争力分享巨大的客户资源，而客户可以自由选择账户银行和交易银行，也就相应要求中资银行必须在较短的时间内迅速提升服务水平，只有这样，才能稳定、发展自己的客户基础并延伸拓展新的客户群。上述因素均要求中资银行强化服务意识，提高服务价值，不断寻求有效途径，在客户中建立正面持久的服务价值认知，促使客户重复购买自己的金融服务，实现银行的效益目标。

二、文献回顾

对中资银行而言，研究服务价值认知的迫切性直接来源于外资银行的竞争和银行的市场化改革，因此，必须深入了解外资竞争的效应和利弊。外资金融机构进入发展中国家具有"双刃剑"的效应，一方面，外资银行在服务自己国家企业、跨国企业客户或侨民的同时，还迅速吸引当地企业和个人客户（Seth et al.，1998），从而对本土金融机构形成竞争，并有可能出现"撇油花"的现象，即将高端、优质客户从本地银行中挖走，而将一般客户和问题客户继续留在当地银行中；另一方面，从阿根廷和墨西哥的实践来看，外资银行进入一定程度上能稳定当地金融市场（Dages et al.，2000），提升金融服务和金融工具的种类和效能，促进良性竞争，推动私有化进程并分享专有技术和金融科技（Bush，1997）。在加入 WTO 后，中资银行担忧管理滞后、科技含量较低和服务质量不高等因素会导致客户流失，政府保护亦会逐步退出，国有银行的垄断地位将受到冲击，从而客户为寻求更高质量的服务而转向外资银行（赵志君等，2002），因此，中资银行迫切需要采取应对措施，改善客户的服务价值认知，维持并发展自身的客户基础。既然客户的服务价值认知对中资银行在外资竞争加剧的情况下有重要的意义，那么服务价值认知及其相关因素的关联关系如何呢？实践上的困扰是，客户并不是经常购买最好质量的产品（Olshavsky，1985），也并不是经常购买最低成本价格的服务（Onkvist & Shaw，1987），而是一系列的因素相互关联影响，从而最终决定客户的购买行为。由于服务质量从人开始（Hostage，1975），所以，客观数量性的评价机制很难直接运用，一般上，较为主观的、认知性的判断常常成为服务质量和服务价值调查和评估的方法。所以，本文中的服务质量、付出、企业形象和服务价值均以客户的主观评价和认知为基础，以便较为系统的验证构件（Construct）之间的交互关系。

服务质量是客户对服务提供者的总体态度，是客户满意度中的重要组成部分（Bolton & Drew，1991）。在具体的测量中，以认知为主和以表现为主的方式成为主流。SERVQUAL（Parasuraman et al.，1988）运用 22 个问题量度服务质量的 5 个层面，包括有形服务、可靠性、响应性、保险性和情感，并进一步比较客户的期望和认知之间的差距，以差距分析模型（Gap analysis model）得出的差值反映客户对服务质量的评价。该模型是典型的且被普遍运用的以认知为基础的服务质量测量方法。SERVPERE（Cronin & Taylor，1994）摒弃差值方法而仅运用一个指标反映服务质量表现，成为重要的一种以表现为基础的评价体系。实践证明，以认知为基础的测量方法有较理想的实证效果，因此，从 SERVQUAL 出发，改良模型层出不穷，试图从量度方法上进一步完善该体系。Carman（1990）在原来 5 个层面上加入礼仪和通路 2 个新项目，Mels et al.（1997）则认为仅存在内在和外在两个层面影响服务质量，其他学者也从实证角度针对不同的行业和市场范围，推出不同的问卷和测量结构。付出被认为是客户在获得服务价值过程中作出的必要的牺牲（Drew & Bolton，1987），诸如购买价格、获得成本、运输、安装、订单处理、维护、低值服务和失败服务的相关风险等，概括分为货币化付出和非货币化付出，风险因素是主要的非货币化付出。Jacoby & Kapland（1972）识别出 5 个风险层面：财务风险、绩效风险、心理风险、物理风险和社会风险，并在实证中解释了 61.5% 的总体风险方差，即风险总量的变化。在加入时间风险后，90% 的风险变动得到有效验证，并且心理风险成为其他风险的中介载体，和财务风险一起最大程度地影响客户的总体风险认知（Stone & Grønhaug，1993）。对任何服务提供者来讲，好的企业形象是有价值的资产，是构成企业整体的重要组成部分。企业形象和企业名誉、品牌形象等涉及无形资产的概念基本相同，并在实践中串换使用。企业形象是人们的经验、印象、信念、感受和了解等相互作用而形成的对企业的总体主观结论（Worcester，1997），企业也通过广告、促销、宣传、品牌塑造等各种活动建立积极、正面的形象，并希望客户能用与企业同样的角度去认识企业和相关的产品和服务，从而将无形资产转化为客户购买行为的催化剂，实现企业的经济价值。对银行而言，良好的企业形象能帮助金融服务提供商向客户提供新的服务品种和新的产品（Rajan，1996）。《财富》杂志曾于 1995 年 3 月公布了企业形象指数，将 8 个因素（管理质量、产品和服务质量、创新性、长期投资价值、财务实力、吸引并挽留人才的能力、对社会和环境的责任以及运用企业资产的审慎原则）加权得出具体的值，数量化反映企业在受访者心目中的形象。服务质量、付出和企业形象等因素都直接或间接地影响服务价值认知，继而影响客户的满意度和再购买意愿。Monroe（1991）界定价值是客户对认知的利益和认知的付出的综合判断，理解客户的心理需求并设法满足它会产生巨大的价值

（Groth，1994）。乘数模型认为，服务价值是一个以服务质量为分子和以付出为分母的比率（Zeithaml，1988），而加数模型认为，服务价值认知是一个付出和得到加减后权衡的结果（Bolton & Drew，1991）。价值是服务营销中关键的组成部分，并且是竞争力战略化构建的一部分。既然服务价值认知是所有服务提供者需要系统化管理和培育的，那么其相关因素的考量和关联研究也就显得必要。一般而言，较好的服务质量认识会产生较高的服务价值认知和重复购买行为，同时客户更愿意付出更多（Groth & Dye，1999），价值认知又是服务质量、货币化付出和消费行为的联系纽带（Patterson & Spreng，1997）。以前的研究验证了服务质量与服务价值正相关，付出与服务价值负相关（Cronin et al.，1997），而企业形象是服务质量和服务价值间的中介体（Grönroos，1984）。上述关系在理论和实证上均有大量的数据予以支持。那么，经验证的服务价值认知和相关因素的关联关系能否在中国商业银行体系中得到实证支持，能否在外资银行客户和中资银行客户间取得一致呢？除对服务质量和价值的中介作用，企业形象是否中介影响付出和价值呢？外资银行客户和中资银行客户对核心服务和风险的认知结构是否有所区别呢？

三、研究方法

本文是验证命题（Hypothesis testing）的实证分析，以选定的银行客户个体为研究单位组成样本，在同一时段交叉比较（Cross – sectional analysis）。在建立模型前，相关概念的量度工具和指标从对应的研究文献中遴选出来，形成统一的测量体系。服务质量的量度以认知为基础，采用 Sureshchandar et al.（2002）设计的 41 个问题的问卷，涵盖核心服务（5 个问题）、人员因素（17 个问题）、非人员/系统因素（6 个问题）、物理场所（6 个问题）和社会责任（7 个问题）5 个维度。根据中、外资银行所提供的服务组合不同，核心服务的相关问题进行了必要调整，反映外资银行的"混业经营"（至少在产品和服务种类上能兼顾商业银行、投资银行和保险）和中资银行"分业经营"在核心服务上的具体体现，即全能银行（Universal Banking）或银行超级市场（Banking Supermarket）概念对客户认知服务质量的影响；付出的量度采用 Cronin et al.（1997）的 8 个问题的指标：强调服务价格、努力、时间、财务风险、物理风险、绩效风险、社会风险和心理风险，由于中国金融市场处于转型期，政府和管理风险较为突出，两个新的问题加入风险的量度指标中，分别评估政府干预与政府保护主义的风险和流动性管理与内控机制相关的风险，所以加总 10 个问题用来量度付出；企业形象的量度采用 Caruana（1997）的 14 个问题的指标，侧重于客户对公司整体印象和感受；对服务价值来讲，3 个问题用来直接询问客户是否认为所得到的服务有价值、是否会重复购买和是否介绍该服务给其他人，类似的方法在 Cronin et al.（1997）的研究中得到运用并被实证数据验证。以概念的量化指标为基础，加上 6 个一般性问题用以了解受访者的信息，诸如年龄、性别、教育背景、客户类型、与银行业务往来时间和对银行的熟知程度，从而形成 74 个问题的问卷，每个问题由受访者按 1 到 7 的 Likert Scale 选择具体分值，1 代表很低/十分同意，7 代表很高/完全不同意，2 到 6 代表不同程度的中间环节，其中 4 为中性分值。每个变量所对应问题的评分加总平均得出代表变量最终数值的指数，以指数为准进行实证分析。在明确变量概念的量化数值后，参考研究文献有关服务价值的关联关系，本文构建以下模型（图 1）作为分析验证的基础理论框架：

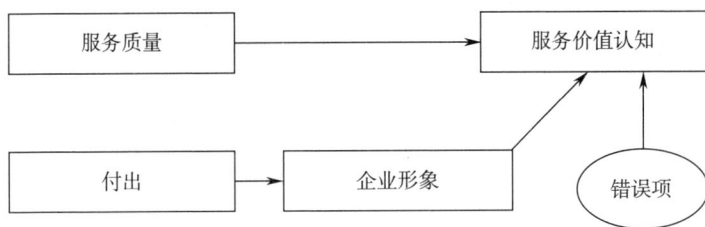

图 1　服务价值认知和相关因素的关联性

首先，由于服务质量中的核心服务和付出中的风险因素根据中、外资银行的特点对问题进行了必要的调整，其量度指数的内部可靠性（Internal Reliability）需要进行测试；其次，对核心服务和付出进行因素确认分析（Confirmatory Factor Analysis，简称 CFA），细化两个变量中的维度和层次，为认知结构的测试做准备；再次，服务质量、付出、企业形象与服务价值认知的关联关系通过线性回归分析加以验证，分样本测试并合并样本测试；复次，运用 AMOS4.0 的结构性模型工具（Structural Equation Modeling，简称 SEM）分析企业形象是否是付出作用于服务价值认知的中介；最后，同样运用 SEM 分析核心服务和风险的量度模型在中、外资银行客户间的区别，从而验证中、外资银行客户是否以同样的方式评估核心服务和风险。与上述实证分析的目标相一致，需验证的主要命题如下：

命题 1：服务质量认知与价值认知正相关。

命题 1A：在外资银行客户中，服务质量认知与价值认知正相关。

命题 1B：在中资银行客户中，服务质量认知与价值认知正相关。

命题 2：付出与服务价值认知负相关。

命题 2A：在外资银行客户中，付出与服务价值认知负相关。

命题 2B：在中资银行客户中，付出与服务价值认知负相关。

命题 3：企业形象与服务价值认知正相关。

命题 3A：在外资银行客户中，企业形象与服务价值正相关。

命题 3B：在中资银行客户中，企业形象与服务价值正相关。

命题 4：企业形象是付出作用于服务价值认知的中介。

命题 5：中资银行客户和外资银行客户对核心服务的评估和认识有所不同。

命题 6：中资银行客户和外资银行客户对付出和风险的评估和认识有所不同。

四、样本与数据

为避免方便样本选择（Convenience Sampling）而产生误差，结构性的方法在样本采集过程中得到贯彻。从样本的组成来看，总样本由两个分样本组成，第一个分样本是中资银行客户，第二个分样本是外资银行客户，每个分样本从三家银行的营业性分行抽取合并组成；从样本的选择地点来看，中资银行和外资银行在北京、上海和深圳的各一家分行成为基础调查问卷的银行，上述三地是公认的金融中心城市，中资银行在当地市场上均十分活跃，另外，根据人民银行监管通报，2001 年 190 家外资金融机构中 59 家在上海，27 家在深圳，19 家在北京，三地外资金融机构资产业务占全国外资金融机构资产总额的 52.36%、17.16% 和 10.1%，因此，从机构最密集且业务量最大的城市选择样本在一定程度上保证了样本的代表性；从样本的内部结构来看，中资银行分样本由一家国有独资的四大商业银行、一家未上市的股份制商业银行和一家上市银行的分行组成，而外资银行由一家美国银行、一家欧洲银行和一家亚洲区银行的分行组成，该结构既涵盖了中资银行股本和所有权的不同模式，而且兼顾外资银行不同国别可能塑造的不同银行文化和经营风格；从样本的选择方法来看，依据上述原则选定的 3 家中资银行和 3 家外资银行的营销主管获得各 50 份调查问卷，由营销主管参照电脑产生的随机数从客户信息系统中选定 50 位客户，然后按相关地址邮寄调查问卷，参与问卷调查的银行信息的安全性受到保护，而客户在接受问卷调查时均不记名，力图营造尽量减少人为因素干扰的研究环境，保证数据的真实性和质量。总计发出的 300 份调查问卷在一个月的规定时间内，返回 247 份问卷，返回率在 82% 左右。其中 9 份问卷被排除在样本以外，抑或由于数据不完整抑或因为受访者表示对其服务银行不熟悉，合格的问卷中，120 份来源于外资银行客户，118 份来源于中资银行客户，具体情况见表 1：

表 1　受访者统计分布

项目		外资银行客户（个）	中资银行客户（个）	总数（个）
年龄	30 岁以下	34	52	86
	30 ~ 45 岁	71	47	118
	45 岁以上	15	19	34
性别	男	50	63	113
	女	70	55	125
教育背景	大学以下	15	25	40
	大学	76	71	147
	研究生	29	22	51
客户种类	个人	19	39	58
	中资企业	27	47	74
	合资企业	32	16	48
	外资企业	42	16	58
与银行往来	1 年以下	13	18	31
	1 ~ 2 年	51	57	108
	2 年以上	56	43	99

从上表的统计分布信息来看，中、外资银行客户在教育状况、客户类型和与银行往来时间等类别上分布平均，没有显著的偏离和不对称，能够较好地代表总体的主要统计特征。

五、实证分析

在合并外资银行客户和中资银行客户分样本后，SPSS 统计分析软件里的工具被用来分析核心服务和付出的内部可靠性，结果见表 2：

表2　核心服务和付出的内部可靠性分析

内部可靠性分析	
核心服务：	
样本数 = 238.0	问题数 = 5
Alpha = 0.8742	
付出：	
样本数 = 238.0	问题数 = 10
Alpha = 0.8328	

Cronbach's a（Alpha）是测试指标内部可靠性的重要尺度，如果指标中项目问题加总的 Alpha 大于 0.7，表示构成指标的问题内部相容且可靠。核心服务和付出的 Alpha 数值远大于 0.7，虽然组成这两个变量的某些项目问题根据中国金融市场的特色和中、外资银行客户的区别进行了修正，修正后的变量具有较高的内部可靠性，能够成为统计分析的基础变量。那么，调整后变量的内部因素关系如何呢？通过 SPSS 的 CFA 分析，发现核心服务和付出的内部因素关系符合期望，具体如下：

表3　核心服务和付出的内部因素分析

核心服务	因素1	付出	因素1	因素2	因素3
服务广度	0.854	价格	− 0.133	− 0.066	0.311
服务深度	0.890	努力	0.574	0.729	0.012
创新	0.752	时间	0.541	0.638	− 0.121
服务时效	0.712	财务风险	0.763	− 0.175	− 0.083
方便程度	0.616	物理风险	0.772	− 0.176	0.011
		绩效风险	0.779	− 0.246	− 0.206
		社会风险	0.823	− 0.131	− 0.031
% 方差（累计）：66.983		心理风险	0.726	0.001	0.554
因素抽取方法：		政府风险	0.743	− 0.199	− 0.125
Principal Axis		管理风险	0.720	− 0.079	0.043
		% 方差（累计）：74.472 因素抽取方法：Principal Axis			

　　组成核心服务量度指标的 5 个问题只抽取出一个因素，且能够解释核心服务变化的 66.983%，其项下的所有问题对该因素的权重系数均超过 0.6，甚至高达 0.89，故核心服务的 5 个测试问题朝向同一个方向，以单一因素的方式作用于服务质量认知。而对付出来讲，3 个因素被抽取出来，根据问题对因素的权重较高且没有明显交叉负载（Cross loading）的原则，发现价格为独立的因素，努力和时间构成第二个因素，侧重于非货币化成本，其他的 7 个问题合力形成另外一个独立因素，即风险，3 个因素累计占付出变动的74.472%。在对相关变量的内部因素构成有较深入的认识后，就可以运用线性回归方法对自变量和应变量的总体关系进行分析，将服务价值认知回归到服务质量、付出和企业形象上，总样本和两个分样本的结果如下：

表4　　　　　　　　服务价值认知与相关因素的线性回归分析

样本模型	R Square	Significance F Change F 变化的显著性	Standardized Coefficients Beta 标准化系数	Significance Beta 系数的显著性	Collinearity 共线性 Tolerance（公差）	VIF
总样本模型：	0.706	0.000				
服务质量			0.683	0.000	0.401	2.492
付出			−0.035	0.532	0.405	2.469
企业形象			0.164	0.009	0.326	3.064
外资银行客户：	0.573	0.000				
服务质量			0.589	0.000	0.472	2.120
付出			−0.001	0.990	0.554	1.804
企业形象			0.212	0.041	0.351	2.851
中资银行客户：	0.775	0.000				
服务质量			0.730	0.000	0.315	3.173
付出			−0.046	0.568	0.305	3.283
企业形象			0.140	0.078	0.322	3.110

　　总样本和两个分样本模型的 F 变化显著性均小于 0.05 关键值从而使模型在95% 的置信区间取得正态分布的统计有效性，从 R Square 指标来看，总样本模型能够解释应变量服务价值认知变化的 70.6%，外资银行客户的分样本只解释服务价值认知的 57.3%，而中资银行客户的分样本在模型解释力度方面更强，

达到77.5%。从自变量显著性来看，服务质量在总样本和分样本中都具有统计意义，远小于0.05的关键值，Beta系数分别为0.683、0.589和0.73，对服务价值认知的影响最大，特别在中资银行分样本中；企业形象统计上的有效性低于服务质量，在总样本和外资银行分样本中其显著性数值小于0.05，但在中资银行分样本中却超过0.05，意味着企业形象在该分样本中不具有统计意义，且企业形象在模型中的Beta系数在0.14和0.22之间，对服务价值认知的影响十分有限；而付出作为组成模型的自变量，在三个样本中均没有统计上的有效性，虽然Beta系数为负数，符合实践上的预期，但数值太小，对服务价值认知的影响甚微。中资银行客户较为单一地强调服务质量，而外资银行客户在质量认知以外，对企业形象的重视程度亦很高。为进一步验证自变量间是否存在多重共线性（multicollinearity）问题，公差（Tolerance）和VIF（Variation Inflation Factor）指标也纳入量度中，如果公差接近0.1或VIF大于5，则表明该自变量与其他自变量相互依存共同作用于应变量，多重共线性问题存在，自变量作为独立变量的地位在统计上受到威胁。对应表4中的相关数值，发现在三个样本模型中的自变量没有多重共线性问题，能够成为独立影响应变量服务价值认知的因素。线性回归结果表明，命题1、命题1A和命题1B为真命题，命题2、命题2A和命题2B在统计上没有得到支持，命题3和命题3A同样被验证为真命题，而命题3B在统计上是假命题。

既然在服务价值认知的关联分析中，服务质量是最为重要且统计上有效的影响因素，而服务质量本身是一个多维变量，那么构成服务质量的5个维度对服务价值的影响如何呢？服务价值回归到5个服务质量维度上的结果见表5：

表5 服务价值认知与质量5个维度的线性回归分析

样本模型	R Square	Significance F Change F 变化显著性	Standardized coefficients Beta 标准化系数	Significance Beta 系数的显著性	Collinearity Statistics 共线性 Tolerance （公差）	VIF
总样本模型：	0.717	0.000				
核心服务			0.002	0.973	0.314	3.186
人员因素			0.421	0.000	0.185	5.393
系统因素			0.344	0.000	0.223	4.480
物理场所			0.141	0.007	0.450	2.221
社会责任			0.005	0.933	0.308	3.251

续表

样本模型	R Square	Significance F Change F 变化 显著性	Standardized coefficients Beta 标准化 系数	Significance Beta 系数的 显著性	Collinearity Statistics 共线性	
					Tolerance（公差）	VIF
外资银行客户：	0.623	0.000				
核心服务			− 0.058	0.563	0.325	3.073
人员因素			0.539	0.000	0.256	3.911
系统因素			0.308	0.004	0.308	3.247
物理场所			0.104	0.273	0.374	2.671
社会责任			− 0.073	0.363	0.517	1.936
中资银行客户：	0.770	0.000				
核心服务			0.102	0.222	0.298	3.356
人员因素			0.247	0.049	0.133	7.534
系统因素			0.348	0.003	0.157	6.351
物理场所			0.109	0.131	0.400	2.501
社会责任			0.150	0.194	0.156	6.427

三个样本模型均具有统计意义，F 变化的显著性都低于 0.05 的关键值，且 R Square 表明模型的解释力在三组样本中分别为 71.7%、62.3% 和 77%。在维度分析中，核心服务和社会责任在统计上不显著，Beta 系数较小，且关联方向有正有负；物理场所只在总样本中显著，而在两个分样本中都没有统计上的显著性，该自变量的 Beta 系数比核心服务和社会责任有一定程度上的提高，且与服务价值认知正相关；人员因素和系统因素承载着对服务价值最大的影响，Beta 系数较大，而且在三个样本中都有统计意义，显著性数值均小于 0.05 关键值。结果显示，外资银行客户强调人员因素，而中资银行客户对人员因素和系统因素的重要性认识均衡，稍侧重于系统因素。服务质量虽然存在多个维度，但由于作为一个完整变量作用于服务价值认知，故维度之间有共线性特征，总样本中的人员因素和中资银行客户分样本中的系统因素和社会责任在统计上有多重共线性问题，公差和 VIF 都超过限值。

在验证企业形象是否以中介角色疏导付出对服务价值认知的过程中，A-MOS 4.0 分析软件中的 SEM 工具给出如下结果：

表6　企业形象中介作用的结构模型分析结果

Chi – square／卡方 = 68.468

Degrees of freedom／自由度 = 1

Probability level／或然率 = 0.000

Regression Weights（回归系数）：	Estimate	S. E.	C. R. （关键值）
企业形象←付出	– 1.271	0.073	– 17.521
价值←服务质量	0.875	0.062	14.200
价值←企业形象	0.168	0.055	3.081
价值←付出	– 0.060	0.109	– 0.557

模型准确系数：

模型／Model	NFI	RFI	IFI	TLI	CFI
默认／Default model	0.982	0.817	0.982	0.820	0.982
饱和／Saturated model	1.000		1.000		1.000
独立／Independence model	0.000	0.000	0.000	0.000	0.000

　　参照 Chi – square 分布统计关键值表，1 个自由度和 0.05a 显著指标对应的关键值为 3.84，而模型的 Chi – square 为 68.468，或然率几近为 0，证明该分析模型的吻合度较好，另外，NFI（Normed Fit Index）和 CFI（Comparative Fit Index）等模型吻合度指标接近 1，也印证了默认模型适宜于检验变量间的关系。至于企业形象的中介角色，可以通过比较变量之间的 C. R. 关键值和统计表的相应数值予以验证。企业形象／服务价值认知和付出／服务价值认知两组关系的关键值分别为 3.081 和 – 0.557，小于 3.84，即统计上不显著，但企业形象／服务价值认知间的关系接近统计显著性的要求；而付出／企业形象和服务质量／服务价值认知价值的关键值远高于 3.84，具有统计意义。可见，付出并不直接作用于服务价值认知，而是通过企业形象与服务价值认知相关联，故命题 4 被验证为真命题，并且企业形象几乎是完全的中介变量，除了企业形象／服务价值认知间的统计关系欠显著。

　　针对命题 5 和命题 6，AMOS 4.0 的 SEM 方法同样被用来验证命题真伪。虽然，核心服务是单一因素变量，但是与中、外资银行"分业经营"和"混业经营"的竞争特点相关的 3 个问题做了必要调整，而其余 2 个问题则维持对核心服务相关项目的量度，因此，为测试样本的量度结构，可以人为地将核心服务分为双因素变量，即内在核心服务和外显核心服务，具体如图 2 所示：

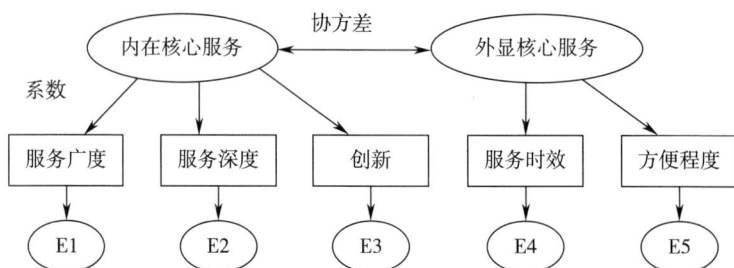

图 2   核心服务的量度结构模型

其中，圆框代表隐含变量，即内部因素，方框代表可测量变量，即构成变量量度体系的问卷问题，E 代表与变量相关的错误项，双向箭头表示两个因素间的协方差，单向箭头表示变量间及变量与错误项间的关联系数。对中、外资银行客户对核心服务认知结构的测试分三步，首先建立上述模型并按中、外资银行客户两个分样本进行分组，得出自由模型的 Chi - square、自由度等数据；然后将两组模型的协方差和系数进行限定，即把外资银行客户分样本隐含变量间的协方差和中资银行客户分样本隐含变量间的协方差取同，并把两个分样本对应的变量间的系数取同，从而增加模型的自由度，得出限定模型的 Chi - square 等数据；最后，比较自由模型和限定模型间的数据变化，对照 Chi - square 统计表的关键值以验证两组样本是否以同样的方式认知核心服务。表 7 列出了三个步骤对应的数据结果：

表 7   核心服务量度结构模型的 Chi - square 变化表

1. FreeEstimation/自由模型：	2. Fix covariance and loadings/限定模型：
Chi - square/卡方 = 11. 166	Chi - square/卡方 = 23. 407
Degrees of freedom/自由度 = 8	Degrees of freedom/自由度 = 14
Probability level/或然率 = 0. 192	Probability level/或然率 = 0. 054
3. $\Delta\chi^2/6$ df = 12. 24	

三个步骤后得出的结果是，限定模型在自由模型的基础上增加了 6 个自由度，Chi - square 增加了 12. 24，略小于对应的统计表中 0. 05 置信区间的关键值 12. 59，因此，限定模型和自由模型所量度的结构没有显著的区别，命题 5 在统计上没有得到支持，表明中资银行客户和外资银行客户对核心服务的认识方式和结构趋于一致。

对付出而言，SEM 仅关注被识别出的三个因素中的两个，即非货币化付出（包括时间和努力）和风险（包括财务、物理、绩效、社会、心理、政府和管理风险），而货币付出即金融服务的价格因素被排除在量度结构之外，因为现代金融业的成本价格由于激烈竞争已经趋于标准和规范，纳入量度模型不能为认知结构增添新的价值。故，仅考虑非货币化付出和风险的量度模型见图 3：

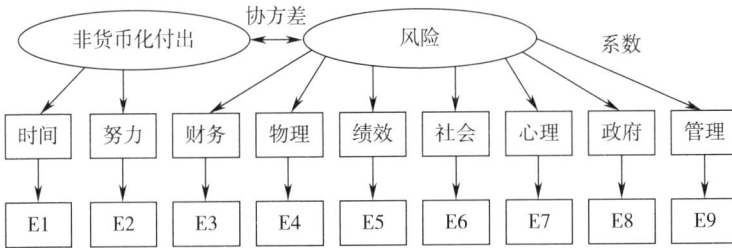

图 3　付出的量度模型结构

该图的相关图例与图 2 一样，验证付出的量度模型结构也采用三个步骤，结果如下：

表 8　付出量度结构模型的 Chi – square 变化

1. FreeEstimation/自由模型：	2. Fix covariance and loadings/限定模型：
Chi – square = 153. 991	Chi – square = 206. 816
Degrees of freedom = 52	Degrees of freedom = 62
Probability level = 0. 000	Probability level = 0. 000
3. $\Delta\chi^2$/ 10 df = 52. 825	

付出认知结构的限定模型比自由模型增加了 10 个自由度，Chi – square 增加了 52. 825，对照统计表中 0. 05 置信区间的关键值 18. 31，发现付出认知结构的变化较大，在统计上，命题 6 为真命题，即中资银行客户和外资银行客户对付出特别是非货币化付出和风险的认识明显不同，无论在模式上还是结构上。并且，从两个样本的付出或风险的统计平均值来说，客户认为外资银行的风险水平比中资银行低。

六、结论

通过实证分析比较发现，在中国金融市场上，无论是中资银行客户还是外资银行客户，服务质量认知都与服务价值正相关，且权重较大，而付出对价值的负面影响则通过企业形象发挥关联作用。外资银行客户在质量的基础上对企业形象有较高的要求，中资银行则聚焦于服务质量，以最终认定服务价值。在服务质量认知的不同维度中，外资银行客户重视人员因素，中资银行客户在综合考量人员因素和系统因素的时候轻微偏重于系统因素。可见，在基础设施完备、科技领先和产品规范化程度高的前提下，银行服务价值更多地向无形资产转移，诸如人员因素和企业形象，中资银行在市场化进程中应充分了解这一趋势，并且有意识地、制度化地管理企业形象和人力资源，更好地强化客户对银行服务的价值认知。另外，中资、外资银行客户对核心服务的认识方式和结构趋同，意味着综合营销商业银行产品、投资银行产品和保险产品不仅对外资银行客户有吸引力，对中资银行客户同样重要，"混业营销"的概念一定程度上得到支持。由于中资、外资银行客户对付出特别是风险的认识方式和结构迥然不同，对中资银行来说，有必要进一步研究影响客户风险认知的特殊风险点，制定改善措施，拉近与外资银行的整体风险水平，进一步提升客户的价值认知，稳定自己的市场份额，更好地在竞争中谋求发展。

参考文献

［1］张静，阙方平，王英杰，范薇，夏洪涛. 开放趋势下银行业的金融创新与监管制度创新［J］. 金融研究，2001（11）.

［2］赵志君，马跃，郭益耀，曾澍基，姚兆峰，刘树成. 银行业放松管制的理论分析和宏观效果：兼论中国加入 WTO 对大陆和香港的影响［J］. 经济研究，2002（6）.

［3］Bunch，C. M. Opening up for foreign banks：why Central and Eastern Europe can benefit？［J］. *Economics of Transition*，1997，5（2）：339 – 366.

［4］Bolton，R. N.，& Drew，J. H. A multistage model of customers' assessment of service quality and value［J］. *Journal of Consumer Research*，1991，3（17）：375 – 384.

［5］Carman，J. M. Consumer perception of service quality：an assessment of the SERVQUAL dimensions［J］. *Journal of Retailing*，1990（66）：33 – 55.

［6］Caruana，A. Corporate reputation：concept and measurement［J］. *Journal of Product & Brand Management*，1997，6（2）：109 – 118.

［7］Chen，J.，& Thomas，S. The history and evolution of China's banking system［J］. *Banking Today*，2001（11/12）：12 – 20.

［8］Cronin J. J. , Brady, M. K. Jr. , Brand, R. R. , Hightower, R. Jr. , &Shinwell, D. J. A cross – sectional test of the effect and conceptualization of service ［J］. *The Journal of Services Marketing*, 1997, 11（6）: 375 – 391.

［9］Cronin J. J. , & Taylor, S. A. SERVPERF versus SERVQUAL: reconciling performance – based and perception – minus expectations measurement of service quality ［J］. *Journal of Marketing*, 1994, 58（1）: 125 – 131.

［10］Dages, B. G. , Goldberg, L. , & Kinney, D. Foreign and domestic bank participation in emerging markets: lessons from Mexico and Argentina ［J］. *Economic Policy Review*, 2000（9）: 17 – 36.

［11］Drew, J. I. I. , & Bolton, R. N. Service value and its measurement: local telephone service. *Add value to your service*: 6th *Annual Services marketing Proceedings*. In Superman, C. （Ed.）［C］. Chicago, IL: American Marketing Association, 1987.

［12］Groth, J. C. The exclusive value principle: a concept for marketing ［J］. *Journal of Product and Brand Management*, 1994, 3（3）: 8 – 18.

［13］Groth, J. C. , & Dye, R. T. Service quality: perceived value, expectations, short-falls, and bonuses ［J］. *Managing Service Quality*, 1999, 9（4）: 274 – 285.

［14］Grönroos, C. From marketing mix to relationship marketing: Towards a paradigm shift in marketing ［J］. *Management Decision*, 1994, 32（2）: 4 – 32.

［15］Hays, J. M. , & Hill, A. V. A preliminary investigation of the relationships between employee motivation/vision, service learning, and perceived service quality ［J］. *Journal of Operations Management*, 2001（19）: 335 – 349.

［16］Heskett, J. L. , Sasser, W. E. Jr. , & Hari, C. W. L. *Service breakthroughs: changing the rules of the game* ［M］. New York: Free Press, 1990.

［17］Hostage, G. M. Quality control in a service business ［J］. *Harvard Business Review*, 1975, 53（4）: 98 – 106.

［18］Jacoby, J. , & Kaplan, L. The components of perceived risk. In Venkatesan, M. （Ed.） . *Proceedings of the 3rd annual conference* ［C］. Champaign, IL: Association for Consumer Research, 1972: 382 – 393.

［19］Mels, G. , Boshoff, C. , & Nel, D. The dimensions of service quality: the original European perspective revisited ［J］. *The Service Industries Journal*, 1997, 17（1）: 173 – 189.

［20］Monroe, K. B. *Pricing – Making profitable decisions* ［C］. New York: McGraw – Hill, 1991.

［21］Muffatto Moreno, & Roberto Panizzolo. A process – based view for customer satisfaction

［J］. *International Journal of Quality*，1995，12（9）：154 – 169.

［22］ Olshavsky，R. W. Perceived quality in consumer decision making：an integrated theo-retical perspective. In Jacoby，J & Olson，J.（Ed.），*Perceived Quality*. Lexington，MA：Lexington Books，1985.

［23］ Onkvist，S.，& Shaw，J. J. The measurement of service value：some methodological is-sues and models. In Suprenant，C.（Ed.），*Add value to your service：6th Annual Services Market-ing Proceedings*［C］. Chicago，IL：American Marketing Association，1987.

［24］ Parasuraman，A.，Zeithaml，V. A.，& Berry L. L. SERVQUAL：a multiple – item scale for measuring consumer perceptions of service quality ［J］. *Journal of Retailing*，1988，64（1）：12 – 40.

［25］ Patterson，P. G.，& Spreng，R. A. Modeling the relationship between perceived val-ue，satisfaction and repurchase intentions in a business – to – business，service context：an empiri-cal examination ［J］. *International Journal of Service Industry Management*，1997，8（5）：414 – 434.

［26］ Rajan，R. G. The entry of commercial banks into the securities business：a selected survey of theories and evidence. *Universal banking：financial system design reconsidered* ［M］. Chicago：Irwin Professional Publishing，1996：282 – 302.

［27］ Schmenner，R. W. Service operations management. Englewood ［C］. NJ：Prentice – Hall，1995.

［28］ Seth，R.，Nolle，A. E.，& Mohanty，S. K. Do banks follow their customers abroad？［J］. *Financial Markets，Institutions and Instruments*，1998，7（4）：1 – 25.

［29］ Stone，R. N.，& Grønhaug，K. Perceived risk：Further considerations for the market-ing discipline ［J］. *European Journal of Marketing*，1993，27（3）：39 – 50.

［30］ Worcester，R. M. Managing the image of your bank：the glue that binds ［J］. *International Journal of Marketing*，1997，15（5）：146 – 152.